U0067029

傳播理論 〔第二版〕

Communication Theory

◎主編／作者—— 郭　貞

◎作者—— 蕭宏祺
陳憶寧
黃葳威
方孝謙
王嵩音
秦琍琍
黃鈴媚

Communication
Theory

國家圖書館出版品預行編目（CIP）資料

傳播理論 = Communication theory / 郭貞,
蕭宏祺, 陳憶寧, 黃葳威, 方孝謙, 王嵩音,
秦琍琍, 黃鈴媚著 ; 郭貞主編. -- 二版. --
新北市 ：揚智文化事業股份有限公司,
2024.06
面； 公分（新聞傳播叢書）

ISBN 978-986-298-433-8（平裝）

1.CST: 大眾傳播

541.831   113007076

新聞傳播叢書

傳播理論

主　　編／郭貞
作　　者／郭貞、蕭宏祺、陳憶寧、黃葳威、方孝謙、王嵩音、
　　　　　秦琍琍、黃鈴媚
出 版 者／揚智文化事業股份有限公司
發 行 人／葉忠賢
總 編 輯／閻富萍
特約執編／鄭美珠
地　　址／新北市深坑區北深路三段 258 號 8 樓
電　　話／(02)8662-6826
傳　　真／(02)2664-7633
網　　址／http://www.ycrc.com.tw
 E-mail ／service@ycrc.com.tw
 I S B N ／978-986-298-433-8
初版一刷／2016 年 5 月
二版一刷／2024 年 6 月
定　　價／新台幣 650 元

主編序

　　這本書的初版是2015年11月，如今歷經十個年頭過去了。由於傳播領域無論是科技或生態產業，均有快速的改變，初版的內容確實需要做些增添與修改。

　　本書從多元的視角探討人類的傳播行為，內容涵蓋媒體中介的傳播行為，和人與人直接面對面的溝通行為。每一章都是由目前國內傳播學領域資深的教師撰寫而成，他們將累積多年的教學經驗與心得，以深入淺出方式解說理論，並且盡量採用國內的實例，讓同學們在閱讀時感覺比較熟悉而親切。為提高學習興趣與效率，每一章都附有討論問題以及專門語彙。國內的大專院校的師生們，在教授與學習傳播理論時，此書應該能夠提供較寬廣以及多元的內容與觀點。

　　同時，為了提高學習興趣與學習效率，作者在每一章結尾處，都有列出幾個討論問題以及專門語彙。

　　本書的第一章是〈自多重視角探討傳播理論〉，作者先介紹不同的典範，從多元的視角及觀點切入，來探討人類的傳播行為之現象。本章借用Littlejohn等人在 "Theories of Human Communication" 一書中增添的內容，除了比較三種不同典範（實證、詮釋和批判）在知識論、本體論、問題意識、關注的焦點，以及各自在傳播現象觀察與資料蒐集方法上的差異，又增加學者Powers提出的傳播層級（communication tiers）的分類架構來說明傳播領域的核心概念。

　　第二章是〈符號、語言與傳播〉，作者增添了探討符號與語言在短影音、圖像普遍的今日的特性，讓讀者理解從歐陸批判傳統。

　　第三章〈大眾傳播效果之一：媒介的短期效果與中期〉，主要是介紹以實證研究法所建構發展出的傳播理論。作者增加了議題設定理論的第三層級，也就是考量人們是在脈絡中進行對於事物的認知，因此第三層議題

設定強調了由不同資訊節點形成的網狀般的認知結構，不同於傳統理論中所聲稱的依據重要性排列的直線式邏輯。

第四章〈政治傳播〉，由於全球多個國家近年來因為政治意識形態之爭，而針對移民、性別認同、槍枝管制、墮胎等等在態度上愈加分歧，因此針對本章節增加政治極化的討論。政治極化產生的原因，部分歸因於新聞的碎片化，最近十年許多學者認為和社群媒體上散布的資訊有關，研究顯示社群媒體的使用對於政治態度的極化有所關聯。

第五章〈滴水穿石？從媒體長期效果看涵化理論〉，作者主要聚焦於涵化理論，將其起源、發展與應用，做了非常仔細的介紹與討論。再版增添的部分為將涵化理論關注的方向從一直以來的暴力、色情、性別平等、族群刻板印象、公共議題外，擴展至企業管理、消費心理等領域。在新冠疫情起伏期間，涵化理論應用擴展至公共衛生健康政策、遊憩政策等方面。

第六章〈媒體與意識形態〉，作者主要增添了「哈伯馬斯的『公共領域』」一小節，這一概念原是法蘭克福學派大將阿多諾的學生哈伯馬斯，在1960年代寫就博士論文的主題。填加的理由則是哈氏的博論在1989年出現英譯，正逢柏林圍牆倒塌，東歐學者注意到「公民社會」概念與民主的關係之始。因緣際會，「公共領域」遂成為跨世紀時期傳播學界充實「公民社會」說法的主要借鏡。

第七章〈電腦中介傳播〉，作者除了介紹了十多個與電腦中介傳播相關的理論之外，更新增了對於網路論戰與不文明留言現象之討論。網路不文明留言對於爭議性議題可能產生更多的衝突，對社會影響甚鉅。同時也新增Web 3.0與Web 1.0和Web 2.0之比較。運用區塊鏈技術的「去中心化」特性，Web 3.0將使網際網路轉化成大型資料庫，透過人工智慧發展出新的世界生態。

第八章〈說服傳播〉，作者除保留社會心理學中對於態度改變的重要理論，並且引導至集大成的推敲可能模式（ELM）理論之外，新增添內容為探討視覺與圖像在說服上的重要性。希望讓同學可以從不同的觀點

切入，學習說服傳播理論及應用。

　　第九章〈人際溝通在現代社會之必要性〉，採取多元觀點來介紹傳播學者對於人際溝通聚焦於不同的面向。由於原來的篇幅較長，作者刪除部分開頭的引言，以及部分通則觀點理論的內容，讓篇章節更精簡易讀。

　　第十章〈小團體溝通〉，作者在新版內容中除更爲濃縮與聚焦於：(1)從理論的角度來介紹小團體溝通的重要概念與論點，(2)從實務的角度來說明有效團體溝通與團隊建立的方法、技巧與原則外，(3)更爲關注傳播科技與網際網路的發展，以及其對於小團體溝通所帶來的影響和課題，像是新增「團體溝通與社群媒體」章節，說明從Web 2.0的網路群體到Web 3.0去中心化的網路群體／團體的溝通與互動。

　　第十一章〈組織傳播〉，作者新版內容主要是具體整合理論和實務案例，幫助讀者對於當代組織內涵進行瞭解，並具備解決問題和批判思考的能力。(1)除對於組織當中各種溝通情境有更爲清楚的說明外，(2)也將組織對於其利益關係人（stakeholder）的公共溝通，具體分爲對內溝通和對外溝通兩大面向加以闡釋，(3)並在組織對外公共溝通三種主要形式（行銷、公共關係和議題管理）中，加入了新科技元素，如虛擬實境（VR）、擴增實境（AR）和混合實境（MR）相關技術，以及運用虛擬化身（avatar）的元宇宙等相關趨勢的說明。

　　第十二章的〈談判與人際衝突的化解〉，作者以理論與實務融和的方式先介紹和診斷五種衝突解決途徑，接著提出各種談判的策略，融合了談判理論的探討與實務面的操作策略。在最後討論問題部分新增大學生關心的社會新鮮人薪資談判議題，同時也包括引起廣泛討論的澳洲政府、Google、Facebook之間關於澳洲媒體新聞內容付費的談判。

　　本書的最後一章〈文化間傳播與跨文化傳播〉，作者納入文化公民權的主體性角度，聯合國教育科學文化組織2001年發表《世界文化多樣性》宣言（Universal Declaration on Cultural Diversity），彰顯的多元文化人權。每個文化都會建立自己「論述的範疇」（universe of discourse），讓成員按其論述的範疇表達個人經驗，並且傳遞給他人。跨文化傳播不是爲

了比較文化的優劣，而是讓人們開拓視野，意識到、甚或學習接納及包容各種文化的相似處與相異處，多樣文化族群成員得以實踐媒體近用權，實踐其特有的文化公民權，提昇傳播的品質與正面影響。

　　如今此書即將再版，個人一方面十分期待，二方面也對每一位參與撰稿的作者表達深深謝意，感謝大家在忙碌的工作之暇，在很短期間就完成此再版的增修內容。同時，我也想感謝出版社對我們的信心與支持與協助。所有的作者們都有一致的心願，期許這本教課書給國內所有的大專院校的教師和學生們，在教授和學習傳播理論時，能夠得到助益。如果讀者們覺得此書尚有不足與疏漏之處，歡迎隨時告知我們，我們會繼續作修改，繼續提升讀者的滿意度。

郭貞 謹識

政治大學廣告學系

2024年4月29日

作者簡介

主編／作者

郭貞

現任：政治大學廣告學系教授

學歷：美國密西根大學傳播學博士、美國波士頓大學碩士

曾任：政治大學廣告學系主任及國際傳播英語碩士學程主任、美國康乃狄克州
　　　立大學傳播系助理教授

教學專長：消費行為、傳播理論、社會科學研究方法、人際溝通與組織傳播、
　　　　　說服傳播

研究領域：消費行為、網路行銷、網路廣告效果等、媒介使用與社會化

作者

蕭宏祺

現任：世新大學傳播管理學系教授、政治大學國際傳播英文碩士學程兼任教授

研究領域：文化研究、消費文化、跨國媒體集團、迷的認同形構、社群媒體與性別展演

喜歡追逐IG裏美麗而不眞實的場景，曾得過國際傳播協會（ICA）與數個國際傳播組織優秀論文獎勵

陳憶寧

現任：國立政治大學傳播學院特聘教授、國立政治大學傳播學院院長、臉書公司全球監察委員會委員

學歷：美國德州大學奧斯汀分校新聞學博士、政治大學新聞所碩士、台灣大學植物病理碩士、學士

曾任：國家通訊傳播委員會委員、政大傳播學院副院長以及傳播學院在職專班碩士班執行長

教學專長：傳播理論、研究方法、傳播統計、說服

研究領域：傳播政策、網路治理、政治傳播、科學傳播

黃葳威

現任：政治大學廣播電視學系教授
　　　政大數位傳播文化行動實踐室執行長
　　　白絲帶關懷協會執行長
學歷：美國德州大學奧斯汀校區廣播電視電影所博士暨博士後研究
　　　台灣大學管理學院EMBA
　　　國立台北教育大學文教法所碩士
曾任：政治大學廣播電視學系主任暨所長
　　　政治大學傳播學院政大之聲電台台長
　　　行政院跨部會iWIN網路內容防護機構執行長
　　　內政部、衛生福利部、台北市、新北市兒童及少年福利權益委員會委員
　　　國家通訊傳播委員會衛星有線電視評議委員
　　　教育部媒體素養委員會社區傳播組召集人
　　　得藝國際多媒體公司公股董事
　　　光點影業公司公股董事
　　　原住民文化事業基金會董事
教學專長：數位傳播與社區行動、閱聽人市場分析、文化與社會行銷
研究領域：數位傳播、閱聽人分析、跨文化族群傳播、社會行銷

方孝謙

現任：政治大學新聞學系兼任教授

學歷：美國芝加哥大學社會學博士

曾任：政治大學國際關係研究中心大陸社會經濟所副研究員、研究員，德國柏
　　　林自由大學東亞系客座教授

研究興趣：文化社會學（意識形態與認同、空間與文化、風水）與發展社會學
　　　　　（大陸鄉鎮企業、全球化發展與離散族群）

王嵩音

現任：國立中正大學傳播系暨電訊傳播研究所教授

學歷：美國南伊利諾大學新聞博士
　　　美國密蘇里大學新聞碩士

曾任：第十屆中華傳播學會理事長
　　　國立中正大學傳播學系暨電訊傳播研究所主任
　　　淡江大學大眾傳播系教授及系所主任
　　　香港中文大學新聞與傳播學系客座講師

專長領域：新聞學、政治傳播、研究方法、弱勢社群傳播、網路傳播

秦琍琍

現任：世新大學口語傳播暨社群媒體學系專任教授

學歷：美國德州大學奧斯汀校區傳播博士

美國俄亥俄大學傳播碩士

淡江大學大眾傳播系廣播電視組學士

曾任：世新大學副教務長兼教學卓越中心主任

世新大學傳播博士學位學程主任

世新大學口語傳播學系系主任

世新大學傳播研究所副教授兼國際交流中心主任

長榮大學大眾傳播學系副教授兼系主任

美國加州聖荷西州立大學講師／助理教授

專長領域：傳播理論、質化研究方法、組織傳播與新科技、傳播管理、數位語
藝研究、科學傳播

黃鈴媚

現任：世新大學口語傳播暨社群媒體學系教授

學歷：美國愛荷華大學傳播學博士

政治大學外交研究所碩士

曾任：世新大學傳播博士學位學程主任

世新大學《傳播研究與實踐》期刊（TSSCI）主編

世新大學口語傳播學系系主任

專長領域：談判理論與策略、衝突管理與溝通、說服傳播、論述分析

目　錄

傳播理論

CHAPTER 1

自多重視角探討傳播理論

郭　貞

壹、傳播的定義
貳、傳播研究與傳播理論

壹、傳播的定義

　　傳播和溝通是人們生活中每天都在進行的活動，也是最重要與最複雜的活動。我們在日常生活中與我們認識的人互動和交流，彼此影響；同時我們也會受到來自於世界各地區和歷史上，我們不認識的人所提供的資訊的影響。以上的這些都屬於傳播行為的範疇。不少學者們曾經多次嘗試給傳播下個定義，卻發現真是不容易，因為傳播包含的面向和內涵太廣（Littlejohn & Foss, 2005）。況且英文Communication的字義可以是單向或是雙向傳遞訊息，但是中文的「傳播」隱含有以寡對眾單向傳遞訊息；「溝通」則是雙向的訊息交流。丹斯早在三十多年前率先提出一個以概念家族（family of concept），而並非僅以單一理論來界定傳播，因為傳播從其他領域借用意義時，所包含層面與意義太寬廣而且複雜，就會變成一個超載的概念，反而使人迷惑（Dance, 1970）。丹斯與拉森調查了各領域的學者對於傳播做的定義，他們共蒐集了一百二十六個之多（Dance & Larson, 1972），但是這些定義各自有不同的關注焦點。丹斯再將所有蒐集到的傳播定義中分類出十五個獨立的概念要素，這些概念要素包括：語文符號、瞭解、互動的關係、降低不確定性、過程、傳遞交換、聯結、共通性、管道載體、複製記憶、差異性回應、刺激物、意圖性、時間情境和權力（Frank Dance, 1970: 204, 208）。

貳、傳播研究與傳播理論

　　學者們除了對傳播下定義之外，他們也研究傳播現象並且做出解釋，提出不同的傳播理論和觀點，試圖說明人們在從事傳播或溝通時，發生了什麼事，經歷什麼過程，以及探究其背後的動機與緣由。事實上人們對於

傳播的研究，可能與人類文明本身一般古老。早在西元前第五世紀時希臘哲學家就開始教民眾做說服性的辯論和公眾演說（Trenholm, 1990），當時有詭辯學派和柏拉圖的自然學派之爭。後繼的亞理斯多德是柏拉圖的弟子，他將兩派學問集大成所建立的說服知識和理論就是「修辭學」（rhetoric）。雖然傳播是幾個世紀以來被探究的領域，但是並不代表它被瞭解得很透徹。

後來，傳播研究是社會科學和行為科學的方法學與理論的延伸，兩者則各自以基本的物理學和生物科學的邏輯策略為依據。在20世紀，社會科學和行為科學即將形成，然而，透過實驗法或其他量化步驟，再運用數學家和其他學者發明的統計方法來檢測統計參數及數量分配，而這些新統計方法的優點是可運用於所有科學問題，也為傳播研究建立基礎。然而，許多人反對借用源自物理學和生物科學的研究邏輯的研究方法來研究人的傳播行為，反對者認為人類行為過於複雜，以至於不規律而無法預測。另外，他們也指出，人類的行為不像物理學和生物界的現象，會遵循不變的原則。因此，時至今日，學者們仍然對於傳播研究與傳播理論存在著許多不同的看法。

當學者在探索傳播理論的領域時，他們會思考採取哪種視角，要提出什麼問題，使用哪種框架來理解傳播。由於不同學者所關注理論的不同面向，所以創建了該學科的分類體系（taxonomy），每個分類體系則反映了創造它的學者所關注的重點。

理論（theory）是對於一種現象或經驗做觀察，並且提出預測和解釋的一種嘗試。所謂傳播理論就是學者們觀察傳播現象並且提出解釋，所形成有系統的知識。不同學者可能依據各自相信的世界觀與觀點，聚焦於不同面向並且提出各自的傳播理論，試圖說明人們在從事傳播或溝通時，發生了什麼事，經歷什麼過程，以及探究其背後的動機與緣由。

及至今日在社會科學研究中仍究呈現多元典範（paradigm）並存的現象。哈伯瑪斯（Habermas, 1968）在五十年前就曾提出人類對於認知或知識獲取有三種取徑，它們被廣泛應用於社會科學各領域的探索，於是

形成三種社會科學典範：(1)唯物主義研究的階梯（ladder of materialistic inquiry）；(2)循環式建構主義研究（circle of constructive inquiry）；(3)批判式／生態式鉅觀研究。

　　傳播學也屬於社會科學領域，所以許多學者也將當代傳播理論的研究遵循三個典範做分類：(1)實證論和後實證論（positivism and post-positivism）；(2)詮釋學派（interpretivism）；(3)批判理論。從哈伯瑪斯認識論的觀點來說，詮釋學派強調的知識形式，是根基於「互為主體性」（intersubjectivity）的取向，其關注的焦點與經驗取向所追求的「技術旨趣」（technical interest）大異其趣，至於批判取向則是關注「解放旨趣」（emancipatory interest），而以「實踐旨趣」（practical interest）為核心，並以溝通行動與文本的詮釋作為方法論的架構（黃瑞祺，1996：6）。

　　後來有學者（Powers, 1995; Craig, 1999）相繼提出更多關於傳播理論的分類架構與典範，作者先介紹傳播理論分類架構的基本元素，以及早期的主要典範。然後再介紹比較晚近的分類架構，以及相關典範。

一、典範與分類架構

　　典範又可以稱為世界觀（world view），代表一套信仰系統，它的根基包含對於以下三個部分的預設（premise）：認識論、本體論、方法論。換言之，採取不同研究典範的學術社群成員，對於以上三個預設或是信念前提會有根本上的差異。

　　認識論（epistemology）是探討知識的起源，在什麼程度上知識先於經驗而存在？在什麼情況下知識是我們觀察世界之後，自經驗中得來。對於知識的起源究竟為何，學者們至少抱持四種立場：(1)唯心主義者認為知識完全產生於人的頭腦中，有與生俱來的瞭解真理的力量；(2)經驗主義者認為知識產生於知覺，是從個人對世界的體驗與觀察而來；(3)構成主義者主張知識由人所創造的，人們把自己投射到自己經歷的事物上，用不同的方式理解世界，因此創造了不同的知識；(4)社會構成主義者認為知識是社會群體內符號互動的產物，換言之，知識是社會與文化生活所建構的

產物。詮釋學派典範並不認為世上存有一套可作為解釋其他行為的因果法律與科學理論，轉而接受Schutz所提出的「建構論」真實觀點，認為真實存在於人所互動的行為，真實並非是自然世界的物質所決定存有，真實存在於人的心靈中，是人在自然的日常情境中存有著對外在世界的詮釋，因此，建構知識本體的真實是一種動態的關係。

本體論（ontology）主要研究的是人類存在的本質，核心的問題是探究個人對於自己的行為，在程度上究竟是受環境影響的反應較多，還是出於自由意志的選擇比較多（彭懷恩，2003）。若是在傳播領域，學者可以將人的存在本質歸結為兩個基本對立的立場：(1)行動理論假設個人創造意義，擁有目的，能做出真正的決定；(2)非行動理論則假設行為基本上是由生物因素和環境決定的，人的行為只是被動的反應而已。強調實證論的行為科學家慣常將人類行為歸因於對外在環境壓力的反應，或是個人心理因素或是人格特質傾向。相較之下，詮釋派學者將人類行為歸因於有意識之下，經過自由意志的選擇。當個人自由意志愈強時，其行為的可預測性愈低。

至於方法論（methodology），則在資料蒐集與資料分析方面，大致分為量化與質化兩大類。遵循實證論和後實證論的研究方法受到自然科學與社會科學的影響，經常採取一個假設檢驗的科學知識探索四步驟模式：(1)提出問題；(2)做出假設；(3)驗證假設；(4)形成理論。這個研究方法又稱為假設演繹法，也被稱為量化分析法。實證論和後實證論學者慣常採用以上提到的量化分析方法。這四個步驟是一個循環進行的過程，理論的形成與修正就在這個循環中，逐漸被建構成有堅實基礎的理論。由於遵循此典範的研究者相信要能理解一個複雜的現象，最好能分析現象中的每一個組成要素，因此這個典範又被稱為「變項分析」（variable analytic tradition）學派。

實證與經驗主義典範又被稱為「假設演繹」法（hypothetico-deductive method），它包含四個步驟：(1)提出問題；(2)形成假設；(3)驗證假設；(4)形成理論（**圖1-1**）。

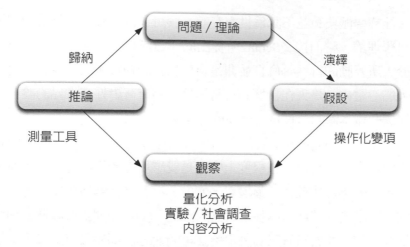

圖1-1　實證論的研究方法——假設演繹法

資料來源：Littlejohn & Foss（2005: 24）；作者重新整理。

　　研究者首先觀察現象然後提出問題，如果可以找到可以依循的理論演繹出具體可以檢驗的假設，這個過程是將問題從抽象層次引到具體的假設層次（go from general/abstract to specific），我們稱之為演繹（deduction）。在假設的步驟研究者需要對於所觀察的現象或是特質，進行操作化定義（operational definition），其目的是為了建構有效的測量工具，使被觀察的現象／特質轉化成為可以被測量的變項。第三步驟的觀察就是做資料蒐集。在傳播研究常使用的量化分析包括社會調查法（survey）、實驗法（experiment）和內容分析法（content analysis）。然後將蒐集來的資料做量化分析，檢驗假設是否得到支持。如果假設獲得支持，研究者可以從具體的假設做出推論，從而支持抽象層次的理論。這個過程是將得到驗證的假設從具體層次引到抽象和通則的理論層次（go from specific to general/abstract），我們稱之為歸納（induction）。

　　詮釋與批判論的人文學觀點之下，個人傾向被視為目標導向的自主行動者，而不只是對於環境因素的被動反應者。雖然客觀真實存在於個人的外在環境，但是知識的產生不是被發現的，而是經由知道的人（knower）

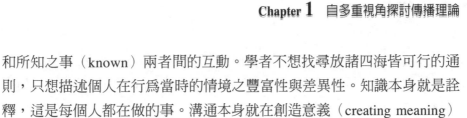

和所知之事（known）兩者間的互動。學者不想找尋放諸四海皆可行的通則，只想描述個人在行爲當時的情境之豐富性與差異性。知識本身就是詮釋，這是每個人都在做的事。溝通本身就在創造意義（creating meaning）時並且展現意圖（intentions）。每個人在不同的情境中會選擇遵循不同的規則，以期達成不同的目標。有些學者只關注於準確描述人們在不同社會文化環境中，對其行爲與經驗如何解讀，我們通常稱之爲詮釋學派。另外有些學者會帶著價值觀來批判社會文化環境中的共同行爲，並且經常批判和對抗常規性的生活方式，我們則稱之爲批判學派。

　　相對於量化分析法，質化研究學者強調在自然情境中瞭解「過程」及「意義」。由於探索「過程」，他們較能發現人們在社會互動過程中產生的變化，也會發現社會生活的本質不是靜止的；由於強調人們建構社會行爲的意義，質化研究者較願意長期投入研究情境中探討、描述人們對事物的觀點。他們也偏好採取開放和非結構性的研究方法，在研究歷程中，以變通的心情靜待任何可能出現的重要變項。文本分析（text analysis）是主要使用的分法之一，它的目標爲描述並且詮釋訊息的豐富性與特徵。學者對質化分析法做了不同的分類。例如：淡金和林肯（Denzin & Lincoln, 1994, 2000）將其分爲文本分析、個案研究、民族誌、現象學、詮釋法、紮根理論、傳記、歷史方法、臨床研究、行動與應用研究等。克瑞斯威爾（Creswell, 1998）對質性研究的分類最爲周全清楚，他將質性研究法分爲五種：傳記、民族誌、現象學、紮根理論和個案研究。批判學派則以新馬克思主義、法蘭克福學派以及傳播政經研究等批判理論爲例，均同時認爲對於社會眞實的理解，必須經由對知識、理論與實踐（praxis）的雙重詮釋（double hermeneutic）之過程來進行（Morrow, 1994: 7），否定一切的知識均能夠經由感官經驗所證成的觀點。強調理性對於建構知識的重要，其方法哲學上傳承「觀念論」（idealist）的黑格爾式辯證傳統，如Adorno般強調「否定辯證法」（negative dialectic）批判性實踐，期望從否定的辯證中保有存有者自由反思的理性，從而以尋求時代脈絡中的相對眞理作爲批判社會的基礎（Adorno, 1973）。因此，批判範疇的眞理觀中否

定物理決定論、科學主義與決定真理的必然性（Adorno et al., 1976），從而協助我們從「工具理性」（instrumental rationality）中解放出人之價值（Marcuse, 1964）（**表1-1**）。

表1-1　三個社會科學典範的比較

社會科學典範	實證與經驗主義	詮釋主義典範	批判與政經研究
本體論	個人是動作的接收者／工具理性者，環境決定論。	個人是活在情境中，主動賦予文本意義的能動者，具有自由意志與目標導向。	個人受霸權宰制，大眾傳媒對當權派壓制麻木不仁，形成權力不平衡。
認識論及其終極關懷	發掘真相，找尋律則性、通則概念來解釋真實。	互為主體的理解，以主觀和詮釋來創造多元真實。	須在背景中理解人們經歷過的體驗，達成合理性、解放的關懷。
方法論	實證主義與後實證主義，假設演繹法，量化分析法。	詮釋法、辯證法。	對話、辯證法。
閱聽人主要研究	媒介效果研究、認知心理研究等大眾媒介效果研究。	組織研究、接收分析、質性文化研究。	批判理論研究、政治經濟傳播研究。

資料來源：作者整理。

　　作者以下將繼續介紹以上提到的三個典範的中心思想以及所衍生的傳播理論。

二、以實證論和後實證論取徑的傳播理論

　　實證主義（positivism）是一種強調感覺經驗，排斥形而上學的西方哲學流派。這個研究取向（research approach）是從自然科學的實證法轉借和衍生而來。自然科學的實證法強調知識的起源有兩種：(1)用五種感官來感知（嚐、嗅、觸、視、聽）；(2)用邏輯推理獲得結論。此外，實證法的另一個強調的重點是：它主張所有的自然現象都有一個可以被觀測和發現的規律。實證主義的目的，在希望建立知識的客觀性。實證主義有下述幾種基本特徵：

1.以現象論的觀點為出發點。現象即實在，是有用的、確定的、精確的、有機的和相對的，與現象的這些屬性相對應。

2.對經驗進行現象主義解釋，主張從經驗出發，拒絕透過理性把握感覺材料。

3.把處理哲學和科學的關係作為其理論的中心問題，帶有一定程度的科學至上和科學萬能傾向。

簡言之，實證主義認為現實（reality）是人在自身之外可以經由觀察經驗而發現（discover）的客觀存在。根基於這個信念，這個研究取向強調找尋行為與現象的自然規律，試圖並且釐清其間的因果關係。換言之，只要能找出某特定行為發生之前預先存在的情況或事件，我們把兩者之間的先後發生順序和機率掌握住，我們便可以應用這個規律來預測那些前置因素會引發哪些後續的行為。

後實證主義對於實證主義稍做修正。波柏（Popper, 1972, 1983）提出進化認識論，主張科學的方法應當是一種以理性批判作為基礎的演繹推理，科學家先針對特定問題提出假說和猜想，再依據事實對假想進行檢驗，並在檢驗過程中不斷淘汰或修改原有的假說和猜想。

簡言之，後實證論主張知識被視為是人從自身以外獲得或發現的東西，客觀性（objectivity）和覆證性（replication）是檢驗理論的重要標準。所謂客觀性是指研究者必須對於所觀察的現象或是特質，提出操作性定義並且建構有效度和信度的測量的指標，以期避免觀察者做出主觀偏差的誤判。所謂覆證性是指某位學者的研究結果可以被科學社群中的其他研究者反覆驗證；當其他學者採取相同的測量工具觀察同一個傳播現象時，可以得到類似的結果。

在過去一百年當中，傳播學研究者依循實證論和後實證論的傳播理論所衍生的研究數量甚多，尤其是對大眾傳播效果或影響力的研究，堪稱居於主流地位，常被稱為「主流傳播效果研究」（張錦華，1990）。

美國從1920年代佩恩基金會（The Payne Fund）支持研究電影對兒童的影響開始，1930年的《火星人入侵》廣播劇造成的恐慌效果之研究，

以及後來許多關於傳媒說服效果的耶魯研究，學者們都或多或少受到「魔彈理論」（magic bullet theory）或是「皮下注射理論」（hypodermic needle theory）的觀點影響，試圖以社會科學採用的實驗法和調查法及量化分析，為媒體全能效果（all-powerful media）找尋證據。其後克拉伯（Klapper, 1960）累積並分析1940年至1960年超過一千件量化分析研究結果之後，發現個人的預存立場（predispositions）和社會關係對其態度行為的改變也扮演了重要角色，於是反駁了媒介全能論，逐漸發展出媒體有限效果論（limited effect of media）和意見領袖（opinion leader）與二階段傳播理論（two-step communication）。

麥奎爾（McQuail, 2000）曾經對於媒體效果研究劃分為四個時期：(1)媒體萬能論（1900-1940）；(2)驗證媒體強大效果論（1930-1960）；(3)強大媒體效果理論再發現（1960-1980）；(4)1980年代之後的協商式媒體效果。

其後傳播學者採用更寬廣的研究視野，開始注意到態度行為改變以外的層面，以及留心觀察較長期的傳媒累積效果研究，於是產生許多新的傳播理論，例如，媒體議題設定（agenda setting）、知溝理論（knowledge gap）、涵化效果（cultivation effect）、沉默的螺旋（spiral of silence）、使用與滿足（uses and gratifications）、創新傳布（diffusion of innovation）、第三人效果（third person effect）、新聞框架理論等，這些關注媒體比較長期效果的研究，也吸引了傳播學者社群的興趣，持續以量化分析為主的進行研究，並且出版了數量龐大的研究論文與書刊。

即便在人際溝通的領域，採用實證論和後實證論研究取向的學者也非常多。在1960年代當傳播學者開始引進行為科學的研究取向時，後實證主義和定律取徑是在傳播學研究上的全盛時期。以下的人際溝通理論中就是依據後實證論研究取向而建構的：降低不確定性（uncertainty reduction）、社會交換理論（social exchange theory）、社會滲透理論（social penetration theory）、人際吸引理論（interpersonal attraction）、自我批露行為（self disclosure behavior）等，甚至關於人的非語文溝通行為

研究，也多有採用實驗法和社會調查法，以及量化分析資料撰寫的研究論文。其後，當學者研究人們在小團體與組織情境中的溝通行為時，採用後實證主義和後實證主義取向，做量化資料分析者，也所在多有。

三、以詮釋主義和符號互動論為哲學基礎的傳播理論

詮釋學派是偏向人文方式的知識產生，學者們強調主觀性（subjectivity）與創造性（creation）。他們主張知識是源自於知者（knower）與知道的事（known）兩者之間的交互影響的產物（transactional product），每個人觀察到的現實可能都不一樣，因為他們依據個人自己的視角（perspective）做詮釋，客觀和是否有效度（validity）並不重要，一個有效益（utility）的詮釋，才是好的詮釋。它有以下幾個特徵：(1)詮釋學以微觀和非實證（質）的研究為主，以「日常活動」為研究對象；(2)強調個人行為的主動性（思想的自主力）；(3)每個行為都具有意義（理由、目的）；(4)強調在社會情境中的互動磋商（互動）；(5)強調知識與經驗的描述具有主觀性（解析、同理的瞭解）。

事實上，社會學理論的符號互動論（symbolic interactionism）其基本的哲學前提（assumptions）與詮釋學派相當類似。符號是互動論的中心概念，它包括語言、文字及符號。傳播和意義均為社會性產物，意義必須在社會中被創造、共享與維護（Lal, 1995）。米德（G. H. Mead, 1863-1931）是互動學派的創始人，他在1920年出版的經典著作《心智、自我和社會》先提出幾個核心思想，主張社會是一種有意義的人際溝通體系，個人的自我觀念是透過語文和非語文符號，在人際互動的社會行動中不斷建構，從1957年起，他的學生Blumer最先使用「符號互動論」一詞，他認為所謂「符號互動」涉及「詮釋」，或向他人傳送他是「如何行動」的「旨意」。從此他成為了符號互動論芝加哥學派的領導人。

後來庫恩（Manford Kuhn）更加專注在自我概念的研究，他指出人的自我概念由溝通而形成。他是符號互動論愛荷華學派的領導人，他認為個人對於生活周遭的各項事物（object）之理解都需要透過社會互動來

完成。人們需要先給某件事物命名，然後才能賦予意義。當這個事物的意義是被社群所共享之後，在溝通時就有共同的討論基礎（Hickman & Kuhn, 1956; Tucker, 1966）。這個意義是來自於我們對這個事物抱持什麼樣的「行動計畫」（plan of action）。例如，對於交通規則，我們的行動計畫是遵守它；對於鳳梨酥我們會吃掉它。社會互動對於個人的自我概念的形成非常重要，庫恩認為我們的自我概念是經過與「定位他人」（orientational others）長時間的互動之後，被界定和理解的。所謂「定位他人」是指那些與我們在情感上或心理上關係密切的人，例如，家人、好朋友、配偶等。我們的自我概念其實就是我們對於自己的態度、興趣、認同、目標、信仰、意識形態、自我評價等，所抱持的行動計畫。

簡言之，符號互動學的中心思想可以摘要如下：

1. 人們根據事物對於他們所具有的意義而對這些事物有不同的行動計畫（plan of action）。這些事物包括人在他的世界中所能注意到的一切，包括物質客體、他人、制度、指導性理念、他人的活動，以及日常生活中個人遭遇的各種情境。
2. 人類的心智能力具有主動性，而非被動地受環境的「刺激反應」而已，而「詮釋」與「定義」的能力乃透過符號的運用，在社會互動中完成。
3. 這些意義是透過人在應付他所遭遇的事物時所進行的釋義過程而被協商和修正的。

以符號互動論為基礎的傳播理論中最常被討論的包括自我概念理論（self concept theory），自我概念理論的核心概念是：我是社會的產品。人們對自己的看法實際上就是他人對自己的看法。自我概念之產生就是依據他人和社會的定義而產生的，因此自我也就不斷地修改、發展和變遷。個人經由自我思考、選擇；也可經由自我對情境加以解釋，更可用來與自己或社會中的他人溝通互動。個人以自我來判斷別人，同時也以自我來判斷自己。自我的擁有使人們能夠應付世界的需求，它是一種指引人

們行為的工具，若沒有自我，就無法有社會互動。其他相關的理論還有高夫曼（Goffman, 1959, 1963）的戲劇理論，以及皮爾斯和克里農（Pearce, 1976; Pearce & Cronen, 1980）的意義統整和管理的理論（coordinated management of meaning）。作者在人際溝通那個章節裡，將會仔細介紹「意義統整和管理」理論。

四、屬於批判學派的傳播理論

傳播學四大教父之一的拉斯維爾依循實證論與行為主義的基礎來研究大眾傳媒的效果（Lasswell, 1971: 220），他傾向將傳媒視為獨立自主的機構，忽略傳媒與政治、經濟。社會、文化之間密不可分的關係，自然無法顧及傳媒對於社會秩序維護或是對社會變遷推動所扮演的角色（Hall, 1982: 59）。因此，批判理論學者在探討傳播現象時，最常問的問題總是關於特權和權力結構（Littlejohn & Foss, 2005: 46-47）。例如，我們社會中有哪些符號、規則和意義從傳播裡經常出現，以便能賦予某團體權力卻把權力從其他團體奪走？批判理論的學者們扛起大旗，宣告要反抗任何政治經濟特權因為膚色種族、性別差異、社會階層而壓迫弱勢團體。這些理論指稱權力、壓迫和特權都是由整個社會以某種傳播所造成的產物。

當代批判理論與文化研究的發展，寬廣了大眾傳播研究分析與現象批判的觀點與層次。以下是幾個最具有代表性的批判理論（張錦華，1994、2001）：Adorno的文化工業理論、Gramsci的文化霸權與有機知識分子理論（後馬克思主義）、Althusser的泛層決定和意識形態理論（後結構主義）、Hall的製碼和解碼理論（文化研究觀點），Foucault的權力／知識和自我技術（後現代主義）、Baudrillard之符號消費理論、Bourdieu的文化社會學觀點和電視批判，以及Habermas的溝通理性和公共領域理論、Beck的風險社會，以及John Rawls的Deliberate Democracy觀點等。

批判論的學者認為以批判方式所產生的知識除了觀察者可以選擇自己的視角之外，他們往往加上了個人價值判斷。例如，女性主義者以文本分析探討廣告中的女性模特兒，他們批評我們文化中對於苗條的著迷，以及

對女性身體的物化。一個好的批判理論所產生的知識，取決於它對於研究主所關懷的議題和現象，能否給社會帶來改變的動力。雖然以上提到的批判理論相當多元，但是他們卻共有以下三個特徵：(1)批判學派特別關注那些掌控社會，被視為理所當然的體系、權力結構和意識形態，並且定意要揭露到底他們是為誰的利益在服務？(2)批判理論的學者特別感興趣的事發現受壓迫的社會情況與權力配置，其目的是要推動解放和爭取一個更能讓人自由施展抱負的社會體系；(3)批判理論學者會刻意將理論與行動做融合，甚至發展成為社會運動。

　　我們檢視了三個典範在哲學基礎上的差異，現在且選一個真實世界的傳播現象作為研究議題，看看遵循不同典範學者會關注的面向與焦點是什麼？（**表1-2**）

表1-2　比較不同傳播理論典範學者對於相同傳播現象的關注焦點和研究方法

問題：有博士學位的總統候選人是否能以高學歷代表國際視野來說服選民？			
傳播理論典範／學派	實證／後實證學派	詮釋學派	批判學派
關注焦點	一、預測變項 1.候選人因素：學歷、學術地位、與國際名流和政要人士的互動、參與國際事務的頻次。 2.演說稿內容：採用的各種說服技巧。 二、應變項 選民信任候選人能有效處理國際問題的能力，選民對於候選人具有國際視野的評分。	候選人演說稿中呈現的論述，與歷史上及當前國際政治現實的聯結度，是否對於問題解決有效益。	1.獲得高學歷的難易程度常與其社會資源多寡成反比。 2.媒體有無賦予高學歷者權力卻把權力從低學歷者奪走？ 3.有無以高學歷代表國際視野是否隱含階級歧視？ 4.以富裕階級出身者歧視貶抑清貧階級出身者。
研究方法	社會調查法	文本分析：針對演說稿內容分析其陳述的事實經驗，有無能打動人心的論述。	1.*Althusser*的泛層決定和意識形態理論。 2.*Foucault*的權力／知識和自我技術。

資料來源：作者整理。

五、以寬廣開放的視野討論傳播行為與現象

正如作者在本章開頭處提到，學者們對於傳播現象和定義各有偏愛的觀點與視角（Littlejohn & Foss, 2005: 34-35）。因此我們後學者也應當採取寬廣的視野去學習。許多傳播學者都很熟悉，也會採用Fisher（1978）針對人類溝通（human communication）所提出的四個研究觀點：機械觀點（mechanistic perspective）、心理學觀點（psychological perspective）、互動學觀點（interactionist perspective）和體系理論或語藝學觀點（system theory or pragmatic perspective）。

學者Powers（1995）提出了一個傳播層級（communication tiers）的分類架構來回應外界對於傳播領域提出的三個問題：(1)凝聚這個領域的支撐點是什麼？(2)傳播學科的中心問題或組織原則是什麼？(3)我們如何理解傳播學科中正在進行的多樣化研究？Powers提出四個傳播層級：第一層級突出訊息（message），訊息是單一核心概念，包括語文與非語文溝通、符號與象徵、有意與無意的資訊。第二等級是傳播者（communicator），所關注的三重點是：(1)傳播者作為個體，即影響訊息創作、表達和接收的個體的認知過程、人格特徵和特質；(2)傳播者所創造、維持、破壞和／或摧毀的關係的本質，它是透過溝通實現的。這些關係涉及到資訊在兩個溝通者之間交互中發揮作用的方面；(3)傳播者在創建文化共同體中的作用。第三層級是層次（levels）。又分為三層次：個人、群體和公共層面。第四層級是情境（situation），範圍甚廣，包括教育、家庭、醫療和健康環境、法律環境、組織機構、宗教場所、體育場館和媒體交流等方面。Power對傳播學作為一個知識領域的組建分層方法，主要是為了向外界展示這個學科具有一個有機整體性的特徵。他的架構反映了這個學科的起源、它所研究的核心問題以及它作為一個領域的各個維度的特色。

更有甚者如Craig（1999）將傳播學領域區分為七個流派：(1)符號學（the semiotic）；(2)現象學（the phenomenological）；(3)人工智能學（the cybernetic）；(4)社會心理學（the sociological）；(5)社會文化學（the socio-

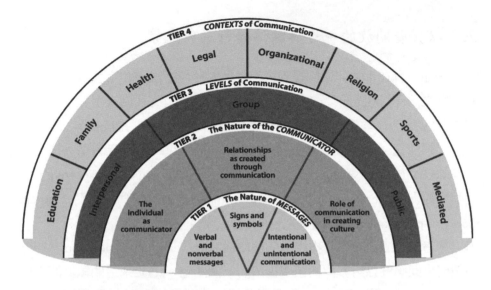

第一層：**信息的本質**
　　語文及非語文信息、標記與符號、有意與無意的溝通
第二層：**傳播者的本質**
　　個人傳播者、由溝通創造的關係、傳播在創建文化中的角色
第三層：**溝通的層級**
　　人際溝通、群體溝通、公共溝通
第四層：**溝通的情境**
　　教育、家庭、健康、法治、組織、宗教、運動、中介

圖1-2　傳播層級

資料來源：Littlejohn, Foss and Oetzel (2021). p.31.

cultural）；(6)批判學派（the critical）；(7)修辭學（the rhetorical）。他提供了一種知識的連貫性，試圖透過促進學者跨越多元的傳播理論，產生對話和辯論，並非是希望達成一個宏觀偉大理論的普遍共識。

　　我們學習傳播理論需要認識到傳播現象與溝通行為的複雜性與豐富性，在接觸不同典範的傳播理論時，能夠隨時調整自己的觀點與視角，就可以領悟傳播學的豐富與多樣性面貌了。

討論問題

1. 自1930年代開始的耶魯大學傳播效果研究，是針對希臘亞理斯多德的修辭學，進行實證主義的量化分析，請舉例說明之。

2. 以書中的假設演繹法為基礎，請選擇一個和傳播相關的現象或行為，操練一下四個步驟的科學知識建構過程。

3. 符號互動論主張任何事物的意義均是來自於我們它所抱持什麼樣的「行動計畫」（plan of action）。這個共享的意義必須經過社會互動，約定俗成之後就成為溝通的共同語言。請舉實例說明之。

4. 現在請選一個傳播行為「電視購物頻道針對旅遊產品的銷售策略為何有效？」作為研究議題，看看遵循實證、詮釋和批判三個不同典範學者，會關注的面向與焦點是什麼？

重要語彙

本體論（ontology）
主要研究的是人類存在的本質，核心的問題是探究個人對於自己的行為，在程度上究竟是受環境影響的反應較多，還是出於自由意志的選擇比較多。

典範（paradigm）
典範又可以稱為世界觀（world view），代表一套信仰系統，典範沒有對錯，只有實用性高低。採取不同研究典範的學術社群成員，對於認識論和本體論的預設或是信念會有根本上的差異。

符號互動論（symbolic interactionism）
重要的社會學理論，它主張多數人類的互動經驗是希望透過語言和其他符號系統的使用，使彼此得到共同的理解。

 傳播理論

演繹（deduction）

演繹論證是一種由一般到個別的論證方法。它由一般原理出發推導出關於個別情況的結論，其前提和結論之間必須有聯繫。

認識論（epistemology）

是探討知識的起源究竟為何，在什麼程度上知識先於經驗而存在？在什麼情況下知識是我們觀察世界之後，自經驗中得來。

操作化定義（operational definition）

操作化是具體說明測量變項所需的確實操作方式。根據操作而對某事做出具體且詳細的定義，觀察結果可由此加以分類。

參考文獻

張錦華（1990）。〈傳播效果理論批判〉。《新聞學研究》，42，103-121。

張錦華（1994）。《傳播批判理論》。台北：黎明。

張錦華（2001）。〈從Bourdieu的文化社會學看閱聽人質性研究〉。《傳播文化》，9，61-106。

彭懷恩（2003）。《人類傳播理論Q&A》。台北：風雲論壇出版社。

黃瑞祺（1996）。《批判社會學》。台北：三民。

鄭翰林（2003）。《傳播理論Q&A》。台北：風雲論壇出版社。

劉駿洲（1994）。〈實證、批判、詮釋　三大方法典範之初探〉。《新聞學研究》，48，153-167。

Adorno, T. W. (1973). *Negative Dialectics*. New York: The Seabury Press.

Adorno, T. W. et al. (1976). *The Positivist Dispute in German Sociology*. Trans. Glyn Adey & David Frisby. NY: Harper & Row.

Burrell, Gibson and Grant Morgan (1998). *Sociological Paradigms and Organizational Analysis: Elements of The Sociology of Corporate Life*.(Burlington, VT: Ashgate)

Craig, R. T. (1999). Communication theory as a field. *Communication Theory, 9*, 119-161.

Creswell, J. W. (1998). *Qualitative Inquiry and Research Design: Choosing Among Five Traditions*. Thousand Oaks, Ca.: Sage Publications.

Dance, Frank E. X. (1970). The concept of communication. *Journal of Communication, 20*(2), 201-210.

Dance, Frank E. X., and Larson, C. E. (1972). *Speech Communication: Concepts and Behavior*. New York: Holt, Rinehart & Winston.

Denzin, N. K., and Lincoln, Y. S. (1994) (Eds.). *Handbook of Qualitative Research* (1st ed.). Thousand Oaks: Sage.

Denzin, N. K., and Lincoln, Y. S. (2000) (Eds.). *Handbook of Qualitative Research* (2nd ed.). London: Sage.

Fisher, B. A. (1978). *Perspectives on Human Communication*. Macmillan/McGraw-Hill School Division.

Goffman, Erving (1959). *The Presentation of Self in Everyday Life*. Garden City, N. Y.: Doubleday.

Goffman, Erving (1963). *Behavior in Public Places*. New York: Free Press.

Habermas, J. (1968). *Knowledge and Human Interests*. Boston: Beacon.

Hall, S. (1982). The rediscovery of 'Ideology': Return of the repressed in media studies. In M. Gurevitch, T. Bennett, J. Curran, and J. Woollacott (Eds.), *Culture, Society and the Media* (pp. 56-90). London: Methuen.

Hickman, C. A., and Kuhn, M. (1956). *Individuals, Groups and Economic Behavior*. New York: Holt, Rinehart & Winston.

Klapper, J. T. (1960). *The Effects of Mass Communication*. New York: The Free Press.

Lal, Barbara Ballis (1995). Symbolic interaction theories. *American Behavioral Science, 38*, 421-441.

Lasswell, H. D. (1971). *Propaganda Techniques in World War I*. Cambridge, Mass. MIT Press.

Littlejohn, S. W., and Foss, K. A. (2005). *Theories of Human Communication* (8th ed.). Wadsworth, a division of Thompson Learning, Inc.

Littlejohn, Stephen W. Karen A. Foss, John G. Oetzel (2021). *Theories of Human Communication* (12th ed.). Waveland Press, Long Grove, Illinois.

McQuail, D. (2000). *McQuail's Mass Communication Theory*. London: Thousand Oaks, Ca. Sage Publications.

Marcuse, H. (1964). *One Dimensional Man: Studies in the Ideology of Advanced Industrial Society*. Boston: Beacon Press.

Morrow, R. A. (1994). *Critical Theory and Methodology*. Thousand Oaks, Calif.: Sage.

Penman, Robyn (1992). Good theory and good practice: An argument in progress. *Communication Theory, 3*, 234-250.

Pearce, W. B. (1976). The coordinated management of meaning: A rules based theory of interpersonal communication. In G. R. Miller (Ed.), *Explorations in Interpersonal Communication*. pp .17-36. Beverly Hills, Calif.: Sage.

Pearce, W. B., and Cronen, V. (1980). *Communication, Action, and Meaning*. New York: Praeger.

Popper, K. (1972). *Objective Knowledge: An Evolutionary Approach*. Oxford: Clarendon Press.

Popper, K. (1983). *Realism and the Aim of Science*. W. W. Bartley III (Ed.), London: Hutchinson.

Powers, John H. (1995). On the intellectual structure of human communication discipline. *Communication Education, 44*, 191-222.

Trenholm, S. (1990). *Human Communication Theory*. Pearson Publication.

Tucker, Charles (1966). Some methodological problems of Kuhn's self theory. *Sociological Quarterly, 7*, 345-358.

CHAPTER 2

符號、語言與傳播

蕭宏祺

　　本章依三部分介紹符號學概念如何運用到傳播理論：第一部分介紹傳播符號學的行為科學傳統，該傳統企圖以符號學原理，發展科學或數學模式來分析人類的溝通行為，此部分著重在人際溝通的部分，如非語言溝通，包含手勢語言、動物符號等；第二部分起將介紹歐陸結構主義符號學的傳統發展，符號學在20世紀的發展歷程中，肇始於索緒爾（Ferdinand de Saussure）語言符號學理論，法國結構主義學者羅蘭・巴特（Roland Barthes）師承索緒爾，開創符號學廣闊新境界，接下來美國學者的約翰・費斯克（John Fiske）對歐陸符號學研究傳統的整理，歸納出符號三層次意義解讀，企圖由下到上（bottom-up）地審視梳理常民生活大眾文化經驗。本章第三部分將整理符號語言學在台灣傳播研究近二十年來如何扎根發展，如何與被廣泛運用在廣告消費文化研究、女性主義與酷兒研究意識形態分析上，讓讀者對此研究取徑更有豐富的想像；最後本章介紹符號學研究方法的優點以及其限制，並介紹後結構主義的崛起。

壹、前言

　　早在人類發明記事用的符號之前，他們早已會用其他方式溝通，例如，肢體動作、鼓聲、結繩、狼煙和口語。使用語文符號來溝通，是直到人類文明發展史比較晚近的時期才出現。許多20世紀的傳播學者已經開始體認到人類生活在一個充滿符號（symbols）的世界裡，人們必須透過語文符號的創造和運用，才能界定和幫助我們理解所居住的這個世界。

　　符號學（Semiology或Semiotics）即是一門分析記號（signs）系統怎麼運作的科學，這門學科旨在探索意義如何透過記號，在人類溝通過程中被生產與傳遞；符號學者們認為溝通的基礎乃在傳播者間對於這記號符碼系統背後的規則與結構有共同的理解。這些記號系統涵蓋所有涉及文字符、訊號符、密碼、古文明記號、手語的科學；仔細想想：不論是路上的交通號誌、瀏覽器上的網址、穿著打扮、照片編輯或者任何媒體內容，包

括電影剪接時所運用的某種慣習等等，皆可理解爲符號學所研究的記號系統，也都是符號，我們現今是個符號的年代，我們活在符號充斥的社會。

由於早期的符號學偏重語言，所以semiology早期也會被翻譯成語意學，但因涵蓋的範圍過於廣闊，在西方世界的人文科學中對於語言之外的符號並未得到重視，直至結構主義20世紀下半期興起，有關符號在文化上的再現過程的研究，符號學才因此成爲顯學，當今一般所指的符號學，要算到1960年代。一般說來，目前semiotics普遍翻爲「符號學」，其中內容包括三個分支：(1)語用學（pargmatics）：考察記號與記號的使用者之間的關係；(2)語意學（semantics）：考察記號與記號的意義之間的關係；(3)語法學（syntactics）：考察某記號與該記號自己或者與其他記號之間的關係。

在這脈絡下，語言應是人類使用得最普遍、最根本的記號系統，也因如此，自19世紀末起，符號學興起之初乃爲研究語言的一門科學，但目前一般談語言的符號學已多用語言學指稱，目前符號學意義已逐漸限縮，指稱的是結構主義符號學（structuralist semiotics）。

要研究是什麼使得文字、圖像或聲音能變成訊息，就必須研究符號學，而符號學的研究領域應該包括有三個主要的研究領域：(1)符號本身，包括研究符號的種類，研究不同種類符號傳遞訊息的不同方式，以及研究符號與使用者之間的關係；(2)組織符號所依據的符號或符號系統（system），意即研究一個社會或族群如何因應自身需要，開拓發展出各種符碼；(3)符號或符碼運作所依之文化（culture），不同文化所解讀符號與符碼的運用亦不相同。

貳、符號學傳播行爲模式分析

艾可（Umberto Eco, 1976, 1984）是一位專研符號學的義大利學者，他研究記號（signs）且將理論集大成的學者；他在其著作《一個符號學理

論》（*A Theory of Semiotics*, 1976）中提出一個基本的傳播模式。他認為傳播過程可以定義為信號（signal）通過的過程。其通路運作從來源經過傳送器（transmitter），沿著媒介途徑，到達目的。假如這是一個從機器到機器的傳播過程，則信號並沒有表示意義（to signify）的力量，機器只是不斷地傳送信號訊息而已。但是，相反地，當傳播過程中接受訊息的一方是一個人時，就會發生一個「表意」的過程。這意味著信號的功能不僅僅是刺激而已，更重要的是在接收人（destination或addressee）喚起解釋的反應。不過，唯有語碼（code）的存在，此一表意過程才有可能發生，如圖2-1所示。

在上述艾可的傳播模式中，訊息來源實際上可能是說話者心中的想法，或者是一個實際事件或事件狀況。轉送器（由來源操縱）係指任何具有能力傳送信號的科技，如電燈、電腦、打字機等；信號則如音素、圖畫式符號、電擊等；傳送器沿著物理管道（physical channel）傳送信號。管道是指諸如電波、光波、聲波等。在沿著管道傳送的過程中，信號可能遭遇噪音干擾，阻礙接收。然後，信號為接收器接收，成為有條理，能夠為接收者瞭解的訊息。人類的感官接收器如眼睛、耳朵；物理接收器如擴大器等，都是執行接收信號的接收器。在整個傳播過程中，語碼為來源和接收者共同認知，表意過程才能發生。可以說，就人類傳播行為而言，其

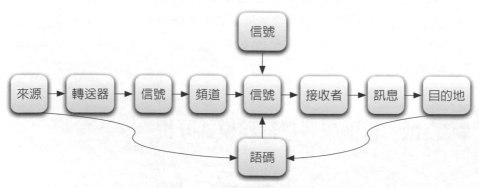

圖2-1　一個基本的傳播模式

資料來源：Eco (1976: 33).

實就是表達意義的行爲。意義和傳播的關係密不可分，而符號學正是研究媒介表意過程及其基本的原則。依據艾可的說法，語碼是一個意義系統（a system of signification），在一個基本規則（即語碼）的基礎上，一個實際出現於訊息接受者理解中的物件代表了另一事物時，就有了意義的存在。語碼可以預見在「代表」及其相關物之間既存（established）的對應關係。也就是說「語碼」（意義系統）是自主的符號建構（an autonomus semiotic construct），抽象並且獨立存在。只要接受訊息的一方是人類，或是人與人之間的傳播行爲，則必定會以意義系統爲必要的傳播條件。

　　根據艾可歸納記號產生的緣由與過程，他認爲記號的產生應當包括四個步驟：(1)現實世界中先有事物的客體與情況的存在（conditions or objects in the world）；(2)人們選取記號代表實物（signs）；(3)人們把對記號的回應存入記憶庫（a repertoire of responses）；(4)建立一套對應規則（a set of correspondence rules），我們通常稱這一套界定記號如何代表實物的對應規則爲「製碼」（code）。最值得注意的是，艾可認爲實物本身與代表記號兩者並不等同，前者是客觀的存在，後者卻只是文化知覺（cultural perception）下的產物。例如，在不同的文化中，人們對於親戚關係的認知不盡相同，因此所使用的代表符號（稱謂）的分類、數量和複雜度都不同。

　　許多媒介內容看起來是屬於相似的類型，但符號學卻假定了一個全新的文化知識，以及這種知識所涉及的特定文類（genre）。根據伯吉林（Burgelin）的說法，大眾媒介顯然並不完全靠自己的力量構塑出一種文化。媒介內容不過是整個文化系統中的一小部分而已；換言之，媒介必然屬於這個文化系統。除了訊息從其元素中提供意義之外，沒有任何人，也沒有任何事物可以決定其意義。

　　符號學研究可以用於傳播的任何事物，諸如文字、影像、交通號誌等等，作爲一種研究方法，符號學和傳統的批評方法也存在著極大差異。傳統的批評方法著重美學事物與文本內在意義的詮釋（how meaning is created）；而符號學探討的卻是意義是如何創造的，而不只是探討意義是

什麼而已（what the meaning is）。

　　皮爾思（Peirce, 1958）曾試圖將所有的記號（sign）分成三類—符號（或譯象徵，symbols）、指標（或譯指示，index）和圖像（或譯肖像，icons）。符號（symbol）是一種與其所代表的實物（object）間存在武斷、隨意（arbitrary）關係的一種記號。例如，同一個實物「筷子」在不同的時空裡，可以用不同的語文符號「箸」、「chopsticks」等代表，筷子本身與所使用的記號之間的關係是隨意的，是經由語言使用者們共同約定俗成的，依此概念，文字多是符號，雖然傳統中文象形文字造字的原則有運用到圖像的概念，一般而言，為什麼「3」代表數字三，其實背後是沒什麼道理的，是我們在文化裡的文字規則。指標（index）則是指實物曾經存在過而留下的痕跡，它與所代表的事物之間有因果關係，例如，車輪的軌跡、動物的足跡、東西燃燒後的灰燼等，我們常聽到的成語「見微知著」或「一葉知秋」也凸顯著指標在日常生活的運用無所不在。圖像（icon）則與所代表的實物之間具有相似性，例如，用畫有筷子的圖片顯示實物。比起其他兩類，圖像酷似其所指涉的物體，這在視覺符號裡尤為明顯，一般來說，相片錄影等等相似度近乎百分之百，我們出入境通關時海關檢查是靠照片來確認通關者身分，其背後的假設便是通關者需與護照上照片是近似的，我們透過地圖來理解自身所處的環境，地圖亦是種圖像，男洗手間與女洗手間門板上香菸與高跟鞋標記，都是圖像，為了清楚識別，在標示時常採取極端刻板印象中的性別圖像；不過此性別典型隨著時代改變，一方面也因女性抽菸人口增加，我們目前看到的這些圖像似乎越來越擬真人輪廓（**圖2-2a、b**）。行筆至此，讀者對於記號三類型應有概念了，不過須注意的是，以上所述這三類並不是截然區分或互斥的；一個符號可能就包含了不同類別的屬性。以我們常見的交通號誌為例（**圖2-2c**），在學校附近常見「小心兒童」的號誌，其外框紅色三角型是警告符號，裡頭亦有大朋友帶小朋友的肖像，所以此交通號誌包含了符號與圖像；另**圖2-2d**一交通號誌意義是「禁止汽車進入」，其紅色圓外框加一斜線為禁止的符號，車型居中為圖像，所以此號誌亦包含了符號與圖像。

a、b各為肖像，c、d為混合肖像與符號的記號

圖2-2　四種不同的記號

　　斐特（Peter）所說的符號學是一種批判的研究範式，他在1978年說：符號學是一種批判研究，又是一種方法論。在此意義中，符號學完全可以作為檢測我們的宇宙和我們對宇宙的理解方式的框架。透過從一般的分解觀點來重新考察過去的研究，會發現另一個有別於我們之前所想的真實（Deely, 1982）。所以符號學的邏輯思考方式，用一種打破學科界線的角度重新看世界，的確可以用於研究符號系統中的符號意義（洪顯勝譯，1989）。雖然符號學的理論目前仍待建立中。但是符號學運用的範疇卻是很廣泛的。這種研究方法，以不同程度地深入或應用於人類學、社會學、政治學、思想史、文化史、美學、文學藝術及建築學等領域（周慶華，2000）。

　　大致可以把符號學主要的研究領域分為三個：

1.符號本身：包含符號的種類，研究不同種類符號傳遞訊息的不同方式，以及研究符號和使用者之間的關係。

2.組成符號所依據的符碼或符號系統：研究一個社會或文化如何因應
其自我需要，或因應開拓不同途徑之需求而發展的各種符碼。

3.符號或符碼所依之文化：同時文化也依賴符號或符碼的運用以維繫
其存在的形式（張錦華等譯，1995）。

從以上符號學研究的焦點可以發現與讀者閱讀的文本（text）有密切
關係的。所謂文本是指涉方法論的場域，隸屬語言範疇，是一種「意符示
義的過程」，具有不斷運作的能力，可以經由意符不斷地產生、活動、再
重組而不斷擴散。一個社會的文化型態將影響文本的內容，而不同的文本
也將衍生出不同形式的符號意涵。解釋義是皮爾斯符號學理論中，符號之
三位一體（triaque）——符號表象（representamen）、客體（object）與解
釋義（interpretant）——裡的最後一個主體。此三位一體係處於三組雙邊
關係的結合體，缺少任何一組，符號即不成意義（Peirce, 1958）。符號三
位一體的三組雙邊關係如圖2-3，對皮爾斯而言，他的符號學理論重點是語
用部分的影響與探討，即解釋義在形成符號意義時的角色與運用。

皮爾斯以邏輯學的觀點，強調符號的「三位一體性」。因為符號是
由媒介、指涉對象和解釋等三個要素所形成。皮爾斯認為符號經過解釋之
後，也可以形成另一個符號，而且這樣的解釋過程可以無限延伸，直到解

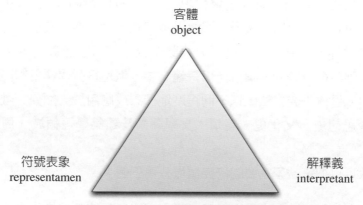

圖2-3 皮爾斯之三位一體符號的三邊關係組合圖式

資料來源：Peirce (1958).

釋者認為滿意或足夠為止。因為如此，最原始的符號具與符號義與後續詮釋的結果，產生極大的落差，而成為一種迷思。因此可能產生只知其然而不知其所以然的狀況。

　　學者們在比對符號、語言和意義三者間的關聯性時，奧古登和理查茲（Ogden & Richards, 1923）特別強調符號的表徵性，並提出了有名的「意義三角形」（Ogden and Richards's meaning triangle）。符號（symbol）、所指示的實物（the referent）和思維（thought or reference）分據這三角形的三個頂點（**圖2-4**）。其中思維和另兩者之間有因果關係存在，但是符號與實物兩者之間，卻需要透過人的思維才能建立間接關係。換言之，「筷子」這個符號原先與兩根等長度的竹條（實物）之間，並無必然的關係。但是，當使用者在特定的文化認知下，瞭解那兩根等長度的竹條的用途後，決定給它們取名「筷子」，於是符號和實物間就產生了聯結。若是當初使用者給這兩根短竹條取名「錘子」，語言使用者也會照樣稱呼，這完全取決於人們的思維過程。無怪乎有傳播學者提出「意義存在於人身上，而非語詞上」（meanings are in people, not in words）的說法。

　　美國的傳播學者德維託（DeVito）更進一步闡明訊息的意義與人的思維間的密切關係，他認為：意義是訊息本身和訊息接收者的思想和感覺交相互動下的產物。他說：「我們並不是被動接受意義，而是積極創

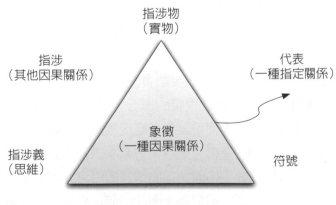

圖2-4　符號與語言

造意義」（We do not receive meaning, we create meaning）（DeVito, 1989: 164）。當我們體會某種經驗和感情而想表達給他人知道時，我們通常只能用少許幾句話表達，而這寥寥數語只能表達我們的經驗和感覺於萬一。因此，我們永遠無法完全明瞭另一個人真正的感受，我們充其量只能根據他所說的寥寥數語去揣摩而已。

此外，語言的意義和文化的認知（cultural perception）有密切不可分的關係。當人們遭遇新情況和新事物時，我們無法用既有的字眼和語詞加以描述和形容，在這種「無以名之」的情況下，我們就會創造新的語詞去稱呼他們，或將舊有的語詞賦予新意。這些例子在外來語中不勝枚舉，例如歌迷（Fans）目前在中文已多用粉絲取代，極少數人會把粉絲想成冬粉；「你到底hold得住還hold不住啊」，8+9也是指陣頭的少年，有時有貶損之意；「北七」、「七逃」也是台語不斷融入日常對話之例。另外，同一個語詞的涵義會因為時代的不同，社會的變遷也改變了原有的意義。例如，針對早餐店的老闆娘指稱的「帥哥」或「美女」其實大多人應該沒有被恭維的感覺，通常這些詞彙只是用來指稱不認識的顧客；許多廣告詞常運用這種語意的改變來創造幽默感，例如現在偶爾可看見韓風拍貼機，「不自拍下凡來幹嘛」一句話把凡夫俗女講得充滿仙氣。

學者們更認定：語言塑造了人們對世界的認知（Whorf, 1956）。換言之，使用不同語言的各民族因為受到語言文法結構的限制，他們的思維習慣以及對世界和周遭事物的觀察，也會有明顯差異。這就是引發許多爭議的「沙皮爾—沃爾夫假設」（Sapir-Whorf hypothesis）。沙皮爾—沃爾夫假設主要的兩個論述為「語言決定論」及「語言相對論」，「語言決定論」認為語言決定思考模式，語言的用法或結構會反應出人類的習慣或模式，因此，一個民族越重視的部分，語言切割越細緻（申小龍，2000）。簡單來說，語言的使用雖然反應民族的世界觀，卻也限制了思維的模式，還決定了我們的邏輯、生活和情緒；語言相對論則進一步看待語言決定論的另一深層意義，不同語系的語言看待世界的方式就不同，因此也呈現了各種語言彼此間的相對性，因此任何民族的語言都與其文化、生

活環境的需要而生長和變化。例如，沙皮爾從研究美國印地安人的侯琵族（Hopi）語言發現，侯琵人對時間的認知與西方世界的民族大異其趣。西方人的語言有現在式、過去式和未來式三種時態，將時間視為直線，可以找期間到動作發生的定點標幟；侯琵人卻認為時間是一種連續進行和累積的過程，不太適合用三種時態來分割。卡羅（Carrol, 1956b）則認為從比較各種語言的字彙，就能看出說某種語言的民族所重視的事物。例如，愛斯基摩人生長於冰天雪地的環境中，對於雪的認識特別細膩深刻，因此有幾百個關於雪的字。終日與駱駝為伍的阿拉伯人，有幾百個關於駱駝的字眼。居住在西伯利亞的楚克奇人（Chukchee）以鹿為主要蓄養的家畜，他們有二十六個描述鹿皮的顏色的字，和十六個形容鹿的年齡與性別的字（Carrol, 1956a）。至於中國語言裡關於親戚關係的稱謂特別多，有「伯、叔、姑、姨、舅、嬸、妯娌、連襟」等血親和姻親的稱謂，比英語和其他歐陸國家的語言關於親戚關係的字多，可見得中國人比西方人重視家族和親戚關係。

魯需和濟思（Ruesch & Kees, 1956）曾把人類用來溝通的工具分成七類：外表和穿著、手勢與動作、隨興的行為、行動的軌跡、聲調語氣、口說的言詞和書寫的言詞。這其中屬於語文的只占了其中兩項。儘管如此，語言卻是使人類有別於其他動物，而成為「萬物之靈」的主要關鍵。語言具有許多獨特的力量和功能，學者們（DeVito, 1989; Trenholm & Jensen, 1992）試圖區別語文和非語文符號兩者間的差異。以下是學者們歸納出的五點差異：

第一，語文符碼和非語文符碼又稱為數位式符號（digital codes）和類比式符號（analogic codes）；前者是由各自獨立和分離的聲音與意義組成，後者則是自然而連續發生的現象。我們且以液晶顯示的數字錶計時法，和日晷或沙漏計時法做對照和比喻。語文符碼所顯示的是一個隨著一定時間間隔而改變的數字，日晷計時則是反映出太陽在天空移動的經過，人們由太陽照射形成陰影的長短與角度變化來計時；前者是屬於非連續性，後者則是連續性的。

第二，人們可以使用語文符碼創造出新的語句和意義，並且可以超越時空的限制。換言之，人們可以用語文述說過去發生和未來即將發生的事物，談論不存在眼前的事物，以及從未存在過的事物。然而，非語文的符碼卻只侷限於現在式的時空，很難用純「非語文符號」來描述過去、未來，以及抽象的意念。

第三，人們可以使用語文討論抽象的觀念、做哲理和邏輯性思考。例如，數學公式的運算和推演都屬於抽象觀念的發展。

第四，語文符號有自反性（self-reflexive）。我們可以用語文來界定和討論語文本身。例如，某人失言得罪了朋友，他可以針對自己那句不得體的話重新做界定說：「我剛才是開玩笑的，請別當真。」這後一句話是對於先前那句話的訊息做一個註解，又稱為「超層次溝通」（meta-communication），它主要的功用是提示別人，應當如何去理解先前那句話的真正涵義：把先前的話視為戲言不要追究到底。這種自反性是非語文符號所缺乏的特質。

第五，任何一種人類的語言都可以傳遞到後代，人類習得語言是不斷練習使用的過程；非語言符碼則隨著時間改變迅速，就像穿著、時尚等等，九分褲現在時尚，可顯出腿長；但過往有段時代會被認為是貧窮，長高了還穿童裝。

參、歐陸的符號學文化研究傳統

根據杜克洛（Oswald Ducrot）和托多羅夫（Tzvetan Todorov）在《語言科學百科辭典》中的說法，在第二次世界大戰之後，符號學整合不同民族的學說，尤其是蘇、美、法。在蘇聯，符號學的發展，則是自1960年代受到電腦資訊理論的影響，專門研究系統。自1960年代以後，符號學專門學術研究組織、出版刊物如雨後春筍般出現，其中1969年國際符號學協會定期出版學術性專刊《符號學》（Semiotica）在巴黎成立。而在法國受到

李維史陀（Claude Lévi-Strauss）、羅蘭·巴特（Roland Barthes）等人的影響，符號學轉而研究與語言具有相同功能的社會形式（例如親屬系統、神話、流行文化等），和轉而研究文學語言（Briggs, 1979）。許多歐洲學者陸續嘗試在各學科領域，以符號學重新審視其意義，其中以人文學科，如文學、邏輯、美學、建築、設計、語言學、電影、音樂、戲劇等領域；在電影符號學方面，電影符號學的創始，終於確認電影是一種語言，但這種語言卻是存在於知覺所給人的符號意義，也就是經過「符碼化的訊息」（coded message）。

　　現代符號學一個強大的源頭是上世紀初瑞士語言學家弗迪南·德·索緒爾（Ferdinand de Saussure），這個學術取徑泛稱爲「結構主義」傳播分析方法，在1920年代萌芽、1970年代達到全盛。結構主義認爲以自創的語言、文字、圖像等符號來表達所處社會裡的某些意義與價值，因爲有一套眾所接受的符號系統，人們才能彼此溝通、理解對方的想法（陳澄巧，2006：94）。而結構主義的興起可追溯到三種語言學的研究方法，首先是索緒爾的語言學理論，因其概念在傳播理論運用甚廣，本章底下將其起源與運用詳細介紹；另一起源係爲俄國形式主義文本分析，如同字面上的意思，此派主張對文本作形式的研究，認爲所有文本的分析都應做結構的分析；此一源頭以語言學家波普，根據對《阿法納西耶夫故事集》裡一百個俄羅斯神奇故事所做的形態比較分析，從中發現了神奇故事的結構要素，即三十一個功能項，以及這些功能項的組合規律、它們之間的相互關係以及它們與整體的關係，這構成了全書的軸心。最後一個結構主義語言符號學重要源頭爲李維史陀，他於2011年辭世，算是少數幾個從20世紀活躍至21世紀的大師，他研究古希臘神話，主張「習俗系統」，企圖用神話結構來揭示社會本身的內在關係，並說明某些普遍性的社會現象；他認爲結構與功能間有密切的關係，結構是功能的基礎；結構是先天具有的，是主觀賦予客觀現象的結果。

　　在19世紀末，當所有的語言家都致力在語言系統的起源與流變時，索緒爾獨鍾於語言此時此刻的功能分析，他關心那些日常生活的語言實踐如

何在特定的語言環境中生產意義，他提出語言系統是一種「差異系統」，字詞間的差異產生語言的作用，溝通者因此而理解；他的說法有別於傳統語言學以一個文字符號對應一個意義的「一對一」架構。對索緒爾而言符號的意義只有在和其他符號的「差異」關係以及它所從屬的社會脈絡或語言環境（簡稱語境）對照之下，才能顯現出來。說明差異關係最簡單的例子爲「男人」與「女人」這兩組字，這兩個觀念少了任何一方，另一方必定模糊不清，正因兩這句有所差異，才能凸顯個別有差異。索緒爾藉由他自己以及他的學生上課的筆記中摘錄而成，在1916年出版了《普通語言學教程》（*Course in General Linguistics*）系列書集，在該書集中索緒爾定義了二元群組（binary of sets）的結構性元素，諸如語言活動（language）／語言（langue），說話（speech）／話語（parole），符旨（signified）／符徵（signifier），結構體和聯合相關性，共時性（synchrony）／歷時性（diachrony）。他將語言行爲分爲兩個部分，一是實際說出來的「話語」（parole），另一是隱藏在表面話語之後的「語言」（langue），認爲語言學研究應該以研究後者爲主，以研究前者爲次。索緒爾認爲以往分成語法（造句法）和詞法（形態學）兩大部門來研究的方式並不能讓我們瞭解語言之本質，因爲這樣做，仍然是把語言簡單地視爲只是一個擴大了的「分類命名集」，以爲世界上先有各種事物存在，然後我們再派給它們不同的名稱，並沒有正視語言本身是個社會（集體）的和心理（思維）的存在物這個事實，因此沒有把屬於社會心理的內部結構部分和屬於個人心理兼生理的外部變化部分澈底分離開來。

也因此企圖，索緒爾視語言爲他所謂「符號學」（sémiologie）的主要應用領域。他利用「符號具」（signifier）與「符號義」（signified）兩概念來分析符號：「符號具」係爲感官所接受到的物理刺激，例如一個聲音或一個字；而「符號義」則是「符號具」刺激感官後，訊息接受者在心中所呈現的心像，例如看見「狗」一字（符號具），訊息接收者心裡浮現著一隻四腳動物（符號義）。索緒爾將符號區分成「符號義」與「符號具」此兩個互不從屬的部分之後，確立了符號學的基本理論，此創見深深

地影響了現代語言學的發展歷程，構成了現代語言學的基本內容，構築了此後語言科學的基本框架。

　　「符號具」與「符號義」之間的關係除了武斷、隨意，透過約定俗成的方式來確立這關係外，別忘了「符號具」與「符號義」之間的關係是文化的結果，我們或許很容易體會「符號具」會隨著所使用語言的不同而不同，不過更須注意的是其實隨著文化的差異，「符號義」也會有很多差異，例如東亞係為米食社會，把我們熟悉的米字，翻成法文，雖然不同的「符號具」似乎指涉著同樣的「符號義」，不過法國人對米的想像也許是燉飯，我們的想像也許是大同電鍋煮出來的白米飯，這是「符號具」與「符號義」在共時性的延異。除此之外，艾可（Eco, 1976）更指出這「符號具」與「符號義」關係是短暫的，因而同一「符號具」與「符號義」可與同一組「符號具」與「符號義」形成關係，產生新的符號；也因為這樣的延伸拓展，符號具有多義性（polysemic），而且其所指涉的「符號義」其實得依賴其情境脈絡來決定，所以我們可以說符號代表亦有其情境性（situated）。例如晚近在政治、時事議題下有網友常用「1450」指稱民進黨支持者、「憨粉」也因為跟韓諧音來指涉韓國瑜，目前對民進黨支持者最常用的指稱則為「塔綠班」，這原為伊斯蘭原教旨主義恐怖組織塔利班Taliban，常意譯為神學士，在網路上網友替藍綠支持者所使用的標籤所以這個例子說明了符號具所連結的符號義可以依情境而改變。同樣的例子在新世代語言中不勝枚舉，例如根據劉慧雯（2002）研究舉例，在年輕人的團體溝通中，用「520」的諧音表示「我愛你」；然而同樣的數字「520」對某些政治團體來說，卻意味著社運史上一個重要的里程碑：「520事件」，是故「520」這一個由三個數字組成的符號具，在不同的語言社區中，指向不同的符號義。

　　索緒爾對符號學研究範圍有此一界說：「符號學是研究既存在社會結構下，各種符號的科學。」在符號學者眼中，「文化」不單純是某個民族精神與物質文明的總稱，而被視為一種可解析的「語言」；或者說是包含著操縱某一社群團體的種種「論述」，也因此，索緒爾與其之前的語言學家最

大的不同在於他特別注重語言的共時性（synchronicity），意即同時間兩種或兩種以上的表意系統，同時發生的一種「意味深長的巧合」（meaningful coincidence），其中包含著某種並非意外或所謂「偶然性」的東西；此種觀點有別於19世紀對語言歷時性（diachronic）的關注，側重語言的歷史發展、累積及其變化的分析。共時性觀點認為──某一時間點上的一種語言是自足的功能系統──此觀點也廣為後世一般學者所接受。索緒爾對現代語言學的另一個巨大貢獻即是認為語言學的主要研究對象應該是口語，而不是書面語；他的原著用法文書寫，他的著作主要透過英國牛津大學語言學家哈利斯（Roy Harris）所翻譯，這些後來被廣稱為結構主義語言學家有個共同信念，強調語言不是反映外在客觀真實；語言其實是受使用者集體社會互動所形塑與建構，更重要的「意義其實是被語言創造出來的」，這與索緒爾之前的語言學家，大多默認「語言創造意義」剛好相反。

因為符號意義之產生是有其情境性的，也就是我們常說的「此一時，彼一時也」，視狀況而定，端靠該符號是怎麼被放置在一個文化體系中，也就是說，我們必須從結構關係裡去尋找意義。例如，像「台灣黑熊是什麼？」這樣的問題，我們把它轉成一個符號學的問題來問便是「『台灣黑熊』這符號代表什麼？」，索緒爾認為此問題只能透過問「『台灣黑熊』這符號不代表什麼？」的方式來回答。「台灣黑熊」意義的產生，端靠此符號如何與其他符號區隔來確立：台灣黑熊可以是非人類、非北極熊、非球隊或非吉祥物等等。

以下舉例可讓我們理解意義如何在文化體系中被生產出來，例如戴資穎不只曾稱冠世界羽壇，其代言數量也是冠軍。「你，勇於挑戰自己，除了打破世界紀錄，更想突破限制。」這句廣告詞近來在YouTube上不斷重複播放，世界球后戴資穎（又稱小戴），堅定地唸出「連續贏得市占No.1」，同時也像是在宣示「我，戴資穎，就是世界No.1」。我們思索在此體系的意義，也得由她以外的符號明星來決定，也許要回答這問題，應該改問：為何不是王齊麟？為何不是李洋？

繼續想回答上述的問題，索緒爾提供了一套分析框架來解釋意義

如何與體系結構發生關係，他認為符碼（code）的組成是藉由系譜軸（paradigms）之選擇及毗鄰軸（syntagms）之組織組合（combination）所形成。系譜軸是從一組符號中選擇出，毗鄰軸則是將符號組織成為訊息。以英文為例，「以英文單字作為一個符號，則字母就是系譜軸，而組成的英文字就是毗鄰軸，若以英文單句視為符號系統，則組成句子的單字就是系譜軸，整個句子是就是毗鄰軸」（倪炎元，1999）。一般而言，表義二軸說即指系譜軸與毗鄰軸而言（syntagm et paradigm），它代表語言表達時的毗鄰關係與聯想關係。它是語言符號學家索緒爾依據「語言來自對立」的概念，所建立的三組符號學解析理論中的一組（劉慧雯，2002：204）。

藉由分析**圖2-5**的《女朋友。男朋友》電影海報，劇照的組成含有許多元素，整個視覺的組成，便是「毗鄰軸」，其呈現的形式包括影像、文字等。而其「系譜軸」則為個別的組成元素之選擇。例如，在毗鄰軸方面，我們討論的是整體的組合，先談影像，我們從側面看見兩輛摩拖車在夕陽中前進，前輛的男駕駛（張孝全），朝鏡頭這邊望來，前後都有背包，似乎是要遠行，也窺探後方這組男女是否跟上；後方男子（鳳小岳）騎車

圖2-5 《女朋友。男朋友》劇照

資料來源：原子映象。

尾隨，目視遠方，神情自若，後座女孩（桂綸鎂）臉頰輕貼著他的背，閉目擁著他；這三人前前後後，目光沒有對焦，張孝全似乎看著鳳小岳，鳳小岳目視無限遠方，桂綸鎂輕闔雙眼。中間的文案這樣一句，在視覺上將前後摩托車分開，似乎替三者的微妙關係下了註解：「我們都該有兩個情人。一個愛我的、一個我愛的。」我們也許會問，這裡的我們，指陳的是該部電影的信仰，認為一般人活在世上感情生活的最好狀態；還是這三個電影主角的內心獨白？為何愛我的跟我愛的不會是同一個人？這三人是怎樣的關係？電影海報在片名之下，8/3情人還是朋友，成功地勸說觀眾進戲院，答案即會揭曉。

在系譜軸方面，同張海報的視覺呈現，造就了現在大家所看到的這張海報，在製作之初，被選上的各個元素，其實都是打敗了其他很多替代的選擇，所以系譜軸上其他的選擇，都沒出現在海報裡；例如，他們三人可以同時往鏡頭邊看、張孝全可以不背背包、桂綸鎂可以不穿牛仔衣穿套裝、桂綸鎂可微笑直視等等，我們可輕易地舉出很多系譜軸上的其他符號選擇，但不論如何，最終的總體呈現，告訴我們決定的結果。簡言之，毗鄰軸乃是實際出現的水平鏈，是製碼者依某些形式上的慣例或原則，連結一些被選擇出來的符號元素，組成一組想與閱聽人溝通的整體；而系譜軸則是隱而未顯的垂直軸，此軸有「等位」與「對立」兩種特性，等位意指在垂直軸上的符號，共享著某種相同的特質，例如為何不穿套裝而穿牛仔衣？套裝這個垂直軸上的符號，都是衣類，可以替代牛仔衣，這是等位的概念，「對立」的特性意指著因為對位，在此情況下只能擇一，有牛仔衣則排除套裝這符號元素的選擇。

根據Fiske與Hartley（1978）在《符號學要義》一書中對於符號的概念，符號有三個意義化的層次（van Zoonen, 1994；林宇玲，2003、2004）：這三層意義由外顯到深部隱晦依序為明示義（denotation）、隱含義（connotation）以及意識形態（ideology）。第一層關切的命題是該符號是什麼（what）；第二層關切的命題為該符號如何（how）組成現在的樣子；第三層處理的命題是更深層的，為什麼（why）此形象會被建構

出來，此部分就需要更精緻的分析。林宇玲（2004）綜合上述，彙整出**表 2-1**，可協助我們理解此意義的三層次。

　　第一層為明示義，其符號具外觀之具體、外顯且可見的符號明顯的意義，例如上述電影海報中的摩托車，是二輪、耗油的交通工具，這階段我們將符號的解讀留在其符號具外觀。

　　第二層包含隱含義（connotation）與迷思（myth），一個符號的意義並不是因為它與世界中的某樣事物有絕對的對應關係，而是以彼此之間的關係來產生意義的，所以將第一層的符號體系嵌進文化價值體系之內，而有其符號的意義。底下依序解釋隱含義與迷思。

　　在隱含義方面，一般來說，有三種解讀策略（O'shaughnessy & Stadler, 2008）：第一為在美學傳統（aesthetic convention）上的解讀；第二為社會或集體（social or collective）上的意涵解讀；第三為個人經驗上（personal）的解讀。一般來說，我們每天都不斷在解讀符號的隱含義，不過若某些人被稱為專家，也許就是因為他們擁有比較豐富精緻的解讀參照工具，而且在媒體美學傳統或社會集體層次方面，有豐沃的參照資訊。本章依上述三個解讀策略一一解說，在美學層次，我們關心符號如何透過某種美學上約定俗成的形式被組織起來，比如，我們會談到該影像是中景（medium shot），光源似乎是從左方偏上方，是黃昏或凌晨，所以三位主角輪廓清楚但反差不大；整張版面構成（composition）雖是平衡，卻帶來一種緊張，三位主要人物有前有後：在前方的張孝全似乎在意跟在左後方的機車可能落後太多會跟丟，所以微微回頭；而事實上鳳小岳騎在快車道，理當是要超車，但他沒有，這樣距離感是緊張的，因為快車道的慢

表2-1　符號三個意義化的層次

第一層	明示義	實際出現的內容 毗鄰軸：組合（combination）
第二層	隱含義	系譜軸：選擇與排他 說明文本的權力效果
	迷思	
第三層	意識形態	

資料來源：林宇玲（2004）。

車，慢車道的快車。張孝全不知應該加速前進，不過如此一來在前的他無法知道他在意的鳳小岳在哪；還是就乾脆落後，讓鳳小岳超車；在這追逐遊戲裡，張孝全眼神茫然、幽怨；鳳小岳篤定自信，雍容地決定自己的速度。以上這些美學上的推論，雖然有些是作者主觀的想像，但作者表意過程不斷參照著電影語言傳統，述說著是電影場面調度（mise-én-scene）心理語言。再進一步，作者審視該圖，參照台灣社會發展軌跡來進行社會性解讀，摩托車似乎意味著行進、穿梭、流動，承載著一人或兩人以最低成本的方式逃離讓我們憂傷的地方，或帶我們回到屬於自己可安身立命的家；還有，他們似乎騎的是80年代年輕男性工人階級常騎的野狼機車，但是他們不像工人，所以應該是尚未累積資本的大學生；從他們未戴安全帽的感覺，似乎是在台灣未澈底執行要戴安全帽之前，由此可判斷這大概是台灣的90年代，以上這段陳述，隱含義雖然有許多是個人的解讀，但遵循著對台灣社會發展的理解。最後一種隱含義為比較個人層次的，比如有一大學生看到張孝全在海報的樣子，就覺得很不喜歡，細探原因，原來是張長得很像她以前劈腿的男友，她特別說那張孝全騎車無辜的感覺，真的很欠揍，我們實在無法理解這個個人性解讀，除非我們跟她有共同的生命經驗，這也應該不是該海報想傳達的，不過這也是由個人經驗出發協助個人生產出隱含義的一種方式。

在迷思（myth）方面的解讀，關於迷思這字，一開始為巴特所用，在中文一般的理解是指錯誤的想法，但是根據費斯克的說法（張錦華等譯，1995），他希望巴特不是一開始選擇用迷思這個字眼，因為這用字讓讀者想像的跟原先巴特所陳之迷思意義出入頗大：一般迷思係為不相信者用來指陳某種錯誤的說法，而事實上巴特所指的迷思是神話故事，指的是文化透過某套敘事瞭解了現實與自然，他所指陳的只是那一套用來理解社會現實的思考方式，對於其與意識形態上的構連在此階段是存而不論的。例如對於台灣警察通常有下列幾種迷思：是男性、穿警察制服、通常要開交通罰單搶業績、稱謂可能叫警察杯杯（伯伯）等等，這套既定的迷思在入碼前普遍存在，有助於某些符號的入碼，所以當我們看見像伯伯的男性、

身穿制服的媒體再現，我們可迅速解碼；如果這套符號相差甚鉅，例如一個稚氣清癯的美少年，即便穿上警察制服，我們都懷疑到底我們有沒有認錯。當然，迷思大多是用來鞏固或維繫社會上享有霸權（hegemony）的優勢（dominant）信念；它是一套既定的、符合統治階級的利益的解讀方式。在思索迷思的概念裡，我們可透過置換系譜軸上的符號，進一步比較分析一些未出現的對峙符號，來看看這樣的視覺呈現究竟受怎樣的文化規範。例如，為何不是桂綸鎂騎車在前面自信向前，鳳小岳小鳥依人在後面，這樣呈現感覺上的不協調，我們可說這呈現其實反映著性別角色的迷思；當然，這個部分的解讀只是舉例，這樣的迷思，不是這張海報的重點；一般我們批判的迷思，通常是在廣告上與銷售結合，透過迷思販賣商品。

　　第三個層次為意識形態，此層次係為符號最深層的意義，反映出文化用來組織和解釋現實的廣泛規則。意識形態研究批評了社會中經常性存在的各種被視為理所當然的（taken-for-granted）價值的討論，與馬克思主義批評有著密切的關聯，從最早期馬克思學派最核心的關切：階級差異，到法蘭克福學派稱這類大量複製的文化產品為文化工業（Horkheimer &

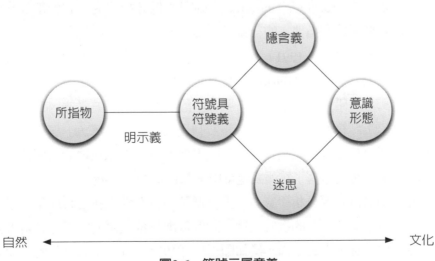

圖2-6　符號三層意義

資料來源：參考van Zoonon (1994).

Adorno, 1972），並且認為在資本主義經濟利益主導的情況下，一切人文化成、心理需求都成為生產體系中的一個環節，不再具有文化應給予人們的積極意義。伴隨著馬克思主義既有的概念，例如：消費社會（Bocock, 1992; Snook, 1990）、資本邏輯（Campbell, 1994; Lofgren, 1994）、文化霸權（Gillian, 1982）等，到女性主義批評，又是另一個重要意識形態批判。有關意識形態與媒體，請見本書第六章。

 ## 肆、本土研究與結論

台灣傳播學術圈引進符號學方法研究大約是1990年代初起，符號學分析取徑被廣泛援用來檢視台灣進入後資本主義符號社會的消費文化；有鑑於現代消費品的特徵便在於它們豐富的符號性，也就是說消費物品大多意指著自身以外的物事，如貂衣曾代表高消費品味，而現在可能更代表反環保。許多本土傳播學者開始把廣告、服飾、宴席、KTV等日常生活的文本與傳統精緻藝術代表如雕塑、繪畫、歌劇、聲樂等量齊觀，著手用符號學方法將之全當成文化品（cultural product）做分析研究：它們都是文化品，因為它們都是意指他物的符號（signs）。

1990年初唐維敏（1991）針對「司迪麥廣告」所進行的分析，是援用結構主義符號分析的方法的濫觴，以當年喧騰一時的電視廣告為對象，為90年代台灣傳播研究掀起了消費符號分析的研究浪潮；方孝謙（1996）利用「符號學工具箱」分析《中國時報》刊登全版的「台灣魚」廣告；他發現透過該「台灣魚」文案圖片，該符號不僅傳遞了「以在地的角度觀看台灣」明示義，而且透露了該報系進軍中南部市場的隱含義。

此時傳播符號學分析研究有一大支循著西方女性主義自1960年代以來的發展，結合女性主義的批判角度，對廣告進行批判研究，這些分析批評了女性形象在廣告中的建構，例如顧玉珍（1991）分析不同產品的電視廣告，指出其中女性位置所帶有的意義，該研究關照廣告文本解讀過程中，

社會價值與意義的切入。分析中，作者以男女二性在廣告影片中所占有的位置為主要標的，詳盡討論二性所分別具有的職業、可信度、權威、主導／依賴關係等各種有關兩性關係的「預設」。認為女性被視為「性慾」的物體；女性形象被視為是從屬、被動的（林宇玲，2003、2004）。1990年以降，女性主義符號學研究仔細爬梳台灣廣告再現對性別的社會建構是如何過度簡單、刻板與二元對立，批判了本土廣告對性別（gender）的建構。與西方國家相似，本土的廣告符號學分析顯示1990年代前女性在廣告中不約而同地呈現出家庭主婦或母親的角色，是依賴於男性的、缺乏理性，甚至有些「天真愚蠢」。而男性在廣告中的形象正好相反，他們在廣告中以各式各樣的職業身分和角色出現，獨立而自知，是客觀的、理性的和有知識的（林芳玫，1996）。

不過隨著女性主義運動的發展，女性獲得了一些社會權利，廣告中對女性形象的建構也開始豐富起來，女性不再只是家庭主婦，她們也走出家門走上了工作崗位。晚近關注女性與媒體再現的本土研究，更顯得多元豐富。學者逐漸在符號學研究之外，更進一步加入了文本分析和內容分析，試圖同時使用多種方法，除了批評廣告對女性形象建構外，並嘗試解構、鬆動其既有的性別建制；所分析的廣告文本已逐漸從單純女性角色形象擴大到新男性角色（new men）、新的家庭關係與種族等等，期盼將女性放在更複雜的認同類目網絡中檢視。例如徐振傑（2004）從符號學的角度出發分析女性商品電視廣告，試圖瞭解之中其新男性形象以及再現意涵；陳志賢、蕭蘋（2008）分析了汽車廣告中所再現的理想家庭；蕭蘋、張文嘉（2010）分析1984-2003年麥當勞電視廣告中的家庭形象；陳春富（2011）亦用符號學方法來解析房仲電視廣告中的家庭圖像與性別關係。

1990年代台灣風起雲湧的同志公民運動中，許多學者亦在符號學分析中找到論述的力量，同為性別平權運動中的一環，酷兒理論（queer theory）傳播符號學者面對的最為關鍵的挑戰就是長期瀰漫在學界的性別二元對立主義（Kates, 1999）。性別二元對立主義的性別觀長期以來被大家視為理所當然，成為一種性別刻板印象：生理性別為男性的人，天

生具有理性、強壯、主動等特性，即「陽剛氣質」（masculinity）；生理性別爲女性的人，天生具有感性、脆弱、被動等特性，即「陰柔氣質」（femininity）；這種性別刻板印象還視異性戀的性向爲唯一正常的性向（heteronormativity）。酷兒理論對這種性別刻板印象進行了批判性解構，將生理性別（sex）與社會性別（gender）區分開來。例如李思穎、蘇默蓉（2012）即使用符號學分析方法與酷兒理論，針對中性化女性張芸京與李宇春的廣告，探討廣告中如何建構中性化女性的符號價值，及其在文化領域中所反映的迷思及意識形態。

　　茲援用蕭蘋、張文嘉（2010）的研究爲例，說明如何運用上述符號學三個意義化的層次，解讀傳播媒體文本，該研究分析自1984年麥當勞進入台灣市場的二十年間所製作播出的電視廣告如何建構麥當勞金色拱門的符號價值，以及它在文化領域中所具有的宰制及其複雜性。經由作者們檢視分析，發現在麥當勞電視廣告的文本中，以「現代」、都會、中產階級、由一夫一妻與一子一女所組成的異性戀核心家庭，主宰了廣告中所再現的家庭形式。**表2-2**係由本章作者參考蕭蘋、張文嘉（2010）在該文中所舉之麥當勞1986年「上班篇」的廣告，這廣告是如此敘說家庭：廣告一開始，在西式花園洋房的門口，穿著西裝、提著公事包的父親，趕著上班，冷漠地一再拒絕小女兒懇求他看一眼畫作的要求，母親則只在旁沉默的爲丈夫整理儀容、遞上汽車鑰匙。直到父親坐上駕駛座，不經意的瞄了一眼女兒的畫作之後，他的態度才有所軟化轉變，他不上班了，轉而帶著孩子到麥當勞買餐，然後至動物園享用與遊玩。

　　在2015年隨著智慧型手機與社群平台普遍，迷因圖（Meme）亦常成爲論文研究的對象，這種扭轉既定的符號規則來創造新的語言意義，常常在許多政治行動中出現。《關於我和鬼變成家人的那件事》（2023）故事融合喜劇、動作、靈異、奇幻及LGBT等多元的類型議題，其海報設計十分挑戰我們對這符號體系的創新，「死Gay」、「死了還要愛」、「哈哈笑死」等等，都是熟悉台灣流行文化的用語，在這過年時期談死傳統十分避諱，該片發行團隊也勇於挑戰這個禁忌，或許深知訴求對象根本不在

乎;抑或是在同婚通過的台灣目今社會已經可以接受這些幽默。當然這可分析的線索很多,包含該片的宣傳用了大量紅色來「沖喜」、淡化冥婚與鬼等等不吉祥的意涵。

一般來說,廣告視覺符號的三層意義,分析如**表2-2**。

符號學的分析方法,近二十年來在台灣被廣泛運用到美術、設計、建築、文化創意產業、台灣研究等等。最後,本章將簡約說明這套理論的貢獻與限制。在貢獻方面,將之歸納成四方面:

第一,符號學對於處理文本的特定性(particularity)提供一套標準、容易執行的解讀程序,如果研究者覺得自己深陷泥沼,我們可以尋求這套標準。

第二,符號學方法強調文本與文本間、文本與社會的關係,這樣的過程中,我們可以不陷入辯論究竟原文本創作者的企圖,例如針對之前解讀麥當勞廣告的例子,我們無需回到1980年代,探索原先廣告代理商是誰?他們當時在想什麼?這些線索對於閱聽人在解讀時幫助不大,誠如巴特「作者已死」,符號學方法讓我們昂首闊步、邁向迎接文本新生命的大道,讓我們不會對文本作本質化解讀。

表2-2 麥當勞1986年「上班篇」的廣告三個意義層次分析

明示義 核心家庭	隱含義 幸福的現代核心家庭	迷思
・第一級符號具 ・一對夫婦與女兒 ・母親角色僅出現背面,幫父親理衣整裝 ・洋房 ・父親開豪華車 ・父親無暇看女兒的畫作 ・麥當勞為吃早餐之處	・第一級符號具 ・現代都會中的中產階級,少子(僅有獨生女) ・父親為唯一家庭收入,全家支持父親養家 ・認真的父親成功地在1986年的台灣顯示為高級住宅區 ・儘管分身乏術,認真的父親事業成功 ・麥當勞讓父親重新關注女兒,促進父女家庭關係	・消費麥當勞能凝聚、彌合親子關係,藉此獲得家庭的幸福 ・幸福的家庭根植於全家成為父親(一家之主)的事業後盾,一起支持父親 ・以異性戀為核心,有一獨生女的家庭,為現代資本主義社會的基石

第三，尤其在分析時我們將符號分成「符號具」與「符號義」，這樣的過程某東西總是代表著另一種東西，這會不斷提醒我們意義不是現實生活原封不動的拷貝，意義乃為「社會建構過程」（meanings as socially constructed），誠如霍爾（Hall）所言：

> 索緒爾最大的貢獻在於他逼我們專注於語言在意義生產中扮演怎樣的角色，語言究竟是如何運作的，這樣一來，我們不至於將語言簡單想像成一個透明媒介成功地連結物體與意義；不是這樣的，索緒爾說明了語言實踐其實就是一種再現。（Hall, 1997: 34）

第四，巴特將迷思與意識形態分析結合，提供我們分析意識形態的工具箱。

不過，結構主義符號學方法有其限制，這也是本章結尾想要帶入另一個後結構主義思潮所想揭示的：

第一，此方法只限縮在研究文本，通常必須與其他的研究方法如文本分析、內容分析、論述分析、話語分析等等結合。

第二，其實符號學方法最弔詭、矛盾的地方是其嘗試想要揭示符號的多義性，也承認在意義生產過程中的文化背景知識、語言環境與閱聽人的感知能力等等都必須納入考慮，但是基本上一般的分析無法把這些變數都考慮進去，另一方面，誠如德希達（Derrida）所提出的延異（différance）概念雙關地指陳了意義生產過程中不斷地差異（to differ）及延遲（to defer），亦即A代表B，B代表C，C代表D，例如：黑之所以有意義是相對於紅、黑代表暗、暗又代表神祕、神祕也許又代表懸疑、懸疑又代表犯罪……如此不斷地鏈結，意義是無限地延展、延遲，符號學分析似乎只能捕捉到互文網絡中的片羽吉光，但意義是流動的。

第三，在認識論方面，結構主義符號學有個很根本的謬誤，便是結構主義者（特別是李維史陀），其實是個極端的理性主義者，他們反對採用經驗主義的研究方法，反對從具體事物出發，反對以客觀事實作為基礎，去總結規律；但是我們所選取特定的文本用符號學分析方法，其實循著是

一般經驗主義的傳統企圖用結構來揭示社會本身的內在關係。也許甫去世的李維史陀在天上會笑著我們這些符號學分析，就像是射箭遊戲裡，我們先將箭插在紅心，然後拿著箭弓忸怩作態一番，最後大家喜出望外，命中紅心；若遵循結構主義基本的知識論假設（如二元對立等等）都已先存在，那我們所有的分析不是都成為了無謂的遊戲？

　　也是因為上述的限制，後結構主義者拋棄了結構主義的簡化主義方法論。他們挑戰結構主義宣稱自己是能夠詮釋所有文本的批評後設語言（metalanguage），並且認為一個文本之外，中立全知的觀點是不可能存在的。後結構主義者追求的是意符的無限扮演（play），並且不會給予任何一種閱讀方法比其他方法還要更高的地位。不過，後結構主義領域中很少有互相一致的理論，每個理論都是從對結構主義的批判為起點。

討論問題

1. 圖2-7為《女朋友。男朋友》劇照，請運用上述符號學三個意義化的層次（明示義；隱含義與迷思；意識形態），解讀底下文本。

2. 承上題，請援用本章所介紹美學上、社會集體上的與個人的三種取徑解讀圖2-7之隱含義。比較圖2-7與本章之前已出現過《女朋友。男朋友》的宣傳海報（圖2-5），如果由你決定主要宣傳海報，你會不會選圖2-7？事實上選海報主視覺照片是很複雜的決定，是市場、製作、宣傳各方對於這部電影意義是什麼的協調與選擇，本章所談到的符號多義性也在爭辯中彰顯出來，筆者非常喜歡圖2-7，覺得那種台灣南部玉蘭花林中若有似無的香氣、熱帶的感覺、三人很有默契的回頭凝望，是本章作者對台灣80年代的記憶，你覺得上面這張劇照沒被選上為宣傳海報，為什麼？

3. 海報設計是符號學的一種實驗，圖2-8《關於我和鬼變成家人的那

圖2-7　《女朋友。男朋友》劇照，三位主角在玉蘭花林中有默契的回眸

資料來源：原子映象。

圖2-8　《關於我和鬼變成家人的那件事》（2023）劇照

資料來源：蕭宏祺攝。

件事》海報在華山光點的長廊中陳設，試解析底下宣傳用語「想撿你只想撿你」的意義，許光漢在此照片被放大居中，回應著其先前作品。請用毗鄰軸來說明此王淨、林柏宏與許光漢的圖文符號組合，並分析其系譜軸的概念分析替代元素與你是否喜歡這海報。

4. 在閩南語、客家話或你所熟悉的原住民語言裡，有沒有針對某種物品或事物狀態的形容詞比起國語還要精細的？你能舉出例子來嗎？

5. 舉出一個日常生活中你看不懂的標示，說明為何該符號的符號具與符號義無法依其所企圖的結合。

6. 試舉例說明為何「符號具」與「符號義」關係是短暫的，因而同一「符號具」與「符號義」可與同一組「符號具」與「符號義」形成關係，產生新的符號。

重要語彙

共時性（synchronicity）
對李維史陀而言，結構是一完整的個體，它是由許多元素組成，但這些元素卻是相互制約，其中任一個都無法發生變化，因此他用「共時性」概念強調結構元素關係間的不變性和固定性；而榮格20世紀20年代提出的理論，用共時性指「有意義的巧合」，來解釋因果律無法解釋的集體潛意識現象。

沙皮爾—沃爾夫假設（Sapir-Whorf hypothesis）
這假說即為後人所稱語言決定論（linguistic determinism），該假設試圖推翻一般信念，認為語言會決定人類的知識與思考，而非語言僅為人類的思考工具；因此，使用不同語言的族群實際上就活在不同的世界之中，因為不同的語言會形成不同的世界觀。

系譜軸（paradigm）

是一個可以選擇各種元素的垂直軸，例如字母，字母是書寫語文系譜軸，英文的詞彙是一個系譜軸的發展。系譜軸的特徵有：同一個系譜軸的單元，必有其共同之處、共同性質，使這些單元同屬一個系譜軸。如M是一個字母，屬於字母的系譜軸，而5和÷即不為同一個系譜軸。在系譜軸裡，每一個單元必須和其他單元清楚區隔其顯著特色，且能分辨出同一個系譜軸裡各個單元的差異，包括其符號具與符號義。

明示義（denotation）

羅蘭・巴特的符號學理論核心就是符號含有兩個層次的意義，第一層次即為明示義，是符號和其他所指涉外在事物之間較明顯的符號意義。

毗鄰軸（syntaxan）

是各個單元用以組合之規則或慣例的橫向軸，例如一串句子是字的毗鄰軸，他是由字母的系譜軸裡組合成的有意義文字。又如我們日常衣著也是一長串的毗鄰軸；其選自帽子、領帶、襯衫、長褲、鞋子等系譜軸。一棟房子的建築設計也是一個毗鄰軸，其組合了來自各式門窗與其搭配的各系譜軸之選擇。在系譜軸裡被選出的符號也可能受到其他符號影響，其意義有一部分要由同一毗鄰軸其他符號來決定。

符號具（signifier）

索緒爾認為符號是由「符號具」與「符號義」所組成，符號具是符號外在的物理形式、具體的形象，人們透過感官去知覺它，例如形、音、色，指的是純物質的觀點。

符號義（signified）

索緒爾認為符號是由「符號具」與「符號義」所組成，符號義是觀賞者對於符號所指涉對象的一種想像、聯想，其產生的結果是一種心理上的概念（concept），每個讀者閱讀後的概念是不完全相同。則是屬於精神層面的概念。

符號學（semiotics）

廣義上是研究符號傳意的人文科學，當中涵蓋所有涉文字元、訊號符、密碼、

古文明記號、手語的科學。正式出現當今所指的符號學，嚴格說來指的是結構主義符號學，著重在符號在文化上的再現過程的研究，崛起於1960年代的法國。

符號學研究方法（semiology method）

為一種傳播研究的方法，針對文本內在涵義進行詮釋，而以符號為工具，進行文化上的研究。符號學最重要的問題是「意義如何被創造出來」（how meaning is created），而不是「意義是什麼」（what the meaning is）。

結構主義（structuralism）

結構主義認為人的存在和意義是由語言文化符號系統規定的，我們所說、所思考的一切，都受語言文化符號深層結構的支配。結構主義思潮是從現代結構語言學中延伸出來，以語言結構模式對各種文化現象進行結構分析，結構主義並不是一個統一的哲學派別，而是一個以結構主義方法論聯繫起來的廣泛思潮。

隱含義（connotation）

羅蘭‧巴特的符號學理論核心就是符號含有兩個層次的意義，第二層次是隱含義，是依據第一層的符號具，給予社會價值和意義的指涉。

傳播理論

參考文獻

方孝謙（1996）。〈形象廣告「台灣魚」的符號學分析：聚合、組合及其應用〉。《新聞學研究》，52，149-165。

申小龍（2000）。《語言與文化的現代思考》。河南人民出版社。

李思穎、蘇默蓉（2012）。〈中性化女性的廣告形象分析：以張芸京和李宇春為例〉。中華傳播學會2012年會論文發表。

周慶華（2000）。《中國符號學》。台北：揚智文化。

林宇玲（2003）。〈解讀台灣綜藝節目「反串模仿秀」的性別文化〉。《跨性別》，頁173-219。桃園：中央大學性／別研究室。

林宇玲（2004）。〈解讀媒體中的性別意涵——以平面廣告為例〉。《媒體識讀：一個批判的開始》，頁137-150。台北：正中。

林芳玫（1996）。《女性與媒體再現》。台北：巨流。

洪顯勝譯（1989）。Barthes, R.（1966）著。《符號學要義》（*Elements of Semiology*）。台北：南方叢書出版社。

倪炎元（1999）。〈再現的政治：解讀媒介對他者負面建構的策略〉。《新聞學研究》，52，85-111。

唐維敏（1991）。〈影像與意識形態：電視廣告的符號學分析——以司迪麥電視廣告為例〉。輔仁大學大眾傳播研究所碩士論文。

徐振傑（2004）。〈女性商品，男性代言 電視廣告中的「新」男性形象與再現意涵〉。《傳播與管理研究》，3(2)，133-159。

張君玫、黃鵬仁譯（1995）。Bocock, R.（1992）著。《消費》（*Consumption*）。台北：巨流。

張錦華、劉榮玫、孫嘉蕊、黎雅麗等譯（1995）。Fiske J.（1990）著。《傳播符號學理論》（*Introduction to Communication Studies*）。台北：遠流。

郭良文（1998）。〈台灣近年來廣告中認同之建構——解析商品化社會的認同與傳播意涵〉。《1998傳播論文選集》。中華傳播學會。

陳志賢、蕭蘋（2008）。〈幸福家庭的房車：汽車廣告中所再現的理想家庭〉。《新聞學研究》，96，45-86。

陳瀅巧（2006）。《圖解文化研究》。台北：易博士出版社。

劉慧雯（2002）。〈Saussure符號學理論在廣告研究中的應用：文本意義研究的批評與更弦易幟〉。《新聞學研究》，70，197-227。

蔡依珍（2011）。〈《女體Online》線上遊戲電視廣告的符號學分析〉。國防大學政治作戰學院新聞學系碩士論文。

蕭蘋、張文嘉（2010）。〈相聚在金色拱門下：麥當勞電視廣告中的家庭形象分析（1984-2003）〉。《新聞學研究》，102，1-34。

顧玉珍（1991）。〈解讀電視廣告中的女性意涵〉。政大新聞研究所碩士論文。

Bocock, R. (1992). The cultural formations of modern society. In Stuart Hall and Bram Gieben (eds), *Formations of Modernity: Understanding Modern Societies- An Introduction*. London: Wiley.

Briggs, K. M. (1979). *The Fairies*. London: Routledge and Kegan Paul.

Campbell, C. (1994). Capitalism, consumption and the problem of motives. In J. Friedman (Eds.), *Consumption and Identity* (pp. 23-46). Harwood Academic Publishers.

Carrol, J. B. (1956a). Language, mind, and reality. In B. L. Whorf (Ed.), *Language, Thought, and Reality* (pp. 246-269). New York: John Wiley.

Carrol, J. B. (1956b). The relation of habitual thought and behavior in language. In B. L. Whorf (Ed.), *Language, Thought, and Reality* (pp.134-359). New York: John Wiley.

Deely, J. (1982). *Introducing Semiotic: Its History and Doctrine*. Bloomington: Indiana University Press.

DeVito, J. A. (1989). *The Interpersonal Communication Book* (pp. 160-162). New York: Harper & Row, Publishers.

Eco, U. (1976). *A Theory of Semiotics.* Bloomington: Indiana University Press.

Eco, U. (1984). *Semiotics and the Philosophy of Language*. Bloomington: Indiana University Press.

Fiske, J., and Hartley, J. (1978). *Reading Television*. London: Methuen.

Gillian, D. (1982). The effect of advertising. In *Advertising as Communication* (pp.

72-85). London & New York: Routledge.

Hall, S. (1997). *Representation: Cultural Representations and Signifying Practices*. Thousand Oaks: Sage.

Horkheimer, H., and Adorno, T. (1972). *Dialectic of Enlightenment*. New York: Continuum.

Kates, S. M. (1999). Making the ad perfectly queer: Marketing "normality" to the gay men's community. *Journal of Advertising, 28*, 1.

Lofgren, O. (1994). Consuming and interest. In Friedman, J. (Eds.), *Consumption and Identity*. Harwood Academic Publishers.

Macmillan. T. S., and Jensen, A. (1992). *Interpersonal Communication* (2nd Eds.) (pp. 210-213). Belmont, Ca.: Wadsworth Publishing Company,

O'shaughnessy, M., and Stadler, J. (2008). *Media & Society* (4th ed.). South Melbourne, Vic., Oxford University Press.

Ogden, C. K., and Richards, I. A. (1923). *The Meaning of Meaning*. London: Kegan, Paul, Trench, and Co.

Peirce, C. S. (1958). *Charles S. Peirce: Selected Writings*. P. O. Weiner (Ed.), New York: Dover.

Ruesch, J., and Kees, W. (1956). *Nonverbal Communication: Notes on the Visual Perception of Human Relations*. Berkeley & Los Angeles, Ca.: University of California Press.

Saussure, F. de. (1960). *Course in General Lingistics*. London: Peter Owen.

Snook, I. (1990). Language, truth and power: Bourdieu's ministerium. In Harker, Mahar and Wilkes (Eds.), *An Introduction to the Work of Bourdieu: The Practice of Theory* (pp. 160-181).

Trenholm, S., and Jensen, A. (1992). *Interpersonal Communication*. Belmont, CA: Wadsworth.

van Zoonen, L. (1994). *Feminist Media Studies*. London: Sage.

Whorf, B. L. (1956). *Language, Thought, and Reality*. New York: John Wiley.

CHAPTER 3

大眾傳播效果之一：
媒介的短期效果與中期

陳憶寧

 壹、前言

在理想狀態下，科學研究是系統性地發展新理論，或是不斷複製及驗證早期的研究。在不斷複製及驗證的過程中所累積的通則，也應具有信度和效度。但是在科學研究的領域中，很少有研究能達到如此完美的結果，以大眾傳播為例，大眾傳播的研究缺乏特定研究系統，也從未精確地定義其研究範疇，過去研究媒體的學者來自數個不同學門，導致研究者極少能以專屬於傳播的系統方法來發展、印證他們的研究成果。加上許多媒體研究是在利益團體的目的下完成，導致傳播研究未能成為系統性的知識。但即使關於大眾傳播影響的研究不具系統，早期研究仍對往後的研究有些微影響。本章節所選的效果研究乃是傳播領域中極具代表性的智慧遺產，這些研究顯示出傳播研究發展的軌跡、傳播理論發展的演進及研究方法的改變。

本文的「大眾」並非是數量眾多之意，而是一種社會組織的特殊型態，更精確地說，是一個在現代化、都市化逐漸修改社會秩序時，改變社會組織的過程。換言之，「大眾」社會伴隨下列的變遷而產生：

1. 社會差異增加。
2. 非正式社會控制的效果不再。
3. 正式的社會控制，例如：契約、法律、刑事司法制度（criminal justice systems）興起。
4. 衝突增加。
5. 人們之間的溝通變得更加困難。
6. 由於上述改變，現代社會的人們逐漸依賴大眾傳播，以獲得他們需要的資訊。

一、從魔彈理論出發

行為學者認為高等動物和人類之間的行為具有連續性，因此推測人類在缺乏理性控制或在其他來自先天而非後天的無意識過程的本能下，人類會對刺激做出回應。這個觀點融合稍早提出的大衆社會理論，大衆傳播理論似乎也遵循這種觀點，而這個大衆傳播理論就是所謂的「魔彈理論」（magic bullet theory）。

魔彈理論是指大衆傳播力量大到令人驚駭。閱聽人生活在少與他人進行社會接觸的大衆社會，並極度仰賴來自大衆媒介的資訊，因此推測閱聽人可能會被精妙設計過的大衆傳播訊息支配或控制。因此20世紀初的人們相信控制媒體的人就能有效控制大衆。是故，宣傳被認為具有極大效果。

以下是魔彈理論的幾項基本論點：

1. 由於人們來自不同地區，沒有共同的道德、價值觀和信仰體系，因此在對他人極為有限的社會控制下，大衆社會中的人們過著孤立於社會的生活。
2. 如同所有動物，人類與生俱來就有對外在環境做出回應的本能。
3. 由於人類行為不被社會關係所影響而是被相同的本能所導引，因此個體會以類似的方式關注事物（如媒介訊息）。
4. 人們遺傳的天性和孤立的社會條件，使他們以相同方式接收和詮釋媒介訊息。
5. 媒介訊息就像「子彈」打進每個人的眼睛和耳朵，對想法和行為造成直接、立刻、一致及強而有力的影響。

二、研究方法的發展

科學方法的發展並非快速而輕易，它們是社會科學和行為科學普遍發展的一部分。傳播研究是社會科學和行為科學的方法學與理論的延伸，兩者則各自以基本的物理學和生物科學的邏輯策略為依據。然而，源自物

理學和生物科學的研究邏輯的研究方法卻招致許多人反對，反對者認為人類行為過於複雜，以至於不規律而無法預測。另外，反對者也指出，人類的行為不像物理學和生物界的現象，會遵循不變的原則。因此，批評家認為，即使科學可能辦得到，也無法藉由這種科學發現任何規律。其他人則宣稱這整個想法十分邪惡，上帝賜給人類生命，人類行為是上帝所計畫好的結果。用科學方法猜測剌探這些問題與觀察行為可預測的規律型態，簡直可說是褻瀆上帝。

在20世紀，社會科學和行為科學即將形成，然而，透過實驗法或其他量化步驟只能分析有限的行為進行研究。但數學家和其他學者發明了新方法，這些新方法被用來檢測統計參數及數量分配，而這些新統計方法的優點是可運用於所有科學問題，也為傳播研究建立基礎。

當量化發展逐漸成熟，可用來探測科學方法先前無法到達的範圍。大量資料的運算可說是費力的步驟，所幸後來發明了電腦，藉由將資料分組的方式，使處理大量資料更為容易。而內容分析的量化步驟就依此基礎發展而成，可以計算特定字詞、段落、主題出現在訊息的頻率，這些資料和其他因素間的統計關係也因此能加以研究。

三、研究開始

1920年代後，對工業化、都市化、現代化後果的瞭解讓大眾社會的概念有良好的發展，而大眾社會中的人們逐漸孤立於同儕之間和依賴大眾媒體。在這兩項條件下，社會科學家可很明顯觀察出大眾傳播具有十分強大的力量以影響和支配其閱聽人。而公眾也逐漸關心大眾傳播的負面影響。整個19世紀，當報紙和雜誌逐漸普及時，許多倫理學者和批評家對新聞界提出警告。

在產生上述趨勢和想法後，對大眾媒體效果的系統性研究開始實行。人們開始關心媒體影響的問題、可用來進行客觀研究的研究方法，以及社會科學家相信他們對新媒介散布大量資訊的大眾社會有詳盡的瞭解。當現存媒體的散亂研究在1920年代進行時，其數量十分龐大，而這些研究就是

探討電影與孩童之間關係的佩恩基金會（the Payne Fund）的研究，有效地開始了對大衆傳播影響的大規模實驗研究。

貳、火星人進攻記：廣播對美國造成恐慌

　　廣播已成爲1930年代主要的大衆傳播和娛樂形式，報紙受歡迎的程度已開始消退，引起許多報業經營者的恐慌。也就是說，廣播已在美國人心中建立起重要地位，對大衆提供娛樂和全世界即時發生的新聞。

　　不祥與逐漸高漲的戰爭陰影增加了經濟焦慮。科幻小說《世界大戰》（*War of the Worlds*）改編爲廣播劇《火星人進攻記》的同時，美國人已不斷接收來自收音機的新聞，他們熱切地追求最近發生的國際新聞。爲促進新聞的散播，廣播公司也發展新技術——「現場」轉播（ "on the spot" reporting）。在形成緊張和渴望獲得新聞的民衆方面，廣播扮演重要的角色。因此，廣播在萬聖節前夕造成的恐慌（《火星人進攻記》廣播劇在1938年10月30日播出）不僅僅是巧合。

　　《火星人進攻記》發生的情境爲廣播劇，該劇爲水星劇場當中所播出的世界大戰節目（The Mercury theater and the war of worlds）。由CBS資助的水星劇場從1938年6月開播，播送時間是美東時間星期天晚間八至九點，這些富戲劇性的節目建立在Orson Welles和John Houseman的名聲和才華上。Welles和Houseman挑選節目，Howard Koch則負責撰寫劇本。

　　在最後一段的廣播節目中，清楚地說明世界大戰是虛構的，但卻幾乎沒有人聽到。CBS也在節目後立刻澄清，證實節目是虛構的。CBS的四次宣告發生在：(1)廣播開始時（此時大多數民衆尚未收聽）；(2)在進入休息時間之前，此時約是八點三十五分；(3)休息時間之後；(4)節目結束時。然而，廣播中最恐怖的部分卻是在休息時間前，未聽到第一個宣告的聽衆因此產生大量受驚的機會。

　　普林斯頓大學廣播研究室（The Office of Radio Research of Princeton

University）在發生恐慌後，匆忙地進行研究。Hadley Cantril在Hazel Gaudet和Herta Herzog的幫助下，將研究結果寫成《火星人進攻記》（*The Invasion from Mars: A Study in the Psychology of Panic*）一書，研究目的在找尋讓人們對廣播劇信以爲眞的心理條件和環境情況。

研究者試圖回答三個基本問題：(1)恐慌的程度有多少（例如有多少人收聽和多少人恐慌）；(2)爲何這則廣播劇會使某些人受到驚嚇而其他虛構的廣播劇則否；(3)爲何這則廣播劇會使某些人受到驚嚇而其他人則否。

由於研究問題太複雜，因此運用數種方法來尋找答案。其中一種方法所得到的結果可與另一種方法所得到的結果相比較。研究採用多重方法是令人滿意的，因爲要調查的現象是轉眼即逝的。所使用的方法有：個別訪談、科學調查、新聞報導數量的分析以及信件量的探測。

一、個別訪談（personal interview）

Cantril書中的資料大多數都來自於廣播劇聽眾的個人深度訪談。訪談限於紐澤西附近地區（普林斯頓大學所在地）有兩個原因：(1)經費有限；(2)研究者想確認有適當的監督。

此外，受到驚嚇的受訪者大多幾乎都是訪員的個人主動和調查而受訪。在經費受限的情況下，可進行研究的受訪者比可能被受訪的人還多得多。

二、調查（surveys）

本研究包含幾種不同調查的結果。最重要的是：(1)CBS在廣播劇播出後一週，針對920個聽過這齣廣播劇的全國閱聽人所進行的特別調查；(2)由美國民意中心（the American Institute of Public Opinion, AIPO）在廣播的六週以後，對上千位成年人的全國性調查。雖然調查延遲相當可惜，但無法避免，因爲湊足進行研究的充分資金而花了較長時間。然而，獲得的結果卻極具有價值，因爲美國民意中心到達許多沒有電話的小社區和家庭，

這些小社區和家庭往往不是廣播研究的機構可蒐集到的樣本。

三、新聞數量和郵件（newspaper accounts and mail）

本研究分析12,500則在廣播之後三週的全國報紙的剪報，分析結果指出雖然有許多報導在三週後有些減少的情況，但對廣播仍有持續的興趣。

有趣的是，大部分特別寄到水星劇場和一般寄到CBS電台的信件是贊同，甚至是祝賀的。然而，寄到FCC（美國聯邦傳播委員會）的則是普遍不贊同的信件。似乎打算嚴正抗議的人不會猶豫傳遞訊息至有關當局，反之，感激電台做出好節目的人也對電台給予應得的感謝。

即使運用多方面的取徑，在方法學上仍明顯有許多問題。舉例來說，個別訪員選擇受訪者是無計畫的。此外，延遲四週後才面訪則令人感到可惜。在效度問題方面，很多人在讀報之後，都不太願意在面訪中坦白他們受騙。

四、研究發現（the findings）

(一)閱聽人的規模

被視為「誰在收聽」（who listened）的最佳證據來自美國民意中心的調查。從它們的樣本中估計大約有九百萬的成人收聽廣播，若包括兒童，總數可能增加至一千兩百萬人。Cantril結合AIPO和一個商業研究機構C. E. Hooper的調查結果，保守估計最後約有六百萬的聽眾。

(二)有多少人受到驚嚇

保守估計起碼有一百萬人處於受到驚嚇的狀態。節目若是更受歡迎，恐慌則可能更加擴大，而可能性建立在聽眾是否聽到節目開頭的宣布事項。

(三)廣播的特點

Cantril的研究指出下列五項區別「世界大戰」和其他「令人受驚」的節目的重要因素。

1. 極具戲劇性的效果是重要因素。
2. 收音機是大眾重要事件接收的傳播媒介。大部分聽眾（特別是那些低所得和學歷較低的團體）依賴廣播來獲得新聞遠較依賴報紙為多。
3. 廣播中「專家」的使用賦予了節目可信度。
4. 真實地名的使用增加可信度（a frame of reference to the broadcast）。
5. 太晚收聽是導致人們相信廣播內容為真的主要因素。CBS於一開始有說明內容是虛構的。

(四)為何有些人會受驚而其他人則否

為了瞭解各種已證明的行為，Cantril等人將聽眾分成四類，找出有些會讓人受驚，有些則否（假設一開始所有人都將廣播劇視為新聞報導）：

1. 仔細檢驗廣播內部證據的人們。
2. 以其他資訊和在節目中獲得的內容來檢驗廣播的人們（他們做出成功的驗證）。
3. 嘗試從其他資訊檢驗節目，但基於各種理由而繼續相信廣播內容是真實的新聞報導的人們（他們做出失敗的驗證）。
4. 沒有任何意圖檢驗廣播內容或事件的人們。而Cantril依據其行為再將之細分：
   (1) 受到太大驚嚇以至於沒有去檢驗真假的人們。
   (2) 採取完全放棄態度的人們。對他們而言，檢驗廣播內容是無意義的。
   (3) 覺得情況危機，須立即行動的人們。

(4)認為情況還不用到需要檢驗的聽眾。

個別訪談和CBS的研究皆指出，那些有能力檢視的人通常頗能保持冷靜，不能檢視或毫無檢視意圖的人，則不是感到激動就是感到氣餒。因此，感覺、看法和後續行動之間有非常強烈的關係。

研究者發現受到廣播驚嚇的人們是「易受暗示」（highly suggestive）者，他們會未經查證就判斷資訊正確與否；但有些人則不會驟下結論，而是詳細檢查其所聞，而判斷出廣播內容並非新聞。這些人被視為具有「檢視能力」（critical ability）。

具有檢視能力的人能夠以世界的知識來對廣播內容衡量事件的能力。此外，大學學歷者也無法自外於恐慌行為，但對廣播內容的回應則隨個人的教育程度而有所變化。

(五)宗教信仰和個人特質

宗教也是決定個人如何對廣播內容做出回應的重要變數。具有強烈信仰的人們可能會認為侵略實際上是上帝所為，且世界末日即將來臨。

其他人被認為特別易受廣播內容所感動乃因：(1)情感上的不安全；(2)易受恐懼的人格特質；(3)缺乏自信；(4)相信宿命等個人因素。

最後，研究者還發現收聽情境的特徵也會影響個人對廣播內容的敏感程度。此外，受到驚嚇的其他人（甚至是陌生人）的所見所聞也會增加在其他方面冷靜的人們的緊張情緒，進而降低其批評能力。

很明顯地，Cantril將研究重點圍繞於在個人差異所建立的選擇性影響的感知。這些感知在Cantril的其中一個主要研究問題中非常明顯：決定為何有些人會受驚慌但其他人則否的理由。此問題的答案是批評能力的不同，批評能力反映了對廣播所做回應的形式。某些個人因素也扮演重要角色（情緒上的不安全感、易受恐懼的人格特質、缺乏自信、相信宿命）。社會的類屬也被發現是相當重要的因素，宗教和教育等因素影響將廣播視為新聞或節目的能力。最後，研究結果的回顧顯示社會關係也是對人們處理火星人侵略時，做出的行為模式的重要影響因素。雖然此研究在當時並

不明顯，但恐慌研究是首次挑戰魔彈理論的研究，他開闢出處理選擇性影響理論的道路。

或許這起研究真正的重要性在於證實公眾對大眾媒體影響的想法。簡言之，《火星人進攻記》的研究提醒了恐懼在傳播中的位置。

參、人們的選擇：在政治競選活動中的媒介

針對美國1940年舉行的總統大選進行的研究的專書在1944年出版，作者為Paul F. Lazarsfeld、Bernard Berelson和Hazel Gaudet，書名是《人們的選擇——選民如何在總統大選中下決定》（*The People's Choice: How the Voter Makes Up His Mind in a Presidential Campaign*）。作者們的目的在於找出人們如何與為何在選舉時投票的行為。

研究者使用調查法來尋找研究問題的答案，事實上，本研究代表社會科學史上，調查設計和技巧最具創造力的使用的研究之一。調查研究的方法和技巧已是社會科學針對20世紀人類行為研究最重要的貢獻之一。結合統計分析和控制，成為實驗法在社會科學與行為科學等方面的競爭者。

本研究由洛克斐勒基金會（the Rockefeller Foundation）、哥倫比亞大學廣播研究中心（Columbia University's Office of Radio Research）、《生活雜誌》（*Life Magazine*），以及民意分析家Elmo Roper等提供資金。研究者一開始則先聯繫某3,000戶人家獲得可設計在研究中的資料，之後再對這些人當中的樣本進行重複訪問。

一、俄亥俄州的艾里郡（Erie County, Ohio）

研究者選定了這個俄亥俄州的小郡。1940年，艾里郡人口大約43,000人，具文化同質性，人口規模已大約四十年未變動；居民幾乎是白人，農民與工廠的勞工約各占一半比例。

艾里郡還有另一個頗能引起研究者興趣的特性，就是在20世紀的每

一次總統大選中，與全國投票形態有著極小的誤差。《人們的選擇》的作者否認這是他們選擇此地為研究地點的原因之一，他們堅稱最後選擇艾里郡乃因它夠小而允許研究者有效管理、無任何特別的特質（free from sectional peculiarities）、未被大都市中心支配，以及就農村都市而言的差異夠多樣化而可進行有意義的比較。

1940年5月，訪員對艾里郡的每四戶人家進行拜訪，這些最初接觸的結果讓研究者選出了代表全郡的3,000人。當中的關鍵變數為都市、性別、居住地為都市或農村、教育程度、出生地、是否擁有電話和汽車。

在這3,000人當中，又被分層抽樣成五組樣本，五組樣本每600人一組，每組樣本都極為類似且足以代表全郡。這四組樣本被稱為「小組」（panel），原因是研究者習慣於建立創新的「固定樣本連續訪談法」（panel design）。而研究的目的在於研究選民經長時間後投票決定的組成。用更精準的話來說，就是在選舉起跑的5月至舉行投票的11月初之間，重複地觀察受訪者，同一選民會在選舉期間被訪問。

這是個傑出的調查方法，因為每一個受訪者在決定投票對象前、做出決定的當下，以及決定以後都能被訪問。大眾傳播政治宣傳的角色與各階段的政治行為有關。而重複觀察的唯一問題則是重複觀察本身在研究過程中的影響力。

固定樣本連續訪談法是個精妙的研究法，原因在於找出重複訪問影響選舉的決定與否以及到何種程度。而研究結果顯示，重複訪談似乎不會對被逐月研究的受訪者的行為造成顯著影響。

固定樣本連續訪談法的最重要觀點是能在選舉期間長時間地追蹤受訪者，研究其對選舉產生興趣、開始注意媒體的選舉活動、被他人影響、做出決定、可能猶豫不決或改變支持對象和最後的投票行為。

研究發現，一般來說本次大規模研究的結果可被分為兩大類：(1)幫助我們瞭解選民本身和影響其政治看法及行為的力量；(2)大眾媒體政治宣傳的角色塑造了選民的投票決定。

二、選舉參與

(一)社會類屬和投票傾向

　　共和黨和民主黨的組成各異，因而產生有意投給共和黨或民主黨的選民，其社經地位不同的假設，社經地位的不同則可能使其不論候選人是誰而投票給某一陣營。宗教也被視為另一個變數。其他使選民具有投票傾向的變數則是居住在農村或都市（農民較可能投給共和黨）、職業（藍領勞工較可能支持民主黨候選人）以及年齡（年紀較大者一般較保守而較可能傾向於共和黨候選人）。

　　大體說來，變數在許多複雜的方面互為相關，而以下的摘要是一般性的觀點：

1. 高社經地位者較可能具投票給共和黨的傾向。
2. 白領勞工傾向投給共和黨（但社經地位若固定，職業就似乎沒什麼影響）。
3. 自我認知造成差異。覺得自己屬於「商業階級」（the business class）的人一般傾向投給共和黨；若具有「勞工階級」（the laboring class）的自我認知者，較可能傾向民主黨（不論選民真正的職業為何）。
4. 宗教類別對投票意向造成強烈影響。在所有社經地位和職業中，天主教徒傾向投民主黨，基督教徒則傾向投給共和黨。
5. 年齡也是對投票意圖非常重要的預測變數。在基督徒和天主教徒當中，年輕人傾向投給民主黨，而年齡較長者傾向投給共和黨。

(二)政治傾向的指標

　　上述的預測變數使每個研究問題可以成為投給民主黨或共和黨的可能性的指標。有三個因素被建立成最具預測價值的指標：社經地位、宗教和

居住在農村或都市。研究者建立「政治傾向的指標」（an index of political predisposition, IPP），並將其用於研究選民做出投票決定的方式。該指標將選民分成六類：(1)死忠的共和黨員；(2)普通的共和黨員；(3)輕微的共和黨員；(4)普通的民主黨員；(5)輕微的民主黨員；(6)死忠的民主黨員。

　　IPP證明其與投票意向明顯地互為關聯，顯然公眾的社會組成造成相當大的差異。奠基於社會類屬的政治傾向的概念，藉由瞭解人們初次形成和稍後堅定投票意向，甚至在一開始不知道將會投給誰的過程中，顯現出其價值。而簡單的事實是大部分選民最後仍依IPP預測的分類來行動。社會類屬讓選民選擇性地接觸媒體的競選活動和選擇性地被他人影響，而這個現象對位於IPP兩個極端的人最明顯，但對大約處在中間類別的受訪者則相當不明顯。

(三)民主黨員與共和黨員對公共事務的意見

　　並非所有選民都知道國家正面臨的重要問題，甚至在總統大選期間，議題在競選活動中可吸引大量注意力的時候。然而，選民若考慮這些議題則會使其投票意向和行為有所不同。

(四)選舉中和興趣有關的變數

　　政黨的社會組成和其對議題的意見並非唯一引導總統大選的重要因素。對選舉和競選活動的興趣高低也很重要，訪問所得的資料嘗試用來評斷何種變數（哪一種社會類屬或個人特質）會提供選民對選舉的興趣的最佳指標。在訪問過程中，受訪者被要求依自身興趣的高低而自我分類。換句話說，受訪者被要求指出他們對選舉的興趣高低：(1)極高；(2)中等；(3)稍微；(4)沒有興趣。相較於自認沒什麼興趣的人而言，自認最有興趣者較熟悉議題，也有較清楚的意見，而他們也經常參與選舉活動，也較可能參加選舉傳播活動，並和他人討論。

　　興趣也與社會類屬有關，例如社經地位和教育程度皆高者與興趣呈正相關，最興趣缺缺的受訪者多半是較貧窮和教育程度較低者。居住在都市

或鄉村無法預測興趣高低，但年齡則可。不論教育程度高低或其他因素，年紀較高的受訪者會對選舉有較高的興趣。最後，男性會比女性有較高的興趣。因此，興趣高低是實際參與投票的良好預測者，可以懷疑的是，未投票者大部分都是對選舉最不感興趣的人。

(五)在最後下決定時影響選民的因素

受訪者對競選活動的興趣高低可有效預測他／她在多早或多晚的時候做出最後決定，將票投給某位候選人。做最後決定當下的另一個強烈因素是受訪者感到壓力交迫（cross pressure）的程度，換言之，變數間的衝突和前後矛盾會影響投票的決定。

(六)早決定者與晚決定者

對選舉越有興趣的人，就會越早做出會投給誰的決定，而不論入黨與否或其他因素。之後，在選舉活動中較早做出決定也是一項重要因素，因為這會對大眾傳播行為強烈影響，該行為與其選擇來自媒體的政治宣傳有關。

相反地，興趣較低者決定其投票對象則較晚得多，因此要在媒體的競選活動上針對他們提出有趣的議題。

(七)壓力交迫的問題

社經地位、宗教、居住在鄉村或都市等三個變數是IPP的基本，但這三個變數有時會產生互相衝突的情形。另外，有許多令人感到壓力交迫的因素，例如起源於社會類屬與社會關係的變數和其他變數，便共同成為相當大的潛在壓力交迫網。但不論這些壓力交迫的來源為何，有個影響很明顯，就是壓力交迫會延遲選民做出最後決定。在壓力交迫的各種因素之間，最具影響力的延遲因素則是家庭。

壓力交迫及與其有關延遲決定對政治宣傳的媒體競選活動提供暗示。因此，對競選活動興趣較低和處在壓力交迫下的選民，便是媒體競選活動

從頭至尾便應特別努力宣傳的目標。而從所有資料中所呈現的最簡單歸納是——離開支持陣營而陷入游移的人通常會返回原先所選，轉而支持另一陣營的人則幾乎不會返回原陣營。

(八)媒體競選活動的主要影響

在選民的社會特質傾向、對媒體呈現的政治宣傳之選擇和使用，以及最後的決定之間有相當大的互動。藉由檢測三種媒體議題影響形式的概念，便可瞭解當中的複雜關係，而這三種概念是：活化（activation）、加強（reinforcement）和轉變（conversion）。

◆活化

政治傳播會激發潛在的傳播傾向，它們往往藉由對選擇性接觸媒體者具影響力的評論來運作，因為它們與選民的傾向一致。這適用於大眾媒體所呈現的宣傳及家庭成員或朋友呈現的人際說服。政治傾向的活化是發生在各階段或步驟的過程，這些過程確認選民的潛在傾向，及媒體宣傳或個人影響的政治說服之間的關係：

1.宣傳引起興趣。
2.漸增的興趣帶來更多的媒介暴露機會。
3.漸增的注意影響選民的資訊選擇。
4.形成投票意願（votes crystallized）。

◆加強

半數以上的選民在開始進行訪問的5月以前，就已經決定投票對象。對他們來說，宣傳活動還有另一個目的，活動的操盤者必須對這些已做出決定的選民釋出持續的評論和可以讓選民自認選擇是正確的藉口，這也是媒體競選活動非常重要的功能。

一般來說，強化比說服選民跳槽的過程更不具戲劇性，然而，因為大部分的選民都被納入，因此強化也就較重要得多。

◆轉變

選民轉變態度跳槽支持另一陣營的可能性是有的，但僅有少數案例而已。有許多原因解釋為何找尋眾多轉變的案例是不切實際的。首先，半數選民完全不會在早期下決定時有猶豫情況，無法使他們產生轉換態度，即使尚未下決定和歷經活化過程，但明確的政治傾向使支持同一陣營的大部分選民不會產生動搖，最後仍會做出與其政治傾向一致的決定——這些人是不具有轉變可能性的選民。只有對政治較無興趣和具強烈壓力交迫的人才是可能產生轉變的選民。

就大部分而言，作者做出結論：直到選舉結束前仍未做出決定，或是由於令人信服的邏輯而轉變態度支持另一陣營的心胸開闊的選民，僅存在於公眾的教科書之中。

演講、報紙編排、雜誌的文章、廣播的討論，以及其餘所有影響總統選舉的因素都有上述三個主要影響。它們活化已有傾向的中間選民、加強黨員的忠誠度，以及轉變少數感到疑惑的選民。

(九)注意選舉的程度

不論是何種媒介，政治宣傳的目的都是為了吸引選民的注意、增強選民的興趣、影響選民的決策。而《人們的選擇》的研究策略（特別是重複訪問），讓研究者直接處理誰接觸特別媒介和產生何種結果的問題。換言之，這是一個測試魔彈理論觀點的機會。至於與1940年調查有關的另一個問題則是廣播、報紙、雜誌等三大主要媒體相關重要性的問題。究竟是哪些人聽聞或閱讀訊息等都是在選舉期間，所顯現的重要問題。答案是媒體宣傳會引起某些人的興趣，但並非全部，該種形式則有賴於對不同媒介、候選人、議題、選民等看法而定，絕不會平均散於全部選民當中。

而最有接觸各種媒體資訊的人則是對選舉深感興趣、已做出決定，以及社經地位較高者，尤其在這些社會類屬當中，這些人是住在都市、較富有、教育程度較高、年紀較長的男性。

　　而不論這些特別集中的特別形式的解釋爲何，明顯可看出魔彈理論媒體造成的單一注意和影響的形式，與本研究的結果不甚一致。

　　廣播在競選活動比其他可能性還扮演更重要的角色。當選民被要求指出何種媒體是「最重要的」政治資訊來源時，廣播明顯領先（約在50%上下）。

　　廣播較常被民主黨員使用，1936年和1940年的總統大選，報紙多半公開支持共和黨。推測其原因是報社多半與商人緊密相關，同時，民主黨便轉而將廣播成爲替代方案，尤其是羅斯福更將廣播當成主要的政治工具。是故，廣播成爲民主黨人的常用媒體，報紙則成爲共和黨的常用媒體。然而，報紙雖傾全力支持共和黨候選人，共和黨仍舊敗選，廣播因而成爲有政治權勢的媒體，比印刷媒體來得重要許多。

　　此外，雜誌則在選舉中扮演次要角色。換言之，單獨依賴雜誌爲唯一消息來源的選民非常少，選民大多將雜誌視爲得自報紙或廣播的資訊的補充而已。

(十)親身影響和兩級傳播

　　研究者發現人們自其他人得知大量的訊息，並被直接影響。而親身影響（personal influence）的重要性直到研究開始進行後再被瞭解。

　　研究者發展出的假設對大眾傳播的研究方向有重要影響，這些影響長達數年。研究者稱之爲「兩級傳播」（two-step flow of communication）。在檢測資料後，研究者做出結論：在研究對象中的某些人被視爲「意見領袖」（opinion leaders），他們是較常接觸政治競選活動的一群人，接觸政治競選活動、知識、興趣較低者，往往會轉向他們尋求資訊或建議。

　　研究者指出有許多原因造成親身影響會特別對人們的決定造成影響，比一般媒體所呈現的說服性資訊更具有影響力。例如，來自意見領袖的親身影響較可能達到尚未決定和對選舉不感興趣的選民，媒體上的政治競選活動對這兩種選民可說是無效。意見領袖也可能被信任爲非說服性的消息與解釋來源。此外還有彈性、報酬等因素。最後，人們幾乎只信任熟悉的

消息來源。因此，訊息從媒體傳至意見領袖，再從意見領袖傳至不太主動的閱聽人的過程中，熱衷於政治說服或正受政治影響的想法從不會出現在人們的心中。

《人們的選擇》有幾個理由而被視為大眾傳播史上最重要的研究之一。第一，它顯示了創新的調查設計如何被孕育於長期研究。《人們的選擇》研究有效回答重複評價所帶來的影響為何，在調查中也沒發現任何影響。

研究的第二個主要貢獻是在選舉期間，研究本身對媒體上的政治競選活動扮演角色的洞察力。研究結果清楚顯示宣傳或活化那些社會類屬不同的成員的潛在傾向、強化那些與社會類屬密切相關的決定，以及使少數選民轉變態度而支持另一陣營。然而，轉變的過程極為有限，主要僅發生在對早期決定猶豫不決和立場不堅的選民之間，這些人對競選活動並未有太大興趣，並面臨來自其社會類屬間的壓力交迫之情形。

奠基於社會類屬之選擇性影響的這些研究發現，在當時研究者尚未察覺之前便證明其理論上的重要性。《人們的選擇》發現轉變態度幾乎不可能發生，媒體的影響力並非如此強大，可以一致且直接地使無助的閱聽人產生動搖。媒體有限的影響力與閱聽人在人口統計學上的角色有關，僅少數的意見領袖會被媒體影響。然而，多數人仍不常從媒體接收宣傳訊息，因此可以證明跨人際的傳播所帶來的影響比媒體的影響還大。

兩級傳播假設開啟了新的理論前景。人們之間的社會關係確實不被大眾傳播過程視為看重，大眾社會理論（大眾傳播理論的起源）和魔彈理論對人們之間的社會聯繫關係並未著墨。然而，此次大規模研究的發現顯示出人們之間的聯繫是大眾傳播過程最重要的其中一部分。

兩級傳播假設是在研究中被意外發現，它對魔彈理論的許多假設提出質疑，也並未對持續恐懼媒介的想法提出辯駁。但不論如何，關於公眾對大眾傳播對人類的影響的兩種想法，仍有效存在於人們心中。

總而言之，《人們的選擇》迫使傳播學者重新討論大眾社會的概念、強大影響的想法、社會類屬的角色，以及跨人際聯繫的重要性。在大眾傳

播研究史上，少有研究能具有如此影響力。

肆、使用與滿足

在第二次世界大戰前，學術圈沒有學者專門研究大眾傳播的過程和影響，也沒有學者投身於媒體影響的教學和研究之中。在一些高等教育的機構成立以訓練報社記者為目的的學程後，傳播在學術圈仍不被受到重視而獨立成為一門學科。

哥倫比亞大學的教授Paul F. Lazarsfeld與Columbia Broadcasting System總裁Frank N. Stanton，共同合作許多針對媒體扮演的角色及帶來的影響之研究計畫，尤其特別關心廣播媒體。而Lazarsfeld和Stanton是建立傳播學科的核心人物。最終，他們實現「傳播研究成為更廣泛的學科」的想法。

在洛克斐勒基金會的資助下，廣播研究中心（the Office of Radio Research）成立於哥大，由Lazarsfeld領導，目的在「研究廣播在聽眾生活中所代表的意涵」（to study what radio means of the lives of listeners）。廣播研究中心第一個研究計畫，便將焦點放在日間廣播連續劇的本質和影響。此計畫的理論源自於強力挑戰魔彈理論的「使用與滿足」（uses and gratifications）。

在Herta Herzog的領導下，關於日間廣播連續劇和聽眾收聽原因的大量資料被匯集成一份報告。Herzog報告其中一項任務就是提供閱聽人規模和投入程度的資訊。研究發現近半數的美國女性似乎會定期收聽一部或兩部以上的日間廣播連續劇。此研究探求日間廣播連續劇和閱聽人之間的關係的兩個問題，一個是收聽日間廣播連續劇婦女的特質，另一個則是她們使用得自廣播連續劇中的哪些知識，以及從廣播連續劇得到何種滿足。這些問題以心理學的觀點來進行探討。無論廣播連續劇對閱聽人造成何種影響，Herzog預期這些影響會隨時間累積，DeFleur和Dennis的「累積理論」（accumulation theory）將此過程定義為最小效果的「加總」（"adding

up" of minimal effects）。

　　經由心理學和長期的觀點，Herzog提出更精確的問題來導引分析。這些問題奠基於「收聽者和未收聽者間可能的差異」的假設，下列是研究者假設能分辨經常收聽者和未收聽者的五項心理特質：

　　1.經常收聽者比未收聽者還具有較高的社會孤立性（social isolation）。
　　2.經常收聽者有較低的智趣（intellectual interests）。
　　3.經常收聽者較不關心公共事務。
　　4.經常收聽者的自信心較不足，且常被眾多煩惱所困擾。
　　5.經常收聽者明顯偏愛收聽廣播。

　　研究明顯地顯示研究者對收聽者和未收聽者在社會孤立性的因素上產生差異的假設，未能得到證實。無論如何，資料頗為明確地指出收聽日間廣播連續劇的人，並不具社會孤立性。為確定經常收聽者是否比未收聽者具有更小的智趣，Herzog以兩個標準來比較這兩組人，而這兩個標準是受正式教育的數量，以及閱讀的種類和數量。一般來說，受試女性的智力範圍（intellectual range）和興趣的資料強烈認為經常收聽日間廣播連續劇者比未收聽者的興趣還受限，經常收聽者的教育程度較低，而她們對閱讀雜誌的偏好也低於未收聽者。

　　僅有些微的證據顯示收聽者的智力興趣範圍比未收聽者還小，比較明顯的仍是收聽者的教育程度較低。但當研究者探索兩者的閱讀種類時，便發現顯著差異。內容類似廣播劇劇情的雜誌較受到收聽者的喜愛，需要較多智力和較複雜的雜誌則否。最後，兩者在投票行為則有明顯的差異，她們各自對選舉的興趣南轅北轍。或許對公共事務或時事形成的議題之最佳歸納，就是收聽者對公共議題和時事的關心程度，小於未收聽者。

　　研究者發現廣播連續劇的收聽者並未比未收聽者沒自信，也未被高度的煩惱所困擾。

　　在廣播的使用與滿足上，此階段的研究探討得自收聽者自身經驗的滿足之本質，以及收聽者如何將獲得的資訊表現於行為上。研究目標使用三

種資料來源：第一種是以個案研究訪談（case study interview）為基礎的小樣本質化研究；第二種是愛荷華調查的量化研究；第三種針對住在都市地區（紐約和匹茲堡）的收聽者進行小樣本質化研究。研究發現，藉由能為劇中人物的困境掉淚、享受劇中描繪的快樂情境，以及從被連續劇激起的侵略感獲得滿足，許多聽眾能感到非常滿足。換言之，情緒釋放和替代性的情緒經驗是非常重要的滿足形式，而這種滿足形式則源於收聽經驗。對聽眾來說，每天收聽廣播連續劇所得到的不只是娛樂。聽眾藉著將劇情角色融入自己的行為和生活中獲得愉悅。

研究者自資料得出兩點結論：第一點是教育程度越低的受訪者，越可能認為廣播節目對他有所助益；第二點是那些認為比其他人更常擔心的受訪者，自稱藉由收聽廣播連續劇的方式得到慰藉。

研究結果還指出，日間廣播連續劇的忠實聽眾不像那些不怎麼常收聽的聽眾，有較高的教育程度或較富機智。許多聽眾會透過劇中的情節或角色的行為，作為自己在現實生活中行動的導引。

摘要來說，相當多數的資料都顯示當時日間廣播連續劇的聽眾不僅數量龐大，且十分熱忱。與大眾社會的概念相反，最忠實的聽眾並未有較強的社會孤立性。然而，他們的教育程度較低，並偏好較不複雜的讀物。常收聽者自稱其對公共事務的興趣無異於未收聽者，但卻未將其興趣轉為實際行動。而顯示收聽者有不同於未收聽者人格的企圖，並未特別成功。評估人格的方法限制可能是造成此情況的因素。但明顯的是那些收聽日間廣播連續劇的聽眾，比未收聽者花費較多時間在廣播上。

來自日間廣播連續劇的使用與滿足，包括情緒的釋放、渴望的想法和建議。使用與滿足的問題透過三種方式取得：包含個人深度訪談的個案調查法、大規模的調查（此為愛荷華調查的一部分），以及對住在兩個都市地區的受訪者所進行的詳細面談。在聽眾中，較常擔憂的女性認為他們從劇中得到良好建議。一般來說，聽眾從廣播連續劇得到的建議，多半將焦點放在如何處理人際關係或人際問題。

當研究者的興趣在瞭解大眾傳播的本質和影響仍持續發展時，研究

閱聽人特質和行為的「使用與滿足」取徑已被當時的其他研究者所採納。最著名的是Bernard Berelson針對紐約市八間主要報社罷工的研究。研究發現，報紙同時提供理性和非理性的功能，也滿足許多不同種類的需要。當閱聽人無法取得報紙時，它們會轉而向雜誌、廣播、郊區報等其他媒體來填補報紙留下的空缺。

聽眾對連續劇懷有熱忱並經常有學習當前發生的偶然事件之傾向，因此Herzog希望日間廣播連續劇能成為社會正面變遷的動力，特別是透過劇中的情節和角色，一些國家所面對的問題便能被處理。此外，Herzog也希望聽眾能較實際些，同時減少渴望的想法（wishful thinking）的傾向。

伍、混種玉米的愛荷華研究：創新的採納

隨著工業革命和印刷術的普及，越來越高的識字率使大眾傳播的上升趨勢成為可能。而工業革命不只帶來大眾媒體和流行文化，也改變了社會的各種機構。20世紀伊始，與發明潮名副其實的國家（如美國）已成為工業社會。新的機器、想法、步驟、設備、文化和許多其他的文化特徵不斷地被發明或借自其他社會。19世紀至20世紀初的研究似乎並未和大眾傳播議題的距離非常遙遠。這些鄉村社會學的研究是為了瞭解農作物的創新（混種玉米）如何被許多愛荷華州的農民採用。愛荷華研究是第一個顯現更完整瞭解採用如何發生與傳播在此過程中之角色的長時間研究。

鄉村社會學者將其研究焦點放在農民、農業工作者（agricultural workers），和其他鄉村居民之間的問題。然而，這些相當含糊不清的鄉村社會學的研究指出農民採納新農業科技的過程包含不同的傳播方式。因此，鄉村社會學者很快地瞭解採納新事物的問題是重要的研究領域，可契合大學農學院的目標，而其中一個研究便是由愛荷華州立大學（Iowa State University）所進行。

在二戰以前，其中一項最重要的農業科技的創新就是混種玉米的發

明。而採納混種玉米這項新事物，今日被視爲經典的研究就是Bryce Ryan和Neal Gross在1943年的研究，其研究焦點在愛荷華州兩組農民對混種玉米的採納程度。

Ryan和Gross研究的總體目標是認爲這些關於新事物傳布的研究，可能提供關於伴隨理性技術極爲成功傳布的條件之知識。在研究方法上，是對愛荷華州立大學附近的兩個小鎮，採用混種玉米的農民進行親身訪談。研究發現採納的過程是漸進且依賴經驗的（One thing that Ryan and Gross found was that adoption tended to be on a gradual and almost experimental basis）。而中西部農民生性保守，再加上當時1930年代的經濟困境，抑制了混種玉米的批發和立即採納。農民透過許多不同管道得知混種玉米，如鄰居、銷售員、農業期刊、電台廣告、推廣服務（extension service）、親戚等，但並非每種消息來源都同等重要。而首次獲得資訊和決定採納之間的時間因素也很複雜。

在Ryan和Gross的研究發現，新事物的採納的決定因素是良好的人際關係和是否經常性的接觸大眾傳播。

對大眾傳播的學生來說，此研究提供瞭解知曉新事物和一些導致行動的採納形式間連結的基礎和概念性框架。而在新事物採納的其他研究進行時，獲得新事物的研究和大眾傳播的影響之間的界線也已開始模糊。

當學界的焦點從型態擴展至過程時（As the focus of scholarship broadened from pattern to process），研究成果逐漸被用在瞭解個人決定取得和使用新事物時的本質和結果。此結果就是概念的澄清。舉例來說，Rogers（1963）便將新事物定義爲一個簡單易懂的概念：一種人們認爲是新穎或被其他人採納的想法、行動或目標。

Rogers以採納過程的五種主要階段來闡明Ryan和Gross的研究，這五個階段是知曉（awareness）、興趣（interest）、衡量（evaluation）、施行（trial）、採納（adoption）。在第一個階段，潛在採納者獲悉新事物的存在。而Rogers認爲知曉則無庸置疑地和某些需求的種類有關，而這些需求會因爲使用新產品或新科技而得到滿足。

個人一旦知曉新事物，其興趣便會被喚起。Rogers認為導致選擇性使用媒體及其他訊息來源的所有變數，在此階段都相當重要。在第三個階段，個人會衡量新事物是否符合其需求。Rogers將此稱為一種「內心考驗」（mental trial）。

在第四個施行階段，新事物實際被採用，而此階段可能只有小小的規模。若有可能只是小規模或暫時使用，潛在的採納者就會通過（pass through）這個階段。在最後的採納階段，個人會做出決定，而新事物會被採用。

另一種Ryan和Gross開啟的疑問（line of inquiry），是在累積曲線（accumulating curve）的各種時間點，新事物採納者類型之間的差異。這些類型分為「早接受者」（early acceptors）、「早採用者」（early adopters）、「多數人」（majority）以及「晚接受者」（late acceptors）。而這些類型之間的差異在稍後數年被詳盡研究。Rogers綜合圖表、過程、採納者類型，認為採納者種類的不同是個人「創新性」（innovativeness）人格特質不同。

Rogers也定義「傳布」的主要相關概念。他主張傳布的過程是新事物（innovation）透過某種管道（channels）、歷經一段時間（over time）、在社會體系（social system）成員之間傳播（communicated）的過程。而隨著研究的累積，不同速率、不同種類的創新傳布也變得十分明顯。因此，隨著特定新事物遵循的不同採納模式（快速或緩慢），將根據社會體系的特別特徵與特質，以及人們的種類而定，而這些人會覺察新事物存在和新事物對其目的之潛在價值。

由於Ryan和Gross將焦點放在新事物接納的主要因素：(1)明確的新事物；(2)使人們知曉新事物的人際傳播和大眾傳播之過程；(3)社會體系的明確種類；(4)採納者的不同類型，而他們是在新事物傳布的各階段做出決定。因此，他們的研究會成為里程碑。

事實上，Ryan和Gross的研究強調傳布是一種社會學的現象。也就是說，該研究並未顯示大眾傳播不是在使人們知悉新事物，就是說服人們採

納的面向上，特別重要。因此，在針對農民的研究之間，人際管道（銷售員和鄰居）對引起潛在採納者對新事物的注意，遠比廣播、電影、雜誌或報紙還來得重要。

　　然而，由於都市居民的人際關係較為疏離，不如鄉村如此緊密，所以在都市地區進行的新事物採納研究，人際管道和大眾媒體管道之間的比例可能會澈底翻轉。

　　而Ryan和Gross的研究所顯現的重要論點是採納過程的階段、採納者的不同類型，以及從各種消息來源得到的不同影響之管道。

　　而針對愛荷華州兩個社區農民採納新品種混種玉米的這個審慎研究，已對處在當今社會和文化變遷的大眾媒體所扮演的角色之瞭解，造成深遠的影響。

陸、電影實驗：說服第二次世界大戰的美國士兵

　　珍珠港事件爆發後，美國被迫捲入第二次世界大戰。當時有些人斷言將輕易擊敗敵人，並在一年內結束戰爭。但越來越多士兵、水手、海軍陸戰隊員在之後的戰爭中發現，粗糙的刻板印象掩蓋了敵人頑強、果斷、充滿勇氣的事實。珍珠港事件後數週，志願者在招募中心排隊，甚至為了能早點入伍而打架，但這股浪潮在戰爭開始後減退，而選擇性徵兵制（selective service system）也帶來少數熱忱。事實上，絕大多數的新兵從未上過戰場。儘管如此，他們仍必須被灌輸軍事目標優先於個人方便安逸的觀念，即使這份工作很無趣、似乎無止盡、明顯沒有意義。為了讓新兵能適應戰場環境，教導他們在心理上準備面對和擊敗果斷、危險的敵軍是必須的。

　　另一個嚴重的問題是大多數新兵都不太熟悉公共事務，只有少數新兵明白導致美國參戰的複雜國際情勢為何。美軍非常明白告知新兵公共事務的需要，但如何做又是另一個問題。軍方高層很快地發現他們需要快速而

有效的方法，教導士兵認識敵軍的本質、盟軍，以及種種訓練的原因。為了完成任務和教導數量眾多的受訓者，使用一連串教育影片似乎是明智的方法，然而，軍方當初並未有這些影片，因此需要非常快速地準備。

1942年，George C. Marshall將軍委託好萊塢的Frank Capra導演拍攝這些影片。在非常短的時間內，Capra完成七部五十分鐘長的紀錄片，軍方便開始將影片作為新兵訓練課程的一部分。

一般來說，這七部影片從義、德兩國法西斯主義的崛起和1931年日本襲擊滿洲國開始，追溯第二次世界大戰的歷史，直到珍珠港事件後，美國開始動員和宣布參戰為止。這一系列影片的名稱為《為何而戰》（*Why We Fight*），成千上百的美國人在受訓時看過這些影片。然而，當中只有四部影片出現在本章所介紹的研究中，它們分別是《戰爭的序曲》（*Prelude to War*）、《納粹的反擊》（*The Nazis Strike*）、《分化與征服》（*Divide and Conquer*）、《英國之戰》（The Battle of Britain）。

總的來說，作戰部門對《為何而戰》系列影片做出的兩個基本假設。第一個是假設教導新兵對戰爭、敵人、盟軍的「真實知識」（factual knowledge）是個有效的工作；第二個是假設這些真實的知識會影響認知和意見，以提高對軍中角色的接受程度及達成勝利所必須的犧牲奉獻。而這些影片希望培養：

1.一種為何而戰的理想信念。

2.一種我們正面臨嚴峻考驗的理解。

3.一種對自己、同志、領導者的能力必能完成任務的堅定信念。

4.一種在目前環境下，對盟軍戰鬥力的信心。

5.在對事實的認識上，一種必須對敵軍予以痛擊的憤怒情緒。

6.一種戰爭取勝，才能達成更好的世界秩序的政治目標之信念。

一、說服的其他重要研究

(一)短期效果對長期效果（short-term vs. long-term effect）

　　「實驗組控制組前後測實驗」（before/after design with control group）被運用在短期效果和長期效果研究中，長期效果組和短期效果組的研究使用相同方法，惟長期效果組是在看完影片後的九個星期才填寫問卷。遺忘真實事件的形式明顯顯現。比較短期和長期實驗組時，在回憶的事實上有大量減少的情形。經過九週以後，長期效果組還能記住的只有短期效果組在觀影後一週所記住的一半。

　　研究者稱這種結果為睡眠效果（sleeper effects）。這很難解釋，但發生的現象就是實驗對象會忘記影片中導致他們改變意見的某些事實。研究者還發現若有人一開始就有意見改變的傾向，則有被影片長期影響的高度可能性。最後，研究者指出，隨著時間消逝，一般事件的意見改變會比特殊事件的改變有較大效果。

(二)單面訊息和雙面訊息的影響（effects of presenting one vs. both sides of an argument）

　　初步檢視研究結果，發現說服性訊息的兩種形式並未產生差異。但當列入受試者一開始的意見時，便會產生明顯不同的結果。對那些這可能是冗長的戰爭之結論持相反觀點的人而言，片面之詞有些效果，但正反兩面的說詞則更有顯著的效果（48%：36%）。對那些接受戰爭可能拖延更久時間的人們來說，片面之詞則有較大的效果（52%：23%）。很顯然地，對議題一開始所抱持的立場似乎是關於說服性訊息影響力的關鍵因素之一。

　　智力也被證實是另一個影響結果的關鍵因素。比較不同教育程度的受試者時，便會發現當中顯著的差異。簡言之，正反兩面的說詞對教育程度高者有較大的效果（49%：35%），對教育程度較低者而言，則是片面之

詞較有效果（46%：31%）。而同時考慮一開始的立場和智力高低時，則會產生更大的差異。

二、小結

《大眾傳播實驗》（*Experiment on Mass Communication*）中的各種研究最重要的貢獻，就是它們發現說服過程的重要特色，這些特色在戰後數十年還被傳播學者們持續探索。

影片評量的研究顯示這種傳播形式在短時間內，可有效對龐大數量的人們教導真實的事情，也顯示可能改變對事實的意見或詮釋，意見也可能隨著時間流逝而仍存於心中。但很明顯的是影片無法對更寬廣的態度和動機產生一般的影響。換言之，影片的說服效果明顯有限。《大眾傳播實驗》明顯走向「有限效果論」（limited effects）的假設，該假設是關於單一傳播模式對其閱聽人的短期影響，而非「強而有力影響」的解釋。

從研究方法的立場來看，影片評估研究和其他對軍隊的研究為大眾傳播研究立下了新標準。「實驗組控制組前後測實驗」設計在社會科學中並不新穎，但過去從未在傳播研究中使用，因此《為何而戰》影片的研究，其嚴密而仔細的實驗步驟成為後繼研究者的標準。

實驗結果支持下列觀點：大眾傳播的效果深受閱聽人之間「個人差異」（individual difference）的影響。個人差易導致選擇性感知、解釋及改變，這些受試者一開始所持立場的因素在瞭解結果的方面非常重要。同樣地，閱聽人的社會類屬（如教育程度）也有不同影響。

或許，針對如何說服美國士兵的軍隊研究在大眾傳播的研究上，代表一個重要的轉捩點。這些實驗結果表示開始了尋找說服的「魔術之鑰」的新方向。說服性傳播魔術之鑰理論的基本假設與DeFluer針對說服所提出的「心理動力取徑」（psychodynamic approach）密切相關，這個取徑假設某些特質被用來製造訊息，而這些訊息會修正個人認知／情緒過程的架構，若是運作良好，將會朝傳播者希望的方向上，產生決定和明顯的行為改變。

　　《大眾傳播實驗》的作者們十分相信在態度、意見情況和明顯的行為之間有著一般的關係。然而，這組假設在今日對研究者來說，似乎已無這麼大的吸引力。

 ## 柒、傳播與說服：尋找魔術之鑰

　　1946～1961年，「耶魯傳播與態度變遷計畫」（the Yale Program of Research on Communication and Attitude Change）進行五十個以上的實驗，產生了相當多的研究結果。Carl Hovland在這段時間中，持續推動這些研究。1953年的《傳播與說服》（*Communication and Persuasion*）是該研究計畫的第一本書，書中畫出這些實驗的理論基礎和框架的輪廓。《傳播與說服》呈現了許多說服性傳播對意見和信念的修正調查結果。本研究由洛克斐勒基金會資助，包含三十多位社會科學家的努力，其中主要是心理學家，但也包括社會學家、人類學家和政治學家。

　　必須注意的是耶魯研究並為研究大眾傳播或媒體上的競選活動，而是以各種設定的實驗法來處理，如演講等較私人的人際傳播途徑。當時的許多學者認為說服的「定律」會同時在實驗與現實生活的情境起作用，在實驗室發現「魔術之鑰」的過程也可導致對其在大眾傳播說服中的瞭解。

　　有幾項原因解釋為何《傳播與說服》的研究都是在已受控制的實驗法下進行。首先，大多數研究者都有實驗心理學的背景，因此使用他們最熟悉、最有信心的實驗法。更重要的是研究者在找尋說服「定律」的因果關係，因為他們相信在尋找定律的過程，就必須使用可從資料產生因果解釋的方法。

　　大體來說，耶魯研究所使用的研究技巧相當嚴密，也十分注意研究細節。

一、關於意見和態度改變的假設

Hovland等人測量在達到態度和意見改變的總數方面的說服效果。他們將態度和意見視為密切相關但有分析上的差異。他們認為意見是個廣泛的觀念，與「解釋、預期和評價」有關；至於態度則是包含正面或負面的「驅動價值」（drive value）。

另一項區分態度和意見的因素是——意見總是以言語表述，但態度則不盡然，態度有可能是無意識的。然而，研究者的構想包含態度和意見之間，高程度的互動。避免或迴避的普通改變（態度）可能會影響人們對許多相關議題的期望（意見）。《傳播與說服》認為此互動更重要的觀點是人們一般態度的改變乃源於意見改變。Hovland、Janis和Kelly假設態度會經由口頭的信念、期望和判斷所傳達，而傳播改變態度的方法就是改變那些口頭回應（意見）。

二、理論模型（the theoretical model）

研究者假設態度和意見是相當耐久不易變的，也就是說，它們假設除非個人歷經一些新的學習經驗，不然特殊的意見和態度將會繼續保持下去。而實際上，Hovland、Janis和Kelly所用的理論框架是「學習理論」（learning model），而學習理論本質上也是一種刺激—反應理論（stimulate-response model）。

在學習新態度方面，Hovland等人認為有三種重要變數：注意（attention）、理解（comprehension）和接受（acceptance）。「注意」認清了一項事實：人們面對的刺激並非都會受人們的注意；「理解」是一些訊息因太複雜或太含糊，導致於其預定的閱聽人無法理解。最後，人們在真正的態度改變以前，必須決定是否接受傳播的訊息。「接受」的程度與其所接受的動機大有關聯，訊息可能提供論點和理由接受所主張的觀點，或是引起報酬的期望或其他令人愉快的經驗。而刺激—反應理論以下列假

設爲基礎：若引起的新回應動機比引起舊回應的動機還要大時，態度就會發生改變。簡言之，Hovland等人的理論模型認爲改變態度或意見的步驟爲：

1.先介紹一個新意見（刺激）。
2.假設實驗對象注意和瞭解訊息，閱聽人就會做出回應或反應。也就是說，他們會考慮自己原有的意見和介紹的新意見。
3.若做出新回應的動機（報酬）比引起舊回應的動機還要大，受試者就會改變態度。

總的來說，《傳播與說服》中討論的研究可由三個主要特色來描述：

1.主要和理論議題及基本研究有關，其主要目的是發現說服的「定律」。
2.所使用的主要理論途徑是刺激—反應的學習理論，該理論假設當改變的動機比不變的動機還強時，態度（或意見）就會發生改變。
3.研究方法強調的重點在於受到控制的實驗法。

三、實驗和研究發現

(一)傳播者的特徵（characteristics of the communicator）

　　《傳播與說服》第一個討論的是傳播者的可信度。研究者假設傳播有效與否取決於傳遞訊息者。Hovland等人特別感到興趣的議題，是傳播者可信度的差異可能會影響：(1)閱聽人所感知和評價的呈現方式和內容；(2)閱聽人的態度和意見所更改的程度。研究者限制針對下列因素影響的調查：(1)「專家程度」（expertness），或「傳播者被視爲令人信服的消息來源」；(2)「可信賴度」（trustworthiness），或「閱聽人對傳播者意圖傳播的訊息的信心程度」。

　　爲了檢視專家和可信賴度的變化程度，Hovland和Weiss設計一連串的實驗，該實驗由對兩組團體進行的單一訊息所組成。實驗共有四個主題，

在其中一組團體，文章來自高可信度的消息來源，而另一組團體則為低可信度的消息來源。

實驗結果顯示，一開始對消息來源態度的差異會影響文章呈現的評價。即使是內容相同的訊息，當消息來源是低可信度時，所呈現的內容也會被認為是「不公平」及「不正確」。

然而，研究者觀察這些意見改變的附加資料四週後，高可信度來源和低可信度來源有效程度之間的差異已然消失。這個結果受到：(1)對高可信度消息來源所主張的觀點的接受程度漸減；(2)對低可信度消息來源所主張的立場的接受程度漸增。當然，前者可歸因於忘記訊息內容，但後者卻認為信賴度低的消息來源的負面影響逐漸消失，而使得訊息呈現的論點導致延遲的正面效果。這就是所謂的「睡眠者效應」（sleeper effect）。因此，研究者指出，消息來源的影響在傳播的當下是最大的，但之後隨著時間推移而減少，其減少的速度比文章的影響所減少的速度更為快速。

基於上述證據及後續研究的結果，研究者做出下列結論：

1.當訊息來自低可信度的消息來源時，會認為比來自高可信度消息來源的訊息還來得偏頗和不公平。

2.高可信度的消息來源會比低可信度消息來源對閱聽人的意見產生較大的立即影響，但經過數週以後，高可信度消息來源的正面影響和低可信度消息來源的負面影響都有消失的傾向。受試者不是在對訊息呈現的評價之間，就是對消息來源論點的接受程度之間，皆無任何差異。

3.對意見的立即影響不是閱聽人對傳播者的注意程度不同或閱聽人對訊息呈現的理解不同，所得到的結果。閱聽人對資訊記憶量的實驗顯示，不論訊息的可信度高低，閱聽人都能接收得很好。因此，消息來源可信的變化量主要影響閱聽人接受消息來源所持有的結論之動機。

(二)訊息的內容和結構（the content and structure of the message）

關於說服性內容影響的研究分為兩個方面：(1)激發訴求；(2)說服性論點的架構；而激發訴求就是「喚起接受新意見的動機的刺激」。Hovland、Janis和Kelly將這些動機主要分成三類：(1)有證據的論點；(2)正面訴求；(3)反面訴求。有證據的論點易使閱聽人相信所接觸的推論是真實或正確；正面訴求強調接受推論的報酬；負面訴求（包括喚起恐懼的內容）則描繪出不接受推論所得的令人不舒服的結果。而研究者僅呈現負面、恐懼訴求的證據。

◆恐懼訴求（fear appeals）

研究者假設恐懼、罪惡感、憤怒等任何意圖擾亂的情緒，都具有激起人類本能需要的功能。換言之，這些情緒提供某些行為種類的動機。一個成功的恐懼訴求會引起情緒緊張，透過接受可提供解決問題的新意見之方法，可解除情緒的緊張。Janis和Feshbach對引起恐懼的傳播方法的過程進行研究，結果發現能引起恐懼的訊息確實能引發實驗者預測的焦慮感。具體而言，強烈的訴求比中度和輕微的訴求會引起較大情緒上的緊張。而Janis和Feshbach的結論是增加威脅的內容因素容易升高情緒喚起的等級。

此外，研究者也發現恐懼訴求確實會增加建議的行動。然而，結果令人訝異的是，最小的訴求竟產生最大的行為改變！總之，Janis和Feshbach所下的結論是就說服而言，最小的恐懼訴求最具效果，中度和強烈的訴求能有效引起興趣和緊張程度，卻也引起某些阻礙形式而導致效果減少。簡言之，高焦慮程度會阻礙個人對訊息的理解或接收。

◆訊息的組織結構（message organization）

說服性訊息是否有效不只根據訴求使用的動機，還有論點的立場。該主題典型的問題是：(1)結論是否陳述明確；(2)是否呈現正反兩面論點的訊息；(3)若呈現正反兩面的訊息，先呈現的是哪一邊的意見。研究發現當

傳播者明確傳達結論時，會發生較多的意見改變情形。但研究者也告誡，就呈現的議題而言，閱聽人的智力和閱歷程度是重要因素。因此，對閱歷豐富的閱聽人來說，未言明的結論可能反而較有效果。

另一個與說服性訊息架構有關的議題是單面訊息和雙面訊息的問題。Hovland、Lumsdaine和Sheffield（1949）指出，單面訊息和雙面訊息對意見的改變並無差異。Lumsdaine和Janis認為使用雙面訊息時，閱聽人會接受推薦的意見，會將相反立場的論點列入考慮，接著將矛盾的論點忽略或持懷疑態度。這種抵抗稍晚而來的宣傳企圖的過程，被稱為「預防效果」（inoculation）（這成為態度變遷研究的重要觀念）。

訊息架構的最後一項主題是「首先和新近」（primacy versus recency）的爭論。簡單來說，最有效的訊息是結論陳述清楚、呈現正反觀點的訊息，而觀點呈現的順序並不會造成影響。

(三)閱聽人（audience）

Hovland等人主張個人的一致性傾向源自於團體，該傾向奠基在團體其他成員對預期行為的知識，以及個人不願辜負這些期待之上。因此，團體規範會對說服性訊息的影響產生干擾，因為個人會發生抗拒改變的情況。所以研究者對「相反規範」（counternorm）特別有興趣，而相反規範就是和團體規範持相反立場的論點。

過去的研究發現人們對所屬團體越重視，態度和意見就越相似於該團體。Kelly和Volkhart假設個人若越重視其所屬團體，就越不會被和團體規範相反的訊息所影響。也就是說，意見改變與其重視所屬團體的多寡成反比。

而Kelly和Volkhart的假設已被證實。研究者主張：具強烈動機重視其所屬團體者，將是最能抗拒和不同於其所屬團體標準的訊息的人。

◆人格因素和可說服性（personality factors and persuadability）

研究者主張傳播效果部分也受到閱聽人個人特質之影響。Hovland等

人探討兩種個人因素：智力和「動機因素」（motive factors）。智力相當重要的原因是會決定閱聽人參加、解釋和吸收閱聽人所接觸到的訊息。但Hovland等人相信在具有「某些基本智力」的閱聽人，「動機因素」則可能是在個人說服差異方面，較重要的決定因素。而動機因素包括「顯著的個人需要、情緒性的干擾、防衛機制、忍受挫折、產生激動的臨界線等，可以幫助或干擾個人對許多不同種類的說服性傳播的做出回應」。Janis想找出意見變遷和個人因素的關係，而以78名男大學生為實驗對象，測量其意見的改變。研究結果發現高說服性與社會不成熟（social inadequacy）、抑制侵略（inhibition of aggression）、失望以及自尊較低等因素有關。

然而，研究者也發現難以說服的人所具有的三種個人特質：不斷侵略他人、社會退縮傾向（social withdrawal tendencies）以及敏銳的精神官能症。每天公然對他人表示敵意和傾略傾向的人，不易被說服性訊息影響。有社會退縮傾向的人則極不同於一般大眾，也抗拒改變。而精神官能症會干擾人們的注意、理解和接受，因此足以解釋為何這些患者難以受到影響。

◆閱聽人反映模式（audience response patterns）

在回應因素的分析層面，耶魯研究重視的兩個議題是：(1)受試者是主動或被動參與；(2)訊息效果的持續時間。

1. 主動參與對被動參與（active versus passive participation）：Janis和King比較兩組實驗對象的意見改變，即「主動參與者」和「被動參與者」。結果指出，主動參與者比被動參與者在意見變遷的效果上，比較明顯。

2. 意見改變的持續期間（duration of opinion change）：一般來說，關於記憶效果的最普遍兩個結果是：(1)閱聽人可能接觸訊息並接受傳播者的觀點，但過一段時間後，卻恢復先前所持有的態度；(2)閱聽人可能先拒絕傳播者的觀點，但在一段時間後，又改變為傳播者的立場。兩者相較，前者較為普遍。

四、小結

耶魯傳播研究計畫的焦點可分為四類：傳播者、訊息、閱聽人以及閱聽人對說服性訊息的回應。在傳播者的方面，消息來源可信度高低是獲得立即性意見變遷的重要因素，低可信度的消息來源被認為比高可信度的消息來源還要來得偏頗和不公平。研究者也發現傳播者可信度的影響會隨時間而減少。大體來說，大多數的意見變遷是來自短期效果而非長期效果。因此，在傳播說服性訊息後，不能獲得立即性的意見改變，但在一段時間之後，閱聽人通常又「恢復」到了原本所持的意見。

訊息的內容和結構也具有重要影響。若運用適量的威脅性或恐懼性的訊息，則會引起情緒緊張並改變意見的情形。但要注意的是，引起太多焦慮感的恐懼，會妨礙個人對訊息的接受程度。在結構方面，除非閱聽人具較高的智力和豐富的閱歷，否則結論清楚的一般訊息較易被閱聽人接受。此外，接觸雙面訊息的人較能抗拒反宣傳的訊息。

雖然並非是決定性的結果，但閱聽人方面的研究則提供一些有趣的觀點。研究發現重視團體的人將極不容易被立場和團體規範相異的訊息所影響。而人格特質因素顯現自尊較低的人容易受影響。此外，具侵略性和精神官能症者，也難以受到影響。

最後，閱聽人反應因素的研究指出，主動參與的閱聽人比被動參與的閱聽人更容易改變意見。

有幾點原因可解釋《傳播與說服》為何是傳播研究史中的重要研究。雖然研究焦點不在大眾媒體，但卻對說服過程有更多瞭解，對說服的許多面向有更多的瞭解，如可信度、對宣傳的「預防效果」、恐懼訴求、對團體的忠誠、睡眠者效應、閱聽人參與等。媒體研究者也依據耶魯研究的這些成果，繼續探索。

耶魯研究也運用了創新的研究方法。研究者運用許多適用於傳播效果研究的實驗心理學的方法，並加以去蕪存菁。實驗有「策略性變化」（strategic variation）之測試，試圖將顯著變數的影響獨立出來。然而，

重要的是要記住任何實驗獲得的結果並不具任何決定性，不應被視爲「答案」（the answer），其潛在效度尚有賴於反覆驗證和其他研究方法（如調查法、田野觀察法等）的發現與整合。

研究所使用的理論模式是學習理論，該理論假設改變的動機若強於不改變的動機，態度和意見則會受說服性訊息的影響而改變。但受說服性訊息的影響之前，閱聽人則必須注意之、接受之，而研究者就是在尋找導致此過程的「鑰匙」。

總的來說，我們從耶魯研究學到了大量有關立即性和短期的意見變遷，但卻未學到如何永遠改變意見和態度。

捌、親身影響：兩級傳播

Joseph Klapper在1958年總結大眾傳播研究的各項發現後，認爲：

1. 媒介比一般大眾所想像的還來得不這麼萬能。
2. 許多研究發現媒介傳遞的訊息會對閱聽人產生影響，但這些影響卻相當小。
3. 訊息能對閱聽人產生影響的條件，遠比最先研究媒介的社會科學家所猜測的還複雜許多。

大眾媒介間接效果的研究之重大發現，就在於意見領袖和其對跟隨者的影響。換言之，研究焦點在於兩級傳播的第二階段，而資料分析和最後的報告，在1955年Elihu Katz和Paul F. Lazarsfeld的著作《親身影響：人們在大眾傳播流動中扮演的角色》（*Personal Influence: The Part Played by People in the Flow of Mass Communication*）當中有清楚的說明。

Hovland等人已證實媒介效果的關鍵是會與個人特質差異互動的訊息架構，這些人格特質包括態度、情緒、可信度，或其他影響感知、記憶，或回應的動機。發現兩級傳播的社會學家認爲更大有可爲的研究應在於

Cooley所提出的「初級團體」。Lazarsfeld等人在《人們的選擇》書中清楚指出家庭和同儕是兩級傳播第二階段最重要的因素。換句話說，初級團體是對訊息從媒介經兩級傳播後傳至閱聽人的過程更加瞭解的一個明顯合理的焦點。

霍桑研究（Hawthorne studies）顯示刺激工人更大產能的按件計酬方式經常沒有效果，原因就是工人之間有強烈的聯繫關係。他們並非以個人方法使報酬最大化，而是結合同事間的規範與期望。

1930年代末期，社會科學家發現團體結構（clique structure）（如初級團體）也扮演重要的角色。事實上，在決定社會階層（social stratification）的形式時，黨派結構（如初級團體）就成為僅次於家庭的重要因素。

最後，在二戰期間對美國士兵和其作戰意願的研究，顯示作戰動機和個人親密的初級團體有關。

此外，小團體研究法對大眾傳播理論發展的重要性，在於小團體對其成員提供對含糊不清之情況的意義，在含糊不清的情況下，人們沒有適當或標準的解釋框架。Kurt Lewin在研究小團體形塑社會真實的過程時，曾說：「處理個人記憶和團體壓力的實驗顯示，熟人所認定的『真實』，幾乎決定於何為社會所接受的真實。」

很明顯地，媒介和小團體在今日藉由人們共同發展真實的社會建構，於傳播的社會過程中扮演重要角色。而這個想法就是DeFleur所謂大眾媒體效果的「意義理論」（meaning theory）之核心。

而小團體共享的價值觀是另一個描繪人們將團體視為影響和解釋出處的來源。因此，當人們形塑對外部世界的回應時，初級團體成為人們尋求解釋、建議的「參考團體」（reference group）。

一、發現意見領袖的Decatur研究

當人們對信任、採購、參加、違背、支持、喜歡或不喜歡等問題做出決定時，會向意見領袖尋求建議。通常意見領袖的個人影響是難以被人們

覺察的。

　　這樣有關非正式人際傳播的調查研究被稱為笛卡圖研究（Decatur Study）。該研究由哥倫比亞大學的社會應用研究處（Bureau of Applied Social Research of Columbia University）主辦，研究計畫由Mcfadden出版社和Roper民調中心提供贊助。研究焦點在意見領袖於日常生活事務中影響人們做出決策的角色。而問題是確定在必須做出決定卻又有許多可能的選項與少數的客觀真實的時候，誰會影響誰。

(一)研究步驟

　　本研究計畫的特色是意圖描繪當人們面對面時，誰會影響誰。換言之，研究者想研究的即為每天實際接觸被影響者的意見領袖。研究者從美國中西部挑選最符合其預設標準的鄉鎮，這些標準包括人口組成、經濟地位、商業活動、大眾傳播的使用模式，以及社區的生活品質。最後選出伊利諾州的笛卡圖鎮作為此計畫的研究地點。研究者嘗試以四種不同的策略，找出意見領袖和親身影響的案例。第一種技巧是意圖分辨在某個主題對於他人意見或解釋的具有「一般影響力」（generally influentials）的人。另一個定義和找出意見領袖的策略將焦點置於有「特殊影響力」（specific influentials）的人。而嘗試研究意見領袖的第三個技巧則沒這麼複雜，是分辨受訪者「每天接觸」（everyday contacts）的人，而這些人就是通常和受訪者討論要事者。最後是「自我任命法」（self-designation），這個步驟是建造研究報告資料的主體，自我任命法指的是詢問受訪女性最近是否影響他人。

　　在瞭解所有提及的種類（一般影響力、特殊影響力、每天接觸、自我任命）之後，研究者窄化他們對意見領袖和親身影響的概念。意見領袖是被同儕認為在特別主題具特殊長處者，人們在特別的主題向意見領袖尋求建議，而不會將所有議題的意見都尋求意見領袖。至於親身影響則發生在人們面對面之間，以及相當複雜的主題上。

　　意見領袖只是許多影響的其中一種，辨別何種影響在任何特殊的決定

中所扮演的主要角色是不太可能辦得到的。然而資料明顯支持以下結論：意見領袖在消費者的市場行為有較強而有力的影響。

(二)意見領袖的人格特質（the characteristics of opinion leaders）

研究者將與意見領袖有關的因素分為三個重要面向，這三個面向是：(1)生命週期的位置；(2)社區中社經階梯（socioeconomic ladder）的位置；(3)個人社會接觸的程度。

◆生命週期的位置（position in the life cycle）

生命週期的位置提升在某些主題較博學的可能性，熟悉主題及有效處理主題的過程，便是運用個人領導力，以及被認為是有影響力的意見領袖之基礎。

◆社經地位（socioeconomic status）

社區內居特殊地位者乃因教育程度、名望和聲望的不同所致。而這些則是決定其向人尋求解釋和意見與否的重要因素。

◆社會接觸（social contacts）

常與許多人經常互動者，將有更多機會成為意見領袖。

(三)研究發現

◆市場的意見領袖

高社會地位不會讓人們增加其成為各種領域的意見領袖的機會。根據Katz和Lazarsfeld的說法，市場影響的流動是水平的，他們認為「更加合理的預期是市場影響被侷限於每一種社會階層內，而非忽略不同地位所進行的隨機交換」。主動的家庭主婦們不成比例地提供較年輕或年長已婚女子市場影響之結論，只得到少數的支持。在任何社會地位和生命週期位置上，社會接觸越多的婦女，越容易成為對市場有影響力的人。

◆流行的意見領袖

在流行的面向，年輕女子發揮最大的影響力。而不管是什麼原因，年輕單身女子在流行的範疇中是最具行動力的意見領袖，也是流行意見的「出口者」（exporter）。她們不只互相討論流行事務，也對其他年齡層的婦女產生最大的影響力。

◆社交的意見領袖

不論社會地位或生命週期的位置，社交頻繁的婦女會對流行事物較有興趣，也會使其提供較多意見而成為意見領袖。研究者認為社會地位和作為流行事物意見領袖角色之間有正相關性，而不只是集中在社會階層頂端的意見領袖。

大體而言，生命週期的位置最能決定流行事物的影響，年輕單身女子也較容易成為流行事物的意見領袖。社交頻繁程度也是重要指標，但社會地位則不會有太大的影響。

◆公共事務的意見領袖

研究者假設社會地位和公共事務的意見領袖有呈正比的關係。而研究結果也明顯支持研究者的假設。對女性而言，丈夫和父親是她們在公共事務方面，主要的意見領袖。社交頻繁程度和社會地位之間有關聯，兩者皆為預測意見領袖的因素。然而，社交頻繁程度和社會地位是獨立變數，但前者比較重要。生命週期的階段和公共事務領袖之間只有相當微弱的關聯，但是自認在公共事務影響他人的比例則隨生命週期的各階段而減少。

◆看電影的意見領袖

「生命週期的位置對此種意見領袖的影響特別明顯，這個現象反映了電影在當時青年人的生活中，所扮演的重要角色。研究者認為看電影幾乎可說是和別人一起從事的活動，因此無論是否屬於團體或人際關係寬廣與否，在如何選擇電影這層面，不會造成多大的差異。如同社交頻繁的程

度，社經地位也不是證實選擇電影的個人影響的因素。

二、小結

《親身影響》是第一個將焦點置於社會關係和大眾傳播過程所扮演的角色上的研究，在使大眾傳播過程具體化的研究中，人們之間的關聯被視為是比訊息刺激的結構、傳播者的個人特質，或接收者的心理構造還更為重要的因素。

小團體研究法則清楚地分辨初級團體的意義功能，此想法也是大眾傳播意義理論中的重要部分。更重要的是，笛卡圖研究和兩級傳播的想法，確定研究重要的新方向，創新傳布、新聞傳布以及人際關係扭曲等研究，皆採納兩級傳播的觀點。

或許最重要的，《親身影響》的媒體研究之影響和那些將媒體視為邪惡勢力或現代民主的救星的看法似乎是不同的事物。調查得知的影響很小，並難以探測，甚至完全沒有威脅性。本研究不只使應畏懼大眾傳播的想法有效性失去作用，還使這個想法看起來非常不切實際。

玖、新聞的議題設定功能：告訴人們想什麼

20世紀初，Walter Lippmann便指出人們僅有有限機會能以第一手的方法來觀察重要事件，只能依賴新聞媒體來獲得事件的真相。他觀察到新聞媒體的角色是從我們「腦海中的圖像」（pictures in our heads）提供我們對「外在世界」的觀點。

人類學的沙皮爾—沃爾夫假設（Sapir-Whorf Hypothesis）則認為不同社會使用的語言會對語言結構造成極大的差異，而這些差異會讓人們以不同形式來觀看、詮釋和瞭解自然界與社會。源自社會心理學的象徵互動論典範（symbolic interactionism paradigm），也顯示人類傳播個人過程的內在心理結構和社會體系（social system）之間的關係。社會學者則假設人

們所持有的現實（意義）的概念，是透過使用相同語言的傳播過程而在社會中被建構的。

　　Cohen在1963年即指出：「新聞多半不能成功地告訴人們如何想（what to think），但卻極能成功地告訴人們想什麼（what to think about）。」這是個頗簡單卻廣泛被引用的歸納，也成為新聞有重要的「議題設定功能」（agenda setting function）的假設的要素。

　　Lang與Lang（1966）觀察到對新聞能改變人們態度的強大力量抱有質疑時，媒體確實提供了大量人們從當天的重要議題上得知的資訊。再者，Lang氏夫婦還發現，人們對競選議題等問題的瞭解，似乎和媒體呈現方式所強調的問題有直接性的比例關係。

一、假設的形成

　　Maxwell McCombs和Donald Shaw決定研究新聞的議題設定功能的主要假設和1968年總統大選間的關聯，而當年的候選人是由Hubert Humphrey對決Richard M. Nixon。

(一)探索式的研究

　　為了尋找是否有假設媒體議題設定功能的根據，研究被設計為比較媒體內容和選民對總統大選的想法。更精確來說，本研究是比較（北卡羅萊納州教堂山）選民樣本自認的總統大選中的關鍵議題，和他們在選舉中接觸的新聞媒體所報導的實質內容。而此研究應是立意抽樣（purposive sampling），而不是隨機抽樣（random sampling）。

(二)修正假設（refining the hypothesis）

　　研究結果顯示，在媒介所呈現的主要新聞報導中，許多新聞都和總統大選沒多大的關聯。當受訪選民評斷議題的重要性順序與媒體所強調的相關新聞相較時，則發現令人吃驚的關係。事實上，媒體強調和選民所認為的議題順序重要性間的相關性，高達0.976！

　　換句話說，新聞媒體所建構的外在世界和受訪選民腦海中的圖像，有相當高的一致性。此外，外在世界所呈現的景象並未被特別扭曲，此即為新聞媒體議題設定功能的顯著證據。新聞媒體並未暗示選民應對議題如何想，卻暗示應該想什麼議題，以及候選人所強調的議題。選民自己會察覺到這些有輕重順序的議題，並以自己的方式採納之。

二、夏洛特（Charlotte）研究

　　McCombs和Shaw針對1972年總統大選進行研究，這次的候選人是現任總統Richard M. Nixon和民主黨的George McGover。

　　研究者確信累積科學知識最適當的策略是「計畫性研究」（programmatic research）。McCombs和Shaw設計及施行一個小樣本連續調查法（panel）的研究，焦點在政治議題在媒體上的呈現和選民對這些議題的重要性的想法。因此，此研究比1968年教堂山研究的規模還大，但焦點仍在於總統大選期間，新聞媒體的議題設定功能。計畫的所有目的、研究策略、分析形式以及研究發現，都可見於McCombs和Shaw在1977年出版的《美國政治議題的產生——新聞的議題設定功能》。此書也是第一本對議題設定假設予以系統化，以及呈現大量資料的學術專書。

(一)研究目標

◆定義概念

　　到現在為止，新聞媒體相當強調的議題和選民分配相同議題之間的假設，所預測的情形不太嚴謹。雖然教堂山研究頗支持兩者之間的關係，但仍需以詳盡的解釋議題設定。

◆個人議題的資訊來源

　　人們從媒體所呈現的新聞和政治廣告獲得大部分的資訊，但也有來自其他人的資訊。因此，獲得與議題有關的人際傳播的角色的瞭解也是研究

的主要目標。

◆時間順序爲主要變項

時間先後對個人議題設定的影響，也依然是另一個獨立變項。

◆選民的個人特質

年輕選民的投票人數、對議題的看法、個人的需求、動機和年齡等個人特質，都在夏洛特研究中被探討。

◆政治與議題設定

議題設定對美國的政治過程、社會、個人是否有正面或負面影響，以及議題設定過程與社會的關係，也都是研究的主要目的之一。

(二)研究地點

北卡羅萊納州的夏洛特是符合研究者的特別標準而被選出。一方面，夏洛特和主要的都會區有段距離，因此當地的媒體數量有限，能在研究過程中有效監督。另一方面，則是夏洛特在近十年之間，居民的組成變化很大。此外，也不像其他南方地區，夏洛特並非民主黨票倉，反而在過去二十年都支持共和黨。

◆小樣本連續調查法與抽樣（the panel design and sample）

議題設定假設媒體對議題的選擇性強調重點，及閱聽人對議題重要性等級與其一致的想法之間，有些因果關係。影響的本質尚未瞭解，但明顯涉及時間因素。媒體必須先進行報導，對閱聽人的影響隨後才會顯現。這也是夏洛特研究選擇使用小樣本連續調查法的原因。

◆研究發現

Shaw和McCombs直接將議題設定的假設置於認知的層次，而非情感的框架中。從一個普遍的觀點來看，Shaw和McCombs對聚焦在媒體的察

覺與資訊的供應功能的堅持，形成重要的結果。議題設定成為現代社會中，媒體參與人們在眞實的社會建構（social construction of reality）的其中一個過程。

McCombs和Shaw在書中指出：「該書檢視新聞媒體在議題設定的力量，並假設新聞媒體本身有些許力量來建構候選人和選民都覺得重要的政治議題。」這個假設認為新聞媒體不只會影響選民，也會影響候選人。

整體來說，議題設定能以假設形式被研究，此假設與特定的自變數和應變數有關。以假設形式陳述時好像會顯得過分簡單，但若加入探討媒介守門人和閱聽人的回應等各種因素組成的複雜網路便是相當複雜。更廣泛地說，議題設定可被視為眞實的社會建構或社會建構的一部分；而更確切一些，是因現代社會中的人際傳播和大眾傳播才發生的共享的意義之社會建構。

新聞、廣告和人際討論是競選活動中，有關議題本質和突出性的不同消息來源，而每一種消息來源都可分開探討。研究所得的數據指出，新聞媒體強調的議題成為選民認為重要的議題。

整體來說，選民議題和候選人宣傳的議題之間的一致性低。然而，研究者卻觀察到另外一種影響，就是廣告容易產生「情感」（affect），也就是對候選人正面或負面的感覺。

總而言之，個人議題設定的主要資訊來源是電視播放的選舉新聞，再來則是報紙。電視上的付費政治廣告能幫助選民形成其對候選人的感覺，看起來卻不會對產生個人議題這方面有強烈影響。針對候選人和議題的人際討論也許扮演某些角色，但最佳結論還是新聞仍是更吃重的角色。

圖3-1中的關聯性模式清楚地顯示報紙對選民議題造成的影響超過四個月，相同的模式則未見於電視。因此，報紙似乎明顯可以在研究期間塑造選民的議題，但電視則無。而夏洛特研究也明白顯示每一種媒體不會有相似的效果。

研究者認為影響不同媒介接觸模式的因素有三種：第一種是選民對訊息內容的興趣程度，這是對選民是否察覺到「關聯」（relevance）的功

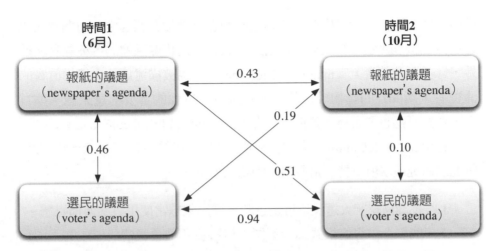

圖3-1 報紙議題和選民議題交叉延宕相關

（Cross-lagged correlations between newspaper's and voters' agendas）

能；第二種是對訊息內容所含的議題「不確定」（uncertainty）的程度；最後是找出可信賴的相關消息來源所獲得的「努力」（effort）。前兩項因素（關聯和不確定）被McCombs和他的同事合併成所謂的「需要引導的需求」（needs for orientation）。需要引導的需求則推測是導致個人接觸媒體內容的人格因素，可簡單地假設為需求越大，對媒介的注意也就越多，進而增加議題設定的影響力。

全部的研究結果呈現了支持需要引導的需求的一般性假設，導致了媒體的接觸，以及議題設定的影響。

Shaw和McCombs認為當代的大眾媒體（尤其是新聞媒體）在引導政治行為上，扮演了二元的角色。換言之，議題設定是社會中的一部分傳播過程，人們可藉此發展和共享政治意義。更精確地說，當選民致力於選舉活動、候選人印象和政治議題面向的事實的社會建構時，議題設定適時連結了媒體和選民。

同時，議題設定未定義媒介為傳遞政治事件、候選人和議題等訊息給等待的選民的被動傳播者。媒介會選擇、掩飾、詮釋、強調、甚至扭曲訊息，然後才將訊息從政治事件的發生地傳到正在搜尋資訊的選民。在報

導給閱聽人之前，新聞媒體還會將自己的意見灌輸在報導中，而閱聽人也會選擇性接觸媒體，發展對競選活動、候選人及相關議題的各種詮釋。此外，「主要決策者」（major decision maker）也被描述爲社會建構眞實的消費者，新聞界的產物成爲其制定政策時所依賴的重要消息來源。換言之，新聞媒體也會引導「菁英政治文化」（elite political culture）。

　　從Shaw和McCombs等人的資料中，有許多歸納似乎多少受到夏洛特研究的研究發現所支持。這些歸納的要點如下：

1.當逐漸向總統大選投票日逼近時，選民就越常使用大眾傳播媒體。
2.接觸媒介內容的模式顯示不同人格特質和社會範疇所形成的不同種類的選民。
3.每一種媒體（報紙或電視）對不同種類的選民，扮演了不同的角色。
4.在選舉期間漸增的媒介接觸似乎會提高選民對政治的興趣，並幫助選民定義突出的競選議題。
5.由於漸增的媒介使用、興趣和顯著性（salience），選舉期間有關政治的人際傳播也逐漸增加。
6.漸增的媒介接觸與人際傳播增加對政治資訊和引導的需求，這些需求則刺激更多的媒介接觸和人際傳播。
7.因此，議題設定對不同社會範疇的選民的影響，在於接觸的訊息、媒介的種類、興趣、顯著性、需要引導的需求以及人際傳播。

　　上述要點是夏洛特研究結果的核心，那些論點爲新聞媒體的議題設定功能之後的研究傳統，提供了肥沃的成長土壤。

三、理論的近期發展

(一)第二層級的議題設定

　　最早的議題設定研究爲第一層級議題設定，主張新聞媒體報導對象

的頻率（例如重要問題和公眾人物）某程度上可決定閱聽人認定的社會上重要的問題或是人物。隨著理論穩定發展，議題設定研究已在1990年代發展到第二層級，也就是說議題設定不僅是傳播議題本身，也包括議題的屬性，所謂屬性可以是議題特質和特徵。第二層級新聞媒體對於報導對象其相關屬性的顯著性決定了公眾是否覺得這個議題某些面向有足夠的重要性。第一層級是指當新聞大量報導一個議題（例如經濟）報導時，人們認為經濟是一個重要的議題，第二層級即指媒體如何報導經濟議題（例如經濟議題中的通貨膨脹），會影響公眾對經濟議題的看法（**圖3-2**）。隨著新聞媒體強調特定屬性（例如通貨膨脹），則影響這些屬性在公眾心中的顯著性。不僅是傳統媒體，在社群行銷傳播的議題設定研究中也發現，社群媒體中的企業屬性，也與消費者對於企業屬性的認知有顯著關聯性。

(二)網絡議題設定（Network Agenda Setting）

根據第一與第二層級媒體議題設定的研究成果，議題設定的研究者再提出了第三層級的議題設定理論，探討「脈絡」在人們心智中的影響力，也就是說人們對於事物的認知是以網狀般的脈絡結構呈現，數個不同的資訊節點彼此串連形成的網絡（**圖3-3**），而非傳統理論中所聲稱的依據重要性排列的直線式邏輯。

心理學家和哲學家認為，人的心智表徵會以圖像方式運作，而非一個有邏輯和層次的認知過程。換句話說，公眾可能會根據媒體報導中的議題

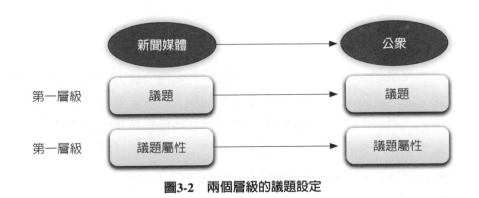

圖3-2　兩個層級的議題設定

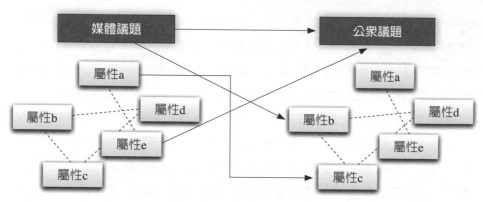

圖3-3　第三層級議題設定

與屬性，將它們在腦海中映射為類似網狀的圖像。這不同於傳統議題設定理論的假設，即個人對媒體議題的看法，會根據媒體設定的重要性邏輯。這種圖像式、畫面式的觀點即為心理學所說的認知地圖，和呼應McCombs（2004）曾簡短且直觀地解釋Lippmann的想法：

> 新聞媒體使我們無須藉由直接經驗，就能通向廣闊世界的窗口，決定我們對世界的認知地圖（McCombs, 2004, p. 3）。

從本質上來看，認知地圖是動態的，會並受到各種外部因素的影響而不斷發展。新聞媒體是影響認知地圖的關鍵因素，尤其是在公共事務方面。如果我們將認知地圖概念應用於議題設定理論，可以推斷新聞媒體不僅要顯著地傳遞對象或屬性層次，還要傳遞它們的網絡結構。這就是第三層的議題設定，也就是網絡議題設定，其假設人類處理資訊的模式是先搜尋記憶中針對特定事物的相關資訊網絡，然後刺激活化這些相關的記憶。網絡式媒體議題設定理論是假設新聞媒體能夠藉由所提供的新資訊與閱聽人記憶中的舊資訊接合起來，建立與重建閱聽人對特定事物的記憶網絡。而且，人們腦海中最難被磨滅的資訊通常是那些已經與其他資訊相連形成一片記憶網絡的資訊，比如當閱聽人看到富士山便能輕易聯想到日本、看到自由女神像便可迅速聯想到紐約。

　　針對第三層級的議題設定效果，在美國已有大型研究證實媒體與公衆議題間的關聯性，例如推特上的資料蒐集證明了網絡式議題設定的效果。另外，第三層級的議題設定已經不似傳統第一與第二層級議題設定這般地將議題與屬性區分清楚，例如議題有議題的重要性排名，屬性亦然。第三層級因爲基於人的網絡認知特性，議題與屬性將以不特定方式連結，所以當911事件與第二次伊拉克戰爭常常在新聞中一起出現時，閱聽衆就會傾向將兩者連結。基於媒體心理學家Lang（2000）所提出的認知有限容量模式理論（limited cognitive capacity），新聞媒體與人的認知之間的網絡模型中，有三個過程可描述人們處理中介訊息：編碼（encoding）、存儲（storage）、取出（retrieving）。第一步，人們收到消息從新聞媒體和他們的大腦既有知識結構連結，這些消息形成一個臨時網絡在觀衆的短期記憶或工作記憶；第二步爲存儲，新編碼的處理訊息被連結到關聯記憶網絡，如前所述，每個人都有一個現有的關聯內存網絡或長期記憶，新訊息是儲存於以前編碼好的訊息，但重要的是這個儲存過程可以是個人主動控制，但也可能是不自覺的，根據Lang（2000）的論點，個人可能無意識地連結兩個隨機訊息；另一方面，他們也可能積極闡述訊息，故意連接他們認爲有意義相關的資訊，任何兩個被連結的訊息能否長久而牢固地儲存在閱聽衆的長期記憶則取決於這兩個結構是否經常被串聯活化，換言之，媒體報導愈是將此兩者連結，則愈可能因頻繁的活化而長期牢固地連結在一起，而後到了第三階段，這兩者間的串聯無論邏輯上是否合理，都會因相關資訊頻繁地從長期記憶中提取（retrieved）而成爲工作記憶。

　　總結來說，過去的議題設定研究強調議題和屬性兩者分別的顯著性，而第三層級認爲新聞媒體不僅告訴我們「想什麽」和「如何想」，還可以告訴我們「什麽和什麽要聯想在一起」，新聞媒體愈常同時將某議題和某屬性聯繫起來，公衆就愈有可能將它們聯想在一起。

四、小結

　　雖然針對議題的研究成果非常豐富，對議題設定過程的瞭解仍有許

多問題存在，需要更多的研究來探索。尤其在社群媒體時代，媒體的形式與內容已經有相當大的改變，閱聽人對於議題的認知也不僅受新聞媒體影響，加上人際傳播、效果的持久性、議題重要性的不同等，產生議題設定如何與認知、態度和行為產生相關的各種值得進一步探索的研究議題。

　　簡言之，議題設定研究為傳播效果的社會科學研究中最重要的理論，這個理論所形成假設，以及蒐集新聞媒體和社會之間的關係的資料的方法變化極大。議題設定是傳播學研究中非常獨特的一種理論，這個理論既可以與實務發展對應，也可以不斷演化，並且以科學方法為工具，深入瞭解所謂的傳播效果。

拾、第三人效果

　　第三人效果是指媒介內容對他人的影響大於對自己的影響。它源自於心理學的研究範疇，是一種對大眾社會心理現象的探討及研究。傳播領域中，最早提出第三人效果假設（the third-person effect hypothesis）為美國學者W. Philips Davison，他在1983年的第三人效果研究中描述二次大戰期間，日本藉由製造宣傳訊息的第三人效果，成功地運用心理戰術迫使美軍撤離太平洋上的一個小島。當時小島由一群美國黑人士兵以及白人軍官所駐守，日本派出飛機對此小島空投宣傳單，傳單上強調這場戰爭是一場針對白人的戰爭，日本人和有色人種並無過節，並且呼籲黑人不要為了白人而冒生命危險，乾脆逃亡甚至投降。第二天美國軍隊旋即從島上撤退。弔詭的是，傳單內容看似會對於黑人士兵有所影響，但卻沒有任何的證據顯示的確如此，但它確實對白人軍官產生了影響。亦即，美軍真正撤退的原因，並非是黑人士兵受到了心戰喊話而動搖，反倒是白人軍官擔心黑人士兵受到影響，於是提早撤離。Davison（1983）認為這就是所謂的第三人效果。

　　在研究了其他案例及文獻之後，加上Davison對於第三人效果自己親身的體驗及驗證，另外還包括為了驗證第三人效果假設，Davison本人在

1983年進行的四項小規模測試。於是Davison提出了第三人效果的假設預測：人們會傾向於高估大眾傳播對他人在態度及行爲上的影響。更具體地來說，閱聽人暴露於媒介的勸服訊息後，不論這個傳播內容是否企圖勸服，閱聽人會傾向預期這個勸服訊息對其他人所產生的影響比對自己的影響來得大，此訊息對他人的影響可能會導致他們有所行動。亦即勸服訊息的效果，是由於閱聽人期望或認爲他人可能受到影響而產生效果，而不是閱聽人眞的受到了影響。在Davison提出第三人效果論文後，此概念逐漸爲傳播領域的研究者所重視，往後陸續的幾項重要研究以及實證資料，也幾乎全都支持第三人效果假設。

進而有學者更深入地探討，究竟是哪些因素會影響第三人效果的強度。過去的研究中，學者在檢驗第三人效果基本假設時發現，第三人效果認知的強弱，可能會受到以下幾項因素的影響：(1)受眾對訊息來源特徵的認知，包括受試者是否察覺消息來源對訊息主題具負面偏見、受試者是否察覺消息來源具有說服動機，以及受試者對於消息來源可信度的認知等；(2)受眾對訊息內容特性的認知，包括受試者是否認爲接受說服訊息對自己有利以及受試者是否認爲訊息能夠引起正面的情感反應等；(3)個人特質變項，分爲個人的心理特質與人口學變項。心理特質包括：個人對訊息主題的興趣、對訊息主題的涉入感、自認爲對訊息主題的瞭解程度等。人口學變項則包括年齡、教育程度、收入與性別等。Perloff（1993）也指出，影響第三人效果強度的因素包括了有：訊息主題、涉入感、消息來源可信度、人口學變項，以及社會距離等。在訊息主題方面，有研究顯示，當訊息被閱聽人認爲是負面的或者是不需要的，閱聽人會認爲其他的閱聽人受此訊息內容的影響會比自己來得大。

Davison在1981年一項針對25名研究生進行有關電視廣告效果的研究中發現，當受訪者被問到他們大約幾歲開始能夠分辨電視廣告和節目內容，再詢問受訪者童年時，接收到電視廣告中的訊息後會不會要求父母購買以前不會想要的東西，接著詢問受訪者覺得其他孩童暴露在電視訊息之下，會不會也要求他們的父母購買以前不會想要的東西給他們。結果發現，有68%的受訪者認爲電視廣告對於他人有相當大的影響，但卻只有

32%的受訪者認為對自己有明顯的影響。此外，認為對自己的影響不大或完全沒有影響的占全體受訪者36%；只有4%的人認為電視廣告對其他人影響不大，沒有受訪者認為對他人完全沒影響（Davison, 1983）。

　　一般而言，當受試者或受訪者察覺訊息來源有說服動機時，會有較強的第三人效果認知，例如，Gunther與Mundy（1993）在一項第三人效果的相關研究中便發現，廣告確實比一般的新聞報導更能讓受試者產生第三人效果認知。Rucinski與Salmon（1990）一項針對1988年美國總統大選不同性質的選舉訊息的研究也發現，和選舉新聞以及候選人辯論節目相比，選舉廣告確實會讓受訪者產生較為強烈的第三人效果認知。亦即具有說服意圖的訊息的確會比沒有明顯說服意圖的訊息，使受訪者產生更強烈的第三人效果認知。

　　而Gunther和Thorson在1992年的研究則發現，和宣傳公共服務性質的廣告相比，大多數的人會認為如果自己輕易地被一般勸服性廣告訊息所影響，會是一種不符合社會期望的行為，因為若是自己的消費行為完全依賴廣告指引，似乎顯示自己是一個沒有主見、易受影響的人。因此人們在接觸廣告訊息時，特別是對於有明顯勸服意圖的廣告，多半都不願意承認自己容易受到廣告訊息的影響。因此暴露於一般廣告的勸服訊息後，將會傾向低估廣告內容對於自己的影響而產生第三人效果（Gunther & Thorson, 1992）。過去許多相關研究發現，人們會嘗試去界定何謂符合社會的需要行為，並宣稱自己的行為符合社會的需求，以求符合社會主流價值，得到社會認同。Gunther與Thorson（1992）也指出，媒介訊息的社會需要性（desirability）指的是為社會所需要的媒介訊息，人們會認同符合社會需要的媒介訊息。因此若媒介訊息接收者判斷此媒介訊息的社會需要性較高時，不僅不會產生第三人效果，甚至有可能造成顛倒的第三人效果（reversed third-person effect），亦即訊息的接收者會認為訊息對自己的影響較大，對其他人的影響則較小。和一般勸服性的廣告訊息相比，宣傳公共服務的公益廣告的社會需求較高，因此公益廣告往往會產生顛倒的第三人效果。

討論問題

1. 有許多人批評現在台灣的八卦新聞當道，請你用傳播效果理論解釋八卦新聞的正面與負面效果。
2. 如果你是一位負責宣導全球暖化效應的政府官員，請你運用數個傳播理論與概念，說明如何宣導以達到全民皆瞭解，且能為全球暖化付諸行動的目的。
3. 網路時代的來臨後，本章所提到的媒介效果是否該進行修正？如何修正？

《火星人進攻記》

《火星人進攻記》發生的情境為廣播劇，該劇為水星劇場當中所播出的世界大戰節目。在最後一段的廣播節目中，清楚地說明世界大戰是虛構的，但卻幾乎沒有人聽到。未聽到第一個宣告的聽眾因此產生大量受驚嚇的機會。

有限效果（limited effects）

關於單一傳播模式對其閱聽人的短期影響，而非「強而有力影響」。大眾傳播的效果亦深受閱聽人之間「個人差異」（individual difference）的影響。個人差異導致選擇性感知、解釋及改變，一開始所持立場的因素也非常重要。同樣地，閱聽人的社會類屬（如教育程度）也有不同影響。

使用與滿足（uses and gratifications）

指受眾使用大眾傳播媒介，以獲取自身的滿足。使用與滿足理論帶有強烈的功能主義，經由心理學和長期的觀點，並且採用實證主義的定量研究方法，提出更精確的問題來導引分析。使用與滿足的問題透過三種方式取得：包含個人深度訪談的個案調查法、大規模的調查，以及對受訪者詳細面談。

兩級傳播（two-step flow of communication）

在研究對象中的某些人被視為「意見領袖」，他們是較常接觸政治競選活動的一群人，接觸政治競選活動、知識、興趣較低者，往往會轉向他們尋求資訊或建議。發現顯示出人們之間的聯繫是大眾傳播過程最重要的其中一部分。

恐懼訴求（fear appeals）

恐懼、罪惡感、憤怒等任何意圖擾亂的情緒，都具有激起人類本能需要的功能。換言之，這些情緒提供某些行為種類的動機。一個成功的恐懼訴求會引起情緒緊張，透過接受可提供解決問題的新意見之方法，可解除情緒的緊張。

第三人效果（third person effect）

由美國學者W. Philips Davison提出，第三人效果是指媒介內容對他人的影響大於對自己的影響。人們會傾向於高估大眾傳播對他人在態度及行為上的影響。它源自於心理學的研究範疇，是一種對大眾社會心理現象的探討及研究。

創新採納

Rogers主張新事物（innovation）傳布的過程是透過某種管道（channels）、歷經一段時間（over time）、在社會體系（social system）成員之間傳播（communicated）的過程。Rogers以採納過程的五種主要階段來闡明Ryan和Gross的研究，這五個階段是知曉（awareness）、興趣（interest）、衡量（evaluation）、施行（trial）、採納（adoption）。

意見領袖（opinion leaders）

當人們對信任、採購、參加、違背、支持、喜歡或不喜歡等問題做出決定時，會向意見領袖尋求建議。

說服（persuasion）

指因接觸他人的訊息而導致態度或意見上的改變。1946～1961年，「耶魯傳播與態度變遷計畫」進行五十個以上的實驗，產生了相當多的研究結果，1953年的《傳播與說服》（*Communication and Persuasion*）是該研究計畫的第一本書，此書有以下三個特色：第一，主要和理論議題及基本研究有關，其主要目的是發現說服的「定律」；第二，所使用的主要理論途徑是刺激反應的學習理論，該理論假設當改變的動機比不變的動機還強時，態度（或意見）就會發生

改變；第三，研究方法強調的重點在於受到控制的實驗法。

閱聽人（audience）

即由傳播媒體接收訊息的人，訊息的來源可以是來自任何傳播媒介，如文字、電影、印刷媒體、電視、網路和廣播等。

顛倒的第三人效果（reversed third-person effect）

亦即訊息的接收者會認為訊息對自己的影響較大，對其他人的影響則較小。和一般勸服性的廣告訊息相比，宣傳公共服務的公益廣告的社會需求較高，因此公益廣告往往會產生顛倒的第三人效果。

議題設定（agenda setting）

「議題設定」是透過大眾媒介溝通各種公共爭議和事件的重要性的過程；研究聚焦於大眾媒介如何影響公眾媒介，或是民意對爭議話題的內容與等級。例如，新聞媒體並未暗示選民應對議題如何想，卻暗示應該想什麼議題，以及候選人所強調的議題。選民自己會察覺到這些有輕重順序的議題，並以自己的方式採納之。

魔彈理論（magic bullet theory）

是指大眾傳播力量大到令人驚駭。閱聽人生活在少與他人進行社會接觸的大眾社會，並極度仰賴來自大眾媒介的資訊，因此推測閱聽人可能會被精妙設計過的大眾傳播訊息支配或控制。

參考文獻

Allport, Gordon W., and Postman, Leo (1947). *The Psychology of Rumor*. New York: Henry Holt and Company.

Baker, Robert and Ball, Sandra (Eds.). (1969). *Violence and the Media.* Washington D. C.: U. S. Government Printing Office.

Bandura, Albert (1977). *Social Learning Theory*. N. J.: Prentice-Hall.

Bartlett, F. C. (1932). *Remembering*. Cambridge, England: Cambridge University Press.

Bell, Daniel (1960). The myth of crime waves. In *The End of Ideology*. New York: Collier Books.

Berelson, Bernard (1949). What missing the newspaper means. In Paul F. Lazarsfeld and Frank N. Stanton (Eds.), *Communication Research 1948-1949* (pp. 111-129). New York: Harper and Brothers.

Berelson, Bernard (1959). The State of communication research. *Public Opinion Quarterly, 23*(1), Spring, 1-17.

Berger, Peter L., and Luckmann, Thomas (1963). *The Social Construction of Reality*. New York: Doubleday.

Blumer, Herbert and Hauser, Philip P. (1933). *Movies, Delinquency, and Crime*. New York: Macmillan.

Blumer, Herbert (1933). *The Movies and Conduct*. New York: Macmillan.

Boring, E. G. (1929). *A History of Experimental Psychology*. New York: Appleton-Century-Crofts.

Cantril, Hadley (1940). *The Invasion from Mars: A Study in the Psychology of Panic*. Princeton, N. J.: Princeton University.

Capra, Frank (1971). *The Name Above the Title: An Autobiography.* New York: Macmillan.

Chapin, F. Stuart (1928). *Cultural Change*. New York: Century Company.

Charters, W. W. (1933). *Motion Pictures and Youth: A Summary*. New York:

Macmillan.

Cohen, Bernard (1963). *The Press and Foreign Policy*. Princeton, N. J.: Princeton University Press.

Cohen, J., Mutz, D. C., Price, V., and Gunther, A. (1988). Perceived impact of defamation: An experiment on third-person effects. *Public Opinion Quarterly, 52*, 161-173.

Cooley, Charles Horton (1909). *Social Organization*. New York: Charles Scribner.

Dale, Edgar (1935). *Children's Attendance at Motion Pictures*. New York: Macmillan.

Dale, Edgar (1935). *The Content of Motion Pictures*. New York: Macmillan.

Davison, W. P. (1983). The third-person effect in communication. *Public Opinion Quarterly, 40*, 1-15.

DeFleur, Melvin L., and Ball-Rokeach, Sandra (1975). *Theories of Mass Communication* (3rd ed.). New York: Longman Inc.

DeFleur, Melvin L., and Dennis, Everett E. (1994). *Understanding of Communication* (5th ed.). Boston: Houghton Mifflin.

DeFleur, Melvin L., and Larsen, Otto N. (1958). *The Flow of Information*. New Brunswick, N. J.: Transaction Press.

DeFleur, Melvin L. (1956). A mass communication model of stimulus response relationships: An experiment in leaflet message diffusion. *Sociometry, 19,* 12-25.

DeFleur, Melvin L. (1962). Mass Communication and the Study of Rumor. *Sociological Inquiry, 32*, 51-70.

DeFleur, Melvin L. (1970). *Theories of Mass Communication* (3rd ed.). New York: David McKay.

DeFleur, Melvin L. (1982). *Theories of Mass Communication* (4th ed.). New York: David McKay.

Durkheim, Emile (1897/1968). *Suicide, A Study in Sociology* (Englewood Cliffs, trans.). Englewood, N. J.: Prentice-Hall.

Dysinger, W. S., and Ruckmick, Christian A. (1933). *The Emotional Responses of Children to the Motion Picture Situation*. New York: Macmillan.

Grunig, J. E. (1983). Communication behaviors and attitudes of environmental

publics: Two studies. *Journalism Monographs, 81*, 1-16.

Herz, Martin F. (1949). Some psychological lessons from leaflets propaganda in World War II. *Opinion Quarterly, 13*, 471-486.

Herzog, Herta (1944). What do we really know about daytime serial listeners? In Paul F. Lazarsfeld and Frank N. Stanton (Eds.), *Radio Research 1942-1943* (pp. 3-33). New York: Duel, Slogan, and Pearce.

Hoijer, Harry (Ed.) (1954). The Sapir-Whorf Hypothesis. *Language in Culture*. Chicago: University of Chicago Press.

Houseman, John (1948). The Men From Mars. *Harper's, 168*.

Hovland, Carl I., and Weiss, Walter A. (1951). The influences of source credibility on communication effectiveness. *Public Opinion Quarterly, 15*, 581-588.

Hovland, Carl I., Lumsdaine, Arthur A., Sheffield, Fred D. (1949). *Experiments on Mass Communication*. Princeton, N.J.: Princeton Press.

Hovland, Carl, Janis, Irving, and Kelley, Harold H. (1953). *Communication and Persuasion*. New Haven: Yale University.

Hovland, Carl, Janis, Irving, and Kelley, Harold H. (1957). *The Order of Presentation in Persuasion*. New Haven: Yale University.

Hovland, Carl, Janis, Irving, and Kelley, Harold H. (1959). *Personality and Persuadability.* New Haven: Yale University.

Janis, Irving L., and Feshbach, Seymour (1953). Effects of fear-arousing communications. *Journal of Abnormal and Social Psychology, 48*, 78-92.

Janis, Irving L., and King, B. T. (1958). The influence of role-playing on opinion-change. *Journal of Abnormal and Social Psychology, 48*, 487-492.

Katz, Elihu and Lazarsfeld, Paul F. (1955). *Personal Influences: The Part Played by People in the Flow of Mass Communication*. Glencoe, Illinois: Free Press of Glencoe.

Kelley, Horald H., and Volkhart, Edmund H. (1952). The resistance to change of group-anchored attitudes. *American Sociological Review, 17*, 453-465.

Kish, Leslie A. (1949). A procedure for objective respondent selection within the household. *Journal of the American Statistical Association, 44*, 380-387.

Klapper, Joseph T. (1960). *The Effects of the Mass Media*. Glencoe, Illinois: Free Press of Glencoe.

Koch, Howard (1970). *The Panic Broadcast: Portrait of an Event.* Boston: Little, Brown, and Company.

Lang, Kurt and Lang, Gladys Engel (1966). The mass media and voting. In Bernard Berelson and Morris Janowitz (Eds.), *Reader in Public Opinion and Communication* (2nd ed.). New York: Free Press.

Lang, A. (2000). The limited capacity model of mediated message processing. *Journal of Communication, 50*(1), 46-70.

Lasswell, Herold D. (1948). The structure and function of communication in society. In Lyman Bryson (Ed.), *The Communication of Ideas* (pp. 37-51). New York: Harper and Brothers.

Lazarsfeld, Paul F., and Stanton, Frank N. (1944). *Radio Research 1942-1943.* New York: Duel, Slogan, and Pearce.

Lazarsfeld, Paul F., Berelson, Bernard, and Gaudet, Hazel (1948). *The People's Choice: How the Voter Makes Up His Mind in a Presidential Election*. New York: Columbia University Press.

Lerner, Daniel (1958). *The Passing of Traditional Society*. New York: Free Press.

Lewin, Kurt and Grabbe, Paul (1948). Conduct, knowledge, and acceptance of news values. *Journal of Social Issues, 1*(3), 53-64.

Lippmann, Walter (1922). *Public Opinion*. New York: Macmillan.

Lowery, Shearon A., and DeFleur, Melvin L. (1995). *Milestones in Mass Communication Research* (3rd ed.). New York: Longman.

Mauser, Phillip, and Schnore, Leo (1965). *The Study of Urbanization*. New York: John Wiley and Sons.

McCombs, Maxwell E., and Shaw, Donald L. (1972). The agenda-setting function of mass media. *Public Opinion Quarterly, 36,* 176-187.

McCombs, M. (2004). *Setting the Agenda: Mass Media and Public Opinion*. Polity Press. Cambridge, UK.

Mead, George Herbert (1934). *Mind, Self, and Society: From the Standpoint of a*

Social Behaviorist. In Charles W. Morris (Ed.). Chicago: University of Chicago Press.

Palen, J. John (1975). *The Urban World.* New York: McGraw-Hill.

Pemberton, H. Earl (1936). The curve of cultural diffusion rate. *American Sociological Review*, August.

Perloff, R. M. (1993). Third-person effect research, 1983-1992: A review and synthesis. *International Journal of Public Opinion Research, 5*, 167-184.

Peters, Charles C. (1933). *Motion Pictures and Standards of Morality.* New York: Macmillan.

Peterson, Robert W. (Ed.).(1973). *Crime and the American Response.* New York: Facts on File, Inc.

Peterson, Ruth C., and Thurstone, L. L. (1933). *Motion Pictures and the Social Attitudes of Children.* New York: Macmillan.

Plax, Timothy G., and DeFleur, Melvin L. (1980). Communication, Attitudes, and Behavior: An Axiomatic Theory with Implications for Persuasion Research. Paper presented at the annual meeting of the Western Speech Communication Association, Portland, Oregon.

Peter H. Nidditch (Ed.). *John Locke: An Essay Concerning Human Understanding.* Oxford: Clarendon Press.

Renshaw, Samuel, Miller, Vernon L., and Marquis, Dorothy P. (1939). *Children's Sleep.* New York: Macmillan.

Rogers, Everett M. (1963). *Diffusion of Innovations* (3rd ed.). New York: Free Press.

Rothlisberger, Fritz J., and Dickson, William J. (1939). *Management and the Worker.* Cambridge, Mass.: Harvard University.

Rucinski, D., & Salmon, C. T. (1990). The "other" as the vulnerable voter: A study of the third-person effect in the 1988 U.S. presidential campaign. *International Journal of Public Opinion Research, 2*, 345-368.

Ryan, Bryce and Gross, Neal C. (1943). The diffusion of hybrid seed corn in two Iowa Communities. *Rural Sociology, 8*, 15-21.

Schlesinger, Jr., Arthur M., Israel, Fred L., Hanson, William P. (Eds.). (1971).

History of American Presidential Elections (Vols. 4). New York: Chelsea House Publishers.

Shaw, Donald L., and McCombs, Maxwell E. (1974). *The Emergence of American Political Issues: The Agenda-Setting Function of the Press*. St. Paul, Minn.: John Wiley & Sons.

Shuttleworth, Frank K., and May, Mark A. (1933). *The Social Conduct and Attitudes of Movie Fans*. New York: Macmillan.

Sorenson, Theodore (1966). *Kennedy*. New York: Bantam Books.

Stauffer, Samuel A. et al. (1948). *The American Soldier: Studies in Social Psychology in World War Two, Vols. 1 & 2.* Princeton, N. J.: Princeton University Press.

Sumner, William Graham (1906). *Folkways*. London: Ginn and Company.

Tarde, Gabriel (1890/1903). *The Laws of Imitation* (Elsie C. Parsons, trans.). New York: Henry Holt.

Thomas, William I. (1923). *The Unadjusted Girl*. Boston: Little, Brown.

Thurstone, L. L., and Chave, E. J. (1929). *The Measurement of Attitude*. Chicago: University of Chicago Press.

Warner, W. Lloyd and Lunt, Paul S. (1941). *The Social Life of a Modern Community, Vol. I, Yankee Series*. New Haven: Yale University Press.

Weaver, David H., Graber, Doris A., McCombs, Maxwell E., and Eyal, Chaim H. (1981). *Media Agenda-Setting in a Presidential Election: Issues, and Interest*. New York: Praeger.

CHAPTER 4

政治傳播

陳憶寧

壹、政治傳播的開始：宣傳

1917年第一次世界大戰期間，美國總統威爾遜為了說服民眾支持政府參戰以及激勵盟軍士氣，委託記者出身的George Creel組成公共資訊委員會（Committee on Public Information, CPI），進行Michael Sproule所謂的「所有可能觸及到公民生活的傳播系統研究」（an all-pervasive system of communication that touched citizens at every possible point in their lives）。Sproule指出，一戰期間，CPI的影響在美國人的日常生活中隨處可見，新聞報導也大量依賴CPI提供的訊息。1917年，美國國會通過「間諜法案」（Espionage Act），允許政府對做出牴觸國家軍事目標的評論的個人處以罰金或監禁。在法案施行的頭一年，共75家報社（其中包含許多擁護社會主義及德語的報紙）喪失發行權，並被迫保證不再傳遞任何與戰爭有關的資訊。一次大戰結束後，許多質疑浮上檯面。Reunolds指出，愛、榮譽、責任、信任等舊有價值觀被戰爭破壞殆盡，而戰爭使歐洲人數銳減，也在美國人心中烙下永遠難以抹滅的傷痕。同時，學者們也對Creel利用宣傳來塑造民意所造成的影響相當擔憂。威爾遜政府所使用的扭曲、半真實（half-truth）的宣傳手段也招致猛烈的批評。學者們認為戰後民眾會因戰爭所付出的龐大成本而逐漸醒悟，而這些醒悟也讓人們能有開明的心胸接納記者主動揭露的真相。回顧一戰後的美國，Sproule觀察到，當美國人開始明白，國家發言人在媒體上利用部分事實引起公眾注意是一種扭曲的手段時，宣傳已進入新的時代。

雖然當時沒有相關的實證研究，無法證實Creel的宣傳活動對民意的影響，但John Dewey、Walter Lippmann和Harold Lasswell等人都對政府和媒體操弄新聞及資訊表示關切。此外，大多數美國人都不明白知識份子對CPI和戰爭的批評，反而對政府煽動民意、擊敗德國感到驕傲與欣慰。學者們因此探討領導者運用欺瞞的媒體技巧來操縱大眾的能力，也開始了研

究宣傳活動本質的新學術運動。

與此同時，學者開始對態度、民意與說服的科學研究產生濃厚興趣，而Louis Thurstone和Rensis Likert也發展出以實證衡量態度的方法。1937年，哥倫比亞大學開始發行《民意季刊》（*Public Opinion Quarterly*），探討如何以科學的方法闡明政治輿論的形成。同年，「宣傳分析學會」（Institute of Propaganda Analysis）成立，學者們開始有系統地研究這個新穎又令人討厭的宣傳方式，而這種宣傳方式正成功地在地球另一端被希特勒所運用。

但在美國，公共關係的專家們卻也利用宣傳的效果來促進產品的銷售。例如擔任美國菸草公司（American Tobacco Company）顧問的Edward Bernays就利用宣傳手法，把香菸包裝成女性的「自由火炬」（torches of freedom），向正要擺脫19世紀重重枷鎖女性宣傳，還在紐約的住宅區辦了一場女性手持「自由火炬」的遊行，讓女性和美國菸草公司達到雙贏局面。

Bernays出了好幾本以操縱民意技巧為主題的書，而這些技巧被他稱為「製造共識」（the engineering of consent），這些書名暗指他和批判性的人文主義者結盟，其著作也比較適合大眾閱聽人。Bernays主張公共關係（public relations）專家應能占據大眾和企業的中間地帶，公共關係也讓企業更能回應公共利益。

早期的學者強調宣傳的負面觀點，擔憂其負面效果。1920至1930年代宣傳研究的主題是流行事物，到了1940年代初期，社會學者開始用較冷靜的方式看待這些現象，也用議題設定的角度取代傳播對態度造成的效果研究或民意在民主社會所扮演的角色。此外，當時歐陸發生戰爭、納粹四處肆虐，對美國政府和宣傳部門也造成衝擊。因此，許多心理學家和社會學家開始研究二戰時的溝通效果。例如Frank Capra導演拍攝了*Why We Fight*等七部紀錄片，用來說明盟軍的動機起於正義、增加對敵軍的憎恨、加強美軍士兵打一場漂亮勝仗的驅力。學者們對這些戰爭期間的說服傳播影片進行一連串研究，認為這些影片被用來達到Creel的CPI的目的，但二戰期

間宣傳活動的整體目標，不僅更能對閱聽人潛移默化，也更依賴社會科學的實證技巧。

　　從上述例子可看出，傳播似乎是一把雙面刃，我們被大眾傳播影響，一方面敬畏其力量，另一方面也應擔憂其造成的效果。

貳、政治傳播的幾個經典研究

一、人們的選擇（The People's Choice）

　　這是前無古人的研究。過去都沒有關於選民如何在大眾傳播的影響下做出選擇的科學調查，因此哥倫比亞大學的Paul Lazarsfeld等人在1940年的研究也才會這麼有趣。Lazarsfeld等人認為艾里郡（Erie County）小得足以讓研究者能被面訪者澈底監督，而且過去四十年內的總統大選，該地的投票趨勢大致和全國相同。因此1940年5月起，Lazarsfeld等學者在艾里郡待了半年，針對1940年總統大選的宣傳活動進行訪談。他們在調查受訪者政治傾向與媒體使用的自我報告後，有下列發現：

1. 社會背景因素：選民的投票行為與政黨忠誠度、社經地位、宗教等呈高度相關。
2. 政治性媒介的三個主要影響：幫助選民明白和塑造對候選人的態度、加強忠誠黨員的投票意向、轉變少數選民的態度。
3. 大量暴露在大眾媒介的選民會強化其政治態度，因此一面倒的宣傳會讓立場不這麼明顯的選民產生轉變。
4. 有些人會被他人視為「意見領袖」，意見領袖是指大量接觸大眾媒介、對宣傳活動最感興趣且似乎能影響「追隨者」（followers）政治觀點的人。
5. 資訊從媒介傳播給意見領袖，再透過意見領袖傳給選民的過程，稱

爲「兩級傳播」。Lowery和DeFleur指出，這些研究發現顯示媒介並非是強烈、一致且直接影響無助（helpless）的閱聽人。相反地，媒介「對有高度選擇方式的閱聽人來說，效果有限」。

這些研究也引起學者們對影響選舉過程中做決定的人際傳播所扮演角色的注意，1930至1940年代的多數學者不重視人際傳播。但Lazarsfeld等學者卻發現許多在選舉尾聲才下決心的選民特別可能將個人影響會視爲投票選擇的要素，也發現選民平常會參與選舉的討論，且較少談論自媒介接觸到的選舉訊息。而這些伴隨兩級傳播的發現則認爲大衆社會的主要概念需要修正。

這些研究結果彙集在1944年出版的《人們的選擇——選民如何在總統大選中下決定》一書中。這本書代表這是第一個針對政治活動進行重要的科學調查，介紹小樣本連續調查法的設計、考慮長時間政治活動的長期研究策略，以及首次比較大衆媒介與人際傳播。

二、意見領袖與新聞傳布（opinion leadership and news diffusion）

《人們的選擇》出版後，學者們紛紛將研究重點從大衆媒介的影響轉移到小團體的動態和人際傳播。其中最廣泛的研究當屬在Decatur的調查。

Decatur研究仿照Erie County的研究，運用科學方法找出意見領袖，並探求意見領袖與追隨者的關係及意見領袖與媒介的關係。研究者僅訪談女性，並尋求傳播在行銷、流行事物、看電影、公衆事務等領域的決策過程所扮演的角色。研究發現某一領域的意見領袖明顯地大量接觸該領域的媒介，例如流行事物的意見領袖接觸較多的流行雜誌，公衆事務的意見領袖就可能會詳細閱讀新聞雜誌。第二，兩級傳播並不會特別阻斷訊息的流通。第三，意見領袖們認爲在決定時，其他人比媒介扮演更重要的角色。

同個時期（1950至1960年代），學者們開始深入研究新聞傳布或新聞透過社會傳布的過程。1963年有一連串的研究探討甘迺迪遇刺新聞的傳布，Greenberg發現有九成受訪者在甘迺迪遇刺後的一個小時內就得知遇刺

消息。其他的傳布研究則探求某些事件的新聞傳遞速率是否較快速，以及口頭傳播最重要的時間點為何。

三、有限效果模式（limited effects model）

1960年，Joseph Klapper將他所學到大眾媒介在社會、心理等方面的影響編撰為《大眾傳播的效果》（*The Effects of Mass Communication*）一書，書中指出大眾媒介對社會和個人有極小的影響，說服性的大眾傳播不太可能改變多數人看待某一事件的立場。他反而認為：

1.大眾傳播通常不是造成閱聽人效果的必要和充分條件，而是當中和一連串間接因素的影響。
2.在加強現狀的過程中，這些間接要素是成為大眾傳播的有效動力，但不是唯一條件。

Klapper將他的觀點和「皮下注射效果」（hypodermic effects）相對照，認為媒介會影響態度或行為，但強調政治傾向、團體規範、意見領袖等心理與人際因素。基本上，閱聽人在接觸媒介之前就已經有預設立場，其觀點則可能與從小的教養、團體成員，及與重要他人的互動有關，因此Klapper主張在多數情況下，媒介只能強化閱聽人的預存立場。

此外，Klapper還認為閱聽人會運用選擇性接觸（只接觸自身認同的媒介的傾向）、選擇性感知（只接收符合自身預存立場的資訊的傾向）、選擇性記憶（較容易記住與自己信念一致的訊息的傾向）等防衛機制來抗拒說服性的訊息。因此，可以合理假設大眾媒介較可能強化預存的態度而非改變之。媒介會影響閱聽人，但對大多數人來說，大眾媒介的效果相當有限。Klapper的著作影響同世代的社會學者。社會心理學則認為媒介不會影響政治態度，在1960至1970年代初期，密西根大學的選舉調查僅有少數評量媒介使用的項目，而這些是被視為政治參與而非媒介效果的案例。

參、經典研究的修正

Klapper的有限效果模式回顧過去的實證研究做出結論，但現實生活中閱聽人所接觸到的暴力節目、刻板印象、新聞都確實會對他們產生一些影響，因此學者們修正對政治傳播的想法以及早期研究的解釋。

一、《人們的選擇》的修正

傳播學者們在1970、1980年代重新檢視艾里郡的研究，發現與Lazarsfeld等人相反的結論，就是找到許多媒介產生效果的證據。首先，Lee Becker、Maxwell McCombs、Jack McLeod仔細檢視Lazarsfeld的研究資料，產生了一項有趣的發現：15%幾乎接收來自共和黨媒體的共和黨員投票給民主黨的小羅斯福，但也有47%主要接觸民主黨媒體的共和黨員投票給小羅斯福。民主黨員也有類似狀況：比起幾乎只接觸民主黨媒體的人而言，主要暴露在共和黨媒體的民主黨員較有可能把選票投給共和黨的候選人。

艾里郡研究的另一個問題是艾里郡的研究來自於研究者過度專注於媒介接觸與投票之間的關係。如同Steven Chaffee與John Hochheimer的觀察，Lazarsfeld等人看到了投票以外的變項，可能發現更多媒介效果的證據。例如威爾基從默默無聞的人物成為共和黨的提名人選，小羅斯福則努力讓民眾相信經濟已然好轉，而報紙、雜誌、廣播、新聞影片等媒體毫無疑問地參與其中。

艾里郡研究的最後一個問題是研究者選擇了居民性質相近的社區進行研究，因而無法找到許多媒介所造成的影響。

二、意見領袖（opinion leadership）的修正

意見領袖和兩級傳播的概念也歷經多次修正，使其比原本的假設更爲複雜。

意見領袖不會截斷媒介與閱聽大眾之間的資訊傳遞，正如新聞傳布的研究所指出，人們經常會直接從媒介接收資訊。學者們指出有些議題僅有單級傳播，有些問題則有兩級傳播，甚至多級傳播，也包括資訊從意見領袖和追隨者之間的「水平傳播」、意見領袖至媒介或追隨者至意見領袖／媒介的「向上傳播」。

學者們也已經區分「資訊」（information）與「影響」（influence）兩者，資訊僅一個階段就能從媒介傳至閱聽大眾，影響則比較複雜，會產生許多階段。

三、有限效果的修正

Klapper認爲媒介僅有少量效果的結論同時激怒了兩派學者，一派是以大眾媒介對個人與社會造成的影響爲研究主題，另一派則主張媒介的意識形態會對人們的世界觀造成顯著影響。

Klapper承認媒介在某些條件下會改變閱聽人態度，但Klapper的研究最主要的問題就是其對媒介效果抱持著狹隘的觀點。

Klapper在學者們全力研究說服的年代學習，說服在二戰、韓戰、冷戰時期被充分運用，1950年代，心理學家Carl Hovland就曾針對這些根植於歷史因素的說服效果從事了一連串的研究。然而，說服僅是政治傳播眾多效果中的其中一種。事實上，新聞不只是打算說服閱聽人接受某個狹隘的觀點，而是告知、解釋、提供對政府的監督。爲了顯現出這些功能，新聞與其他媒體具有許多效果，但在當時的時空背景下，學者們專注在說服的研究，也就注定會得出媒介具有最小效果的結論。

當代學者們指出最小效果完全不存在，媒介對閱聽人有許多強烈影響。以下爲他們批評Klapper的觀點：

1.Klapper的結論不適用於電子媒介時代，例如電視會對政治產生影響、改變總統大選活動的本質和深深影響提名過程。
2.學者們現在認為媒介在改變閱聽人態度這方面有許多效果。
3.Klapper未探討社會和社會制度的媒介效果。
4.對選擇性接觸、選擇性感知、選擇性記憶，現在已有更複雜的觀點。
5.強化並非Klapper所謂的「細微效果」（trivial effect）。

 ## 肆、傳播研究的政治

　　早期傳播研究最有趣和最具爭議性的批評來自於研究者中間偏左的政治傾向，這些研究者被認為並非客觀中立，而實際上，他們也支持美國資本主義的主要目標或接受財團贊助，像Erie County研究、Decatur研究，以及Klapper的研究都曾接受財團或媒體的贊助。Gitlin認為這種行為會使研究結果產生偏差，他指出，Decatur研究以女性為受訪對象，乃是因為女性為馬克菲登出版社（Macfadden Publications）旗下主要雜誌的目標閱聽眾。Weimann認為這些資金來源會對研究計畫的視野造成侷限，就連Adorno也曾感慨早期的收音機研究並無太多「批判性社會研究」的空間。

　　這些資金來源也許會對研究者提出的問題造成隱約影響，洛克斐勒基金會和馬克菲登出版社等主要媒體集團同意研究計畫，可能會鼓勵研究者將政治領袖和意見領袖行銷現象，還有聚焦在態度的改變，而將其他種類的媒介效果排除在外。

　　Christopher Simpson則觀察到早期的傳播研究免不了和美國政府的利益掛勾，認為社會學者更加投入於美國政府在二戰和冷戰時期的心理宣傳戰計畫時，所使用的詞彙開始產生轉變，披上「客觀」的外衣，如「宣傳」、「心理戰」等詞彙被「國際傳播」、「發展」、「公共外交」所取代。

Simpson追溯社會科學與二戰期間政府的關係，當時主要的社會學家及心理學家都曾幫忙評論美軍的 *Why We Fight* 影片。戰後，美國之聲（Voice of America）與中央情報局（The Central Intelligence Agency）皆運用社會科學的技術來幫助他們運作在1950年代初期的心理戰。

這些批評者成功的使政治傳播的意識形態根源引起注意，但他們的批評也被仔細檢視。而目前對於傳播研究在政府宣傳活動所扮演的角色仍有爭議，尤其是在發生戰爭的時候，但大多數的研究假設還是來自理論或探究時事議題而來。儘管如此，我們仍應牢記研究者提出的問題仍受其所處的政治制度、本身抱持的價值觀等因素所影響。

伍、當代觀點

當今學者承認早期研究的侷限性，但也認為這些研究提供政治傳播領域的基礎，以下列舉出1940至1960年代這些先驅研究的結論：

1. Klapper和Lazarsfeld的研究都指出強烈的政治態度會抗拒改變。當閱聽人對某個主題持有強烈的態度時，不論媒體說什麼，閱聽人都會拒絕改變其態度。

2. 意見領袖會對其他閱聽人造成影響。雖然意見領袖的影響比原始的假設還複雜、受限於情況，但意見領袖的概念仍然存在。如同Elihu Katz所說：

   在我看來，意見領袖是個非常有趣的概念，因為它暗指媒介的影響可被對話攔阻和再次檢查。換言之，找到意見領袖就能找到對話，找到對話就能找到更多意見及更有效的行為，因此抑制媒介的力量。

3. 媒介效果複雜多變。媒介效果會根據個人、情況、個人與情況互

動，以及研究者正在調查的社會制度變項而改變功能。

4.社會科學的研究方法可幫我們洞悉媒介效果。問卷調查、小樣本連續調查法、實驗法，以及其他許多技術都能提供我們對政治傳播的實用知識。

而這些對經典研究的批評藉由下列幾點而產生更進步的學問：

1.以某一年代的政治環境與大眾媒介所產生的政治媒介效果的結論，需要隨政治制度和主流媒介的變化來進行修正。

2.人們與媒介之間的動態關係遠超過於早期的理論假設。

3.閱聽人在考量媒介操縱更大的社會制度的情況下，可以充分地察覺到政治的媒介效果。

過去五十年間，政治傳播效果的研究大大地擴張，有四種理論觀點導引著政治傳播效果，分別是：個人中心、科技、系統層面以及批判。

一、個人中心取徑（individual-centered approaches）

個人中心或心理導向取徑探索閱聽人使用政治傳播的方法以及如何處理政治性的訊息。「使用與滿足模式」是個人中心取徑的其中一個主要理論，其研究過程始於閱聽眾而非媒介。

另一個理論則為「資訊處理理論」，探究的是閱聽人如何考量、處理、詮釋政治訊息。

第三個理論則是「建構理論」（constructionism）：

1.強調主動的、詮釋的、意義建構的閱聽人的預期。

2.強調傳播內容性質多變的重要。

3.聚焦在使閱聽人關注某些公共議題的要素，而非假設公民責任需關切所有政治議題。

另外，「議題設定」也是探究閱聽人與媒介訊息間的處理。

二、科技取徑（technological approaches）

科技取徑強調媒介的科技特質會決定媒介對閱聽人與社會的影響，Daniel Dayan和Katz就主張電視也和過去的科技一樣，對閱聽人和社會結構造成影響。然而，主張科技取徑的學者經常無法將媒介對閱聽人和社會造成的影響的預測解釋清楚，也有把科技問題的各種要素混為一談的傾向。

三、系統層面取徑（systems-level approaches）

相較於個人中心取徑和科技取徑，系統層面取徑則採取較宏觀的角度來關注大眾媒介和經濟、政治、文化制度之間的相互關係。如同J. D. Halloran所說：

> 透過媒介而獲得以及因此形塑態度和價值觀的事物會被一連串經濟、法律、政治、職業、科技等動機所影響，所以，為了瞭解媒介在社會中所扮演的角色，我們必須學習在這些合適的脈絡下的所有傳播過程。

四、批判取徑（critical approaches）

批判取徑吸收新馬克思主義的觀點，主張大眾媒介在加強支配的社會規範和價值的方面扮演策略性的角色。「批判」這個詞也使馬克思主義學者修訂Lazarsfeld以降的政治傳播研究，而非認可價值觀形塑及影響社會學者的工作。

批判取徑幫助學者關注價值觀和意識形態在政治傳播過程中所扮演角色的影響，然而，批判取徑的學者有簡化政治傳播效果、無法進行實證、忽略美國政治傳播的正面觀點，以及忽略可能從內外部改變制度的方法等傾向。

陸、議題設定

　　1973年的水門案，以及1986年11月《紐約時報》在頭版刊登毒品的分析報導，最終迫使尼克森下台、國會通過反毒法案，可見媒體對選民和政策制定者都發揮重要影響力，以通俗的話來說，大眾媒介對水門案與毒品問題進行了議題設定（agenda setting）。而議題設定也正是所有政治媒介效果中最歷久不衰、最知名的理論。

　　Rogers和Dearing認為「議題設定」是透過大眾媒介溝通各種公共爭議和事件的重要性的過程；「議題建構」（agenda building）是政治菁英的政策議題被媒介議題和公共議題等因素影響的過程。至於「議題」（agenda）則是在當下被視為具有高度重要性的爭議話題或事件。

　　議題設定研究聚焦於大眾媒介如何影響公眾媒介，或是民意對爭議話題的內容與等級。議題建構關注的則是媒介、民意、政治菁英如何影響政策議題，或美國政界各領袖的政治優先順序。另外，議題建構也探索媒介議題的脈絡，或是大眾媒介對爭議話題的內容和等級。

　　學者們對大眾媒介塑造公共意見的能力有以下評論：

1. 媒體是無可取代的機構：媒體就像不停移動的探照燈，將一個個事件不斷地從暗處搜尋出來（Walter Lippmann）。
2. 美國新聞界的力量相當原始：設定公共討論的議題、掃除法律未規範的政治力、決定人們如何說話和思考（Theodore White）。
3. 大眾媒介迫使我們關注某些爭議、建立政治人物的公共形象，也不斷地從客觀立場建議人們應思考、明瞭、感受的事物（Kurt Lang and Gladys Engel Lang）。
4. 新聞界顯然是資訊和意見的供應者，不僅成功地在短時間內告訴讀者如何想（what to think），更成功地告知讀者要想什麼（what to think about）（Cohen, 1963）。

　　議題設定理論指出新聞媒介不太可能改變閱聽人原有的強烈政治信仰或態度，因而被歸類為Joseph Klapper提出的「有限效果」。然而，議題設定理論強調媒介可以強烈改變閱聽人看待議題的優先順序，或是閱聽人察覺到的議題成為社區內的顯著問題。在這方面，議題設定就跟Klapper的觀點不同。

　　「顯著性」（salience）在議題設定理論中扮演相當重要的角色。而顯著性是媒體選擇某種政治事實的觀點，將其凸顯於閱聽人，讓閱聽人注意到該議題，並支配閱聽人的世界觀。但也不是所有政治媒體所產生的效果都是議題設定。當議題設定發生時，閱聽人會認為被媒介報導的爭議議題會比未報導者還重要；當媒介忽視某議題時，該議題就不會成為公共議題。就像Maxwell McCombs曾說：「議題設定的基本原始概念，不過就是老生常談的東西。媒體若未告訴我們一個話題或事件，那麼在大多數情況中，它們就不會存在於我們的個人議題或生活周遭。」

　　而議題設定有趣之處在於媒介並不會完全反映真實，僅是選擇某些觀點來報導。媒介會隱藏某部分的觀點或事實，僅強調部分事實，並決定如何詮釋或形塑所報導的議題。

　　議題設定假設媒介從業人員做出的決定會影響國家。正如David Weaver所說，議題設定理論認為「媒介長時間地報導少數議題，會讓公眾認為這些議題會比其他議題還要顯著或重要」。

　　學者們設計很多實證方法來驗證議題設定的假設。他們檢驗媒介議題與公共議題之間是否相關，比較不同報紙的讀者，看他們是否會受其閱讀的報紙所強調的議題所影響。最後，學者們還進行一項實驗，觀察議題經媒體披露後是否會影響閱聽人對國家問題（national problems）的優先順序。研究者也用各種方法評價議題設定的效果，例如詢問閱聽人認為最重要的新聞為何、問卷調查什麼議題對整體社會而言最重要，以及閱聽人每隔多久時間會和朋友討論議題。

一、實證研究

(一)證明媒體議題與公眾議題相關的證據（correlational evidence）

有許多證據顯示媒體對特定議題的大量報導與閱聽人對重要新聞的排名有顯著的相關性，Maxwell McCombs和Donald Shaw在1968年總統大選的研究發現，媒介強調的議題與公眾認為重要的議題兩者間相關係數高達0.97。

Funkhouser探索1960年代議題設定的做法，發現媒介報導與民意之間具有高度相關性，媒介愈關注某議題，就愈多人認為該議題很重要。而在兩個變數間至少有三種高度相關性的解釋：(1)A變項影響B變項；(2)B變項影響A變項；(3)AB兩變項都被C變項影響。

舉例來說：(1)指的是媒體報導會導致公眾改變其對最重要問題的看法；(2)指的是在某種程度上，媒體可以反映對某些有害於國家的議題的公眾看法；(3)指的則是媒體的報導和民意會被現實世界的條件等第三個因素所影響。

(二)以實驗證明媒體議題與公眾議題有因果關係之證據

實驗法可以提供有力的證據，證明某一變項會影響另一變項的變化。雖然似乎在政治傳播的書中討論實驗設計有點奇特，但實驗的確能提供清楚的佐證，證實媒介會對人們的政治態度和信仰發揮隨機的影響。

1980年，Shanto Iyengar和Donald Kinder進行一連串實驗，指出電視新聞會使閱聽人修正其對於國家重大議題的重要性。這個實驗在耶魯大學進行，並為時一週。受試者在第一天先指出他們認為「國家所面對的最重要的問題」，四天後，再讓受試者觀看與他們先前認為最重要問題的錄影帶，而這些錄影帶都來自先前的網路晚間新聞，也以被編輯成提供對國家問題的真實新聞報導。

另一個實驗，受試者則被隨機分為三組，第一組看強調美國國防戰備

不足的新聞，第二組的新聞將焦點放在汙染的議題，第三組的新聞則強調突然高漲的通貨膨脹。在實驗的最後一天，受試者則被要求再次指出上述三項何為國家面對的最重要問題。

實驗結果可看出新聞報導對閱聽人的信念產生潛移默化的影響。例如在通貨膨脹的實驗案例中，被隨機分配到該議題的受試者實驗開始後，便不再認為其他議題會比通貨膨脹更重要。Iyengar和Kinder的許多研究清楚解釋持續暴露在電視新聞前會對個人造成影響，使其改變國家問題的重要性的信念。

(三)縱貫研究（longitudinal studies）

Iyengar透過「時序分析」（time-series analysis）的複雜統計步驟，探求公共評論對國家重大議題的脈絡。時間序列的步驟讓調查者能決定新聞對輿論的影響，而這些以上輿論又影響新聞報導，並控制現實環境的影響。

實驗顯示了電視新聞對公眾評價國家問題有因果關係的影響。舉例來說，當輿論關切能源問題時，調查者就會發現每七則相關的新聞報導，認為能源是國家最重要問題之一的輿論就會增加1%。

然而，電視新聞也並非是影響民意的唯一要素，總統對能源議題的演說內容也會有些許重大影響。當總統對能源議題發表看法時，民眾關心能源問題的程度會再增加超過4%。

對失業問題的輿論則更會受到真實條件的影響。當失業率上升時，不論媒體如何報導，更多的美國人都會將失業視為國家最重要的問題。

總而言之，媒介對美國人對政治事件的優先順序產生因果關係的影響，而這些影響是持續且適度的。因此，如同Lippmann在1922年所述，藉由將探照燈投向某些問題、花費許多時間聚焦在某些議題上等方式，新聞媒體便得以形塑公共議題，而當中的過程緩慢進行，也沒有說服公眾修改其意見的意圖。因此，議題設定是民主社會中，大眾媒介幫助決定在所有的可能性中，何種議題為了引起注意而被呈現給大眾的自然發展結果。

二、造成不同大小的議題設定效果之因素

媒介雖能影響公共議題，卻非無所不能，Rogers和Dearing認為議題設定並非總是無論時空對每個人都產生影響，在以下情況就可能無法設定議題，如媒介可信度低、閱聽人有個人經驗或其他傳播管道、閱聽人對議題或新聞事件的顯著性感到矛盾以及個人與大眾傳播媒介持有不同的新聞價值。

而另一派的說法則認為在特定條件下，新聞媒體容易產生特定的影響，學者們也不斷研究這些對議題設定造成衝擊的眾多因素。可以從以下四個方向思考造成效果不同的因素。

(一)媒體

一般而言，報紙的議題設定效果較佳，因為報紙對於議題的報導較為深入。但是也有學者認為電視新聞會比一般新聞對公眾造成影響，因為閱聽人認為電視新聞較有可信度，較不會懷疑電視記者的新聞專業。頭條新聞也會比一般新聞更來得有強大影響。此外，頭條新聞更有影響力的單純原因，他們出現在電視的時間是在閱聽人對該新聞失去興趣前。

(二)閱聽人

媒介議題設定的效果決定於閱聽人對新聞客觀性的觀感，在媒介和閱聽人的傾向間，也有複雜的交互作用。

媒介議題也對政治傾向或政治興趣較低的閱聽人有強烈影響。同時，閱聽人若有Weaver所謂的「引導需求」（need for orientation），也會被媒介議題所影響。閱聽人的引導需求程度會使他們認為政治與個人切身相關，但卻無法肯定在特定的政治傳播情況下應如何行動，因此閱聽人轉而向媒體求助，以應付此種政治環境，以及在某些條件下，不再認為該議題是最重要的新聞報導。

(三)議題的近身性（obtrusiveness）

學者假設媒介在與個人生活較不直接相關的議題上，也就是非近身性的議題（unobtrusive issues）具有較強的議題設定效果。就像Zucker所指出，「閱聽人對某議題的直接經驗愈少，對該議題的資訊或詮釋就會愈依賴新聞媒介」。

研究者指出媒體會導引民意關注原本不引人注目的新聞議題，Weaver等人發現在總統大選初期，媒介提前報導選民較少有直接經驗的議題是有益的。如此一來新聞媒體便可導引新的新聞議題。

然而，並非所有顯著的議題都會成為公共議題，例如太抽象而難以想像的議題，或是第三世界國家不會影響美國的事件。而議題的顯著性也非絕對，對某人而言是顯著議題，對他人而言卻未必如此。如失業問題對丟掉飯碗的人而言便具有顯著性，對其他人來說卻是不顯著的議題。

同時，媒介確實會對已被該議題影響的閱聽人產生效果。例如失業的相關新聞會影響失業者的政治看法，較年長者會被和社會安全有關的新聞明顯影響，在接觸種族議題的新聞後，非裔美國人也有比白人更關心公民權的傾向。

因此，媒體會設定不引人注目以及與其有直接衝突的議題。為了綜合這兩個複雜的領域，Iyengar和Kinder主張新聞對那些在事件初期就被影響的閱聽人，會產生強烈的效果。最後，他們認為議題若是持續出現在報紙頭版或晚間新聞，媒介議題對未直接經歷過問題的閱聽人所造成的影響，將比問題的受害者還要大。

(四)議題的本質（nature of the issue）

議題設定效果涉及議題和事件的頻繁程度，如Rogers和Dearing所指出，快速發展的事件（如1995年奧克拉荷馬市爆炸案）與緩慢形成（slow-onset）的事件（如1984年衣索比亞的乾旱）截然不同，至於快速發展的議題，則可在其發生後迅速躍為媒介議題，議題也與形成首要公共議題的時

間點有所不同。也就是說，緩慢形成的議題若出現在「不對的時間」，則可能無法吸引媒介的注意。

三、議題設定的結果

先前的討論都是假設公眾議題事態的變化。而根據預示效果（priming）的概念，議題設定會影響人們評量政治領袖的標準。在心理學研究的基礎上，Iyengar和Kinder則認為媒介會「預示」群眾，或是讓閱聽人依據從媒介得知的訊息來改變評價總統的標準。

為了驗證預示效果的概念，Iyengar和Kinder進行一連串的實驗。在研究中，他們讓一組受試者觀看強調美國國防戰備的新聞，另一組則未觀看任何關於國防的新聞。預示效果的假設則預測在評價總統整體施政表現時，觀看美國國防新聞的人會較重視總統在國防上的表現。

調查者也研究現實世界中，文本脈絡的預示效果。John Krosnick和Donald Kinder觀察到在1986年，媒體大幅披露雷根政府祕密資助尼加拉瓜的反政府組織，預示效果便認為在這件醜聞爆發後，雷根政府的中美政策將會強烈影響公眾對雷根的施政評價。而結果也支持預先的假設。

總的來說，預示效果研究指出，注意力集中在某些議題時，媒介不只能設定議題，還能夠改變公眾評論總統的標準。

議題設定是個有趣的傳播概念，指出媒介在民主社會的本質，認為媒介的主要影響在於建立真實的圖像和影響閱聽人原有的政治思想，也對顯著性的影響有深入描述。

但媒介並非無所不能地一直影響公共議題：議題設定的因果關係可以是從媒介到公眾、從公眾到媒介，媒介議題與公共議題也都會被現實世界的外在條件所影響。甚至當媒介設定議題時，更不會只發揮單向的影響力。

而議題設定在概念上與實證上都有所侷限：(1)缺乏理論闡述媒介為何影響民意；(2)「議題」（agenda）、「爭議」（issue）、「事件」（event）、甚至「公眾」（public）等重要字詞都未定義清楚；(3)媒介議

題和公共議題經常未有精確而具體的測量區分標準。

在大眾傳播研究中，媒介的議題設定是個複雜的現象，閱聽人必須透過媒介接收對政治的圖像和詮釋，而議題設定則是指出這些圖像和詮釋能夠使影響關心這些議題的閱聽人的理論。

柒、議題建構

議題設定的概念和討論媒體對公共議題的影響，議題建構焦點則擴大至政治制度及探索新聞、政府、公眾之間複雜的相互關係。McCombs在他的其中一篇論文裡觸及了議題的核心，他指出：

> 激起民意關注公眾事件的議題設定，僅是議題建構這廣大過程中的一個點，而議題建構則是一個媒體、政府、公眾互相影響的而聚集的過程。

早期議題設定的研究指出，媒介是影響公共議題最主要因素。這些研究將媒體視為起始點，並只將焦點放在媒體報導對輿論的影響。在政治傳播效果的研究非常少量的前提下，這種取徑在1970年代蔚為風潮。然而，媒體經常從總統、政治菁英、輿論等處取得新聞線索，這代表媒介就像社會制度裡的其他力量一樣同時運作著。所以到底由誰設定媒介議題顯然是個值得探討的問題，以下的章節中，從水門案與愛滋的媒介建構可以延伸出媒介建構的過程，和政策制定者與公眾在政策議題建構上所扮演的角色。在議題建構當中嵌入「框架」（framing）的概念討論，可以看出框架是闡明議題設定和議題建構「如何」產生。

一、媒介議題：以愛滋病為例

新聞被許多個人、職業、機構、意識形態等要素而決定，這些要素決定新聞組織是否在該議題上投入心力，以及如何使這則新聞具有重要性。

為了能正確評價社會與政治力量對媒介議題的影響，便仔細地審視愛滋在1980年代和1990年代的報導。

看見愛滋的報導與聽聞保險套和安全性行為的討論，在今日已是司空見慣的事，但在1980年代初期，新聞媒體卻迴避報導愛滋的議題。如同James Dearing和Everett Rogers所指出：

> 一種快速蔓延、有極高致死率的疾病被預期能快速吸引大眾媒體、公眾和美國的政策制定者的注意。然而，愛滋議題的散布卻未能如同疾病本身散布如此快速。一個科學的議題若未在大眾媒體上，就不算是新聞，若不是新聞，就不會變成公共議題，因此四年來愛滋始終未能成為美國大眾媒體的新聞議題。

那又是什麼原因讓媒體報導愛滋的議題？

(一)個人態度

新聞工作者的個人態度在某些條件下具有影響力。James Kinsella指出在1980年代初期，《紐約時報》的編輯對同性戀者還有偏見，甚至有編輯在編輯會議上說出「faggot」、「queer」等字眼。他也認為就是這些態度讓愛滋的傳播無法登上《時代雜誌》的封面。

然而，當《新聞周刊》（*Newsweek*）的記者Vincent Cappola得知他的兄弟死於愛滋後，便促使《新聞周刊》針對愛滋製作封面故事的專題報導。《舊金山紀事報》（*San Francisco Chronicle*）記者Randy Shilts對此議題則特別有熱情，因為他是個同性戀者，而且認為當地同性戀社群不關心愛滋對同性戀者的健康和生存所造成的威脅。

個人態度在愛滋報導中所扮演的角色引起一些爭論，有些學者認為記者用「恐同症」（homophobic）的態度對議題輕描淡寫就好；有些學者則主張編輯採取政治正確的立場，不要羞於批評那些視個人自由比公共健康還重要的同性戀者。但不管報紙的評論對個人信念的影響為何，與其他例行事件的效果和習慣的因素相比，仍顯得相形見絀。

傳播理論

(二)消息來源（sources）

消息來源（特別是來自政府內部）是新聞的命脈。1980年代間，雷根政府一直未將愛滋視為優先考慮事項，直到1987年，雷根總統在其第二任任期快結束，已有三萬五千人被證明為愛滋患者以後，才發表與愛滋有關的演說。雷根政府的漠不關心也使愛滋難以成為最重要的媒體或公眾議題。

但雷根政府的官員，如衛生局局長C. Everett Koop便對愛滋發表意見。疾病管制中心（The Center for Disease Control）的科學家也釋出疾病傳染方式的資訊。當公共衛生的官員開始討論流行病的傳播比例，新聞便獲得合理性，新聞記者也會蒐集資訊，並以常見的方式包裝新聞。

(三)新聞價值

媒體會快速報導如地震、爆炸等快速發展（fast-onset）的議題，而少有強調如愛滋等緩慢形成的議題的傾向。緩慢形成的議題沒有戲劇性的起承轉合，所以較不容易受到媒體青睞。愛滋緩慢致人於死，同時也是複雜的疾病，引發因素難以理解，因此要寫一篇關於愛滋的好報導，必須要有醫藥和公共衛生的背景。但極少記者有這些背景，所以要報導愛滋以及找到將其呈現給廣大閱聽人的角度，也就更為困難。

1985年中，發生了兩件事，促使新聞媒體報導較多的愛滋議題。第一件事是7月時，演員Rock Hudson死於愛滋；另一件事為是否應讓十三歲的Ryan White上學，因為他被診斷出患有愛滋。

這兩件事被認為有報導價值，因為他們與新聞價值一致，尤其是在顯著性和人情趣味方面。Rock Hudson是公眾人物，因此他的死訊是新聞；Ryan White的事件會成為新聞，因其為帶有戲劇性和象徵性地提及對大多數美國人而言非常重要的議題——小孩子的受教權。

這些事使愛滋從一連串難以理解又使人心神不寧的事件，搖身一變成為國家必須考慮和面對的難題。

(四)輿論

　　當記者們撰寫新聞和決定強調何種議題時，也都會將輿論列入考量。記者有捨棄不會出現在公眾面前的事件的傾向，而偏愛那些一般會出現的事件。這個原因可解釋為何記者對Rock Hudson和Ryan White予以顯著的報導，以及將焦點放在愛滋對同性戀者的影響。公眾關心並促使新聞媒體報導此議題，特別是愛滋在多數同性戀者間傳染的可能性。

　　另一個在輿論和大眾媒體間聯繫的觀點集中在民意調查上。就愛滋而言，新聞議題和調查議題、民調專家發問的問題種類之間，有著複雜的關係。Rogers等人認為「媒體組織資助和AIDS有關的調查，然後以調查結果寫成新聞報導（通常是數篇）」。

(五)菁英媒體的影響

　　如同其他行業，新聞記者也會被意見領袖影響。在新聞業中，《紐約時報》是意見領袖，其決定對某事件報導與否都會影響其他媒體。1980年代初期，《時代雜誌》未將焦點放在愛滋，使其他媒體認為報導不重要，最後當《紐約時報》對愛滋進行深度報導，無庸置疑地鼓勵其他報紙也進行同樣的報導。學者將這種一個或多個媒體影響其他媒體的議題的過程，稱為「跨媒介議題設定」（intermedia agenda-setting）。

(六)意識形態

　　雖然難以量化，但意識形態無疑對愛滋的新聞造成影響。1980年代中期以前，白宮和國會等美國政府的主要機關始終不重視愛滋議題，雷根政府的精力都放在提升經濟和對抗蘇聯，公衛部門對毒品濫用的重視遠比愛滋為高。此外，大多數人因怕被社會汙名化而迴避愛滋的議題，只有少數有影響力的菁英團體在推動，都是媒體在1980年代初期難以對此議題引起興趣的因素。

(七)小結

媒體最初未報導愛滋可說是怠忽職守，當然，那段時期的每個人—包括政府、公衛部門、大眾和一些重視保有在澡堂雜交自由甚於威脅健康和同性戀社群生存的同性戀團體—也都怠忽職守。最後，媒體聚焦在愛滋上，使其成為公共議題，但媒體更應投入較多的關注在愛滋議題對美國的主流社會所造成的影響，而非同性戀或嗑藥等團體。

以上討論的主旨在於瞭解新聞界所運作的社會和政治環境。許多關於疾病如何傳播的教材時有時無的報導，皆來自於新聞、政治、社會制度等因素的影響。媒體不僅「設定」議題，在多數情況，也在其他政治和社會作用的安排下幫忙建構議題。

二、水門案的議題建構

1972年夏天和秋天，《華盛頓郵報》頑固地對水門飯店的民主黨全國委員會總部遭受非法入侵的事件進行後續報導。透過強而有力和仔細的報導，郵報記者Bob Woodward和Carl Bernstein將水門飯店竊案與Nixon的白宮連結起來，認為Nixon總統涉入這起非法入侵案，並證明政治破壞在Nixon的競選活動中扮演不可或缺的角色。以下敘述皆為歷史：在審問入侵者時，白宮欲掩飾真相、電視全程轉播參議院的聽證會，揭發Nixon在白宮的橢圓形辦公室使用祕密的錄音系統、大法官通過三篇彈劾文，以及Nixon在1974年8月9日辭職下台。

有迷思（mythology）認為《華盛頓郵報》讓總統下台。Schudson觀察出：

> 新聞學在水門案的神話（myth）認為兩位《華盛頓郵報》的年輕記者讓美國總統下台，這是大衛和歌利亞、小蝦米戰勝大鯨魚的神話，也是《華盛頓郵報》的全盛時期，堅信「真理是新聞界的武器」。

但事實並不是《華盛頓郵報》讓總統下台，《華盛頓郵報》的報導是

水門案成為全國性議題的必要條件而非充分條件。為了適當解釋水門案的醜聞如何被披露，不只要考慮《華盛頓郵報》的報導，還要考慮媒介運行其中的政治脈絡。以下區分三個階段討論：

(一)第一階段：1972年

Woodward和Bernstein的報導並未在1972年引起共鳴。而水門案在當時未成為主要的競選議題有下列幾項原因：(1)水門案本身為不顯著的問題，沒有吸引媒體大量的注意，使公眾對這項公共事務漠不關心；(2)事件本身令人難以置信。對美國人來說，白宮派人闖入民主黨總部以及總統重要的幕僚涉入政治間諜活動都很令人瘋狂，這與許多選民對總統的信任（或想要信任）不一致，因此基於選擇性感知互古不變的原則，人們會懷疑地看待這些資訊；(3)媒體報導所用的語言使搶匪看起來愚蠢又輕佻，新聞媒體經常把此次的非法入侵視為「水門惡作劇」（Watergate caper），因此使得這些新聞未能受到公眾重視，也讓美國人不考慮水門案對政治制度有更大牽連的可能性。

(二)第二階段：1973年1至5月（January-May 1973）

Nixon獲得總統大選壓倒性勝利後大約六個月，水門案成為主要的政治議題，民調指出美國民眾將此案視為國家面臨的最重要問題。然而，水門案又為何會變成公眾議題？Lang和Lang有以下四點解釋：

1. 儘管Nixon贏得總統大選，水門案的訊息仍不斷在全國性新聞媒體露出。媒體對水門案的持續報導，使水門案成為一件易於滲透在公眾群體意識中的事件。
2. 在對水門案七名被告宣判前夕的1973年3月23日，發生了一件政治突發事件。在那一天，法官John Sirica收到被告之一的James McCord的來信，信中提到有政治壓力強迫被告不要將涉及水門案的其他人給供出來。Lang和Lang指出，「揭露的部分開始互相吻合，但有太多貌似真實的東西以至於被捨棄不用，而且需要由政治家和新聞記

者等各方專家來做更多解釋。」從此刻開始，事件獨立發展並成爲媒體的主要議題。

3. 新聞媒體開始運用不同的譬喻來描寫水門案。隨著越來越多的官員被捲入此案，媒體不再形容水門案是「惡作劇」，而開始將之形容爲不折不扣的政治醜聞。水門案被描述爲「公眾有知的權利」和「行政特權」的對立，以及被描述爲「對政府操守的信任」的事件。

4. 水門案成爲美國政治菁英眾所注目的焦點。國會開始調查非法的競選活動，也有檢察官被委任調查民主黨全國總部的非法入侵案。Nixon的助手也因而辭職。

這些在菁英份子間的發展使水門案成爲晚間新聞和報紙的主要話題。同時，飽和的報導引起更多政策制定者回應事件發展的新聞，並嘗試透過媒體提出他們認定的特定政治議題。

(三)第三階段：1973年5月及之後

1973年5月17日，廣播電視新聞網開始報導一連串水門醜聞在參議院的聽證會。自此開始，電視接管印刷媒體的對重大議題的定義權。聽證會未將態度轉而認爲Nixon是水門案的共謀，影響反而是隱而未顯的。在聽證會後，有更多美國人將水門案視爲一起嚴重問題，以及道德面而不只是政治面的議題。

在該年度當中，Nixon和他的政敵以及國會領袖都被捲入媒體和民調的戰場，而媒體和民調會追蹤公眾對總統的態度和監測對彈劾的支持度。

水門案並非是民主國家面臨憲政危機而被彈劾的首例，卻是電視首次在彈劾案中的占有核心位置。電視使一般美國民眾得以接觸到政府最高層級所發生的事件，Lang和Lang主張電視四處存在和過程中格外公眾化的特性，使政治領袖易被社會規範影響、考量更高的道德品性，及涉入危機的憲政議題。

總而言之，媒體幫忙建立水門案的輿論，他們未直接說服公眾改變態

度，而是影響許多層級的過程、強調某些事件的重要性、透過語言和譬喻使用來塑造議題、將新聞連結至較熟悉的政治象徵、透過民調連結公眾和政治菁英，以及重尋傳統的政治價值觀。

而Nixon是否是因為媒體因素而導致其下台迄今仍有爭辯。有些學者指出，所有體系幾近失敗，若非《華盛頓郵報》持續追蹤、Nixon的助理指出Nixon牽涉其中、許多國會議員同意彈劾案，Nixon將不用面對如此壓力。因此，在水門案中，媒體是扮演複合而非直接相關的角色。

捌、媒體、民意與政策制定

政策的議題建構被定義為一些問題獲得政府部門認真看待，而轉變為未來公共政策的預期性問題的過程。塑造政策議題是複雜和爭議的議題，在美國，有許多問題要和政策制定者的注意力、無數的利益／非利益團體競爭，這些政策制定者或團體都藉由此種方法來塑造社會政策。David Protess等人觀察出：

> 就社會問題來說，成為政策制定者的議和做出正確行動並不容易，政策制定者要處理的問題數量實際上是無限多起，每一起真正吸引他們注意的事件也要與制定者的興趣競爭，政策制定者必須決定哪些問題可以優先獲得他們的注意力……

決定何種事情是問題為一項重要的政治行動，1950年代對非裔美國人的偏見和種族隔離政策，以及最近的環境汙染、無家可歸等問題逐漸增加，成為引起聯邦政府的注意和改善的議題。

決定議題成為問題或贏得政策制定者興趣的因素有許多，包括「成熟」或有利政治氣候的存在、政府內外團體大約在同時間的關切、公共關心的事、民調結果，以及處理問題的特定政策間的連結。此外，問題也並非永遠會是政策議題，政策制定者與關心的民眾瞭解在另一個議題成為全

國性議題之前，他們只有固定的時間來改變政策。

　　而大眾媒體在政策建構中所扮演的角色為何，就必須考量到政治傳播中，媒體、公眾、政策制定者等三個關鍵角色所帶來的重要影響。

一、始於媒體的議題建構（media-initiated agenda-building）

　　提及專揭名人醜聞的記者時，或許會聯想到Protess等人所謂的「調查報導的煽動模式」（the mobilization model of investigative reporting）（圖4-1），但政策的議題建構幾乎未遵循這個模式。事實上，媒體並未推動公眾要求政策的行為，在多數情況下，公眾是被動的角色。這是始於媒介的議題建構的第二種模式（圖4-2）。在這個模式中，媒體和政策制定者有雙向關係，兩者互相影響（和合作）來發展政策議題。

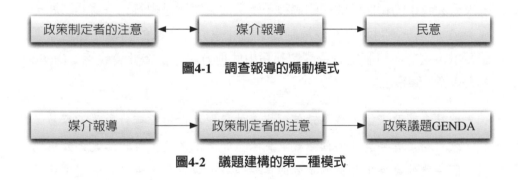

圖4-1　調查報導的煽動模式

圖4-2　議題建構的第二種模式

二、始於政策制定者的議題建構（policymaker-initiated agenda-building）

　　包括總統、國會議員、聯邦政府官員等政策制定者經常是議題建構過程的源頭。他們有他們想要推動的想法或議題，並透過運用媒體來達成目的，而政府領袖也運用許多策略來推動議題，如開記者會、私下洩漏消息、公開演講等。

始於媒介制定者的議題建構模式如**圖4-3**，政策制定者透過媒體將議題傳遞給公眾，凝聚民意，民意又影響該議題，使其成爲最重要的政策議題。

圖4-3 始於政策制定者的議題建構

三、始於公眾的議題建構（public-initiated agenda-building）

公眾極少成爲議題建構的源頭，然而，在某些刺激媒體和政治菁英採取行動的不法行爲中，民意會影響媒介議題，再影響政策議題（**圖4-4**）。

圖4-4 始於公眾的議題建構

正如Benjamin Page和Jason Tannenbaum所指出，公眾對總統的決策提出合理的道德標準，也因此爲眼光狹窄者與精英份子提供正確有用的標準，而這些標準常爲白宮官員所使用。

四、小結

在檢閱數量龐大的議題設定和議題建構的文獻後，Rogers和Dearing從研究中做下列結論：

1. 設定或反映的公共議題、媒介議題，會影響菁英決策者的政策議題和政策的施行（policy implementation）。
2. 媒介議題似乎對菁英決策者的政策議題和政策的施行具有直接而強

　　大的影響。

3.對某些議題而言，政策議題對媒介議題似乎具有直接而強大的影
　響。

　　大眾媒體在議題建構中扮演重要角色，卻無法將媒體和政治制度內的
其他因素輕易區分。新聞和政策議題經常糾纏不清，尤其是當記者和政策
制定者互相利用對方以達成其個人或職業目的的時候。

　　學者們嘗試對媒體在決策過程扮演的角色發展出更精確的預測。有些
模式強調媒介在政策制定過程中的不同階段扮演不同角色，其他的模式則
強調在輿論、政策議題，以及現實條件之間具有動態的處理關係，也會影
響政策制定的過程。

　　而在民主社會中，各種問題必須競爭媒體、公眾和政策制定者的注
意力，畢竟注意力是稀有的資源，能吸引媒體守門人、菁英決策制定者和
普羅大眾的注意力的問題，最有可能被政府視為最應迫切處理的問題。
但在美國，注意力轉瞬即逝。Anthony Downs觀察出議題注意週期（issue-
attention cycle）似乎會影響公眾（和政策制定者）對全國性重要問題的
態度。Downs指出，「每個問題都是突然成為顯著議題，但在短暫的時
間後，議題即使仍有大部分未被解決，還是從公眾的注意力焦點當中淡
出」。因此，在下一個議題浮現之前，政策制定者僅有少許時間來制定法
律。

玖、框架

　　議題設定和議題建構研究告訴我們何種議題會獲得公眾、新聞界、政
治菁英的注意。這方面的學術研究已擴展媒體和政治的知識，然而，他們
將焦點放在媒體強調的議題內容，卻忽略了公眾、媒體和政治菁英如何說
明、安排當天的議題。近年來，研究者探討公眾和菁英份子如何理解政治
資訊，而理解方式就是「框架」（framing）。

　　框架與吾人理解複雜資訊的內容有關。Neuman、Just和Crigler（1992）定義框架是「媒體和個人藉以依賴來傳遞、說明、評量資訊的概念性工具」；Pan和Kosicki（1996）將新聞媒體框架視爲「將訊息編碼、說明、收回的手段」。

　　如同議題設定，框架能在分析的不同層級中運作，研究者也探索框架在各種政治傳播領域中是如何運作。新聞媒體可以接受、拒絕，或質疑政策制定者用來說明事件的框架。舉例來說，媒體必須決定是否將市區的暴動描述爲可理解的政治抗議或是法律和其他人無法容忍的威脅。公眾也利用框架來理解政治議題。Neuman等人認爲美國人依賴四種議題框架：對人的影響（human impact）（事件對人們的影響）、無能爲力（一般人的無力感）、經濟（例如成爲動機和共同貪婪的利益）、道德（道德價值觀、宗教和上帝）。人們運用這些框架來理解和說明複雜的事件，而框架也幫助處理人們每天在日常生活中所面對的大量政治資訊。

　　Iyengar實行框架效果的第一個研究，他觀察到電視新聞框架議題的方式不外乎「片段式」（episodic）或「主題式」（thematic）。前者透過圖像和有力的報導，聚焦在具體的事件和個人特質，如最近的犯罪潮或年輕媽媽們在社會福利制度下的困境；後者則試著運用文字而非圖像，將事件置於更大的社會和經濟脈絡下來看待。

　　廣電媒體由於經濟和組織的因素，有使用戲劇式框架的傾向，Iyengar探討這些框架是否會影響閱聽人對社會問題的解釋。他發現戲劇式和主題式的新聞會分別促使戲劇框架和主題式框架的運用。

　　Iyengar主張使用戲劇式框架處理貧窮問題的電視新聞傾向讓人們更難認清貧窮問題有複雜的社會、經濟前兆。他也強調，藉由無止境地將焦點放在問題的短暫片刻或個人而忽略更大的圖像，電視新聞會使人們更難察覺到議題是互爲關聯的、所有的問題都有其系統根源，以及領導者需提出改革的理由。因此，他認爲電視新聞保護領導者使其不用負擔問題的責任，並使國家菁英不需做出棘手費力的選擇。

　　是故，新聞框架對民意的影響可謂複雜。研究指出，有許多因素必須

列入考量，包括人們的預存政治立場、政治教養，以及事件原因的本質。批判理論學者則抱持相反意見，他們認為人們不是媒介框架下，被動的受害者。此外，人們也不會分享所有的媒體框架。

　　而這並不是說媒體框架沒有影響力，相反地，人們仰賴媒體來理解令人困惑、難以理解的政治世界。當議題複雜而不引人注目時，人們便可能特別會被媒體框架所影響。

　　新聞一向對政治具有影響力，其力量在於自身的能力可以塑造議題和框架事件，藉以影響輿論和政策。議題建構過程是錯綜複雜的，新聞議題也並非在微弱的氛圍下被創造出來的。新聞的例行成規（news routines）、輿論、媒體影響力、甚至意識形態，都能塑造媒體議題。媒體議題一旦構成，就能影響輿論，和其他社會機構共同運作。隨著依附在議題和情況的影響的趨勢，媒體、公眾、政策議題之間有著複雜的關係。讓議題成為最重要的政策議題，大眾媒體持續的報導是必要而非充分條件。此外，要注意的是就算是議題獲得媒體、公眾或政策制定者的注意，並不意味著它就會被解決。

　　而媒體也不只是「設定」議題而已。在許多情形下，媒體會反映政策制定者建立的問題；另一方面，媒體會和政策制定者合作，直接或間接地建構議題。當然，議題會隨政治情況的爭議、媒介和動態的環境而有所變化，因此在任何時候，媒體議題不僅只有一個，而會有許多個。

　　媒體的議題設定是維持現狀還是改變現狀，迄今仍有爭論。媒體批評家認為媒體對愛滋病等社會問題的反應過於遲緩，媒體傾向以重要菁英份子的觀點來報導，而這些菁英份子的言論似有使行動趨緩和保守看待問題的傾向。

　　另一方面，新聞界在水門案的公眾議題和政策議題的建構上，扮演著重要的角色。調查報導會在許多情況下影響政策議題—特別是當記者與政策制定者結盟合作的時候。

　　而媒體是設定和影響國家議題的眾多影響之一，將幾個特定議題塑造成全國最重要的事。這場牽涉到權力政治、意識形態及政治策略行銷的戰

爭，具有相當高的風險。當許多諸如「政治遊戲」的悲歡聲此起彼落時，對民主社會來說卻是司空見慣的事，在大眾媒體傳播的年代中，也是無可避免。

 拾、沉默螺旋

一、理論源起

E. Noelle-Neumann於1973年時發表〈累積、諧和和公眾效果〉（Kumulation, Konsonanz und Öffentlichkeitseffekt），大意是Lazarsfeld的《人們的選擇》一書問世後所帶動的「媒介效果有限」的研究典範頗值商榷。她指出，60年代以前以美國為重鎮的媒介效果研究所以沒有很重大的突破，很可能是研究者沒有問對問題，因此提出了累積（kumulation）、諧和（konsonanz）和公眾效果（Öffentlichkeitseffekt）三個概念，指出未來的媒介效果研究應朝這三方面齊頭並進，方能在實證研究媒介效果時有所突破。所謂的「累積」指的是：媒介的效果是一種長期的效果，所謂Konsonanz，原為「諧和」之意，意指當媒介內容長期地呈現同質性很高的內容時，則亦產生誤導現象。而當累積與諧和兩變項交互作用時，媒介內容所產生的效果則更大。至於三概念中的最後一個「公眾效果」，則指的是意見氣候中強勢意見對個人所產生的壓力；而個人對大環境中何者為強勢意見的判定，除了來自個人的親身觀察外，大多來自大眾傳播媒體的內容。因此，傳播媒體中的主流意見足以造成「公眾效果」，而這就是媒介效果的主要來源，因此研究大眾傳播媒介效果的人，必須對這種現象形成的原因、過程等加以研究。而Noelle-Neumann自己在「公眾效果」此一概念上所下的功夫，及形成了日後的「沉默的螺旋理論」。Noelle-Neumann指出，大眾傳播媒介的效果即是透過以上三概念的交互作用而衍生。

二、理論內涵

　　沉默螺旋模式中呈現出民意動力的來源在於人類有害怕孤立的弱點，但光害怕孤立不至於影響民意的形成，主要是當個人覺察到自己對某論題的意見與環境中的強勢意見一致（或不一致時），害怕孤立這個變項才會產生作用，因而進一步影響個人對此論題發表自己意見的意願，致使環境中的強勢意見愈強，甚至強過其實質，而弱勢意見亦相對地愈來愈弱，甚至弱過其實質。模式中亦呈現出人類觀察大環境的管道有二：其一是「直接觀察環境」，其二是透過「大眾媒介」。同時，我們亦發現個人的「樂意表達己見」或「不樂意表達己見」直接會影響到其他人的「覺察大環境對某論題的意見」。而民意就是在這一強大的個人所覺察的「公眾效果壓力」下產生的（因為每個人都害怕被孤立）。這種民意形成的動力就是「沉默的螺旋」，Noelle-Neumann因而把她的理論命名為「沉默的螺旋理論」。

　　Donsbach指出，該理論有三大支柱，即：心理學、大眾傳播學和社會學（Donsbach, 1987: 325-326）。

(一)從心理學的範疇來看

　　包括以下四點：

1.引發人類社會行為的最強烈動力之一就是「不被孤立」，這點從Asch和Milgram的研究中可以得到證明（Asch, 1956; Milgram, 1963）。
2.人類有觀察環境中意見分配狀況的能力，稱為「準統計官能」（quasi-statistische Wahrnehmungsorgan）。
3.因為害怕孤立，當人們發現自己的意見與觀察得來的環境中的強勢意見符合時，則公開表達自己意見的意願高；反之，則低。
4.因此，社會中的強勢意見愈來愈強，甚至比實際情形還強，弱勢意

見愈來愈弱，甚至比實際情形還弱，這種動力運作的過程成一螺旋狀。

(二)從大眾傳播學的觀點來看

包括以下四點：

1. 上述人類觀察環境中意見分布的主要來源是大眾傳播媒介；人們通常會以爲大眾傳播媒介上呈現的意見就代表了多數人的想法。
2. 媒介有所謂的「關節作用」（Articulations Function）：它們使得某些議題受重視，被公眾討論；同時，媒介自己在報導這個議題時，對不同的論點會做不同的強調，使得自覺在媒介中能發現自己論點的人較易在社會中找到自己的位置，也因而較樂意在公開場合發表自己的論點。
3. 大眾傳播媒體在上述過程中所能產生的力量相當大，如果媒介內容的同質性大時，會造成強大的宣傳效果，使得「選擇性的認知功能」遭受極大的阻力。
4. 質此，傳播者（特別爲編輯和記者）在民意形成的過程中扮演了舉足輕重的角色。

(三)從社會學的範疇來看

包括以下兩點：

1. 透過上述民意過程的控制，逾矩的行爲會受到懲罰，恰如其份的行爲則會受到獎賞，這樣才能使得社會達到整合的目的。從這個角度來看，民意是一層「社會的皮膚」，它使得社會得以完整地凝聚在一起。
2. 即使是政府也必須屈服在民意之下。馬基維利（Machiavelli）和洛克等均曾指出，即使是最專制的政府亦無法長期反民意之道而統治。

　　Noelle-Neumann給民意下了一個定義。民意就是：「含有價值的，特別是具有道德意味的意見和行為方式，當它以一種全民共識的方式出現時——例如當它以風俗習慣、教條方式出現時——則個人必須公開說出或做出，才不會受孤立；而當它以一種較不嚴密的方式出現，則個人可以公開說出或做出，就不致遭受孤立。

三、實證研究

　　Noelle-Neumann曾在多篇文章中指出她操作「沉默螺旋理論」中各重要變項的方法（Noelle-Neumann, 1974; Noelle-Neumann, 1977; Noelle-Neumann, 1980）。綜合而言，諾氏在所有的問卷中均以四類問題來操作理論中的變項。

1.第一類問題是問受訪者對某一爭論性問題的看法。
2.第二類問題是就同一爭論性問題，問被訪者以為大多數的西德百姓對該問題的看法如何。
3.第三類問題是就同一爭論性問題，問被訪者以為大多數的西德百姓在未來（一年或數年以後）對該問題的看法如何，換言之，這是一個問趨勢的問題。
4.第四類問題是問被訪者願不願意在公開場合就該一爭論性的問題表明自己的立場。

　　Noelle-Neumann發展出一種所謂的「火車問題」來，也就是說，在問卷中間被訪者假設他有一個五小時的火車之旅，他是否願意就該一爭論性的議題和同一火車包廂中的其他旅客討論。諾氏藉此問題建構一匿名公眾的情境，同時，採取了split-ballot的方法，製造兩種不同的討論情境，第一種是讓受訪者與自己意見相左的人討論該一爭論性問題，第二種則是讓受訪者與自己意見相同的人討論該一議題。

　　該理論迄今得到實證資料支持的部分有：

1.準統計官能的確存在：Noelle-Neumann在歷次的選舉研究中發現，即使是最微小的意見氣候改變也會被選民所察覺，而且這種察覺並不因受訪者的黨派不同而有差異（Noelle-Neumann, 1984）。

2.媒介（特別是電視）對於選民的影響可以從幾次的選舉研究中得到證明。例如，Noelle-Neumann在1976年的選舉研究中，控制了「政治興趣」此一變項，而將受訪者區分為看政治性節目多和少的兩組加以比較，結果發現看得多的那組對選舉勝利的預期和看得少的一組不一樣，這種現象，Noelle-Neumann名之為「雙重意見氣候」（das doppelte Meinungsklima）（Noelle-Neumann, 1977; 1980）。

3.認為自己占優勢，或未來會占優勢的人，公開發表意願較強，這點亦得到實證資料的支持。由於文化的差異，因此，前述的「火車問題」就受到極大的考驗；在不同的文化情形中，自應以不同的方式來營造「匿名公眾」的情境，以測驗受訪者公開表達的意願。曾經有不同的研究者試著以不同的方式來操作此一變項。

四、對「沉默的螺旋理論」的批評

「沉默的螺旋理論」自提出以來，由於理論涵蓋面廣，變項複雜但是影響因素難已窮盡，以此要在實證研究中獲得全面性的證實相當困難，因而受到不少的批評，整理如下：

1.參考團體的重要性：參考團體在個人「害怕孤立」及觀察環境的過程中所可能扮演的角色，在理論中被忽略了。

2.過分強調「害怕孤立」此一社會心理因素，而忽略了其他導致社會行為的動力因素。例如：人可能會「權衡利害」後採取社會行動；同時，個人的社會行動如果是出於贊同某團體或個人的立場而發，則他根本不必害怕孤立。

3.個人的人格差異必須考慮。換句話說，害怕孤立對具有不同人格的人應有不同程度的影響。

4.除了「準統計官能」這種解釋人類觀察環境的理論外，還有其他的理論，例如「多數的無知論」（pluralistic ignorance），亦即人會透過自己的意見來看周遭人的意見（所謂Looking-Glass-Hypothese），因而常會錯估了環境中意見分配的狀況。

政治傳播的發源地為美國，至今國際學術社群當中，美國學者的觀點仍為主流。而沉默螺旋理論的創始者為德國學者，在過去三十年當中，是歐陸觀點的政治傳播理論最能與美國學派分庭抗禮者。

 ## 拾壹、社群媒體與政治極化

一、政治極化

政治極化的概念源起於1980年代的美國，當時主要兩黨民主黨與共和黨的衝突較以往開始升高，在經濟、墮胎、槍枝管制、同性戀等議題上明顯分歧，形成自由與保守的意識形態之爭。民主黨傾向站在自由一端，而共和黨則採取保守立場，也有學者以「文化戰爭」（culture war）來解釋美國的分歧的現象，而開始以紅色代表保守的共和黨，藍色代表自由的民主黨，紅藍州之間民眾的政治立場及投票行為差異也愈來愈鮮明，呈現出當代政治的兩極化趨勢，這樣的兩極化出現在議題選擇和各級選舉的投票上，而為了達到利其政黨的政策目的。黨內立場也愈趨一致，黨際差異性愈趨擴大，造成形成「政黨極化」（party polarization）。

政治極化不僅在美國呈現上升趨勢，也遍佈全球且可以分為政治精英、民選官員和普通民眾的分化。高程度的極化因可以預測政治參與和選舉的選擇，會對社會產生助益。然而，政治極化也可能不利民主發展，促使權力集中、國會僵局，並使公民對政治高度不滿。過去的研究會強調極化對人際關係的影響，包括不願意參與互動，以及以非人性方式對待政治

對手等。

　　至於這種極化現象何以出現在一般社政治極化的原因，可以部分歸因於新聞媒體的碎片化，而最近十年，許多學者認為和社群媒體上散布的資訊有關。過去十年，關於極化的研究有所增加，且皆指出媒體態度加劇了兩極分化。

二、媒體內容與政治極化

　　一般人不太有意願且不會每天接觸政治廣告，所以合理的說，大部分的人們是直接透過媒體觀察與瞭解政治，這意味著這時代新聞媒體與社群媒體塑造我們對政治環境的看法，且隨著媒體碎片化，人們在黨派、意識形態和情感上都變得更加分化。然而，對於是新聞媒體或是社群媒體是否導致觀眾產生極化在實證研究上並沒有定論，但多數學者認為在某些情況下，傳統新聞媒體以及社群媒體上的政治訊息確實可以影響並分化觀眾，這些研究結果顯示，研究對媒體何時及為何加劇極化的理解到目前還是模糊的。

　　隨著美國的政治分裂加劇以及社群媒體使用增加，黨派新聞增多，政治對手之間的敵意日益提升，都凸顯了必須重新評估極化的必要性。再者，世界各地的研究，如智利、德國、台灣和迦納等地都發現有政治極化，而研究都發現與社群媒體使用有或多或少的關聯。

　　許多實證研究都發現以媒體內容分析法追蹤傳統新聞媒體愈來愈極化，也就是說近年來媒體的內容變得更兩極。以氣候變遷的報導為例，社群媒體和傳統媒體的分析結果顯示隨時間發展，兩者的內容均變得愈來愈極化。

三、媒體使用與政治極化

　　有些研究透過實驗法探索社群媒體促使極化，實驗結果皆證實，社群媒體可以進一步分化人的意識形態。研究發現，接觸關於候選人的負面推

文、不文明的臉書訊息和有關反對態度的Twitter貼文，都會使人在意識形態上更加極化。另外實驗法幾乎都證實社群媒體可以進一步使人產生情感的分化。研究發現，YouTube的演算法推薦及接觸打擊政治對手的社群媒體評論都會增加情感上的極化。此外，也有研究發現，在2018年美國選舉前停用Facebook帳號的人，情感極化程度降低。

在傳統新聞媒體如何預測極化上，在意識形態方面，研究發現脫口秀的形式會增加分化。然而，觀眾透過聽取事實查核者的意見能減少意識形態極化。關於情感分化的部分，大多數研究發現傳統媒體會使情感極化增加。觀看與自己有相同意見的新聞媒體，以及接觸來自黨外消息來源的新聞媒體，都會影響情感極化。然而，一些研究者的實驗操作發現能減少情感極化的方法。例如，強調自由開放的群體規範，以激發讀者有意願閱讀不同態度的新聞文章，可以減少情感分化。此外，新聞呈現黨內的不文明行為，也與情感的去極化有關。

媒體與政治極化是最近十年在政治傳播研究上最吸引學者的研究題目，未來研究需要進一步探索哪些因素使媒體報導分化，才導致進一步的分化觀眾，以及應如何利用媒體來減少政治極化。過去對社群媒體的內容分析高度關注Twitter，雖然這可能是出於與其他社群網站相比，研究者較容易地從Twitter上抓取數據，但這些研究也使得難以理解其他社群媒體平臺是否也會出現類似趨勢。未來的研究應集中在其他社群媒體平臺塑造極化的作用。有鑒於Facebook、TikTok以及Instagram等在全球的滲透率已比Twitter大得多，故建議應進一步研究不同平臺如何塑造政治極化。

拾貳、結論

政治傳播研究的歷史由早期的研究開拓出一條研究方向，洞察了傳播效果，認為我們可以藉由社會科學的理論和方法來瞭解媒介的影響。然而，早期研究也有許多限制，學者們也快速找出早期研究在各種理論、方

法和意識形態上的假設。

我們得知真實比早期的研究更難以發現，學者們的價值觀會影響其所問的問題，研究者工作所處的社會制度會影響其對政治傳播研究的研究方法和得到的答案。然而，當代的學者們並未放棄面對這些難題，他們採納各種理論、新技巧、多元化的研究方法，換言之，就是學習在特殊情況下運用多樣化的研究方法。

討論問題

1. 請就媒體與公眾兩方說明影響媒體議題設定效果的因素。
2. 試以近日台灣社會中實行的任一政策，說明媒體與該政策制定過程的關係。
3. 以沉默螺旋和議題設定均可探討民意的形成，請說明兩者探討的民意形成機制之異同。
4. 試以最近發生的重大事件，分析電視與報紙的框架異同，並探討兩種媒體不同框架對閱聽人的不同影響。

有限效果模式（limited effects model）

1960年，Joseph Klapper將他所學到大眾媒介在社會、心理等方面的影響編撰為《大眾傳播的效果》（*The Effects of Mass Communication*）一書，書中指出大眾傳播通常不是造成閱聽人效果的必要和充分條件，而是當中和一連串間接因素的影響。在加強現狀的過程中，這些間接要素是成為大眾傳播的有效動力，但不是唯一條件。

沉默螺旋

民意動力的來源在於人類有害怕孤立的弱點，但光害怕孤立不至於影響民意的形成，主要是當個人覺察到自己對某論題的意見與環境中的強勢意見一致（或不一致時），害怕孤立這個變項才會產生作用，因而進一步影響個人對此論題發表自己意見的意願，致使環境中的強勢意見愈強，甚至強過其實質，而弱勢意見亦相對地愈來愈弱，甚至弱過其實質。

兩級傳播

資訊從媒介傳播給意見領袖，再透過意見領袖傳給選民的過程，稱為「兩級傳播」。

宣傳研究

1917年第一次大戰期間，美國總統威爾遜為了說服民眾支持政府參戰以及激勵盟軍士氣，委託記者出身的George Creel組成公共資訊委員會（Committee on Public Information, CPI），進行Michael Sproule所謂的「所有可能觸及到公民生活的傳播系統研究」，隨後學者們對Creel利用宣傳來塑造民意所造成的影響相當擔憂。威爾遜政府所使用的扭曲、半真實（half-truth）的宣傳手段也招致猛烈的批評。學者強調宣傳的負面觀點，擔憂其負面效果。到了1920至1930年代宣傳研究的主題是流行事物，到了1940年代初期，社會學者開始用較冷靜的方式看待這些現象，也用議題設定的角度取代傳播對態度造成的效果研究或民意在民主社會所扮演的角色。

框架（framing）

框架與吾人理解複雜資訊的內容有關。如同議題設定，框架能在分析的不同層級中運作，研究者也探索框架在各種政治傳播領域中是如何運作。人們運用這些框架來理解和說明複雜的事件，而框架也幫助處理人們每天在日常生活中所面對的大量政治資訊。

意見領袖（opinion leadership）

意見領袖是指大量接觸大眾媒介、對宣傳活動最感興趣且似乎能影響「追隨者」（followers）政治觀點的人。意見領袖不會截斷媒介與閱聽大眾之間的資訊傳遞，正如新聞傳布的研究所指出，人們經常會直接從媒介接收資訊。

準統計官能（quasi-statistische Wahrnehmungsorgan）

學者Noelle-Neumann在歷次的選舉研究中發現，人類有觀察環境中意見分配狀況的能力，稱為「準統計官能」，即使是最微小的意見氣候改變也會被選民所察覺，而且這種察覺並不因受訪者的黨派不同而有差異。

議題建構（agenda building）

是政治菁英的政策議題被媒介議題和公共議題等因素影響的過程，議題建構關注的則是媒介、民意、政治菁英如何影響政策議題、優先順序。

議題設定（agenda setting）

是透過大眾媒介溝通各種公共爭議和事件的重要性的過程；研究聚焦於大眾媒介如何影響公眾媒介，或是民意對爭議話題的內容與等級。

顯著性（salience）

「顯著性」在議題設定理論中扮演相當重要的角色。而顯著性是媒體選擇某種政治事實的觀點，將其凸顯於閱聽人，讓閱聽人注意到該議題，並支配閱聽人的世界觀。

政治極化（polarization）

是指群體政治態度在意識形態與情感上偏離中間，而趨向「極端化」的過程。

傳播理論

參考文獻

Asch, S. E. (1956). Studies of independence and conformity: I. A minority of one against a unanimous majority. *Psychological monographs: General and applied, 70*(9), 1-70.

Becker, L. B., McCombs M. E., and McLeod, J. M. (1975). The development of political congnition. In S. H. Chaffee (Ed.), *Political Communication: Issues and Sstrategies for Research* (pp. 21-63.). Newbury Park, CA: Sage.

Bennet, W. L. (1996). *News: The Politics of Illusion* (3rd ed.). White Plains, NY: Longman.

Berelson, B., Lazarsfeld, P. F., and McPhee, W. (1954). *Voting*. Chicago: University of Chicago Press.

Berkowitz, D. (1987). TV news sources and news channels: A study in agenda building. *Journalism Quarterly, 64*, 508-513.

Berkowitz, D., and Adams, D. B. (1990). Information subsidy and agenda-building in local television news. *Journalism Quarterly, 67*, 723-731.

Chaffee, S. H. (1975). *Political Communication: Issues and Strategies for Research.* Newbury Park, CA: Sage.

Chaffee, S. H. (1995). Review of science of coercion: Communication Research And psychological warfare, 1945-1960. *Journal of American History, 82*, 345-346.

Chaffee, S. H., Zhao, X., and Leshner, G. (1994). Political knowledge and the campaign media of 1992. *Communication Research, 21*, 305-324.

Chaffee, S. H., and Frank, S. (1996). How Americans get political information: Print versus broadcast news. *The Annals of the American Academy of Political and Social Science, 546*, 48-58.

Chaffee, S. H., and Mutz, D. C. (1988). Comparing mediated and interpersonal communication data. In R. P. Hawkins, J. M. Wiemann, and S. Pingree (Eds.), *Advancing Communication Science: Merging Mass and Interpersonal Processes* (pp. 19-43). Newbury Park, CA: Sage.

Cohen, B. C. (1963). *The Press and Foreign Policy*. Princeton University Press.

Cooper, M. (1996, September 9). The Morris Meltdown. *Newsweek*, 32-37.

Creel, G. (1920). *How We Advertised America*. New York: Harper & Row.

Dearing, J. W., and Rogers, E. M. (1992). AIDS and the media agenda. In T. Edgar, M. A. Fitzpatrick, and V. S. Freimuth (Eds.), *AIDS: A Communication Perspective* (pp. 173-194). Hillsdale, NJ: Lawrence Erlbaum Associates.

DeFleur, M. L. (1988). Diffusing information. *Society, 25,* 72-81

Delia, J. G. (1987). Communication research: A history. In C. R. Berger and S. H. Chaffee (Eds.), *Handbook of Communication Science* (pp. 20-98). Newbury Park, CA: Sage.

Delli Carpini, M. X., and Keeter, S. (1996). *What Americans Know about Politics and Why It Matters*. New Haven, CT:Yale University Press.

Denton, F., and Thorson, E. (1995). Civic journalism: Does it work? Reporter for Pew Center for Civic Journalism, Washington, DC.

Donsbach, W. (1987). Die Theorie der Schweigespirale. In M. Schenk, *Medienwirkungsforschung*. Tübingen (pp. 324-343). I. C. B. Mohr.

Funkhouser, G. R. (1973). The issue of the sixties: An exploratory study in the dynamics of public opinion. *Public Opinion Quarterly, 37*, 62-75.

Gitlin, T. (1978). Media Sociology: The dominant paradigm. *Theory and Society, 6*, 205-253.

Hovland, C. I., Janis, I., and Kelley, H. H. (1953). *Communication and Persuasion*. New Haven: Yale University Press.

Iyengar, S. (1991). *Is Anyone Responsible?: How Television Frames Political Issues*. Chicago: University of Chicago Press.

Iyengar, S., and Kinder, D. R. (1987). *News That Matters*. Chicago: University of Chicago Press.

Katz, E. (1987). Communication Research since Larzarsfeld. *Public Opinion Quarterly, 51*, 25-45.

Klapper, J. T. (1960). *The Effects of Mass Communication*. New York: The Free Press.

Kinsella, J. (1988). *Covering the Plague: AIDS and the America Media*. New Brunswick, NJ: Rutgers University Press.

Krosnick, J. A., and Brannon, L. A. (1993). The impact of the Gulf War on the ingredients of presidential evaluations: Multidimensional effects of political involvement. *American Political Science Review, 87*, 963-975.

Lang, G. E. (1987). Still seeking answers. *Critical Studies in Mass Communication, 4*, 211-214.

Lippmann, W. (1941). *Public Opinion*. New York: Macmillan.

Lasswell, H. (1927). *Propaganda Technique in the World War*. New York: Knopf.

Lazarsfeld, P. F., Berelson, B., and Gaudet, H. (1944). *The People's Choice: How the Voter Makes Up His Mind in A Presidential Campaign*. New York: Columbia University Press.

Lowery, S. A., and DeFleur, M. L. (1995). *Milestones in Mass Communication Research: Media Effects* (3rd ed). White Plains, NY: Longman.

McCombs, M. E. (1976). Agenda-setting research: A bibliographic essay. *Political Communication Rieview, 1*, 1-7.

McCombs, M. E., and Gillbert, S. (1986). News influence on our pictures of world. In J. Bryant and D. Zillmann (Eds.), *Perspectives on Media Effects* (pp. 1-15). Hillsdale, NJ: Lawrence Erlbaum Associates.

McCombs, M. E., and Shaw, D. L. (1972). The agenda-setting function of mass media. *Public Opinion Quarterly, 36*, 176-185.

McGraw, K. M., and Lodge, M. (1996). Political information processing: A review essay. *Political Communication, 13*, 131-142.

McLeod, J, M. (1993). On evaluating news media performance. *Political Communication, 10*, 16-22.

McLeod, J., M., Guo, Z., Daily, K., Steele, C. A., Huang, H., Horowitz, E., and Chen, H. (1996). The impact of traditional and nontraditional media forms in the 1992 presidential election. *Journalism Mass Communication Quarterly, 73*, 401-416.

McLeod, J., M., Kosicki, G. M., and McLeod, D. M. (1994). The expanding boundaries of political communication effects. In J. Bryant and D. Zillmann

(Eds.), *Media Effects: Advances in Theory and Research* (pp. 123-162). Hillsdale, NJ: Lawrence Erlbaum Associates.

McManus, J. H. (1992). What kind of commodity is news? *Communication Research, 19*, 787-805.

Meyer, J., and Carlin, D. B. (1994). The impact of formats on voter reaction. In D. B. Carlin and M. S. McKinney (Eds.), *The 1992 Presidential Debates in Focus* (pp. 69-83). Westport, CY: Praeger.

Milgram, S (1963) Behavioural study of obedience. *Journal of Abnormal and Social Psychology, 67*, 371-78.

Neuman, W. R., Just, M. R., and Crigler, A. N. (1992). *Common Knowledge: News and The Construction of Political Meaning*. Chicago: University of Chicago Press.

Newman, B. I. (1994). *The Marketing of the President: Political Marketing As Campaign Strategy.* Thousand Oaks, CA: Sage.

Noelle-Neumann, E. (1974). The spiral of silence a theory of public opinion. *Journal of Communication, 24*(2), 43-51.

Noelle-Neumann, E. (1977). Turbulences in the climate of opinion: Methodological applications of the spiral of silence theory. *Public Opinion Quarterly, 43*(2), 143-158.

Noelle-Neumann, E. (1980). Mass media and social change in developed societies. In G. C. Wilhoit and H. de Beck (Eds.), *Mass Communication Review Yearbook* (Vol. 1, pp. 657-678). Beverly Hills, CA: Sage.

Noelle-Neumann, E. (1984). *The Spiral of Silence: Public Opinion-Our Second Skin*. Chicago, IL: University of Chicago Press.

Pan, Z., and Miller, A. H. (1993). Economic, character, and social issues in the 1992 presidential election. *American Behavioral Scientist, 37*, 315-327.

Pan, Z., and Kosicki, G. M. (1996). Assessing news media influences on the formation of whites' racial policy preferences. *Communication Research, 23*, 147-178.

Perloff, R. M. (1993). *The Dynamics of Persuasion*. Hillsdale, NJ: Lawrence Erlbaum Associates.

Perloff, R. M. (1993). Third-person effect research 1983-1992: A review and synthesis. *International Journal of Public Opinion Research, 5*, 167-184.

Perloff, R. M. (1998). *Political Communication: Politics, Press, and Public in America*. NJ: Lawrence Erlbaum Associates.

Protess, D. L., and McCombs, M. E. (Eds.; 1991). *Agenda-setting: Readings on Media, Public Opinion, and Policymaking*. Hillsdale, NJ: Lawrence Erlbaum Associates.

Robinson, J. P., and Levy, M. R. (1996). News media use and the informed public: A 1990s update. *Journal of Communication, 46*(2), 129-135.

Simpson, C. (1993). U. S. mass communication research, counterinsurgency, and scientific "reality". In W. S. Soloman and R. W. McChesney (Ed.), *Ruthless Criticism: New Perspectives in U. S. Communication History* (pp. 313-348). Minneapolis: University of Minnesota Press.

Sproud, J. M. (1987). Propaganda studies in America social science: The rise and fall of the critical paradigm. *Quarterly Journal of Speech, 73*, 60-78.

Sproud, J. M. (1989). Social responses to twentieth-century propaganda. In T. J. Smith (Ed.), *Propaganda: A Pluralistic Perspective* (pp. 5-22). New York: Praeger.

Sproud, J. M. (1996, June 14). Letter to Richard M. Perloff.

Tuchman, B. (1962). *The Guns of August*. New York: Macmillan.

Weaver, D. H., and Drew, D. (1984). Voters learning in the 1992 presidential election: Did the "nontraditional" media and debates matter? *Journalism Quarterly, 72*, 7-17.

Weaver, D. H. (1984). Media agenda-setting and public opinion: Is there a link? In R. N. Bostrom (Ed.). *Communication Yearbook 8*. Thousand Oaks, CA: Sage.

Weaver, D. H. (1991). Political issues and voter need to orientation. In D. L. Protess and M. E. McCombs (Eds.), *Agenda Setting: Reading on Media, Public Opinion, and Policymaking*. Hillsdale, N.J.: Lawrence Erlbaum Associates.

Weaver, D. H. (1996). What voters learn from media? *The Annals of the American Academy of Political and Social Science, 546*, 34-47.

Weaver, D. H., and Wilhoit, G. C. (1991). *The American Journalist: A Portrait of U. S.*

News People and Their Work (2nd ed.). Bloomington: Indiana University Press.

Weaver, D. H., and Wilhoit, G. C. (1992). *The American Journalist in the 1990s.* Arlington, VA: Freedom Forum World Center.

Weaver, D. H., Zhu, J. H., and Willnat, L. (1992). The bridging function of interpersonal communication in agenda-setting. *Journalism Quarterly, 69*, 856-867.

Weaver, D. H., Graber, D. A., McCombs, M. E., and Eyal, C. H. (1984). *Media Agenda-Setting in a Presidential Election: Issues, Images, and Interest*. New York: Praeger.

Weaver, D. H., McCombs, M. E., and Spellman, C. (1984). Watergate and the media: A case study of agenda-setting. *American Politics Quarterly, 3*, 458-472.

Weaver, P. H. (1972). Is television news biased? *The Public Interest, 27*, 57-74.

White, T. H. (1961). *The Making of the President: 1960.* New York: Atheneum.

Whitney, D. C. (1991). Agenda-setting: Power and contingency (commentary on Reese). In J. A., anderson (Ed.), *Communication Yearbook 14* (pp. 347-356). Newbury Park, CA: Sage.

Williams, R. (1977). *Marxism and Literature*. New York: Oxford University Press.

Zaller, J. (1994). The rise and fall of candidate Perot: Unmediated versus mediated politics-Part 1. *Political Communication, 11*, 357-390.

Zernicke, P. H. (1994). *Pitching the Presidency: How Presidents Depict the Office.* Westport, CT: Praeger.

Zucker, H. G. (1978). The variable nature of news media influence. In B. D. Ruben (Ed.), *Communication Yearbook 2* (pp. 225-240). New Brunswick: Transaction Books.

CHAPTER 5

滴水穿石？從媒體長期效果看涵化理論

黃葳威

　　涵化理論關注人們受到媒體潛移默化的長期影響。自1970年代後期至今，已有不少實證研究出現，關注的方向從一直以來的暴力、色情、性別平等、族群刻板印象、公共議題外，也在企業管理、消費心理等領域掀起研究風。新冠疫情起伏期間，涵化理論對於公共衛生健康政策、遊憩政策的文獻亦層出不窮。

　　本章將審視涵化理論的起源與發展，並從訊息產製、意識形態、相關法律省思、訊息管道演進、閱聽人、研究取向等角度，梳理涵化理論實證的演進。

　　涵化理論由出生於匈牙利布達佩斯的傳播學者喬治葛本納（Geroge Gerbner）提出，雖然，這位在二十歲便由歐洲移民美國的學者，已於2005年辭世，其對於媒體長期效果的論述，卻一直影響各國相關媒體涵化研究的發展。

　　涵化理論的本質帶有媒體對閱聽人社會化影響的色彩。其過程包含了各種社會化機制的相互交錯，人們看似成為主體，身處社會並參與其中；從相對角度思想，人們置身媒體多元化的社會情境中，媒體所傳遞的價值、觀念、行為方式，也不時沖積著人們對周遭的認識與想像。

　　傳統社會化研究多只探討文化傳遞的議題，或個體為了生存，社會規範及價值觀如何代代相傳等。越來越多人對此原始觀點提出質疑，因為它忽略了人們發展出自己歷史的可能性，並過度強調個體社會化的觀點。

　　現今在討論社會化時必須納入兩個觀點（Shanahan and Morgan, 1999）：社會觀點與個體觀點。兩者並非互相矛盾，有需多新研究努力嘗試整合兩者觀點以克服彼此間的差異性。社會化被視為一個具複雜關係網絡的過程，其中個體身為行動主體與其他主體進行互動，而導向特定目的的社會化機制並不會是先被預知。

　　社會化是指個人和所處團體對彼此目標和規範整合的嘗試；從整體來看，個人嘗試同化於團體的儀式、程序和期望，同時，個人也嘗試將己身需求形塑於所處團體（Deaux and Wrightsman, 1984: 380）。例如：青少兒由多種管道學習與成長，包括同儕、家長以及傳播媒體。

這些質疑在近期實證研究，也逐漸整合跨社會、管理、心理、法律、健康等領域的理論視角，產生新的火花。

壹、訊息系統分析

1957年，美國賓州大學接受美國「國家心理衛生中心」（The National Institute of Mental Health）的委託，開始對美國三大電視網的電視節目展開長達數十年的訊息系統分析（Message System Analysis），揭開涵化理論研究的序幕。

提出涵化理論的學者葛本納認爲：「媒介的效果不在於會讓我們產生什麼樣的行爲，還有他賦予各種事物的意義。所以要問的是，媒介訊息與系統如何影響大眾的意識。」葛本納的主要目的爲試圖找出電視和社會過程中的直接關係。意即：分析電視造成了什麼樣的「表徵環境」。

研究人員從訊息系統分析長期觀察的數據得知（Pearl, Bouthilet, and Lazar, 1982），1967至1985年間全美電視網播放的戲劇節目，係以每年黃金時段的帶狀週期節目及週末白天爲樣本。研究團隊將暴力界定爲：用一個簡單而直接的方法，公然的表現出身體的力氣（有無兇器），對自己或其他造成疼痛、傷害、死亡、實際傷害或殺害；對於暴力不可靠的推論像是無所事事的威脅、謾罵或手勢，則沒有被編碼或歸類爲暴力行爲。

事實上，任何適合暴力行爲的定義，不論是傳統概念或有關典型的暴力行爲，都有可能嚴重影響編碼。這包括暴力事件發生在現實的、嚴重的、幻想，或該諧的背景下。偶然與自然的暴力行爲都要記錄，因爲他們總是有目的性的虛構、索賠受害者，並顯示權力。戲劇性的肢體動作未必出自偶然或自然的演出，也有相當多的研究證明（Huesmann and Eron, 1986），在一些幽默與幻想的即興表演過程，其中傳達嚴重的教訓意味。

除了定義外，前述訊息系統分析在樣本的組成有2,134個節目；其中1,211個節目在黃金時段播出，923個節目在週末白天播出。樣本分析了

6,206個主要角色,有3,868個角色出現於黃金時段、2,338個角色出現於週六、週日早上。

　　每個節目在17個年度的樣本是獨立編碼的,由兩位受過訓練者監控,以便讓提供的數據可以進行全面的可靠性分析,然後由每個項目計算出信度,所有的變數包括在此分析的信度至少為0.6。

　　後續研究者評論(Signorielli, 1990),編碼員孤立在樣本裡面那些只有細節被提出的特殊集數,有些眾所周知的戲劇節目橋段或角色的細節,並沒有列入編碼,除非在特別提及的集數。當時分析的數據也僅僅代表,圖像觀察分析人員的質性判斷與主觀情境。

貳、文化指標者的觀點

　　葛本納在著作《走向文化指標:大眾媒介公共訊息體系分析》(*Towards "Culture Indicators": The Analysis of Mass Mediated Public Message System,* 1969)中提出其見解,質疑大眾媒介公共訊息體系的短期效果的重要性,而企圖建立探討媒介長期、逐漸增強影響的文化指標。

　　葛本納(Gerbner, 1969)認為傳播媒介瞬息萬變的訊息內容,打破訊息所處環境脈絡的時間、空間、社會團體界限,這些有系統、多樣化的訊息內容帶有集體意識的涵化效果。葛本納並未使用長期效果(long term effects)來形容上述現象,而採用涵化(cultivation)的概念,原因在於他注重分析長期暴露傳播媒介內容所導致理解的傳散效果(diffuse effects on perceptions)。

　　涵化理論強調傳播媒介對閱聽人認知方面的影響。為了探究傳播媒介的長期影響,葛本納等人進行了「文化指標研究計畫」(The Cultural Indicators Project),分析娛樂內容對客觀真實的呈現,並調查傳播媒介的符號呈現方式對閱聽人社會真實認知的影響(Morgan, 1990)。

　　涵化理論的基本假設如下(Gerbner and Gross, 1976; Gerbner, 1969):

1. 媒體內容的本質：大量呈現刻版、重複的形象，反映傳統的價值、行為及信念。
2. 閱聽人的本質：習慣性、未經選擇地收視同質性高的內容，使用媒體類似一種儀式化的行為。
3. 涵化差別（cultivational differentiation）：使用媒體的多寡會影響人們的世界觀；使用媒體越多的人，其觀看世界的角度與媒體內容的呈現愈趨一致。

學者帕特（Potter, 1993）指出，文化指標是葛本納用來分析傳播媒介訊息反映文化現象的概念，文化指標所探討的概念化面向包括：

1. 是什麼（what is）：探討什麼被注意，即訊息內容呈現的密集頻率。
2. 什麼被強調（what is important）：探討什麼是被強調、重視的問題，即指標呈現了什麼重要、相關的脈絡。
3. 什麼傾向（what is right）：探討呈現的詮釋脈絡、傾向。
4. 什麼結構（what is related to what）：分析訊息內息相互的關係，有關結構的問題。

文化指標的操作化部分，則有三種研究方式（Potter, 1993）：

1. 採取內容分析法探討符號眞實。
2. 採用次級資料分析（例如政府公報、統計資料等）呈現社會眞實的一面。
3. 使用社會調查法獲知閱聽人主觀眞實的經驗。

涵化理論提出的文化指標，初始關注社會文化層面，近期有結合聯合國永續發展目標（Sustainable Development Goals），建構休憩產業的永續文化指標檢視與影響。
繼美國波特蘭大學研究提出音樂節慶活動的永續發展目標的實踐

（Settle, 2011），澳洲樂卓博大學（La Trobe University）學者雷珍妮（Jennifer Laing）持續論述主張永續發展應該成為節慶活動的常態（Laing and Frost, 2010; Mair and Laing, 2012）。這些指標包括（筆者譯自Dodds, Novotny and Harper, 2020）：

1. 永續交通系統。
2. 資源回收。
3. 單車停車場。
4. 生物分解／堆肥。
5. 永續願景／使命。
6. 訪客永續教育。
7. 提供自來水。
8. 綠色行銷。
9. 永續政策。
10. 提供教育資訊。
11. 供應在地食材。
12. 提供教育資訊。
13. 員工／會員永續教育訓練。
14. 社區支持。
15. 節能減碳。
16. 產地標示。
17. 供應當地葡萄酒／啤酒。
18. 捐贈／贊助慈善機構。

文獻顯示加拿大節慶在媒體有關永續發展的倡議待加強，缺乏永續發展的行銷和傳播（Dodds, Novotny and Harper, 2020），提供涵化理論實踐的新方向，呈現文化指標的新取徑。

媒體內容隱含的抽象意義與意識形態持續引發探討。美國德州大學傳播學院學者（Shoemaker and Reese, 2014）檢視媒體內容訊息，認為媒體

透過產製一系列常識價值和機制傳遞霸權思維，這些價值和機制產製並合理化從屬階級對支配地位的自我同意（self-consent）。統治者通過意識形態來操作霸權；除了法律、警察和軍隊，家庭、教育、新聞等上層結構，也形成霸權通過意識形態實現和運作的領域（Özer, 2019）。

土耳其傳播學者分析電視內容與調查大學生結果，應證電視的涵化與霸權影響；媒體內容建構重度使用者的社會現實和世界觀（Özer, 2019）。電視經由媒體真實傳遞的社會真實，電視形同霸權的實踐場域。

體育賽事活動的種族印象，對於運動球迷的世界觀建構，其訊息夾帶霸權的種族偏見成為觀察之一。荷蘭傳播學者以焦點座談法研究英語背景下的足球媒體受眾，檢視北英格蘭大學生如何詮釋和（重新）構建電視轉播的足球賽事有關種族／民族的論述？分析結果顯示人們在日常談話中傾向於轉向體育背景下的生物學和「種族」解釋，尤其是黑人運動員；在定義「亞洲足球運動員」時，則會將生物學論點（「亞洲足球運動員天生弱小」）與文化觀點相結合（「亞洲文化比足球更多地投資於其他運動，並且優先考慮宗教」）來解釋亞洲人在（職業）足球運動的代表性不足（Sterkenburg and Walder, 2021）。研究發現年輕足球媒體觀眾談及足球話題出現了複雜的空間，雖然較多受訪者拒絕霸權與黑人足球運動員有關的自然身體體能論述，受訪者經常利用基於種族（遺傳、生物）因素的話語，接受或拒絕天生的運動能力和遺傳運動優勢的想法。

美國「我也是」（#MeToo）運動衝擊職場性騷擾議題，美國密蘇里大學法學院學者質疑電視喜劇對於性騷擾事件法庭的呈現。從是否在辦公室與清潔人員發生親密行為？包括電視劇《新梅森探案》（*Perry Mason*）的佩里‧梅森（Perry Mason）效應、CSI犯罪現場（Crime Scene Investigation）效應，法律學者結合涵化理論探討戲劇對於性騷擾或性侵害過程的描繪，以及相關陪審團與法官的刻劃，往往不符合社會真實。這些偏頗的再現誤導受害者對於司法缺乏信心，也不願意挺身而出爭取權益，因為擔心被陪審團或法官羞辱（Pratt, 2022）。文獻結合法學角度與涵化理論視角，剖析相關劇情未揭示美國1964年民權法案（**Title VII of the Civil**

Rights Act of 1964）第七章：禁止基於種族、膚色、宗教、性別和國籍的就業歧視。

　　奧地利維也納醫學院研究人員關注美國犯罪劇集持續呈現的死刑現場，經由大規模抽樣獲得1,002份有效樣本調查分析，奧地利受訪者長期觀看美劇對於死刑的執行，雖然不熟悉死刑樣態，重度使用的觀眾竟然以為奧地利也有死刑（Till, Arendt and Niederkrotenthaler, 2021）。美劇對於不同國家觀眾的涵化效果，引發跨國學者關注內容訊息產製的建構。

　　美國印第安納州立大學採取小樣本調查大學生參訪獄政矯正單位，經由前後測顯示實地參訪獄政機構後，接受調查的學生對於監獄的矯正或勒戒單位作為有所改觀。這項針對大學生參訪獄政機構的小樣本調查（Stacer1, Moll1, and Solinas-Saunders, 2022），完成實地訪視後，大學生書寫反思文章指出媒體是獲得矯正資訊的主要來源。雖然參訪前後有部分現象相近，前述小樣本調查對於媒體的界定，排除網路媒體，大多數學生表示在巡迴參訪觀察到的內容與他們期望看到的內容有所差異。

　　北歐瑞典急診醫學研究媒體涵化的社會真實建構，一般閱聽人對於罪犯的認知，的確來自媒體罪犯內容的建構，即對罪犯的誤解。這項研究經由網路問卷調查十八歲以上受訪者，未明確顯示其中涵化效果，但發現涵化與網路上犯罪相關使用有關。研究者提醒（Greiwe and Khoshnood, 2022），即使些微影響也存在相關效應。

　　過往葛本納提出的文化指標，已經進一步探究深層的意識形態、法律與法案，並跨法學、醫學、管理、教育等領域，展現新的影響層面及探索視野。從文化指標的蛻變，直接反映於涵化理論的應證論述。

參、媒體內容影響

　　媒體內容對於閱聽人感知社會真實的影響，一直備受討論。從兒童、青少年、大學生、一般大眾、國際人士等，經由媒體建構的媒介真實與閱

聽人所處環境的社會真實，其中存在明顯差異。早期關注媒體特定內容、乃至不同媒體訊息對於閱聽人的影響等，都是涵化理論實證的場域。

　　自從電視的來臨，人們大多擔憂其傳達暴力的數量。在50年代，三分之二至四分之三的電視播放出現暴力，黃金時段的每一小時出現六到十次，在兒童卡通約出現三至四次。後續文獻探討發現（Clark and Blankenburg, 1972），將近三分之一在1930到1969之間播放電影的抽樣帶有暴力內容，且半數的電影有在電視上播出；他們也發現在有線電視新聞也充斥暴力內容，約占所有的新聞16%，這些含暴力內容的新聞，比非暴力新聞還長，且與犯罪統計數字無關。

　　電視暴力節目分析有關暴力的主題結構、特性描述、行為及後果，戲劇化的電視世界在過去的二十年最顯著的是內容表現。兒童節目大部分是卡通（90%）大部分滲透非致命的暴力。這種典型的暴力伴隨這兒童節目在精華時間的比率多於三次；十九年每小時平均累計有二十一種暴力。大部分的節目（73%）暴力占最少的是喜劇或幽默類的節目。

　　涵化理論提出後相關研究偏重電視觀眾對暴力的感知與犯罪的恐懼感影響，也審視與犯罪、司法相關的警力效能，或成為警察的意願等主題（Pollock, 2022）。

　　瑞典急診醫學研究者以橫斷面研究網路調查方式（Greiwel and Khoshnood, 2022），調查年滿18歲民眾觀看與虛構犯罪的電視節目，結果發現即便是成年人，大量沉浸於虛構犯罪議題的節目內容，與其對於社會的犯罪感知偏誤呈現些微相關。研究人員提醒後續可以針對非虛構的媒體訊息進行涵化理論的應證，且觀察於其他型態的傳播媒體是否有涵化的長期影響。

　　奧地利公共衛生中心與醫學院招募1,002位奧地利居民，分析每週收看電視時間、收視美國犯罪劇集的數量及對奧地利在地死刑的認知。結果發現（Benedikt Till, Arendt, and Niederkrotenthaler, 2021），受訪居民觀看的美國犯罪節目越多，他們誤認奧地利有執行死刑的比例便增高；研究者進一步控制居民的性別、年齡和教育程度，觀看美劇犯罪節目與誤信奧地

利執行死刑亦相關。

美國中西部大學探討媒體形塑大學生對獄政矯正教育系統知覺的涵化效果，結合短期體驗學習（Experiential Learning）方式，如參訪監獄作為學生反思催化劑的潛力。研究者分析大學生在監獄參訪前後的調查數據和反思文章，顯示同學從媒體獲知的矯正系統有刻板印象。

研究者將知覺來源分為：學校、媒體、朋友／家人、執法人員、網路、個人經驗、及現任和前任囚犯，結果得知大學生對矯正教育的看法主要來自媒體。根據前後測分析，一些學生留意到媒體描述與實地參觀的監獄之間有相似之處，但仍存有許多差距（Stacer1, Moll1, and Solinas-Saunders, 2022）。儘管媒體被界定為網路以外的傳播媒體，有待討論；這項跨領域論述將涵化理論推衍出新的探索方向。

檢視暴力元素應用於電視節目編排可應證（Haney and Manzolati, 1981）：誰可以逃離對照於誰，和誰必須建議誰；暴力衝突的風險取決於：每個群體的關係是以受害者結束，而不是勝利者。這意味著暴力內容一貫充斥對立、受害人及負面後果。

這項研究呈現黃金時段的電視節目，每十位男性會使用暴力，導致有十一位受害者。但是，每十位女性暴力犯罪者，會有十六個受害者。少數族群和外國女性更容易成為受害者。每十個犯罪者，他們分別傷害了至少二十一位受害者。只有一位銀髮族受害者不是女性，女性儼然成為這個唯一的受害族群，承擔較多的暴力。相對於過往的已婚婦女受害者，有十個暴力犯罪者會有十一個受害者。「壞」男人和「壞」女人暴力犯罪者跟受害者的比例差不多。整體而言，男性角色群體暴力犯罪者跟受害者的比例差不多。

文獻指出，電視蓄意地擴散暴力象徵在美國的家庭和美國人至少二十年，這種趨勢在歷史上前未有。電視暴力的重大影響是它在世界上扮演的角色在和生活在觀眾之中。

從個案或心理研究取向來看，許多研究發現暴力在電視上持續暴露，包括許多在敵對行為的研究，其有很長的時間與很多許多貢獻在媒介暴力

的研究上，在暴露的社會與情境因素的研究，例如針對兒童與暴力訊息的調查證實（Thomas and Drabman, 1978），常暴露於暴力的兒童在面對更多兒童的暴力行為時，相對地更不會尋求成年人幫助。

研究人員在三個加拿大的社群持續觀察兒童的行為（Urwin and Hood-Williams, 1989），媒體內容在自由播放的情境，兒童遭受老師和同儕的攻擊情節的比例；一個是持續觀看電視，另一個是在有限的機會才能看電視，第三個是才剛開始接觸到電視。這些研究者發現，連續觀看電視兩年後的兒童，身體和口語上會變得比較具有攻擊性。

單向式服務為主的媒體，特別是電視媒體，長期成為各國應證媒體是否形成涵化作用的論述，遊戲互動媒體的出現，牽引涵化理論實證研究的另一場域。

根據青少年使用電視遊樂器的研究（Dominick, 1984），電視黃金時段的節目有三分之二帶有暴力色彩，其可以被分類為刺殺、武裝搶劫或謀殺；媒介真實與真實生活有別，電視暴力發生在於陌生人比發生於受害者認識的熟人還要頻繁。在〈電視犯罪學〉一文指出（Haney and Manzolati, 1981），電視犯罪與暴力強調貪婪與個人特質，但鮮少傳達重要的社會情境。

有關青少年使用電視遊樂器的追蹤顯示（Dominick, 1984），其中呈現暴力從法律執行的觀點，強調個人暴力忽視社會層面，不會呈現法律過程的描述，且不會提供關於犯罪、罪犯、和真實暴力精確的資訊。分析在1950至1976播出關於法律執行與其他暴力主題的電視影集（Haney and Manzolati, 1981），發現其暴力是有系統地在一個架構中呈現，暗示人們有毫無爭議的道德與合法的權利去使用暴力，包括致命的暴力去保護現狀。

親密關係暴力在特定種族性別互動的影響，近年也引發重視。有鑑於統計歧視的偏誤，量化調查呈現未婚和無伴侶狀態對女性的性社會化有明顯影響，但相關文獻付之闕如。學者從生態系統理論（ecological systems theory）進一步調查506名未婚黑人女性的單身經歷（約會、母性

和親密關係）與伴侶暴力（intimate partner violence）知覺關聯。調查顯示（Moorman, 2022），電影有浪漫喜劇和戲劇，故事線常常刻劃女子相遇、相愛、最終結婚，形塑親密關係開始的建構；雜誌中報導女性對於親密關係暴力的容忍，描述受訪者對於親密關係母性表現的偏誤。除電視媒體外，電影和雜誌再現的刻板印象不容忽視。

美國麻塞諸塞州立大學分析抽樣自美國各地246名18歲至25歲成人影音遊戲的玩家，依據玩家最喜歡的遊戲中的暴力程度預測玩家對於男子氣概的角色規範指數，發現偏好長時間使用暴力遊戲的男性和女性玩家，都傾向認同男性氣質的觀點，如侵略、支配、頑強和壓抑情緒，而不是男性氣概中對性少數群體的負面情緒、自力更生、迴避女性氣質，或對性的重要性等（Blackburn and Scharre, 2019）。這項以青年遊戲玩家爲主的調查，遊戲中的涉及性別暴力的故事敘事對正步入成年的年輕世代，影響其對於男子氣概的形塑，形同遊戲的涵化作用。

媒體使用時間被視爲涵化理論的重要影響因素，媒體使用者經驗也引發關注。

巴基斯坦資訊科技研究團隊結合使用與滿足理論與涵化理論，檢視影音遊戲參與度對遊戲成癮的影響。除了使用時間外，進一步從投入、專注、有意識的關注、社會連結、熱情和互動等列入使用分析層面。經由兩階段調查分析176位年齡在15歲至25歲的影音遊戲使用者，除使用的熱情層面未能預測影音遊戲沉迷，其餘如使用者投入程度愈高、使用過程愈專注、使用時有意識的關注、社會連結需求愈高、互動程度愈強，則其遊戲沉迷程度愈高（Abbasi1, Rehman, Afaq, Rafeh, Hlavacs and Mamun, 2022）。這項研究整合心理需求與涵化理論，釐清媒體使用及參與程度的觀點，梳理互動媒體參與的測量方式。

肆、涵化分析

　　探索1976年葛本納有關「暴力主題」展開的涵化分析（cultivation analysis），他以探討「暴力節目暴露（即節目使用量）」與閱聽人認知、態度或信念的關係為主，測量工具主要為自己設計的暴力指標（violence index）。至1978年，探取抽樣分析了1,437個電視節目，4,106個主要角色，104,297個次要角色（Genbner and Gross, 1978）。結果發現看電視越多者，越具有「鄙視世界信念」（mean-world beliefs）。例如重度收視者會高估暴力事件在真實世界中的發生機率，以及高估自己成為暴力受害者的可能；並降低對他人信任等趨向產生。

　　其次，這項長期觀察發現：「媒體世界」中出現的暴力世界與暴力受害者的機率要高於「真實世界」許多（Gerbner & Gross, 1976, 1978）。

　　整體來看，涵化理論的提出具有三個重要意義：

1.設計出「暴力指標」，使媒體暴力內容自此可被測量。
2.當其他研究仍以實驗法來求證暴力內容對閱聽人行為上的短期影響時，涵化理論卻另闢新徑，以問卷調查的方式研究暴力內容對閱聽人認知、態度與信念上的長期效果。
3.涵化理論是讓當時的媒介效果研究重回效果論的關鍵之一。

　　綜合涵化研究的研究結果，葛本納認為收看充滿暴戾的電視節目會影響閱聽人對真實世界的認知、態度與信念，且看的越多，受影響的程度越大——即便真實世界並非如此亦如是；此即為「涵化理論」的初始要旨。

　　伯斯（Perse, 1986）將涵化理論歸納為三個要點：

1.大眾媒介內容構成了一個訊息體系，其功能是製造全面性的意識形態。
2.訊息體系的功能是潛在的，例如電視劇不斷灌輸觀眾一些有關社會

上的角色、活動等知識，觀眾自然在心中形成一套價值系統。
3. 媒介意識形態效果隱而不彰，也許表面效果不顯著，但實際上已成功地涵化了某種意識形態。

涵化理論的主張可用**圖5-1**來表示，其中呈現出初始涵化理論的兩種特質：其一為涵化過程是「單向且線性的」；其二為「媒體暴露」是產生涵化效果的重要因素（Gerbner and Gross, 1976）。

（媒體暴露量）

圖5-1　涵化理論的基本概念示意圖

資料來源：Genbner and Gross (1976).

假設根據以往的研究調查（Genbner and Gross, 1978），具體說明觀看電視者與表達出的觀點兩者間的關係，反映出卑鄙世界（人與人之間的不信任）、疏遠以及陰暗。過往文獻主張，發生在主流之間的特定社群，其中重度媒體使用者較輕度媒體使用者，更能呼應上述觀點。

伍、主流效果

1980年代之後，涵化理論備受批評，葛伯納重新檢視涵化理論（Gerbner et al., 1980）加入兩個新概念：「主流效果」（mainstreaming effects）與「回響效果」（resonance effects）。

不論閱聽人的社會心理特質、文化環境為何，重度使用電視者（heavy viewers）比輕度使用電視者（light viewers）的涵化程度大，這是主流效果的主要意涵。經由此一過程，使得原本多元化的價值觀，傾向於意見的主流，同質化、吸納化與整合化各種不同的聲音。電視媒體就如同20世紀中民眾共享的民族大熔爐（melting pot），使我們能在其中分享最

普遍的意識形態（Signorielli & Morgan, 1990）。而且，當媒體內容和閱聽人的真實經驗接近，媒體的涵化效果便愈顯著，便是「回響效果」。

我們的文化由很多不同的趨勢構成，有些弱勢、有些強勢。有些流動是普遍的趨勢，有些則是持反對的意見。人們是受到文化的行為、價值和常規所支配，某些方面是在當前的核心部分，有些方面受到周遭環境渲染、麻醉。這些主導的趨勢最顯著反映在思維主張的分享與傳遞。過往來自電視，近年伴隨著網際網路、社群媒體。

沒有網際網路的時代，電視可超越歷史的知識障礙和流動性，形成生活起居的首要方式，每天作息與文化接觸的來源。電視提供菁英和公眾間一個強大的文化聯結。電視提供一個高度的強迫性力量，填鴨分享每天的例行公事和資訊內容，給不同宗教、種族、社會階級人士。

這個驅動的主流力量，可以設定大眾的觀點和價值，閱聽人在重度使用過程中，受制或麻醉於電視的主張。主流代表重度觀看者可能吸收或忽視不同的看法和行為。換句話說，差異是基於不同收視族群的回應，他們通常是各式文化的組合，有政治獨特性，在相似的族群中重度觀看者的觀點容易趨向一致、削弱或缺少反思。

主流效果代表媒體涵化觀點的理論細節與經驗確認，主流效果也代表著一致性、不同觀點的吸收和分散的觀賞者之聚合。早先和傳統的差異逐漸模糊，如同連續的世代和團體進入電視的世界以適應文化。透過主流效果的過程，電視成為真實的20世紀美國大熔爐。

總涵化理論在不同階段，可以瞭解和解釋傳播媒體成為區辨閱聽人年紀的特徵。涵化理論對於電視媒體效果研究比起其他傳統媒體要更具應用性。涵化分析關注在長期觀賞電視的共同結果：穩定的涵化、堅持且廣泛分享假設、想像和概念反映特徵機制、以及對於媒介本身和整體社會的興趣。電視已成為共同的符號環境，影響著閱聽人的想法與行動。因此瞭解電視的作用，能夠幫助活在電視時代的閱聽人發展自制的獨立能力。

網際網路興起，網路資訊有其豐富性，近年伴隨大數據的推波助瀾，網路或社群媒體使用者的訊息漸出現同溫層彼此循環的宰化現象，其可能

形成的涵化效果，相較過往單向媒體時代，不容小覷。

訊息系統分析的研究強調媒介的長期效果，意即在潛移默化之中建構社會現實的過程（Genbner & Gross, 1976）。葛本納提出的「主流效果」（mainstreaming）為涵化理論下了一個最好的註解：「無論何種族群，只要是重度收視者，就會受到媒體暴力相當程度的影響，產生與媒體近似的認知與信念，匯入主流文化中。」（Gerbner, Gross, Morgan and Signorielli, 1982）。

所謂「主流效果」是指：「對於某特定議題而言，本來應有極為多元化的價值觀，但因為接觸了一定質量的媒介資訊，而變得與媒體中所呈現的『意見主流』雷同。這種現象從一些媒體節目內容一窩蜂的重複模仿可以得到應證。甚至一些八卦雜誌或談話性節目的主題選擇，如果在平面媒體先刊出，隨之出現在電視、網路、報紙媒體，特定話題一旦炒熱，往往使閱聽人誤以為這些便是主流的聲音與意見。葛本納也發現，對特定議題看電視少的人，意見較看電視多的人分歧。

涵化分析是另一項取徑係調查電視暴力內容的影響（Gerbner, Gross, Jackson-Beech, Jsffries-Fox and Sognorielli, 1978; Gerbner, Gross, Morgan and Signorielli, 1980, 1982），廣泛探尋具侵略性或暴力性的效果範圍，進一步去探究生活中複雜暴力的影像，是深深的和無可避免的埋藏在媒介之中。這類似觀點也被文化指標研究的調查者所支持（Hawkins and Pingree, 1982）。

依據研究人員長期追蹤的報告（Doob and Macdonald, 1977, 1979），媒體大量的暴力訊息提高大眾犯罪和暴力比例，雖然並非適用所有群體。學者剖析黃金時段節目涉及的法律內容的確影響閱聽人對於司法制度的態度（Carlson, 1985），這些為了博取收視率的情節，不斷揭露犯罪，且一昧上演警察的殘酷和市民以抵抗換取自由，確實引發主流效應。

80年代以降，有關涵化理論的實證研究紛紛發現（Bryant, Corveth, and Brown, 1981; Zillmann and Waskshlag, 1985），電視閱聽人與感到焦慮和害怕受害有所關聯。其中英國的實證研究沒有發現相似的型態（Wober,

1978）。比較收視時間有別的閱聽人發現（Gunter and Wober, 1983），重度收視者較輕度收視者，易抱持高度風險性感知，高度風險像是：閃電、洪流、恐怖攻擊。

研究人員提出影響涵化主流效果的四種模式（Shanahan and Morgan, 1999）：

1.干擾變項模式：探索使用媒體後，受到中介變像干擾，導致不同的影響。如：使用媒體同樣的時間，受到使用內容的不同或個人偏好的差異，產生不一致的影響。

圖5-2　甘擾變項模式

資料來源：Shanahan and Morgan (1999: 138).

2.前導變項模式：探索不同背景的閱聽人，在使用媒體後，形成不同的影響。如：不同學經歷的閱聽人，在接觸媒體同樣的時間，會因個人背景的差異，產生不一致的影響。

圖5-3　前導變項模式

資料來源：Shanahan and Morgan (1999: 139).

3.第三者變項模式：探討使用媒體後，導致不同的影響，看似受到第三變項的主導。如：使用媒體同樣的時間，所形成的影響，似乎受到另一虛偽變項的主導。

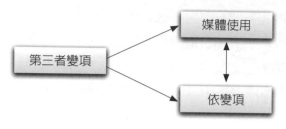

圖5-4　虛偽模式

資料來源：Shanahan and Morgan (1999: 139).

4.互動變項模式：分析各式背景的人，使用媒體後，導致不同的影響。如：閱聽人的影響，會因爲使用媒體或個人背景的相互作用，造成不一致的影響。

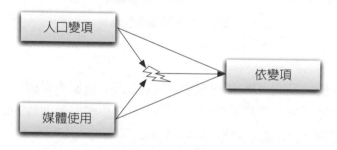

圖5-5　互動模式

資料來源：Shanahan and Morgan (1999: 140).

　　新冠疫情蔓延期間，中美兩國管理學者兼用涵化理論和保護動機理論視角，檢視政府部門運用社群平台宣導網路詐騙犯罪的涵化效果，研究團隊參酌文獻建構政府社群平台的資訊安全行爲（information security behavior）量表，包括感知嚴重性、感知受傷害、自我效能感、反應效能等四層面的感知，是否影響COVID-19詐騙的資訊安全行爲（information security behavior）（筆者譯自Tang, Miller, Zhou and Warkentin, 2021）：

1.感知嚴重性：

　(1)我認爲COVID-19詐騙是一個嚴重的問題。

(2)我認爲COVID-19詐騙正形成嚴重衝擊。

(3)如果落入COVID-19詐騙，後果會很嚴重。

(4)如果落入COVID-19詐騙，財產將損失慘重。

(5)如果落入COVID-19詐騙，我會很沮喪。

2.感知受傷害：

　(1)如果不注意，我很容易落入COVID-19詐騙。

　(2)如果不注意，我可能會成爲COVID-19詐騙的受害者。

　(3)如果不注意，我被COVID-19詐騙的可能性很高。

3.自我效能感：

　(1)採取必要的安全措施應對COVID-19詐騙，對我來說很容易。

　(2)我願意採取必要的安全措施來應對COVID-19詐騙。

　(3)我可以毫不費力地採取必要的安全措施來應對COVID-19詐騙。

4.反應效能：

　(1)針對COVID-19詐騙的安全措施是重要的保護方式。

　(2)針對COVID-19詐騙的安全措施可達到保護作用。

　(3)針對COVID-19詐騙的安全措施可有效保護。

　(4)如果遵守安全措施，我被COVID-19詐騙的機率就會降低。

針對COVID-19詐騙的資訊安全行爲：

1.針對來路不明的COVID-19相關網路連結之前，我在點擊前會三思而後行。

2.針對來路不明有關COVID-19的線上捐款，我會三思而後行。

3.針對來路不明的醫療用品網站，我在購買前會三思而後行。

　　研究團隊以網路平台參與思維，以李克特尺度量表測量受測者的政府社群平台參與，題項計有（筆者譯自Tang, Miller, Zhou and Warkentin, 2021）：

1.我總是看政府社群平台發布的文章。

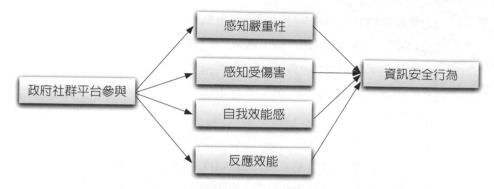

圖5-6　參與政府社群平台有關網路詐騙資訊的涵化模式

資料來源：Tang, Miller, Zhou and Warkentin (2021).

2.我一直分享專貼政府社群平台發表的文章。

3.我總是把政府社群平台發布的文章推薦給我的朋友。

　　這項針對來自中國30個城市240位微信用戶調查分析，公部門以社群平台宣導資訊安全行為，顯著對用戶的知覺與行為產生影響（Tang, Miller, Zhou and Warkentin, 2021）。研究情境適逢重大感染疾病、用戶身處其特有社會文化氛圍，且聚焦特定社群平台等，這些在不同社會文化時空，是否也有類似影響？值得持續應證。不可否認，這項研究將涵化理論運用於政府部門公共政策宣導以及網路媒體，開啟另一境界。

　　新冠疫情間的居家意願，也引起中國、科羅埃西雅、烏茲別克、盧森堡等跨國研究團隊關注。研究團隊結合延伸平行過程模型（Extended Parallel Process Model）與涵化理論，透過網路調查美國306位年滿21歲的美國社交媒體網路用戶。研究結果發現，延伸平行過程模型中的自我效能、感知威脅因素對「待在家裡」的意圖產生積極影響。接觸社交媒體有關疫情威脅和防疫行為，未必影響人們採取居家的預防措施；甚至過於豐富的社交媒體訊息和意見，可能降低人們的感知威脅，或傾向不接受預防措施（Tsoy, Godinic, Tong, Obrenovic, Khudaykulov and Kurpayanidi, 2022）。

　　這個橫跨歐亞的研究團隊提出不同文化情境的社交媒體使用經驗及涵化效果。社交媒體參與的操作化定義進一步建構為（筆者譯自Tsoy, Godinic, Tong, Obrenovic, Khudaykulov and Kurpayanidi, 2022）：

1.我在Facebook、Twitter、Instagram 等社交媒體看到許多關於COVID-19的圖片被分享轉載。

2.許多人經常在我使用的網路社交媒體如Facebook時間線、Twitter提要等發布更新有關COVID-19訊息。

3.我在所使用的社交媒體看到許多與COVID-19健康訊息相關發文，發文常被人們分享轉載。

4.我看到很多人對其他人COVID-19的狀態更新發表評論。

5.許多人在我所使用的網路社交媒體分享他們的Facebook時間軸、Twitter提要等COVID-19訊息連結。

　　以上文獻爬梳社交媒體的內容形式、用戶使用型態、發布更新時態、網友分享轉載等，建構社交媒體參與的分析層面。

 # 陸、閱聽人學到什麼

　　葛本納特別關心電視節目中的暴力訊息及其影響。涵化研究的重要發現如：電視是60年代以來最具影響力的傳播媒介，其內容往往形成反映社會真實的重要來源，長期接受扭曲的訊息內容，使得閱聽人對現實生活的人產生不信任並對犯罪恐懼（Gerbner and Gross, 1976; Gerbner, Gross, Jackson-Beeck, Jeffries-Fox, and Signorielli, 1978; Gerbner, Gross, Signorielli, Morgan And Jackson-Beeck, 1979）；由於電視節目內容大量呈現暴力訊息與刻版印象，與真實生活有距離，長期暴露於上述訊息的閱聽人，久而久之受其影響或扭曲，而易對生活不滿（Morgan, 1982），視銀髮族為沒有生產力的低效率族群（Gerbner, Gross, Morgan, and Signorielli, 1980），對

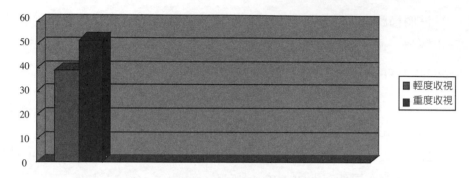

圖5-7　重度、輕度電視使用者對於暴力情境的感知反映

資料來源：Gerbner and Gross (1976); Shanahan and Morgan (1999: 27).

性別議題抱持片面的刻版印象（Shaffer, 2000）。

　　女人、年輕人與少數民族是最易受電視影響的一群人，研究也指出（Preston, 1990），電視的符號欺騙與真實世界的涵化有高度相關，即使這些內容根本時相互矛盾；高度觀賞者比低度觀賞者對世界表達較多的不安與不信任；重度觀賞者活在卑鄙的與悲觀的循環中，且不斷的自我增強。

　　交叉分析顯示（Preston, 1990），重度觀賞者（每天收看電視四小時或超過）比輕度觀賞者（每天收看電視兩小時或以下）顯現較高程度的人際關係的不信任，這凸顯主流效果的觀賞暗示。例如，比較1980年、1983年與1986年全國民意研究中心的調查數據，未受過大學教育的重度與輕度觀賞者皆同意卑鄙世界指標的項目；53%的重度與輕度觀賞者同意這些指標中的二或三個項目，然而有接受過大學教育的電視觀賞者有著相當不同的差異。

　　長期觀察也揭示（Preston, 1990），非白人似乎較會表現出人際間的不信任感；一旦他們是重度收視者時，白人少數較會認同在險惡指數的類型。低收入回答的人對於險惡世界指數大部分都較容易得到較高的分數，除此之外，輕度收視和重度收視的低收入者一致性呈現人際間的不信任，在高度及中度收入回應者，然而，重度收視者會比輕度收視者較多在人際

間表現出不信任。因此，被影響的重度收視者會向較低收入者分享有關險
惡世界的觀點。

媒介效果理論早期多應用於電視黃金時段節目內容對人們的影響，近
期則開始應證於不同的傳播媒介，像是平面媒體（Philips, 1983）、流行
音樂（Greenberg and Brand, 1993）、音樂電視（Aufderheide, 1986；Sun
and Lull, 1986）、電影（Greenberg and Buerkel-Rothfuss, 1993）、暴力和
非暴力的色情內容（Malamuth and Briere, 1986；Zillmann and Bryant, 1982,
1988；Bryant and Zillmann, 2002；錢玉芬、黃葳威，2000）、網路一夜情
現象（李孟崇，2002）、網路性別訊息使用（黃葳威，2008）、社交媒體
等。

葛本納曾在《涵化分析》一書提出後續可以努力的方向（Signorielli
and Morgan, 1990）：

1.電視是一種獨特的媒介，需要特別的方式去研究。
2.電視訊息建構了一個一致性的系統，也就是我們的文化主流。
3.這些訊息系統與內容提供了涵化研究的線索
4.涵化分析長此以往的專注於電視產生的內容，尤其是針對大型且不
　同源的社會群組的想法與行動。
5.新科技是電視訊息聯繫的延伸而非轉向。
6.涵化分析專注於普遍性且穩定有同樣性質的結果。

儘管涵化理論的概念化過程曾遭到有關其內在效度與外在效度的批評
（Potter, 1993），仍有陸續的研究不斷修正涵化理論的概念化過程，包括
由心理過程的內在效度（Shrum, 1996），以及應用於多種媒體實證的外在
效度研究（Buerkel-Rothfuss and Strouse, 1993）。

研究者將涵化理論應用於電視和新媒體，探討有線電視、遙控器與錄
放影機使用，使用與否會分散電視的涵化效果，結果發現僅有錄放影機的
使用對觀眾的暴力恐懼或不信任感有所影響（Perse, Ferguson, and McLeod,
1994）。這表示不只是電視，只要是普及迅速的流行媒體，都可能對閱聽

人觀看世界人事物的觀點有所影響。

　　從上述主流效果的角度觀察當今數位網路世代的媒體情境，青少兒閱聽者在接受到一定質量的網路兩性相處資訊後，是否不自覺同化了網路媒介中所呈現的意見主流，這即是涵化理論的闡述。

　　由於媒介具有「內容介於虛構與真實之間」的特性，容易被閱聽人所接受（Genbner and Gross, 1976），且具有模糊符號與真實的能力，使得閱聽人相信從傳播媒體裡看到的一切也會發生在實際的生活中。

　　媒介傳遞了某些經驗，使閱聽者依據其所描述的社會現實來認知並闡釋真實生活（許智惠，2003）。所以傳播學者皆肯定媒介建構社會現實的功能，也直接證明了涵化理論中「資訊接觸量」與「對真實世界和媒介描繪世界的一致性認知」此主題作延伸，呈現涵化理論中更具體的議題——「資訊認知真實」。

　　帕特（黃葳威，2012；Potter, 1986）認為當閱聽者越相信媒體資訊所言為真，資訊極愈可能影響閱聽人的認知、態度或信念：

　　第一為魔窗（magic window）：即閱聽人相信所看到的資訊就是真實世界的反映。

　　第二為教導（instruction）：即閱聽人相信所看到的資訊是一個學習的管道。

　　第三為認同（identity）：即閱聽人認為資訊中的角色和情節可與自身經驗相結合。

　　帕特在研究中發現，當控制住「魔窗認知」與「使用情境」兩變項時，與媒體暴露相關的涵化效果就消失了。再單以「魔窗」程度高低來看，則只有在「高魔窗」的收視者身上發現資訊的影響效果（即資訊使用情形與個體態度間的因果），此外，更發現「魔窗認知」比「使用情境」更能預測閱聽人態度的指標（Potter, 1986）。

　　參酌涵化理論中對暴力所做的實驗與帕特的「資訊認知真實」的觀點，「接觸量」會造成閱聽者對真實世界的「一廂情願」——即近似於媒介中所呈現之主流的描繪，當閱聽者越相信資訊內容所言為真，該資訊就

越有可能影響閱聽人的認知、態度或信念。

如果孩童視「傳播媒體」爲魔窗，孩童會把媒體人物提供的資訊來解決日常生活問題，他們甚至用媒體呈現的日常傳播類型，來架構自己眞實生活的日常傳播。但當兒童成長，認知能力成熟，他們會反省媒介眞實與生活眞實有何差別（Hawkins, 1977；引自李淑汝，2001）。

文獻探討線上媒體可信程度發現（Johnson and Kaye, 1998），閱聽人對該媒體的相信程度與依賴程度和使用量有關。此外，對媒體內容的判斷情形與個體使用媒體的多寡有很大的相關，而與個體年齡發展較無關係（Doubleday, 1990），該研究並顯示看較多暴力動作內容者比較相信媒體所說爲眞實的。

研究顯示（Van Evra, 1990），青少年看較多警匪片也較相信電視上警察的描述。有關青少兒漫畫的研究指出（魏延華，1999），「每週使用漫畫時數」與資訊認知眞實中的「認同認知」因素有顯著相關。

然而，帕特（Potter, 1993）認爲，雖大部分的涵化分析研究都發現資訊暴露與涵化效果相關，但相關係數往往僅在.08至.12間，且控制其他變項後還有可能更小。一些早期的學者曾爲此質疑涵化效果的存在（Doob and Macdoanld, 1979；Wober, 1978），研究團隊（Gerbner, Gross, Morgan, and Signorielli, 1986）的回應是，雖然相關係數偏低但是涵化效果的發現始終是普遍而穩定的，因此它的力量不容忽視。如同「氣溫輕微的變化造就了冰河時期」，因此媒體暴露與涵化效果的相關係數雖小，卻十分有力量。

1990年代起，涵化理論也被應用於性別角色（Rossler and Brosius, 2001）及政治資訊娛樂化的現象（王泰俐，2004；Davis and Mares, 1998；Young, 2004）。同時在研究方法上也調整以往以內容分析和長期調查法爲主的方式，改採實驗法進一步分析媒體內容與閱聽人意見形成的因果關係。其關注的涵化效果有兩層次（Hawkins and Pingree, 1990）：

1.第一層次的涵化效果（first-order belief）：媒體如何影響閱聽人對特定議題的認知；如對於政論性節目的偏激化、對立化的主題表

現，以為這些對立、衝突是常態。

2.第二層次的涵化效果（second-order belief）：前一層次的認知如何影響周圍的人對於概括觀念的影響。個體對於社會公共議題的認知，進而影響到他人，產生迴響。

學者研究德國談話性節目是否影響觀眾對雙性戀、同性戀及刺青的態度，結果發現收看談話性節目的青少年將會高估社會中同性戀、雙性戀、或身上有刺青的人口比例，且以為社會大眾對前述族群採取較寬鬆的看法，甚至收看談話性節目的青少年，也對這些族群抱持較寬容的態度（Rossler and Brosius, 2001）。這應證談話性節目內容會對青少年形成涵化效果。

反諷政治人物的談話性節目內容，也被證實對青少年產生影響。像是讓閱聽人將奇特的社會行為視為正常，且有前述觀感的青少年易對他人的不幸遭遇感到麻痺，或將複雜的社會問題簡化（Davis & Mares, 1998）。或將偏差的現象視為正常，混淆了「真實」政治與「模仿」政治（王泰俐，2004）。或因常觀看反諷政治人物的談話性節目，而對政治人物產生負面印象（Young, 2004）。

以國內青少年使用色情內容的研究為例（黃葳威，2012），參考涵化理論的觀點應證：重度使用色情網站內容的青少年，網路色情內容對其性別態度形塑會有：

1.親密關係魔窗效果：對於色情內容上描述的親密行徑，因缺乏參考依據而傾向選擇性地相信色情訊息的相關描繪，或誤以為如此的互動便是親密關係。這形同產生魔窗涵化效果。

2.性生活美滿教導效果：大多數色情網站使用受訪者將色情訊息呈現的親密行為當作一種學習方式，及色情訊息會產生教導涵化效果。

3.異性密友認同效果：較多受訪者表示希望理想中的異性朋友最好像自己欣賞的媒體人物（不限於色情影片）。

4.異性互動退縮效應：男性重度使用者坦承，看多的色情影片，口味

愈來愈重。其中一位表示現實生活看到女性，都將對方看成沒穿衣著的女子，當碰到心儀的女方，往往擔心對方發現他眼中與心中所「想」，反倒害羞不敢與對方溝通。

近期涵化研究，從傳播領域跨足到企業管理、健康傳播領域，研究人員從過往「受影響」的煽色腥訊息，開始留意節目或廣告訊息所傳達的物質觀，是否傳達了過度消費的拜金主義？是否回應聯合國永續發展目標的企業社會責任？身處疫情期間的健康傳播訊息的涵化效果？

以德州大學管理學院學者施朗（L. J. Shrum）為首的系列消費主義的涵化研究，兼用調查法、實驗法，追蹤美國民眾的物質觀、消費心理。德州大學、維吉尼亞州立大學與威斯康辛大學的研究團隊發現（Shrum, Burroughs, and Rindfleisch, 2005），民眾的消費心理的確受到接觸媒體過程其是否關注有關「財富」的內容影響。當民眾觀看節目或廣告過程，留意其中對於「財富」的呈現，易受到媒體涵化的影響。然而，當民眾在觀看過程進行自主性判斷、反思，其受到的影響則比較有限。

施朗等研究人員在系列探討涵化理論的方法論述中（Shrum, 2004, 2005, 2007a, 2007b; Zhang and Shrum, 2009），從社會心理學角度耙梳閱聽人接收訊息時的認知過程，他認為當閱聽人在受訪過程，直接根據訪談問題回覆判斷，則呈現的涵化效果較顯著；當回覆問題時結合記憶判斷思考，則所獲得的涵化效果則稍弱。

加拿大休憩管理學者結合涵化理論與企業社會責任，探討加拿大節慶是否回應聯合國永續發展目標，以及對於遊客的涵化效果。研究者先進行加拿大境內303個文化節慶網路內容分析，再調查1萬名遊客對其中57個文化節慶的意見，分析結果未能顯著證明文化節慶資訊對於遊客或舉辦節慶地點的居民行程涵化效果（Dodds, Novotny and Harper, 2002）。然而，持續性的倡議與溝通，有助於可以提高文化節慶主辦單位的品牌形象、遊客購買行為和對永續發展目標的接受度。

一項網路問卷調查400位住在台灣年滿18歲、近一年曾經收看過旅遊節目的收視戶，研究結果顯示，儘管受訪者每月平均收看旅遊節目不超過

三次，旅遊節目卻具備良好的旅遊效果，能潛移默化影響閱聽眾的旅遊行為，收視頻率愈高者的旅遊意願愈強；其中在旅遊活動中最重視人際交流與追求旅遊品質的民眾，收看旅遊節目後的旅遊意願程度也愈高（吳宣俞，2020）。這應證涵化效果的檢測，也需要兼顧不同層面的交互作用。

因此，有別於過往從社會學角度的探勘，施朗認為：涵化理論的新氣象應從心理學再出發，釐清閱聽人接收訊息過程的判斷，極可能導致的結果。

中國、泰國、盧森堡、科羅埃西亞的跨國研究團隊，結合使用與滿足理論與涵化理論，以網路問卷調查泰國856位收看中國電視劇的民眾，經由結構方程模型分析發現，長期收看中國劇引發觀眾參與劇中角色生活，有助於泰國民眾建立對中國文化的感知或形塑正面態度（Tirasawasdichai, Obrenovic and Alsharif, 2022）。研究團隊提出戲劇節目中跨文化溝通的涵化效果，以及對他國文化的學習。

柒、結論與討論

回顧涵化理論起、承、轉、合的發展，涵化理論站在媒體真實可能影響閱聽人主觀真實的前提，大致分為五個研究方向：

1. 涵化效果之實證研究。
2. 應用涵化效果與社會學理論之整合觀點，來檢視社群與社會價值觀的建構。
3. 從心理學再出發關注閱聽人接收訊息的認知過程與判斷。
4. 從法律教育檢視閱聽人對於在地法律制度認知過程與判斷。
5. 從健康傳播釐清閱聽人接收健康防治訊息的認知過程與判斷。

早期從商業媒體內容出發的關懷思維，近年應用於公共利益與公共政策的涵化效果研究，開啟涵化理論的探索幅度。

學者主張心理學的相關運作可能為構成涵化效果的基礎。然而我們想問的是，究竟觀眾透過什麼樣的心理學機制，藉由接受傳播媒體所呈現的社會真實的表象來建構他們自己的真實世界？

　　近年學者研究媒體訊息及閱聽人信仰改變是有關聯性的，但是目前研究仍無法說明這樣的機制如何運作。多數的涵化效果的研究多為代表性的調查研究（如長期追蹤的調查方式），但這些研究往往因為某些不可避免的因素而導致研究成果的可信度降低。相對地，如果我們可以觀察出涵化效果所運用的心理學機制，那麼閱聽人心中所反映出的社會真實與涵化效果的之間關聯性的信度將大大提升。

　　換句話說，如果我們可以觀察出閱聽人接收媒體訊息的內容轉化為自我的社會真實信仰的轉化過程，我們會更有機會找出不同收視族群的轉化媒體訊息的過程、轉化後各種類型的信仰以及之間的關聯性。也就是說，目前的相關研究大多數都具備外在效度，支持內在效度的因素仍為缺乏，進而造成總體而言的可信度仍是不足的。

　　利用實證的方式來說明閱聽人在涵化效果中的心理運作過程確實有出乎意料的困難性，從社會學角度出發的涵化相關研究將涵化視為閱聽人的「學習行為」——閱聽人將所見所聞吸收、模仿及學習，重度的電視觀眾看了非常多的影像，進而漸漸接受「媒體影像就是現實社會的代表」的觀念，我們想知道究竟閱聽人從媒體留意、學習到了什麼？什麼樣的觀念被閱聽人學習並記憶在腦中？什麼樣的機制將閱聽人的學習行為轉化為理所當然的現實社會的觀念？

　　研究人員除運用個細緻的調查統計，也開始結合量化的前後測分析，比對受測者自我敘述的質性資料，進行資料分析比對，這些多元的研究設計，繪出涵化理論的新藍海。

　　媒體所呈現的訊息都可被解讀為有意義的，這些有意義的訊息透過不同影像或是娛樂節目以「聚合模式」呈現給閱聽人，單獨而片面的媒體訊息可能無法讓閱聽人產生建構社會真實信仰的學習行為。對於涵化過程的研究，我們可以提出以下幾個問題：

1.閱聽人如何將媒體訊息進行製碼？

2.閱聽人在接收媒體內容時記住了什麼重要的訊息？

3.閱聽人如何將所記住的訊息轉化為觀念或是決策？

4.如果我們需要獲取及記憶那些片段式的訊息，並期望這些訊息可匯聚成某種表徵或意象，閱聽人如何進行訊息接收？

5.閱聽人的養成背景，是否影響媒體長期的涵化效應？

除了閱聽人的社會化歷程、媒體識讀知能外，回響效果是否反客為主，再塑早媒體與社會的文化主流？

討論問題

1.涵化理論的基本假設有哪些？

2.涵化差別（cultivational differentiation）為何？

3.文化指標的概念有哪些？

4.暴力指標的概念為何？

5.主流效果的概念為何？

6.回響效果的概念為何？

重要語彙

涵化理論（Cultivation Theory）

涵化理論的基本假設（Gerbner and Gross, 1976; Gerbner, 1969）：

1.媒體內容的本質：大量呈現刻版、重複的形象，反映傳統的價值、行為及信念。

2.閱聽人的本質：習慣性、未經選擇地收視同質性高的內容，使用媒體類似一

種儀式化的行為。

3.涵化差別（cultivational differentiation）：使用媒體的多寡會影響人們的世界觀；使用媒體越多的人，其觀看世界的角度與媒體內容的呈現愈趨一致。

文化指標

葛本納用來分析傳播媒介訊息反映文化現象的概念，文化指標所探討的概念化面向包括：

1.是什麼（what is）：探討什麼被注意，即訊息內容呈現的密集頻率。

2.什麼被強調（what is important）：探討什麼是被強調、重視的問題，即指標呈現了什麼重要、相關的脈絡。

3.什麼傾向（what is right）：探討呈現的詮釋脈絡、傾向。

4.什麼結構（what is related to what）：分析訊息內息相互的關係，有關結構的問題。

暴力指標（violence index）

1976年葛本納有關「暴力主題」所展開的涵化分析（cultivation analysis），他以探討「暴力節目暴露（即節目使用量）」與閱聽人認知、態度或信念的關係為主，測量工具主要為自己設計的暴力指標（violence index）。

主流效果（main streaming effect）

重度媒體使用者（heavy viewers）比輕度媒體使用者（light viewers）的涵化程度大，這是主流效果的主要意涵。

回響效果（resonance effect）

當媒體內容和閱聽人的真實經驗接近，媒體的涵化效果便愈顯著，這便是的「回響效果」。

參考文獻

一、中文部分

王泰俐（2004）。〈當模仿秀成為「政治嗎啡」——台灣政治模仿秀的「反」
涵化效果〉。《廣播與電視》，22期，頁1-24。

尼爾森媒體季報（2003）。〈綜藝節目女多於男無線綜藝老少咸宜，有線綜藝
各擁死忠觀眾〉。《尼爾森季報》，17期，頁24-27。

朱絞鳳等（1999）。〈政大新聞系最新民調發現：四成高中生曾上色情網路，
七成四看了還想再看〉。《新新聞》，642期，頁90-92。

李孟崇（2002）。〈色情網站資訊對台北市高職生的涵化路徑之研究〉。台
北：中國文化大學心理輔導研究所碩士論文。

李淑汝（2001）。〈國小學童閱讀漫畫行為相關因素之探討及其與社會真實認
知關係之研究〉。台中市：國立台中師範學院國民教育研究所碩士論文。

吳知賢（1997）。《電視卡通影片中兩性知識與暴力內容分析及兒童如何解讀
之研究》。台北：中華文化復興運動總會電視文化研究委員會。

吳宣俞（2020）。〈旅遊節目閱聽眾生活型態與旅遊意願關係之探討〉。國立
臺灣藝術大學碩士論文。臺灣博碩士論文知識加值系統。https://hdl.handle.
net/11296/9e72gc。

林秀芬（2000）。〈國小學童對電視廣告中意識形態的解讀——以性別刻板印
象為例〉。新竹市：國立新竹師範學院國民教育研究所碩士論文。

梁丹青（2003）。〈為你瘋狂為你痴：網路偶像團體崇拜風潮對於青少兒網路
社會化與學習之初探〉。《傳播研究簡訊》，35，頁6-7。

陳彰儀（2005）。〈從心理衛生談網路色情與網路交友〉。黃葳威主編，《衝
破迷惘》，頁21-40。台北：揚智文化。

張宏哲譯（1999）。《人類行為與社會環境》。台北：雙葉書廊有限公司。

曾陽情（2005）。〈破解色情密碼〉。黃葳威主編，《衝破迷惘》，頁85-96。
台北：揚智文化。

許智惠（2003）。〈報紙運動新聞議題設定效果研究——以2002年世界盃足球

賽為例〉。台北：國立台灣師範大學運動休閒與管理研究所碩士論文。

黃登榆（1997）。〈網路色情現象初探：從閱聽人的角度談起〉。台北：國立政治大學新聞研究所碩士論文。

黃葳威（2004）。《閱聽人與媒體文化》。台北：揚智文化。

黃葳威（2007）。〈網路色情使用者的性別態度形塑〉。發表於2007台灣資訊社會研究學會論文研討會。新竹：國立交通大學。

黃葳威（2008）。《數位傳播與資訊文化》。台北：揚智文化。

黃葳威（2012）。〈網路色情使用者的兩性互動涵化〉。《社區發展季刊》，第139期，頁250-272。

黃德祥（1994）。《少年發展與輔導》。台北：五南出版社。

宋文偉、張慧芝譯（2003）。《性政治》。台北：桂冠出版社。

錢玉芬、黃葳威（2000）。〈網路色情內容及青少年暴露效應之研究〉。台北：行政院國科會專題研究報告。

戴麗美（2005）。〈數位媒體與國小學童價值觀之相關性研究：以大臺北地區國小三年級學童為例〉。台北：國立政治大學行政管理在職研究所碩士論文。

謝旭洲（1999）。〈從網路色情談「新」科技與「老」問題〉。《動腦》，275輯，頁19。

魏延華（1999）。〈高中女學生閱讀少女愛情漫畫與愛情態度之關聯〉。台北：私立世新大學傳播研究所碩士論文。

二、英文部分

Abbasi1, A. Z., Rehman, U., Afaq, Z., Rafeh, M. A., Hlavacs, H., and Mamun, M. A. (2022). Predicting Video Game Addiction Through the Dimensions of Consumer Video Game Engagement: Quantitative and Cross-sectional Study. *JMIR Serious Games 2021, 9*(4), e30310. DOI: 10.2196/30310

Aufderheide, P. (1986). Music videos: the look of the sound. In Todd Gitlin (Eds.). *Watching Television*. New York: Pantheon Books.

Bignell, J. (2004). *An Introduction to Television Studies*. New York: Routledge.

Bandura, A. (1977). *Socail Learning Theory*. Englewood Cliffs, N.J.: Pretice-Hall.

Bandura, A. (1978). Socail learning theory of aggression. *Journal of Communication, 28*(3), 12-29.

Blackburn G., and Scharre, E. (2019). Video Game Playing and Beliefs about Masculinity Among Male and Female Emerging Adults. *Sex Roles: A Journal of Research, 78*. https://doi.org/10.1007/s11199-018-0934-4

Bryant, J., Corveth, R., and Brown, D. (1981). Television viewing and anxiety: An experimental examination. *Journal of Communication, 31*, 106-119.

Bryant, J., and Zillman, D. (2002). *Media Effects: Advances in Theory and Research*. Mahwah, N. J.: Lawrence Erlbaum Associates.

Brown, J. D., Greenberg, B. S., and Buerkel-Rothfuss, N. L. (1993). Mass media, sex and sexuality. *Adolescent Medicine: State of the Art Reviews, 4*(3), October, 1993.

Buerkel-Rothfuss, N. L., and Strouse, J. S. (1993). Media exposure and perceptions of sexual behaviors: the cultivation hypothesis moves to the bedroom. In Greenberg, B. S., Brown, J. D. and Buerkel-Rothfuss N. L. (Eds), *Media, Sex and the Adolescent* (pp. 225-247). Cresskill, New Jersey: Hampton Press.

Carlson, J. (1985). *Prime Time Law Enforcement: Crime Show Viewing and Attitudes Toward The Criminal Justice System*. New York: Praeger.

Carlson, J. (1993). Television viewing: cultivating perceptions of affluence and support for capitalist values. *Political Communication, 10*, 243-257.

Cavazos, E. and Morin, G. (1996). *Cyberspace and the Law: Your Rights and Duties in the On-Line World*. Boston: the M. I. T. Press.

Clark, D. G., and Blankenburg, W. G. (1972). Trends in violent content in selected mass media. In G. A. Comstock and E. A. Rubenstein (Eds). *Television and Social Behaviour*, Vol. 1: Media content and control (pp. 188-243).

Collins, W. A. (1982). School scripts and developmental patterns in comprehension of televised narratives. *Communication Research, 9*, 380-398.

Davis, S. and Mares, M. L. (1998). Effects of talk show viewing on adolescent. *Journal of Communication, 48*(3), 69-86.

Deaux and Wrightsman, L. S. (1984). *Social Psychology in the 80s* (3rd ed.).

CA:Brooks/Cole.

Dobrow, J. R. (1990). Patterns of viewsing and VCR use: implications for cultivation analysis. In Signorielli, N., and Morgan, M. (eds.), *Cultivation Analysis: New Directions in Media Effects Research* (pp. 71-82). Newvury Park, CA: Sage.

Dodds, R., Novotny, M., and Harper, S. (2002). Shaping Our Perception of Reality: Sustainability Communication by Canadian festivals. *International Journal of Event and Festival Management, 11*(4), 473-492.

Dominick J. R. (1984). Videogames, television violence, and aggression in teenagers. *Journal of Communication, 34*(2), 136-147.

Doob, A. N., & MacDonald, G. E. (1977). The news media and perceptions of violence. In *Report of the Royal Commission on Violence in the Communication Industry: Vol. 5. Learning from the media* (pp. 171-226). Toronto, Canada: Royal Commission.

Doob, A. N., and Macdonald, G. E. (1979). Television viewing and fear of victimization: Is the relationship causal? *Journal of Personality and Social Psychology, 37*, 170-179.

Doubleday, C., Dorr, A., and Kovaric, P. (1990). Age and content influences on children's perceptions of the realism of television families. *Journal of Broadcasting & Electronic Media, 34*(4), 377-397.

Geer, J. H., and Fuhr, R. (1976). Cognitive factors in sexual arousal: the role of distraction. *Journal of Consulting and Clinical Psychology, 44*(2), 238-243.

Gerbner, G. (1969). Towards "cultural indicators": the analysis of mass mediated message systems. *Communication Review, 17*, 137-148.

Gerbner, G., and Gross. L. (1976). Living with television: the violence profile. *Journal of Communication, 26*(2), 173-179.

Gerbner, G., and Gross. L. (1978). Cultural Indicators: Violence Profile No. 9. *Journal of Communication, 28*(3), 176-207.

Gerbner, G., Gross, L., Jackson-Beeck, M., Jeffries-Fox, S., and Signorielli, N. (1978). Violence on the Screen Cultural Indicators: Violence Profile No. 9. *Journal of Communication, 28*(3), 176-207.

Gerbner, G., Gross, L., Signorielli, N., Morgan, M., and Jackson-Beeck, M., (1979). The demonstraction of power: Violence profile No.10, *Journal of Communication, 30*(1), 37-47.

Gerbner, G., Gross. L., Morgan. M., and Signorielli, N. (1980). The mainstreaming of America: violence profile no.11. *Journal of Communication, 30*(3), 10-29.

Gerbner, G., Gross. L., Morgan. M., and Signorielli, N. (1982). Charting the mainstream: Television's contributions to public orientations. *Journal of Communication, 32*(2), 100-127.

Gerbner, G., and Gross, L., Morgan, M., and Signorielli, N. (1986). Living with television: the dynamics of the cultivation process. In J. Bryant and Zillmann (Eds.), *Perspectives on Media Effects* (pp. 17-41). Hillsdale, N.J.: Lawrence Erlbaum.

Greenberg, B. S., and Brand, J. (1993). Minorities and the mass media. In Bryant, J. Zillman, D. (Eds.), *Perspectives on Media Effects*. Hillsdale, N.J.: Lawrence Erlbaum.

Greiwe, T., and Khoshnood, A. (2022). Do We Mistake Fiction for Fact? Investigating Whether the Consumption of Fictional Crime-Related Media May Help to Explain the Criminal Profiling Illusion. April-June 2022: 1-14, DOI: 10.1177/21582440221091243

Gunter, B., and Wober, M. (1983). Television viewing and public trust. *British Journal of Psychology, 22*, 174-176.

Haney, C., and Manzolati, J. (1981). Television criminology: network illusionsof criminal justice realities. In E. Aronson (ed.), *Readings about the Social Animal* (pp. 125-36). New York: W. H. Freeman and Co.

Hawkins, R. P. (1977). The dimensional structure of children's perception of television reality. *Communication Research, 4*(3), 299-320.

Hawkins, R. P., and Pingree, S. (1990). Divergent psychological processes in constructing social reality from mass media content. In Signorielli, N., and Morgan, M. (eds.), *Cultivation Analysis: New Directions in Media Effects Research* (pp. 35-49). Newvury Park, CA: Sage.

Huesmann, L. R., and Eron, L. D. (Eds.) (1986). *Television and the Aggressive Child: A Cross National Comparison*. Hillsdale, NJ: Lawrence Erlbaum Associates.

Hoover, S. M. (1990). Television, religion, and religious television: purposes and cross purposes. In Signorielli, N., and Morgan, M. (eds.), *Cultivation Analysis: New Directions in Media Effects Research* (pp. 123-139). Newvury Park, CA: Sage.

Huesmann, L. R., and Eron, L. D. (1986). *Television and the Aggressive Child: A Cross-national Comparison*. Hillsdale, NJ: Lawrence Erlbaum.

Johnson, T. J., and B. K. Kaye (1998). Cruising is Believing?: Comparing internet and traditional sources on media credibility measures. *Journalism Quarterly, 75*(2), 325-340.

Kimball, M. M. (1986). Television and sex-role attitudes. In T. M. Williams (Ed.), *The Impact of Television* (pp.265-301). Orlando, FL: Academic Press.

Malamuth, N. M., and Briere, J. (1986). Sexual arousal in response to aggression: ideological, aggressive, and sexual correlates. *Journal of Personality and Social Psychology, 50*(2), 330.

Moorman, J. D. (2022). Unmarried Black Women's Sexual Socialization: The Role of Dating, Motherhood, and Intimate Partner Violence Across Media Types. *Sex Roles, 87*, 289-305.

Morgan, M. (1982). Television and adolescents' sex-role stereotypes: A longitudinal study. *Journal of Personality and Social Psychology, 43*, 947-955.

Morgan. M. (1990). International cultivation analysis. In Signorielli, N., and Morgan, M. (eds.), *Cultivation Analysis: New Directions in Media Effects Research* (pp. 225-244). Newvury Park, CA: Sage.

Morgan, M., and Signorielli, N. (1990). Cultivation Analysis: Conceptualization and methodology. In Signorielli, N., and Morgan, M. (eds.), *Cultivation Analysis: New Directions in Media Effects Research* (pp. 13-30). Newvury Park, CA: Sage.

Özer, O. (2019). Cultivation theory and hegemony: a research from Turkey on cultivational role of television. *Media, Culture and Public Relations, 10*(2), 133-

139.

Pearl, D., Bouthilet, L., and Lazar, J. (eds.) (1982). *Television and Behavior: Ten Years of Scientific Progress and Implications for The 83's*. Vol. II: Technical Reviews. Rockville, MD: NIMH.

Pearl, D., Bouthilet, L., and Lazar, J. (1982.). *Responding to the Screen:Perception and Reaction Process*. Hillsdale, NJ: Lawrence Erlbaum.

Perse, E. (1986). Soap opera viewing pattern of college students and cultivation. *Journal of Broadcasting and Electronic Media, 30*, 175-193.

Perse, E. (1990). Cultivation and involvement with local television news. In Signorielli, N., and Morgan, M. (eds.), *Cultivation Analysis: New Directions in Media Effects Research* (pp. 51-66). Newvury Park, CA: Sage.

Perse, E. M., Ferguson, D. A., and McLeod, D. M. (1994). Cultivation in the Newer Media Environment. *Communication Research, 21*(1), 79-104.

Philips, D. P. (1983). The impact of mass media violence on U. S. homicides. *American Sociological Review, 48*(4), 560-568.

Pollock, M. (2002). Debunking the myth of the "mentally ill" mass shooter. *Mental Health Weeldy, 32* (35): 5.

Potter, W. J. (1986). Perceived reality and cultivation hypothesis. *Journal of Broadcasting and Electronic Media, 30*(2), 159-174.

Potter, W. J. (1993). Cultivation theory and research: A conceptual critique. *Human Communication Research, 19*, 564-601.

Pratt, M. (2022). 'He Took It Out.' How Comedic Television Shows Shape Jurors' Perceptions of Workplace Sexual Harassment (September 21, 2022). *University of Missouri-Kansas City Law Review, 90*(4), Available at SSRN: https://ssrn. com/abstract=4094295

Preston, E. H. (1990). Pornography and the construction of gender. In Signorielli, N., and Morgan, M. (eds.), *Cultivation Analysis: New Directions in Media Effects Research* (pp. 107-121). Newvury Park, CA: Sage.

Reimer, B., and Rosengren, K. E. (1990). Cultivated viewers and readers: A life-style perspective. In Signorielli, N., and Morgan, M. (eds.), *Cultivation Analysis: New*

Directions in Media Effects Research (pp. 181-202). Newvury Park, CA: Sage.

Rose, Gregory M., Bush, V. D., and Kahle, L. (1998). The influence of family communication patterns on parental reactions toward advertising: a cross-national examination. *Journal of Advertising, 27*(4), 71-85.

Rossler and Brosius (2001). Do talk shows cultivate adolescents᾿ views of the world? *Journal of Communication, 51*(1), 143-163.

Shaffer, D. R. (2000). *Social and Personality Development* (4th ed.). Belmont, CA: Wadsworth and Thompson Learning.

Schaefer R. T., and Lamm, R. P. (1995). *Sociology*. New York: McGraw-Hill.

Shanahan, J., and Morgan, M. (1999). *Television and its Viewers: Cultivation Theory and Research*. UK: Cambridge University Press.

Shoemaker P., and Stephen D. R. (2014). *Mediating the Message in the 21st Century: A Media Sociology Perspective.* New York: Routledge.

Shrum, L. J. (1996). Psychological processes underlying cultivation effects: Further tests of construct accessibility. *Human Communication Research, 22*(4), 482.

Shrum, L. J. (2004). The Cognitive Processes Underlying Cultivation Effects Are a Function of Whether the Judgments Are On-line or Memory-based. *Communication, 29*, 327-344.

Shrum, L. J., James E. Burroughs, and Aric Rindfleisch (2005). Television᾿s Cultivation of Material Values. *Journal of Consumer Research, 32* (December), 473-479.

Shrum, L. J. (2007a). The implications of survey method for measuring cultivation effects. *Human Communication Research, 33*(1), 64-80.

Shrum, L. J. (2007b). Cultivation and social cognition. In David R. Roskos-Ewoldsen and Jennifer L. Monahan (eds.), *Communication and Social Cognition: Theories and Methods* (pp. 245-272). Mahwah, NJ: Lawrence Erlbaum.

Signorielli, N. (1990). Television᾿s mean and dangerous world: A continuation of the cultural indicators perspective. In Signorielli, N., and Morgan, M. (eds.), *Cultivation Analysis: New Directions in Media Effects Research* (pp. 85-104). Newvury Park, CA: Sage.

Signorielli, N., and Morgan, M. (1990). *Cultivation Analysis: New Directions in Media Effects Research* (pp. 71-82). Newvury Park, CA: Sage.

Stacer1, M. J. Lydia M. Moll1, and Solinas-Saunders, M. (2022). Students, Media, and Fields Trips to Correctional Facilities. *Journal of the Scholarship of Teaching and Learning, 22*(1), 1-16. DOI: 10.14434/josotl.v22i1.29129

Sterkenburg, J. V., and Walder, M. (2021) How do audiences of televised English football construct difference based on race/ethnicity? *Language and Intercultural Communication, 21*(6), 765-780. DOI: 10.1080/14708477.2021.1979571

Sternberg. R. J. (1987). Linking versus loving: a comparative evaluation of theories. *Psychological Bulletin, 102*, 311-345.

Stettler, S. L. (2011). Sustainable Event Management of Music Festivals: An Event Organizer Perspective. *Dissertations and Theses*, Paper 257. https://doi.org/10.15760/etd.257

Sun, S., and Lull, J. (1986). Music videos: the adolescent audience for music videos and why they watch. *Journal of Communication, 36*(1), 117-127.

Tamborini, R., and Choi, J. (1990). The role of cultural diversity of cultivation research. In Signorielli, N., and Morgan, M. (eds.), *Cultivation Analysis: New Directions in Media Effects Research* (pp. 157-176). Newvury Park, CA: Sage.

Tang, Z., Miller, A., S., Zhou, Z., and Warkentin, M. (2021). Does Government Social Media Promote Users' Information Security Behavior Towards COVID-19 Scams? Cultivation effects and protective motivations. *Government Information Quarterly, 38*, 1-11.

Thomas, M. H., and Drabman, R. S. (1978). Effects of television violence on expectations of other's aggression. *Social Psychology Bull, 4*(1), 73-76.

Till, B., Arendt, F., and Niederkrotenthaler, T. (2021). The relationship between crime-related television viewing and perceptions of the death penalty: Results of a large cross-sectional survey study. *Front Psychol*, 12: 715657. DOI: 10.3389/fpsyg.2021.715657

Tirasawasdichai, T., Obrenovic, B., and Alsharif, H. Z. H. (2022). The impact of TV series consumption on cultural knowledge: An empirical study based on gratification-cultivation theory. *Front Psychol*, 13: 1061850. DOI: 10.3389/ fpsyg.2022.1061850

Tsoy, D., Godinic, D., Tong, Q., Obrenovic, B., Khudaykulov, A., and Kurpayanidi, K. (2022). Impact of Social Media, Extended Parallel Process Model (EPPM) on the Intention to Stay at Home during the COVID-19 Pandemic. *Sustainability, 14*(12), 7192. https://doi.org/10.3390/su14127192

Umble, D. Z. (1990). Mennonites and television: application of cultivation analysis to a religious subculture. In Signorielli, N., and Morgan, M. (eds.), *Cultivation Analysis: New Directions in Media Effects Research* (pp. 141-154). Newvury Park, CA: Sage.

Urwin, C., and Hood-Williams, J. (eds.) (1989). *Child Psychotherapy, War, and the Normal Child: Selected papers of Margaret Lowenfeld*. London: Free Associates Books.

Van Evra, J. (1990). *Television and Child Development*. Hillsdale, NJ: Lawrence Erlbaum Association.

Westby, S. (1981). Effects of adult commentary on children's comprehension and inferences about a televised aggressive portrayal. *Child Development, 52*,158-163.

Wober, J. M. (1978). Televised violence and paranoid perception: The view from Great Britain. *Public Opinion Quarterly, 42*, 315-321.

Wober, J. M. (1990). Does television cultivate the British. In Signorielli, N., and Morgan, M. (eds.), *Cultivation Analysis: New Directions in Media Effects Research* (pp. 207-222). Newvury Park, CA: Sage.

Young, D. G. (2004). Late-night comedy in election 2000: Its influence on candidate trait ratings and the moderating effects of political knowledge and partisanship. *Journal of Broadcasting & Electronic Media, 48*(1), 1-22.

Zhang, Yinlong and Shrum, L. J. (2009). The Effect of Self-Construal on Impulsive Consumption. *Journal of Consumer Research, 35*(February), 838-850.

Zillmann, D., and Bryant, J. (1982). Pornography, sexual callousness, and the trivialization of rape. *Journal of Communication, 32*(4), 10-21.

傳播理論

Zillmann, D., and Waskshlag, J. (1985). Fear of victimization and the appeal of crime drama. In D. Zillmann and J. Bryant (eds.), *Selective Exposure to Communication* (pp.141-156). Hillsdale, NJ: Lawrence Erlbaum.

CHAPTER 6

媒體與意識形態

方孝謙

馬克思所稱的「意識形態」原意指統治階級為維護自己重要的物質利益，所發明以說服其他階級的美麗觀念及說詞，中文另譯做「意理」。後來的馬克思主義學者在這一定義上附加了許多新的觀念，而使得這一名詞歧義百出。

壹、前言

從21世紀的前沿，回顧20世紀的傳播理論，有一個研究問題似乎揮之不去，那就是：傳播媒體以及它們的訊息，到底是如何影響人心的？提出這個問題本身，21世紀的傳播學者會承認，已經預設著提問人有一些回答問題的假設，而其假設又與學者本人過去接受的理論訓練有關。簡單的說，根據提問人的訓練背景，他會持著特定的詮釋觀點回答他自己的問題。本章中我們就是要從馬克思理論的角度，利用「意識形態」這個觀念，提供20世紀馬克思主義學者對上述問題，各式各樣的答案。不錯，即便我們固定了馬克思理論這樣的觀點，對相同的問題，不同的學者還是有連對意識形態的定義都不相同的答案，原因很簡單：除了馬克思理論觀點之外，每個人的立論還受到他自己的生命歷程、他提問時的特定時空所影響。所以，我們最好把以下我們檢討到的答案當作假設，更好是當作談話的對象。而透過以下深度的對話，我們首先會得到問題本身的釐清——剛才提出的傳播效果問題，可能太粗糙了；接著我們可以把不同作者的答案、他們回答所用到的特殊觀念，視為我們繼續討論同一問題的「探照燈」。引申這個比喻我們可以說，我們要在下文中比一比哪一個探照燈照得遠、照得亮、照得範圍大，因為我們瞭解在遠近、明暗、範圍大小各層面功能不同的燈，各有它們的用途，而到底好不好用，關鍵在我們要用它照什麼。也就是說，各學者的答案我們要不要接受，就要看我們怎麼提出一己的問題。

既然「意識形態」是本章中的重要觀念，以下我們就要追本溯源，從

馬克思自己對這一觀念的看法入手，再把20世紀以來的時空劃分成二次戰前法西斯統治的歐洲脈絡，及戰後社會學者所稱的後工業社會脈絡，分別討論不同脈絡下的西方馬克思主義學者如何回答媒體與意識形態的相關問題。

 ## 貳、馬克思的生產模式理論

馬克思二十四歲（1842年）起曾在《萊茵日報》做過三年編輯，三十一歲時還為鼓吹革命而在科隆短暫辦報。即便後來落腳倫敦成為終身政治難民，他也經常為走民粹路線的《紐約論壇日報》通訊撰稿。就在他初任編輯的時代，他認識到「物質利益」的重要性，也得出「個人治學的導引線」（Tucker, 1978: 3-4）。這一條導引線指的就是他的生產模式（mode of production）想法，他隱約指出，平面媒體如報紙扮演著維護當權者物質利益的論說──也就是意識形態──的角色。

1845年辭掉編輯後的馬克思，寫就了〈德意志意識形態〉，文中闡發他對意識形態的看法：

> 統治階級的觀念就是每一時代的統治觀念，即統治階級既是社會中統治物質力量者，同時也是統治心智力量者。……統治觀念不過就是當道的物質關係理想化的表達；即抓住當道的物質關係的觀念。再換句話說，是令一個階級變成統治者的（物質）關係之理想化表達，所以也就是當權階級的觀念。構成統治階級的成員都具有意識，因此也都會思想，所以當他們以階級名義出面領導並決定他們時代的特徵時，不言可喻他們領導了時代的一切，包括以思想家或稱觀念生產者身分領導，同時並管制當時之觀念的生產與分配。所以說，這個階級的觀念就是它的時代的統治觀念。（Tucker, 1978: 172-173）

所謂統治階級就是過去的奴隸主、莊園貴族，或是今日的資本家，他

們為維護自己重要的物質利益所發明以說服其他階級的美麗觀念及說詞，就是馬克思所稱的意識形態。但是他們不僅是發明觀念，他們還要進一步控制新觀念的發明及宣導的過程。馬克思雖然沒有明說，但我們可以推想：有什麼樣的控制手段會比控制媒體更容易達到「說服」的效果呢？

馬克思對意識形態的看法已如上述，但這又跟生產模式有什麼關係？在1859年所寫的一篇序文裡，他清楚地呈現了他治學的導引線，也就是他對意識形態與生產模式關係的看法：

> 在社會中繁衍他們的生命時，人們之間發生了必要並獨立於他們意志之外的生產關係，此一關係並對應於特定階段的物質生產力。生產關係的總和構成一個社會的經濟結構；這就是法律、政治等上層結構興起的真正基礎，而這一基礎並對應著特定社會意識的形式。物質生活的生產模式[含生產力與生產關係]制約（condition）了一般的社會、政治與心智的生活。不是人的意識決定他們的存有，相反的是他們的社會存有決定他們的意識。當發展到特定階段，物質生產力與生產關係（法律上另名產權關係）由相容轉為互相衝突。本來只是生產力發展的各種形式，生產關係現在轉為生產力的枷鎖。因此開啟了社會革命的新紀元。經濟基礎一旦變動，整個龐大的上層結構也會或多或少的快速變動。對全部的變動，我們要分清一邊是生產的經濟條件之物質性變動，它的速率可用精確的自然科學來決定；另一邊則是法律、政治、宗教、美學或哲學，簡言之，所有的意識形態形式，藉著這些形式人們才能意識到周遭的衝突並為解決衝突而奮戰。（Tucker, 1978: 4-5）

這段恣肆宏偉的文字，不但是馬克思夫子自道的治學宗旨，也因為它的輪廓明確、細節模糊，激起了20世紀以來新馬克思主義者之間無窮的辯論與詮釋。單以與本章有關的，我們隨手就可以舉出葛蘭西的「文化霸權」（hegemony）說、盧卡奇的「整體」（totality）觀，以及與阿圖塞的「意識形態國家機器」（Ideological State Apparatus, ISA）的看法，這些且

216

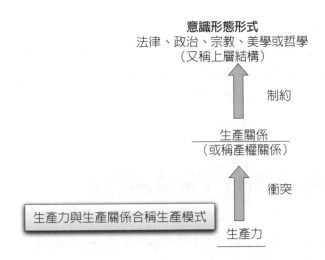

意識形態形式
法律、政治、宗教、美學或哲學
（又稱上層結構）

制約

生產關係
（或稱產權關係）

衝突

生產力與生產關係合稱生產模式

生產力

圖6-1　馬克思的生產模式理論

留待後文分析。為什麼我們說這段文字輪廓明確、細節模糊呢？就輪廓來說，這段文字可以像堆積木一般疊成如**圖6-1**所示。

　　圖6-1中生產模式（後來學者另稱之為「下層結構」，base，以與上層結構相對照）內部成分由相容而互斥，是造成特定階段整個社會發生變遷的最終原因。舉例來說，當代表進步生產力的自動櫃員機，全面取代銀行櫃檯業務員的工作時，這些生產關係中的原先雇員一夕變成失業者，他們可能因此搗毀櫃員機洩恨，或把矛頭指向他們的老闆。如果社會各經濟部門都發生這種生產力與生產關係的衝突，透過新聞報導等意識形態形式的通知，社會每一分子都會有「要變天」——即社會革命到臨的感覺。可是就細節來說，最重要的模糊地帶就是馬克思同時用了「對應」、「制約」、「決定」三個動詞去連接上層結構與生產模式。「對應」顯然是最中性的，它指示生產力、生產關係與意識形態形式三者必然（necessarily）配套成型，連成一體。可是一方面「社會存有決定意識」，指的是生產模式乃造成個人透過「意識形態形式」而有特殊的感知經驗的原因，另一方面馬克思又明白寫道：「生產模式制約了一般的社會、政治與心智的生活。」如果我們以孫悟空逃不出如來佛的掌心來理解

佛祖對仙猴的「制約」，即如來佛能夠限制孫行者活動的範圍，那麼生產模式可以說是規限了我們感知經驗的最終格局。所以「制約」比起「決定」給予了社會中的成員更寬廣的社會、政治與心智的空間。然則生產模式究竟是制約還是決定，或是既制約又決定了上層結構？馬克思究竟意欲何爲？這個問題構成了20世紀馬克思主義學者的辯論中心。

參、20世紀以來的上下層結構辯論

　　20世紀的西方馬克思主義學者是分別在他們特定的時空脈絡下，重新探討馬克思的生產模式理論，並聚焦在媒體與意識形態的議題。這個時空脈絡可以第二次世界大戰（1939-1945）爲界，分成戰前歐洲的法西斯統治的脈絡，以及戰後消費主義興起而由美國學者稱之爲「後工業社會」的脈絡。在法西斯統治的脈絡下，我們要依寫作時間的先後討論葛蘭西的「文化霸權」、盧卡奇的「整體」觀，以及法蘭克福學派中班雅明、阿多諾與霍克海默的辯論。在後工業社會的脈絡中，我們則接著討論阿圖塞的「意識形態國家機器」、列斐伏爾的「日常生活」、英國文化研究的發言人——霍爾對意識形態的看法、布希亞的「超現實」主義、及阿多諾的學生哈伯馬斯所提的「公共領域」概念。就是20世紀這些被冠稱是「原」、「新」或「後」馬克思主義學者對媒體與意識形態議題的闡發，才構成傳播理論中的「批判」典範。

一、法西斯統治的脈絡

(一)葛蘭西的「文化霸權」

　　葛蘭西（Antonio Gramsci, 1891-1937）是1920年代義大利共產主義運動的領導者。1926年被當政四年的墨索里尼判刑入獄，直到1937年4月21日出獄，六日後身亡。在獄中零碎寫成的《獄中札記》，抒發了他對馬克

思所提上層結構與意識形態的新見解，後人常以「文化霸權」概括他的新理論。要瞭解文化霸權，以下兩段引文是非常重要的：

> 目前我們可以做的，是先固定上層結構的兩個「層次」：一層為「公民社會」，就是我們通稱為「私」領域的整體；另一層為「政治社會」，也就是通稱的「國家」。前一層對應著主導團體（領導階級的隱語）加諸整個社會的「霸權」功能；後一層則對應國家或「法理」政府實行的「直接強制」，或稱命令的功能。上列兩種功能在組織上是相連的。知識分子正是主導團體的「副官」，代為行使社會霸權與法理強制的特定功能。（Gramsci, 1971: 12）

在上層結構的各種意識形態形式中，葛蘭西特重國家政府與公民社會的公私形式，而認為領導階級（在他的時代是由中等農戶組成的法西斯政權）透過它的知識分子，一方面以國家法律，直接調動軍警控制公民社會，另一方面也在公民社會中，宣導主流的世界觀，以贏得公民心智上與道德上的領導權，也就是所謂的「文化霸權」。這裡要謹記的是，葛蘭西同時認為知識分子是「有機的」，也就是說各個階級內部都會產出自己的知識分子。但是不管是法西斯政權或是無產階級的知識分子，都能仗勢宣導與法理而為自己的階級行使文化霸權或武力強制。他說：

> 一個社會團體的主導力量表現在兩方面：「統治」及「心智與道德的領導權」。該團體統治敵對團體的方法，不是完全「清除」就是以武力臣服他們；但是它卻是領導著它的同質與結盟的團體。社會團體能夠甚至是必須在爭得政府權力前就已經擁有領導權（這甚至是奪得政權的必要條件）；而行使政權時社會團體就變成了統治團體，但是即便政權穩固，它還是要繼續「領導」。（Gramsci, 1971: 57-58）

兩段引文中，「統治」就是指「直接強制」，而「心智與道德的領導權」就是文化霸權。總之，他強調的是，在朝與在野階級透過各自的知識分子，必須爭取到對公民社會在心智上與道德上的領導權。他甚至認為一

定先要有霸權，才能進一步爭得「政權」，也就是在西方政治思想中合法壟斷武力的權力（Gerth & Mills, 1946: 78）。

從上文的討論中，我們應該能夠接受：葛蘭西會認為下層結構是「制約」而非「決定」了上層結構。而他的文化霸權理論要強調的就是，無論當權與否，階級都要透過其知識分子在公民社會爭取到知性與道德上的領導權。問題是，限於在獄中寫作他的文體流於破碎，以致如英國社會學者路克斯就指出，他沒有確切回答：(1)知識分子到底如何爭取霸權？(2)我們如何判斷霸權是否爭取到手？可是路克斯的提問正確嗎？讓我們來看看他如何「化簡為繁」，重複提問。

路克斯（Lukes, 1974: 42-45）引美國政治學者管森（Matthew Grenson）的經驗研究，作為證明霸權存在的案例。管森研究美國的工業城在二次戰後對空氣汙染的反應，為什麼遲早不一的問題：東芝加哥市與蓋瑞市雖然兩城幾乎相接，東芝加哥早在1949年就制法淨化空氣，而蓋瑞則遲至1962年才有無關痛癢的行動，為什麼？管森解釋說，兩城反應遲早有別，關鍵在東芝加哥城中有數家鋼鐵公司，而蓋瑞則是由「美國鋼鐵」獨家撐起來的經濟體。換句話說，美國鋼鐵是蓋瑞市的最大雇主，該公司掌握了蓋瑞市民的就業命脈，因此當它不願支付淨化空氣的成本時，市民對自己長遠的根本利益——免於廢氣窒息的生存權——也就噤若寒蟬了。

路克斯接著說明蓋瑞的個案證明了美國鋼鐵對蓋瑞市民行使了霸權：該公司的存在使得市民不敢提出性命攸關的主張——淨化空氣，因為怕失業。透過與事實相反的假設（counterfactual），我們可知如果不威脅到就業，市民一定會力爭免於窒息的生存權，就如同東芝加哥的市民一樣（因為他們有轉到別家鋼鐵廠工作的機會）。而美國鋼鐵本身的獨占地位也正是它行使霸權的「機制」。換句話說，路克斯認為證明A對B行使了霸權需滿足兩個條件：(1)如果A不存在，B不會做A叫他做的事（如不准聲張淨化空氣的議題），這是與事實相反的條件；(2)證明A透過機制（如美國鋼鐵獨霸蓋瑞的地位）使B不得不執行A的吩咐，這是機制的條件。簡言之，行使霸權需靠機制，而霸權存在與否的判準則需要透過與事實相反的

假設並用比較法來證實。

讓我們仔細思索這兩個條件。我們首先瞭解，路克斯所提的機制條件，其實是一個形式條件，因為他並沒有告訴我們這種機制到底是什麼。事實上，以蓋瑞市的例子來說，我們可以察覺，該市市民切身關心的「免於窒息的生存權」是被霸權摒斥於日常言談之外：這是一個未加命名、沒有意象、沒有主旨、未形於辯論的潛在議題。而這個議題一直潛伏到1962年才露臉，的確證明美國鋼鐵擁有令市民在知性、道德上說不出話來的霸權地位，但是我們還是不清楚它是如何做到的。換言之，上文中路克斯對葛蘭西發出的「知識分子到底如何爭取霸權」的疑慮，他自己說了半天還是沒有解開我們心中的疑問。

其次，比較與事實相反的假設，是否就能判斷霸權的存在？依路克斯的說法，蓋瑞市民免於空氣汙染的生存權是他們的社會生活中真正的「利益」（1974: 46）。而他們無法實踐此一利益，正因為美國鋼鐵在蓋瑞行使了霸權。如果沒有美國鋼鐵壟斷一方的地位（與事實相反的假設），那麼蓋瑞市民就會像鄰鎮東芝加哥市所做（比較的對象）一樣，一定會奮而立法，淨化空氣。

前文我們已指出蓋瑞的生存權，是與美鋼的謀利——因此能提供就業機會——價值相衝突的，即蓋瑞市民臣服於霸權另有其自身利益（生存對就業）牴觸的原因。再則，我們可以想像美鋼一方面可以敷衍、應付市民對空氣汙染的抱怨（路克斯自己引文說美鋼果然有這樣做，1974: 43），另一方面也可以發展它指導市民對道德議題如何措詞的語言，收編蓋瑞市民的真正利益。以上的考慮不過是要指出，一旦加入了「敷衍」、「收編」的霸權作為之後，路克斯能果斷抉擇的所謂「真正利益」（單指淨化空氣的生存權），立即變得模糊不明（生存權是蓋瑞市民唯一所要？）。類似的考慮一定也困擾過路克斯，所以他必須承認研究者斷定其研究對象的真正利益，畢竟是出自於研究者的「價值判斷」（1974: 34、46）。然則，當真正利益曖昧難明時，我們還有與事實相反的假設及比較的基礎嗎？

簡言之，如果我們依著路克斯的思維，把葛蘭西霸權理論不清楚的部分拆解成兩個問題，即：(1)知識分子到底如何爭取霸權？(2)我們如何判斷霸權是否爭取到手？我們就被誤導了，因為我們分析(2)的問題，發覺如果最終我們能回答(1)，我們也就自動回答了(2)；(2)根本是(1)異形同義的問題。關鍵還在葛蘭西沒有釐清霸權如何施展的問題，而這要到1980年威廉士（Raymond Williams）才提出了迄今最有影響力的說明，這一點將在下一節中說明。

(二)盧卡奇的「整體」觀

盧卡奇（Georg Lukacs, 1885-1971）是20世紀新馬克思主義文藝理論重要的發言人，出身匈牙利，1920年代至40年代長期流亡在莫斯科。1938年所寫的〈寫實主義存亡之秋〉（Lukacs, 1980）一文，把印刷小說與生產模式「整體」的關係表露無遺。不過，評論者一般總把該文視為盧卡奇挺身為文藝作品的寫實主義辯護，並攻擊希特勒當政前德國盛極一時的表現主義之作。我們分析此文的角度則略有不同，著重在他把小說當作一種媒體，一種「意識形態形式」，並論述它與生產模式的關係。

行文不久，盧卡奇就自問：「資本主義體系的整體，即布爾喬亞社會整體（整體意謂經濟與意識形態連成一體）真的構成客觀總體而獨立於意識之外嗎？」（Lukacs, 1980: 31）他直接引用馬克思「每一社會的生產關係構成一個總體」的說法來肯定回答，並認為這一總體不能自外於歷史變遷。也就是說，經濟整體的不同部分在變遷中不斷擴張和自主化，致使「整體」益趨緊密與實體化。此話乍聽矛盾，其實蘊涵「辯證」關係。依盧卡奇言，在景氣順暢的時候，經濟整體的不同的意識形態形式也愈加發展而呈「自足」且彼此分離的狀態，可是人的意識卻倒過來感覺所處社會是一體和諧；反而是在經濟有危機時，人們感到社會整體在分崩離析，卻不知此時正是整體在收縮過度自給自足的組成部分，以維持自身完整。所以一般人的意識容易受到事物表象（appearance）的蒙蔽，也就是意識形態化，不易察覺客觀整體變化的本質（essence）。只有偉大的寫實主義作

家如羅曼‧羅蘭所著的《約翰‧克利斯朵夫》（1912），才能確切把握所謂社會整體正是本質與表象辯證卻統一的各種關係。

作家的責任是把他「鑄形並描繪的生活片段，在讓讀者重新體驗當中披露它的本質與表象之間的種種關係」（Lukacs, 1980: 34）。換言之，作家的工作有兩層：他必須用理智發掘這些關係並用他的藝術天分為它們鑄形，他也必須透過抽象過程把他發掘的關係藝術化地遮掩。完成這兩層的工作之後，作家呈現的是經過藝術中介的表象，但是讀者讀到的卻是由本質全面決定的生活全貌，而不再只是從整體抽離，流於抽象、情緒化、主觀感知的片段，這就是寫實主義的作品（Lukacs, 1980: 39）。

總之，盧卡奇的「整體」觀，指的是由生產關係這個本質決定各種社會生活表象所合成的資本主義全貌。重要的不是由生產力與生產關係組成的「下層結構」機械式的決定一切的意識形態形式，而是本質與表象之間種種既矛盾卻又可並存的關係整體。而寫實小說勝出其他類型小說之處，就在寫實作家以其技巧重現了這些「辯證又統一」的關係；其次，就是這樣的關係取代了馬克思原先提出的「決定」或「制約」的選項。但是，盧卡奇這種說法，隱藏有兩點疏忽。首先，他把19世紀以來透過印刷形成的大眾小說閱讀形式視為理所當然，而逕自分析因應這種閱讀形式而產生的各種文學流派（如寫實主義、表現主義等）。事實上如果放棄他對「整體」的堅持，盧卡奇應該可以看清大眾小說這一意識形態形式，實在是資本主義自16世紀勃興以來，印刷技術（生產力）配合印刷行業（生產關係）所「制約」出的結果，而英美學者要到20世紀後半段才指出此一重點（McLuhan, 1965: 171-178; Anderson, 1983: 41-49）。

其次，威廉士是英國文化研究的創始人之一，他在一篇比較「整體」模型與「霸權」模型孰優孰劣的文章中，指出盧卡奇的另一疏忽在不重視階級的意向（intention）（Williams, 1980: 36）。也就是疏忽了上節所云，在朝與在野階級，透過各自的知識分子爭取文化霸權的決心。威廉士承認盧卡奇所說的整體可解為「社會實踐的全部」，即社會生活中每一分子的所有作為。可是這所有作為要有一個方向，而這只能求諸鬥爭階級各自的

意向。威廉士無寧認為葛蘭西所倡布爾喬亞與普羅階級在市民社會共逐霸權的理論，更能推進馬克思的上下層結構理論。

同文中，威廉士接著修訂了葛蘭西的霸權理論，著眼在釐清朝野階級如何爭取霸權的問題。他認為領導階級要獲得霸權的方法有二：收編其他階級（透過教育、家庭、立法定義職業及職業組織、選擇性詮釋歷史傳統等手段），或適應其他階級的文化（Williams, 1980: 38-41）。而其他階級充實其文化的來源有兩處，一處是所謂「殘餘文化」，乃是過去的農業生活所遺留下來習尚、價值；另一處是「醞釀文化」，是當下被壓迫的人（主要指工人階級）不斷創新、希圖解放自己的新文化。顯然領導階級對其他階級的兩種文化都要試圖適應乃至收編，但是只要人心不滿於被壓迫，他們永遠有這兩種文化資源作為首先在文化陣線上反抗的後盾。

經威廉士改良的霸權理論，因為指出霸權如何施展的手段，而產生了極大的影響。不但後文中要討論的英國文化研究發言人——霍爾宗仰其文，後續關心社會壓迫的左派學者，也常以兩種文化作為立論的出發點（Jameson, 1991: 6; Castells, 1997: 6-12）。

(三)法蘭克福學派內部的辯論

面對1930年代極權的納粹主義在德國興起，脫胎自馬克思主義的法蘭克福學派學者被迫思索一個嚴重的問題：極權政治下普羅大眾是否還有抵抗的空間？班雅明以審慎樂觀的態度回答了這個問題，但他的回答卻招來阿多諾及霍克海默起先悲觀的峻拒。

從藝術品透過現代技術複製以致「靈氣」（aura）消逝中，班雅明看到普羅大眾興起批判態度的契機。藝術品一如小說是馬克思理論中的「意識形態形式」，可以舞台戲劇如《哈姆雷特》為例，它所以值得珍惜，得自它的靈氣：一方面它是莎翁的心血結晶，是獨一無二的自足整體，另一方面它也是莎翁在特定時空下的創作，源自傳統而帶給觀眾一定的歷史距離（Benjamin, 1968: 222）。

由獨特性與距離感構成的戲劇靈氣，被現代屬於下層結構的電影複製

技術摧毀殆盡。在距離感方面，不但現在電影透過電纜、網路走入家庭，使得遙控器在手的現代觀眾迥異從前站著欣賞半圓形劇場表演的人；而同樣劇本可以一拍、再拍、三拍做不同的現代詮釋，都消除了原來舞台劇具有的距離感，然而影響更大的是其獨特性的消失。舞台劇的演出是一氣呵成的有機整體，燈光、布景、音樂、演員從揭幕到閉幕不容閃失或停頓。高超的舞台表演則是讓觀眾沉醉、認同哈姆雷特這位丹麥王子，而非扮演他的演員。電影的拍攝則以分鏡、分內外景方式割裂了舞台劇的整體：幾天拍攝同一場景，有時連主要演員的化妝都無法保持前後一致，何況演員自己能否幾天都維持同樣入戲程度，更不可知。獨特整體的零碎化，使得電影院裡的普羅大眾在娛樂之餘，因為不會像觀看舞台劇時認同劇中人那樣，不禁就會取笑主角的領帶忽然變色、表情僵硬不入戲等等。換句話說，隨著零碎化複製技術的盛行，大眾在電影院裡被訓練成「心不在焉的影評家」（1968: 240）。班雅明因此肯定複製的藝術品帶來大眾「進步的反應」，即「以直接緊密地融合視覺、情緒的享樂與專家態度為特徵」的反應（1968: 234）。

　　最後班雅明提出，普羅大眾能夠以「進步的反應」抵抗納粹的法西斯統治，是出自納粹政權「美學化政治生活」所產生的矛盾。依照馬克思的說法，現代人的無產化與他逐漸成為「大眾」一員實在是一體兩面的過程。這一普羅大眾亟思推翻現有的產權結構，而希特勒則要在保持結構完好的前提下動員他們，所以他無法給他們推翻的權力，只能給他們「有表達自己的機會」，那就是以紀錄片拍攝群眾如何遊行、參加運動及戰爭再放映給他們自己看（1968: 251，註21）。納粹動員群眾的「美學政治」最終只能走向戰爭，但當政者不知道群眾被紀錄片激發的「進步反應」卻會把戰爭的矛頭指向當政者自身（1968: 241-242）。

　　對藝術複製品的消費會摧生大眾的批判反應，班雅明這種樂觀的理論卻與阿多諾對現代流行音樂的批評針鋒相對。從現代音樂的生產與消費兩方面來看，阿多諾（Adorno, 1991: 57）判斷它都沒有「除魅」（disenchantment）的進步作用。從生產面來看，音樂提供娛樂旨在販

賣。爲達目的生產者以「重複─高潮─重複─高潮」的模式製造音樂,並在廣告詞中都用「我們」來泯除買、賣雙方的界線。再從消費面來看,「重複─高潮」的模式配合電台的打歌先在聽衆心中烙印「遺忘─憶起」的相應模式,所以他會在四時充溢、無所不在的音樂中變成「心不在焉」的消費者;更糟的是,習於收聽以模式製造的音樂更可能使心智退化(1991: 46),至少是使得鑑賞的聽力退化。

從流行音樂使聆聽能力退化的批判出發,阿多諾與霍克海默進而批評1940年代以好萊塢電影生產爲中心的「文化工業」。所謂「文化工業」,是指用標準化機器生產並理性分銷文化商品的系統,這種商品旨在營利,而違背任何冠上「文化」之名者,應有的眞義。文化的眞義不但是在滿足人的精神需求,更在以反對姿態抗議僵化的人際關係,也就是以反對光耀人性(Adorno, 1991: 100)。在這一定義下,「文化」不但指精緻的高品質文化,也內含反抗外加秩序的特徵,而「文化工業」輔翼當道的營利秩序,其實徹底弭平了精緻文化的反抗元素。

文化工業如何化人類的反抗精神於無形?具體操作上就是前述以「重複─高潮」的生產模式,塑造消費者「遺忘─憶起」的接收習慣。阿多諾與霍克海默兩位學者強調,文化工業可以說就是由「重複」組成;而既然它的產品都是不斷「炒舊作」,它只能推銷文化商品的技術面──電影特效、合成音效,而不敢強調其內容(Horkheimer & Adorno, 1989: 136)。另外,在整體運作上,文化工業本身的人員與技術部門都是由當下運行的經濟體制所篩選而來,他們是好萊塢具有競爭、獲利優勢的生產元素,不具優勢者當然已經遭市場淘汰(1989: 122)。

那麼文化工業具體與整體運作結果的效果如何?霍克海默與阿多諾一方面強調文化商品的消費者因此被模塑成一個典型:行爲從衆、自我意識薄弱、本能遭控制。一言以蔽之,個人成爲「幻影」(1989: 154)。而文化工業的最終效果就是「反啓蒙」──原來志在以精進技術宰制自然的啓蒙精神,終於變成欺矇大衆、禁錮意識的工具(Adorno, 1991: 106)。

但是另一方面,霍克海默與阿多諾也都沒有放棄即使被宰制的大衆,

也還有反抗契機的看法。阿多諾在戰後的一文中修正了他先前的意見，認為被宰制的消費者意識，呈現「沉溺公式化的娛樂及懷疑自己因何而笑」的分裂狀態（這已經接近班雅明「進步的反應」說法）；並且在潛意識裡根本「不相信」文化商品可以等同藝術品（1991: 103-105）。霍克海默與阿多諾（1989: 130）都期待藝術品在文化工業時代繼續發揮救贖的功能，並認為藝術品體現調和變與常的理想風格時就具有這種功能。霍克海默（1989: 278）更直言這一救贖功能來自藝術品的「逃避」特徵，人藉藝術品遁入私密的觀念世界以便重整思緒，待時機成熟他可用新思緒重整現實世界。也因此，他認為「最高級的藝術必內含反抗的元素。」（1989: 274）。

霍克海默與阿多諾兩人，尤其是後者，認為當下的現代藝術（如達達主義或畢卡索的創作）仍能激發消費者進行反抗，因為這類藝術創作嘲諷當下，令觀眾思考。但是，我們要強調阿多諾在戰前與戰後，的確改變了對班雅明「藝術複製品催生消費者進步反應」主旨的態度。從戰前他判斷流行音樂無法「除魅」，到戰後替受宰制的消費者意識緩頰，承認他們的意識猶有對文化商品的懷疑，筆者認為阿多諾的確是向他的老友班雅明靠攏了。如果這一判斷為真，那麼回到本節開始提到的極權政治下的普羅大眾（或者再用葛蘭西的口吻稱之為，在武力及統治觀念雙重束縛下的被統治階級），能有多少抗拒統治秩序能力的問題，至少「法蘭克福學派」第一代的成員都可異口同聲回答「消費者能夠反抗！」只是從阿多諾的「懷疑意識」到班雅明肯定複製的藝術品帶來大眾「進步的反應」，他們對反抗能力大小的評估，高低懸殊罷了。

第一代法蘭克福學派肯定被統治階級具有抗拒統治秩序的能力，基本上這是偏向馬克思「生產模式制約心智生活」的說法。因為生產模式只是制約，而非決定，被統治者的生活，所以不必等待生產關係與生產力發生衝突，被統治者在他們的日常消費中（譬如看電影），就能批判性地意識到他們的利益是與統治者不同調的。這種批判意識承平時可能以集體抗議或社會運動形式抒發，而當生產模式內部真正發生衝突時，這一意識也可能大幅增強被統治者「揭竿起義」的行動決心，觸發社會革命的來臨。雖

然從具有批判意識到革命的完成，是非常崎嶇的道路，其中的波折又遭到馬克思的理論大而化之，但是「制約」的說法其實比「決定」在推論上更能順理成章的得出「生產關係現在轉為生產力的枷鎖，因此開啓了社會革命的新紀元」結論。

所以，總結我們對二次戰前法西斯統治脈絡下各派新馬克思主義的討論，可以發現大家基本上都拋棄了馬克思「社會存有決定他們的意識」的機械說法，盧卡奇甚至要以「整體論」根本取消上下層結構兩分的構思。但是葛蘭西與第一代法蘭克福學派則不約而同走上鬆綁「決定」、擴大「制約」的路子：葛蘭西令在市民社會爭逐霸權的各階級知識分子，不斷創新他們的意識形態，自然是給了知識分子相當大的自主權；班雅明、阿多諾等人則澤及小老百姓，認為藝術品，甚至只是複製品都有可能激發庶民反抗被宰制的意識。生產模式的困境只是制約了精英與庶民的行動空間；在這遭到束縛的空間中，他們還是不缺奮起的意志與決心。

第一代法蘭克福學者阿多諾的學生哈伯馬斯，在1960年代完成的博士論文中提出「公共領域」的重要觀念，而在三十年後的網路年代引發傳播學門內外的熱烈討論，我們留待在下一小節的（五）中分析。

二、後工業社會的脈絡

(一)阿圖塞的「意識形態國家機器」

阿圖塞（Louis P. Althusser, 1918-1990）的〈意識形態與意識形態國家〉一文，曾被稱讚為「當代意識形態理論的關鍵文本」（Eagleton, 1994: 87）。在這篇文章中，阿圖塞以雙層的功能關係來解釋「所有」社會類型中，生產工具的擁有者與使用者如何日復一日維持彼此的關係。[1]他的模型我們以圖6-2表示。我們評析阿圖塞的功能型意識形態理論，一方

---

[1]這是因為阿圖塞認為意識形態理論乃一般性的，貫穿歷史而適用於各種社會類型，或Marx所稱的「生產模式」（Althusser, 1969: 159）。

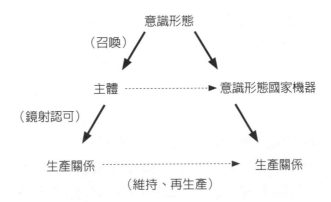

圖6-2　阿圖塞對維持社會的生產關係之雙層功能分析

面要指出他對媒體制度在社會中的定位，另一方面也主張：雖然他正確認識到，意識形態足以塑造行動者視此意識形態爲天經地義的「自然化」效果，卻拘泥於「部分整合全體」的功能論說法，而把此效果解爲乃行動者本就是意識形態結構之組成分子的附帶現象。

　　與阿圖塞自己的論證程序相反，我們從**圖6-2**的最高層—意識形態—向下分析。阿圖塞認爲意識形態是「雙鏡反射的結構體」，透過每一個行動主體（subject）與意識形態國家機器（ISA）彷彿穿衣鏡般相互照射的作用[2]，意識形態結構穩定了ISA與主體之間的主從關係（Subjection）（Althusser, 1969: 180-183）。如下文所要展示的，意識形態結構指的就是主體與ISA互相照射所產生的四重主從關係；但是在這些主從關係產生之前，意識形態必須先「召喚」社會中的每一個成員成爲「主體」。

　　阿圖塞舉例說明意識形態影響主體的召喚機制是如何運作的（1969: 167-170）：所謂個人宣稱信神的現象，其實是因宗教意識形態已存在於宗教制度這個ISA之中，制度再發展出各種清規戒律，個體復以行爲遵

---

[2]ISA指的是社會中宗教、教育、家庭、法律、政治、工會、媒體、文化等八種制度。因爲它們扮演了在「武嚇」之外，替國家政權向人民「文攻」，或稱洗腦，的作用，所以阿圖塞稱之爲ISA。阿圖塞直承他的ISA是從葛蘭西的「市民社會」（civil society）概念而來（1969: 142, n. 7）。

守規律之後，個人才認為他已皈依上帝。即，個人的信念及意識乃經由 ISA、制度儀式、個體行為、（被操縱的）自覺四者所決定，這四者構成宗教（意識形態）召喚出歸皈者（主體）的機制。

當個體堅稱信神之後，意識形態結構又以鏡射認可（mirror recognition）的機制，鑄就以神為中心的ISA與皈依者的四重關係（1969: 177-181）：個體先已經被召喚成信神的主體（第一面鏡）；他並且承認臣屬於另一主體，即神（第二面鏡，隱藏於宗教制度）；繼而產生神人互相認可、皈依者互相認可、單一皈依主體自認為「基督徒」等諸關係（因第一、二面鏡互照而成）；最後則為確認「基督王國」的存在：只要謹守本分，上帝必賜與永生（雙鏡反射既久而生出的新信念）。至此，經召喚與鏡射認可的作用，意識形態在主體身上產生三大效果：(1)他視自己的信仰身分為最自然明顯之事（1969: 172）；(2)因為他看不到意識形態隱藏在ISA、儀式、行為、自覺之中——此乃意識形態的自我隱藏效果（denegation）（1969: 175）；(3)而從此他所思所行自然吻合意識形態——當下的統治意識——的要求（1969: 181）。這三大效果可簡稱為自然化效果。除了宗教制度之外，媒體制度也是構成ISA的八種制度中的一種。它也同樣透過召喚與鏡射認可作用，自然化它的受眾。可惜，阿圖塞並沒有針對媒體多所著墨。

在每一種意識形態透過單獨的ISA多元決定（overdetermine）主體的行為意識，即由召喚與鏡射認可塑造四種主從關係而產生我們所謂的自然化效果之後，所有八種ISA的加總（aggregated）效果就是令所有主體日復一日的各安其位；阿圖塞在此暗示，各安其位正是各種社會類型中，生產關係不斷複製自身的關鍵（1969: 183）。各安其位扮演了第二重維持生產關係的功能角色，也就是**圖6-2**最底層的虛線關係。

從實際做研究的觀點，我們對阿圖塞的模型有兩個批評：首先，各個ISA可否加總以造成再生產或不斷維持生產關係的總體效果，本身便是一大問題，更何況阿圖塞處理的方式，只是暗示，而沒有精闢說理的釐清。阿圖塞主張可以加總，就是主張社會上的各種制度都不過是同一意識形態

結構的不同表現，它們影響主體的機制都是同樣的召喚與鏡射認可。這樣的主張很難得到社會科學各研究領域學者的首肯，他們會質問：證據在哪裡？學者的疑慮，類似他們質疑韋伯的成名作《基督新教倫理與資本主義精神》。當韋伯寫到接受喀爾文等新教教義的人從事經濟行為之後，創發了現代資本主義的經濟組織之時，社會學者柯爾曼（Coleman, 1987: 154-156）就指出，韋伯在這裡是從個體分析層次機械性地加總以論證總體層次的結果，因為韋伯並沒有提供受教義影響的人是工人、雇主，或是兩者都有的證據。而由工人自組的經濟組織不同於雇主的，也不同於工人與雇主互動所創造的團體。互稱基督徒的人，都不能因為共享宗教教義而保證彼此的經濟行為，會符合新教倫理與資本主義的要求，又何況阿圖塞是要論證各種不同的意識形態制度，都像「演奏會」的每一個表演者一樣，能夠共譜出「維持生產關係不變」的樂章（1969: 154）。

其次，面對**圖6-2**的模型，我們不禁要追問：意識形態結構如何自我隱藏，造成主體一方面循意識形態要求而行，另一方面又視自己的行為意識為天經地義的自然化效果？阿圖塞的回答會說：意識形態結構主要透過「召喚」形成主體的自然化效果。而意識形態能召喚個人為主體，是因為意識形態之成為結構，本來就內含在ISA、儀式、行為、自覺之中；個人打從在母體結胎，父母期望他出世開始，就已遭當道的意識形態的召喚，「永遠已經」（always-already）成為忠心不二、臣服於意識形態的主體（1969: 173-176）。事實上，阿圖塞在這裡仍然是秉著「部分的存在乃由於扮演著整合全體的功能」這種思維，以分散而無所不在的意識形態結構，「解釋」主體如何一開始就已經是結構的組成分子，他並沒有提供單獨明顯的原因來說明它如何影響主體所表現的自然化效果。

批評之後我們仍然必須指出，阿圖塞的立論對下文要討論的列斐伏爾與霍爾都相當有影響：意識形態不再是馬克思所稱的「形式」，而是本來就內含在ISA、儀式、行為、自覺之中的「結構」；這點影響了霍爾的「構連」理論。而意識形態透過ISA「多元決定」主體的行為意識的說法，也被列斐伏爾所襲用。此外，阿圖塞是強調意識形態結構去多元決定

主體意識，而非馬克思所稱社會存有決定他的意識，這也使得意識形態的自主空間擴大了許多。所以雖用了「多元決定」的觀念，如果再回到圖6-1上、下層結構的分野，阿圖塞無疑接受的是下層結構「制約」了上層結構的說法。

(二)列斐伏爾的「日常生活」

列斐伏爾（Henri Lefebvre, 1901-1991）定義日常生活爲「自願被控管者的時空領域。」（Lefebvre, 1984: 72, 197）。他稱社會生活中的個體爲「被控管者」是出自他對1950、60年代歐美社會的特殊理解。雖然奉行正統的馬克思主義，他則視任何社會整體乃由下層（base，生產手段與技術）、中層（structure，以生產爲中心的社會關係）及上層（superstructure，意識形態）結構所組成[3]，而資本主義現代社會演進到1960年代，必須賦予「控管消費的科層社會」稱號（1984: 60），正因爲這一社會的三層結構歷經特殊變化，並透過消費塑造出被控制住的行動個體。社會的三層結構如圖6-3所示。

現代社會的行動者意識遭到上、中、下層結構不同的控制手段所綑綁。下層結構的手段作用在消費者的經驗層次上，也就是日常生活當中，而表現爲「強制」與「適應」（compulsion and adaptation）（1984: 88）兩種形式。譬如，一般人都把日常生活劃分成工作與休閒兩部分，而視「努力工作、拚命消費」爲合理的想法。這種意識爲何顯得合理？因爲現代社會已經先教會我們：職場乃要求紀律的地方，而我們抗壓（適應）的最好方法，就是以工作收入好好消費，以資補償。

中層結構進一步控制消費者意識的方式，則作用在他的「想像」

---

[3]就如本節標題「20世紀的上下層結構辯論」所示，其他馬克思主義者通常合中層結構，也就是生產關係，於下層結構中，而只討論上、下層關係。但是把馬克思的生產模式拆解爲上中下三層來分析的，還不只列斐伏爾一位。與他同時代的結構人類學者李維史陀（Levi-Strauss, 1971: 111）也持相同看法，只差李氏並非把「中層結構」視爲生產關係，而是看做人類心靈結構的放大。

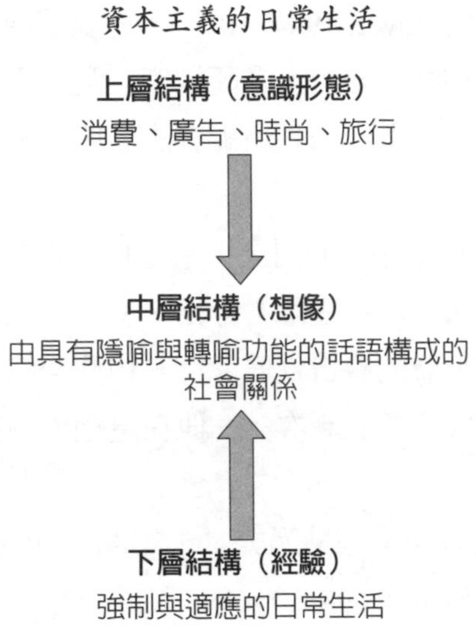

資本主義的日常生活

上層結構（意識形態）
消費、廣告、時尚、旅行

中層結構（想像）
由具有隱喻與轉喻功能的話語構成的
社會關係

下層結構（經驗）
強制與適應的日常生活

圖6-3　列斐伏爾的現代社會三層論

（make-believe）層次：利用語言符號的「隱喻」及「轉喻」作用，刺激他對消費過程與消費品的想像。如消費者選購汽車絕非只在意它是「代步工具」〔轉喻意義，出自駕車時腳與車內地板「貼近」（contiguity）〕，他必然加上媒體廣告所稱，車乃地位、成就等象徵的隱喻意義〔把車與自身地位視為「相似」（similarity）的作用〕。在行動者的想像中加強他消費的意義，可以掩飾日常生活裡他面臨的主要矛盾：在工作的強大壓力之下，他適應的能力其實非常有限（1984: 90）。

　　最後，上層的意識形態控制消費者，就是全面置之於「控管消費的科層社會」中：意謂以大型官僚化的報章影視媒體，乃至其他「意識形態國家機器」，重疊而大規模的宣導「消費至上」的思想。列斐伏爾特別舉出廣告（publicity）如何作用在消費者的「意識形態」層次來說明。具體的汽車廣告，當然是利用影像符號在想像層次操縱消費者，但是在上層意識形態層次，則是經由我們可稱為「廣告建制」的東西影響消費者，而社會任何商業科層組織都如出一轍，無時無地不在宣導消費！消費！！消費！！！。列斐伏爾認為這種建制，正是傳播理論家麥克魯漢所云「媒體

就是訊息」的眞義（Lefebver, 1984: 107）。即媒體建制除了傳遞訊息的節目外，也包含漫天蓋地拉廣告的「業配制度」及其引發的「消費」熱潮，還包括衡量廣告績效而由獨立公司所調查的「收視率」等等；它們都爲刺激消費而存在。

請注意**圖6-3**的兩個箭頭逆向對立，原因是：列斐伏爾分社會整體爲三層，其實是出自辯證法視事件變動必分正、反、合三步驟的考慮。即下層的經驗（正），是和上層的廣告宣傳（反）相衝突的，而衝突的決勝點則發生在中層消費者的「想像」層次——他在這裡表現出是忠於經驗或是相信宣傳的言行。

列斐伏爾此書一方面是總結過去二十年間（1946-1968）分三冊出版的《日常生活批判》研究（1984: 8-67）；另一方面也不無與同時的新馬主義者對話之意。對他的同胞阿圖塞所創的結構馬克思主義，他頗有貶意[4]。但是這並不妨礙他應用後者「多元決定」（overdetermination）觀念於自身的上中下層模型中，他認爲現代社會透過這三層以不同機制綑綁行動者，正是「多元決定」或稱「多元控制」最佳的體現。此外，對戰後留在美國的「法蘭克福學派」大將馬庫色，他正面肯定（1984: 6），可是他不同意馬庫色（Marcuse, 1964）以下主張：視1960年代美國社會乃在科技、政治、心理、乃至哲學思想方面，都逐漸自我禁錮爲「單向度」亦即缺乏自我批判能力的環境。所以列斐伏爾在書中想建立的主旨就是，相對於「單向度社會」，「控管消費的科層社會」絕不是把行動者壓縮在「消費」的同質空間中；反而它是把消費現象零碎化爲「時尙」、「旅遊」、「文化」、「汽車」等等的「次系統」，彼此之間不相聯屬，有時還互相衝突，但是各自都在消費者意識的三個層面召喚他入彀。這就是他所謂「日常生活的單一系統並不存在」的眞義（1984: 86）。

如果列斐伏爾所主張現代人的意識是透過消費次系統而被多元控制的

---

[4]列斐伏爾在本書中稱結構主義也是在上層結構作用的「不被視爲意識形態的意識形態」（1984: 87）。又同頁中稱中層結構的兩種語言符號作用之一爲「形上學」（metaphysical）作用，應是「隱喻」（metaphorical）作用的誤譯。

命題能夠成立，那麼我們可以質問：難道消費者目睹次系統之間的矛盾都麻木不仁，不思其中有詐、甚至想到加以利用？難道消費者絲毫沒有抵抗的能力嗎（中層「想像」的質疑）？在後續《空間的生產》著作中，列斐伏爾試著釐清消費者抵抗的問題。他仍延著下中上層結構的模式構思行動者與空間的關係，認爲在下層接觸物理空間的「經驗」，加上在上層經統治階層論述過的，有關空間的「思想」，才合成在中層他將空間定義爲社會互動的層次，亦即消費者共同居住、使用空間的「狀態」；可是對於使用狀態的公共空間，人們，尤其是「藝術家」會利用各種象徵與姿態試圖「改變與占用」，譬如塗鴉、據地爲巢、公園路段的美化認養等方式都可歸入其中（Lefebvre, 1991: 39）。但是，即便他對具藝術天分的消費者使用空間狀態的描述爲眞，我們仍無法看出爲什麼在下、上層對空間的經驗與思想經過統治階層染指後，在中層的消費者突然具備要「改變與占用」公共空間的抵抗能力。因此我們認爲，列斐伏爾筆下的現代人，首先是意識如同一片白紙的行動者，他們就等著各種消費品從四面八方，尤其是透過廣告，引誘其上鉤，而只有在消費空間時他們才奇蹟式的會訴諸抵抗行動，奪回公共空間。他的立論顯然與阿圖塞不同，無寧更接近馬克思「社會存有決定意識」的說法。所以，雖然列斐伏爾襲用了阿圖塞「多元決定」的觀念，但決定力量的源頭是來自生產模式的上中下三層，並且是由上、下兩層的相反勢力在中層想像中發生衝突，而產生消費者或忠於經驗或相信宣傳的結果。這些都迥異阿圖塞對意識形態結構，透過召喚與鏡射認可多元決定四種主從關係的說法。相對於在**圖6-1**的上、下層結構中，阿圖塞代表認同下層結構「制約」了上層結構的傾向，列斐伏爾其實擁抱的是更機械式的「決定論」。

(三)英國文化研究發言人霍爾對意識形態的看法

　　霍爾（Stuart Hall, 1932-2014）在1968年到1979年間，擔任伯明罕大學當代文化研究中心主任。他接續並且發揚他的師執輩威廉士引馬克思主義研究文化、媒體議題的作風，不但使得「文化研究」變成一個準學門，甚

至他也飄洋過海於1992年到台灣清華大學爲本地文化研究加持。他主要的學術思想與葛蘭西的霸權觀念密不可分，但是霍爾也有苦心孤詣的創見，他前期的閱聽人理論及後期的構連（articulation）理論，都有他與霸權理論對話的痕跡，而這是本小節所要論述的要點。

霍爾早期傾心於大衆傳播的研究，但是他從馬克思的觀點出發，把美國學者視傳播爲發訊者－訊息－收訊者的循環，解釋爲馬克思式生產－流通－消費－再生產的循環。所以，他認爲在電視的傳播循環中，訊息的生產與消費屬於不同階段，雖然兩者都是由社會關係組成的傳播過程整體中的重要元素。訊息的生產由其視聽設備（下層結構）、工作人員（生產關係），及兩者合成的知識架構（上層結構）所構成，透過生產階段產出的訊息被製碼（encode）爲電視節目。而消費者接收這個節目則要透過解碼（decode）程序，即他們的訊息消費（或云「解讀」出節目的意義）則是由他們的工作與生活（下層結構）、人際與職場關係（生產關係），及兩者合成的知識架構（上層結構）所決定（Hall, 1980: 130）。

霍爾在這裡的創見是指出消費者解讀節目意義的位置有三種。首先是主導－霸權的位置。消費者會占據這個位置的原因，是因爲他們完全接受了代表社會主流的專家加置於節目的符碼（the professional code）。我們也可以用威廉士的話說，消費者完全被主導的專家所收編。其次是協商的位置，它作用在專家符碼的例外之處，也就是專家不留意時被觀衆所抓到的「小辮子」。也許我們可以用班雅明所稱大衆「進步的反應」，也就是成爲「心不在焉的影評家」來理解。最後是反對的位置。在這位置上的消費者既瞭解專家的符碼，還看出了符碼中的破綻，總之他們就是覺得所看的節目與「事實」不符，這是因爲他們的工作、生活、人際關係所結成的知識架構完全與主流社會迴異之故。威廉士所謂被壓迫的人不斷創新、希圖解放自己的「醞釀文化」，正是生產出反對位置的溫床。但是，如果用列斐伏爾的架構來說，那麼消費者解讀意義的三種位置都視其階級出身而發生在他「想像」的層次之中。

所以霍爾早期的閱聽人三位置說，其實是亦步亦趨根據著威廉士的改

良霸權論而走,他真正的突破還有待他的構連理論。構連(to articulate)在英語中既意謂「詳說」,也意謂「卡車的車頭可以但不必然與車廂聯結」(Hall, 1996: 141)。所以霍爾認為構連理論也有兩面意義:一方面是要理解在特定條件下,意識形態組成元素如何團聚在同一論述之中;另一方面則要追問在特定情況裡,這些元素如何(及如何不)與某些政治主體聯結。針對後者他補充說:「構連理論問說意識形態如何發現它的主體,而非主體如何想出必然要有的意識形態。這樣的理論使我們想到意識形態如何賦權(empower)給人民⋯⋯」(Hall, 1996: 142)在這裡霍爾一反他的老師威廉士認為階級的意向塑造出特定意識形態的說法,堅決認為意識形態不出自行動者的意向,而是論述和社會行動邏輯的功能表現(即接近阿圖舍的說法,Hall, 1982: 88)。

霍爾提出「構連」乃可能但不必然聯結的特殊定義,目的在反駁馬克思所謂「統治階級的觀念就是每一時代的統治觀念」的看法。一方面,意識形態不必然屬於特定階級,反而研究者要質問在什麼情況下透過什麼機制,特定階級聯結到某一意識形態而據之為己有。另一方面,統治階級的「統治」不是用武力洗腦、強力灌輸它的意識形態給人民,而是如葛蘭西的「霸權」所示,要爭得文化上的領導權,也就是贏得被統治者「積極的同意」(Hall, 1982: 85)。在這方面,媒體制度與「積極同意」的關係密不可分。

在資本主義民主國家,當政者的少數利益與多數選民的意志,透過全民定期選舉而調合成為執政的正當性。媒體以言論自由監督執政正當性,它也以聽命政府干涉為可恥,但是媒體享有的言論自由與政府得到執政正當性實在同出一源,兩者都是全民同意的資本主義民主架構,所以,媒體的作為根本上是要保護並進而塑造這一全民共識,它就如同政府一般,也是生產「積極同意」的一分子。

進一步說,媒體的公正報導需要政府此一國家機器的中介,一方面指的是媒體報導特殊利益經過全民同意而被普遍化,被蓋上「正當性」戳章的過程。譬如以媒體鉅細靡遺報導總統選舉來說,透過報導,總統候選

人原本的政黨利益才在當選後變成全民利益，接著再變成主導的利益。但是另一方面媒體能夠公正報導的前提，是每一任新政府都誓言保障憲法賦予的言論自由，而在媒體陷入自家工會抗爭或其他社會上的利益衝突時，政府願意一本保障自由報導原則而介入。這是霍爾所理解阿圖塞指媒體乃「意識形態國家機器」一部分的意義，而非指媒體必須國有國營之意。

綜觀霍爾前後期對傳播媒體的理論定位，可以發現前期的閱聽人三位置說深受從葛蘭西到威廉士看待霸權觀念的影響，而到後期他卻轉而接受阿圖塞意識形態「召喚」主體的說法，而把「召喚」的語意稀釋代之以「構連」，再肯定媒體扮演讓意識形態與某些政治主體聯結的功能。我們可以合理判斷，在阿圖塞結構主義的影響下，霍爾接受了在社會的論述與實踐中成長的各種意識形態有其相對自主性，認為它能「發現」，也足以承載、宣揚它的主體。但是霍爾不願意完全為阿圖塞所云意識形態塑造它所需要的主體背書，所以他只說意識形態能「賦權」給人，言外之意是人必須自有條件去獲得這裡的力量，他並非否定威廉士所強調的人或階級具有意向的說法，而只是說意向本身不足以創造意識形態。英國文化研究對主體的意向，也就是社會生活中個人的能動性（agency）基本上予以承認，這是跟英國哲學上的「經驗主義」傳統相契合的。但是結構主義發源的法國本身，在阿圖塞之後，還有更激進的對人類主體性的否定，那就是布希亞根本沒有消費者卻只有「擬像」的說法。

(四)布希亞的超現實主義觀點

布希亞（Jean Baudrillard, 1929-2007）其實承襲了阿多諾、霍克海默及列斐伏爾對媒體操縱下的消費者感到悲觀的論調，並進而主張，無論消費者或當政者，甚至是他們的對立態勢，都在超現實時代遭到外力消融。但這外力不是出自意識形態，而是來自「擬像」（simulacrum）。

布希亞從70年代末期強調的「擬像消融」說，其實是對60年代他主張「意識形態控制」說的自我否定。在60年代時期他有別於亦師亦友的列斐伏爾，稱後者的「控管消費的科層社會」為「消費社會」，並說它具有產

品（及有關產品的論述）豐富及勤於展示（display）的特徵。就是透過展示櫥、廣告、製造商與品牌，消費社會才能貫輸給消費者一個連貫的集體視野，「就像不可分的整體一樣」（Poster, 1988: 31）。

首先是廣告，它以任意使用卻自成體系的符號，動員消費者的意識，引誘他們接受產品，把自己牢牢固定在消費者的集體視野當中（Poster, 1988: 10）。其次是消費意識形態，頂著「自由選擇」之名，消費者能選的其實只是製造商要賣的；更甚者，在意識形態控制之下，消費者的「欲求系統就是生產系統的製成品」（Poster, 1988: 42），而廣告、意識形態的作用最後都濃縮在品牌之中。品牌先喚起消費者對產品的回憶，接著喚醒他使用過後種種真實的或想像的感情。以上三者構成「由所有物品與訊息多少連貫的論述整體」（Poster, 1988: 22），藉著這一整體消費社會向它的最終目標演進：「把消費者加以單一功能化，並壟斷他們所有的心理需求，簡言之，在消費中完成宰制。」（Poster, 1988: 12）如果說這裡呈現的是消費者遭到完全控制，沒有絲毫反抗空間的意象，那麼布希亞到了後期只有變本加厲，根本去除消費者的意識問題。

在後期著作中，布希亞進一步認為消費社會之後我們已進入完全「擬仿」（simulation），也就是「超現實」的時代，而這個時代有別於「擬仿」初生的「贗品」時代，及「擬仿」長成的「產品」（或稱消費社會）時代（Poster, 1988: 135）。依馬克思所言，人製造的物品都具有直接被用掉或被販賣的價值，前者稱「使用價值」，後者稱「交換價值」。照這個分類，布希亞認為從文藝復興到工業革命的西方社會，因為重視使用價值，對「擬仿之物」只達到「贗品」的認知，即贗品乃成分不良、質地粗窳，因此使用價值低的劣品。到了工業產品勃興，也就是消費社會的時代，因為是以機器、生產線大量複製，這時的「擬仿之物」就是「產品」，而複製的產品成為人造物品的主流是因為這個時代重視「交換價值」遠勝於「使用價值」。布希亞（Poster, 1988: 138）特別提到，班雅明及麥克魯漢都看出這時的複製技術作為一種「媒介」的重要性，前者指其激發「進步反應」，後者指其帶來新時代，也就是「擬仿」成熟的超現實

時代的訊息。到了全面的「擬仿」時代，最重要的人造品是「擬像」，亦即電子傳媒的影像視訊，而這種人造品的運行邏輯是根據「交換價值」中的特殊現象，也就是結構語言學者索緒爾（Ferdinand de Saussure）所定義的「價值」。索緒爾把語言比擬為貨幣，認為兩者都具有兩種交換形式：貨幣可與等值物品做外在於貨幣系統的交換，但內在的它也可以跟各國不同的錢幣交換。這種內在於同一結構，錢與錢之間、語言與語言之間、影像與影像之間的交換現象，索緒爾特稱為「價值」。所以「擬像」的運行邏輯，簡言之就是遵循「價值的結構法則」（Poster, 1988: 135）。

在超現實時代裡，「擬像」的運行只是影像與影像在不斷的交換，它們無法被視為上層結構的意識形態（有「反映」下層生產力與生產關係的作用），也無法被當作再現符號（有「指涉」客觀世界事與物的功能）。它們的運行正是以所有指涉（referentials）的消亡為前提，而因此它們也泯滅了真與假、真實與想像、乃至因與果之間的差別（Baudrillard, 1994: 3）。更進一步可以這樣劃分：一方面視影像為意識形態時，它們可以「虛中帶真」的反映下層的真實，也可以覆蓋這一真實，還可以覆蓋這一真實的「缺位」，即以假做真。但當影像變成「擬像」時，它們與真實脫離了一切關係，「擬像」只是「擬像」自身。另一方面如果視影像為再現符號，那麼消費者還是會對照著真實，拚命要詮釋這些符號的「真意」（meaning）。而「擬像」之為物，卻只在勾起消費者的「懷舊之情」（nostalgia）（Baudrillard, 1994: 7）。總之，透過不斷的交換，「超現實的擬仿層面收編了日常生活中所有政治、社會、歷史、經濟的現實」（Poster, 1988: 146）。

如果說，馬克思主義者的媒體與意理理論，從馬克思自己的上下層結構圖出發，歷經霸權、整體論、多元決定、上中下三層結構，而終止於取消社會分層現實的「擬像」論，那麼只能說馬派理論發展到了虛無主義的終點。還好，面對這一令人不快的結局，我們還看到「公共領域」的出路。

(五)哈伯馬斯的「公共領域」

哈伯馬斯（Jürgen Habermas, 1929- , 1989: 25）的「公共領域」指的是18世紀英、法、德等歐洲社會中，介於公私領域而由中產階級的「私人所聚集形成的公共圈」，目的在辯論中產階級從事商品勞務交換的生計時，所發生而涉及整個階級的公共問題。這是歷史上存在過的公民社會。這一公共領域的形成，從中產階級——指資本家、商人、銀行家、企業主、製造商及學者（1989: 23）——之私領域裡獲得兩大助力：從他們的職業圈裡取得必須運用理性進行辯難的議題；卻又轉化他們的核心家庭中固有的自願（voluntariness）、互愛、教養諸美德，成爲公共辯論時必備的開放、平等及批判的公德（1989: 50）。

成形的公共領域意謂它已制度化。哈伯馬斯因此討論了文人，包括報紙記者，在沙龍、咖啡屋、俱樂部暢談高論所形成的公共圈（即所謂「文人公共領域」），並認爲在這裡的言論經報紙發表就變成政府公領域必須重視的「輿論」（1989: 31）。文人公共領域的所在地必在市鎮（town）——18世紀開始工業化後人口的集中地，所以市鎮一方面構成中產階級的謀生場域，另一方面也是提供對文人特別重要的文化產品（戲劇、小說、報紙）的市場。因此，文人公共領域是在固定地點上聚會而成，它透過輿論與公部門接觸；也因爲與「公民社會」重疊在市鎮範圍，它也能即時掌握經濟現況，形成沙龍議題。

總之，哈伯馬斯認爲中產階級的經濟議題逼使他們聚會並訴諸理性的討論；可是討論過程能正反俱陳、兼容並包則需先有家庭教育所培育的美德，家庭及聚會場所（沙龍、咖啡屋、俱樂部）於是制度化了中產階級的公共領域。

但是，哈伯馬斯接著主張，資本主義社會在14世紀歐洲的誕生前後經歷了兩次社會結構的轉型：第一次是由封建君主專制轉向中產階級自由的公共空間；第二次是19世紀以後由此一公共空間轉向現代大眾社會下的福利國家。他認爲第二次的轉型摧毀了當時既有的「公共領域」，主因在福

利體制下，中產階級與普羅大眾逐漸融入大眾消費社會所致。

哈伯馬斯的「公共領域」在90年代後引發學者熱議的主要原因，是他們看到網際網路似乎提供了不受地點限制，隨時更新輿論與公部門消息，因而能當下討論政經現況的空間。網路似有振興「公共領域」的理念，並改造民主政治的潛能。但是也有對網路與公共領域或民主的負面看法。

政治學者巴伯（Barber, 1999: 586）主張，網路透過提供充分資訊、隨時參與、互動商議的功能，可形成令任何關心時事的公民盡情對談的「審議式民主」（deliberative democracy），因而令人對政局懷抱希望。其他學者如塔普史考特也主張網路審議民主的特長為降低參與成本，並能廣泛流通參與的資訊；增田米二則肯定資訊時代使社會更進一步邁向參與式的民主。（May 2004/2002: 104）而專研全球性公民社會的肯因（Keane, 2003: 168-2）甚至判斷說，媒體的全球化或網路化導致了「大小不等的公民社會的成長。」

但是，在負面的看法方面，達爾伯（Dahlberg, 2001: 623）的實證研究早就指出，如果設定在網路平台達成議題共識，即形成公共領域的理想條件如下：能夠交換並批評彼此有效的說法；參與者具反身性；具角色互換的同理心；誠懇；平台板主的寬容與平等；免於國家與經濟勢力威脅的自由，那麼，在仔細研究過美國境內網路上的各種相關平台之後，他只能結論說，只有交換並批評彼此有效說法的條件有被做到，其餘條件都未出現。

達爾伯發表研究後十一年，庫倫等三人在他們的書中也說，年輕人親近網際網路是因為它面向全球、具互動性質、有國際主義訴求、也有政治去中心及特殊的參與形式（Curran, Fenton and Freedman, 2012: 181）。但是，「網際網路並沒有……擴散與更新民主，部分原因是威權政體往往能控制網際網路，加上人們疏離於政治過程」（179頁）。所以，雖然「網際網路確實已是數位年代中，激進政治的核心」（150頁），這一新政治卻絕不是「代議的政治，[只]是情感與對抗的政治。」（169頁）

從阿多諾、霍克海默的「文化工業」到列斐伏爾的「日常生活多元控制」再到布希亞的「超現實收編」，20世紀日常生活中被政經權力包籠的行動者，讓新馬學者每況愈下的以「消費者」的面貌來立論。先是在「文化工業」襲擊下，消費者猶有意識上的懷疑及潛意識不信任的心理空間（所以他們只是遭到生產模式的「制約」）。可是在阿圖塞結構主義的影響之下，列斐伏爾以語言的中層結構與意識形態的上層結構「夾殺」消費者意識，僅保留藝術家消費空間的自由。最後則由布希亞宣布真實世界的消費者與他的意識根本不是問題，因為他認為真實世界不存在。這一路的發展令人不忍卒睹，因為順路走去身為消費者的「我」變成虛位的主格，填滿這個位置的只有不斷互換的擬像。「我」不可能有作為改變現狀，因為「我」之外所謂「改變」，所謂「現狀」仍然只是充斥影像的動詞與受格而已。發展到布希亞手裡，彷彿馬克思的生產模式不但沒有決定上層結構，所謂上下分層的社會現實根本被取消了，而由自行運轉的「擬像」取而代之。

　　最後，公共領域與網路兩個概念的結合，一方面帶來了透過網路平台落實公共領域為「審議式民主」的希望；他方面卻有研究指出網路帶來的不是民主，只是情感與對抗的政治。如果再以馬克思的話來提問，那麼最關鍵的問題就是：到底上層結構的民主理念和下層網路技術的衝突，究竟會把發展程度不同的全球各國帶向何方？

肆、結論

　　從圖**6-1**馬克思的生產模式理論來看，在戰後後工業社會脈絡之中興起的新馬學說，勢均力敵的主張下層結構或制約（阿圖塞、威廉士、霍爾），或決定（列斐伏爾、布希亞）意識形態形式。這一趨勢不同於戰前各家，除了盧卡奇以整體論往辯證統一方向走，通通主張「制約」的傾向。「制約」論與「決定」論最大的不同，在前者觀看浮沉在物質生活

中的芸芸眾生時，仍然寄望他們有超越樊籬的覺醒與行動。戰前諸家的傾向，一方面受到法西斯全面統治的壓迫，主觀上當然希望能夠衝破樊籬；另一方面以工農兵爲主成功發動的俄國大革命，更是正面肯定了「人定勝天」的樂天希望。而戰後世代長期處於美蘇爭霸的冷戰期，共產世界以政治運動、自由世界以消費，同樣是在葛蘭西的霸權架構中「決定」了眾生的命運，部分悲觀者重新回歸到「決定」論也有其特殊時代的道理。

　　20世紀對媒體與意識形態議題的討論，如本章所示，應該放在本世紀的馬克思主義者如何回應馬克思本人在19世紀中提出的生產模式理論的框架中來看。在各自抒發自己的上下層結構如何串聯的說法中，他們具體的指出了媒體與意識形態的研究方向：盧卡奇主張小說能夠打動人心，因爲小說家把握了由本質與表象辯證卻統一的各種關係構成的社會整體。班雅明認爲零碎化藝術靈氣的電影或照相術，可訓練工人群眾的批判意識。但是，霍克海默與阿多諾卻反駁，以「重複—高潮」的韻律做基礎的文化工業生產模式，只能塑造消費者「遺忘—憶起」的被動接收習慣。在戰後，列斐伏爾的「廣告建制」指出，在沒有廣告盈收就無法生存的壓力下，「科層化」媒體布滿大眾的生活時空形成無所不在的「鼓勵消費」態勢；霍爾則提出閱聽人三位置理論及意識形態與大眾如何構連的說法；布希亞的「擬像」把媒體影像的威力，透過交換邏輯而無限上綱，最終根本否定消費者主體意識的存在；最後，哈伯馬斯的「公共領域」結合網路科技，卻催生了審議民主的新理念。

　　本章一開始我們已經說過，我們不要預設以上各家的說法是在述說「眞理」，而應該把他們深思過的洞見當作有待經實地研究檢證的假設。不過，我們也不能就把從外界研究得到的資料，認爲就是「眞理」的再現，可以無庸置疑告訴我們各家假設的眞偽。面對他們有關媒體與意識形態的假設，我們應該出之以「與他們對話以增進自己理解」的態度，而期待對話後再提出的假設，會更精緻、更發人深省、甚至更能激發我們做出回應的行動。

伍、摘要

　　批判學派的傳播理論，可以說是聚焦在「媒體與意識形態」問題的探討上。在這一傳統中，馬克思所定義的意識形態觀念，被後來學者視為解答「傳播媒體及其訊息如何影響人心」問題的關鍵。但是後來的馬克思主義學者為釐清意識形態的觀念，又各自衍生出諸如「文化霸權」、「整體」、「文化工業」、「召喚」、「多元決定」、「構連」、「擬像」、「公共領域」等等的說法。說明這種種左派的文化觀念是本章的重點，而目的是要幫助讀者掌握批判學派回答上述傳播效果問題的特殊角度。即便都被劃歸為馬克思主義學者，各家提出的答案還是顯得分歧甚至相互矛盾。所以正文所論，讀者最好採取「與他們對話以增進自己理解」的開放態度，把各式答案當作未來自己做研究的重要既成假設。

討論問題

1. 從批判學派的觀點來看，意識形態形式與個人的主體意識之間的關係為何？（關鍵詞提示：決定、制約、召喚、構連）
2. 從葛蘭西的「文化霸權」論到霍爾的「構連」論中，學者提出爭取心智與道德上領導權的機制有哪些？（提示：路克斯、威廉士的說法）
3. 從阿多諾、霍克海默到列斐伏爾再到布希亞的新馬學者，如何論說現代媒體「消費者」與反抗意識的關係？（關鍵詞提示：文化工業、日常生活多元控制、超現實收編）

4.班雅明認為複製技術促發大眾對現實的批判態度,布希亞卻認為「擬像」的運行消滅了真實與想像的差別。運用二者的說法來看網路世界,你認為誰比較有理?為什麼?(提示:班雅明、布希亞的說法)

5.霍爾從前期的閱聽人三位置說到後期的「構連」觀念,都強調了媒體影響下個人的能動性(agency),也就是掙脫外力影響的自主性。在網路當道的今日,個人自有能動性的說法是否太樂觀?(提示:讀者可從自身的網路經驗著手分析)

6.哈伯馬斯的「公共領域」概念在今日網路科技的支持下,真否可能催生「審議民主」的新做法?

重要語彙

文化工業(culture industry)

指用標準化機器生產並理性分銷文化商品的系統;這種商品旨在營利,而違背任何冠上「文化」之名者,應有的真義。文化的真義不但是在滿足人的精神需求,更在以反對姿態抗議僵化的人際關係,也就是以反對光耀人性。

文化霸權(hegemony)

領導階級透過它的知識分子在公民社會中宣導主流的世界觀,以贏得之公民心智上與道德上的領導權。

公共領域(public sphere)

18世紀英、法、德等歐洲社會中,介於公私領域之間而由中產階級的「私人所聚集形成的公共圈」,目的在辯論中產階級從事商品勞務交換的生計時,所發生而涉及整個階級的公共問題。

召喚(interpellation)

指意識形態經由ISA、制度儀式、個體行為、(被操縱的)自覺四個管道,而

決定了個人的信念、意識的作用。

生產模式（mode of production）

馬克思把生產力與生產關係這兩個觀念合稱為生產模式，後世又經常以「下層結構」（the base）稱之。

意識形態（ideology）

馬克思原意是指統治階級為維護自己重要的物質利益所發明以說服其他階級的美麗觀念及說詞。後來的馬克思主義學者在這一定義上附加了許多新的觀念，而使得這一名詞歧義百出。

意識形態國家機器（Ideological State Apparatus, ISA）

指的是社會中宗教、教育、家庭、法律、政治、工會、媒體、文化等八種制度。因為它們扮演了在「武嚇」之外，替國家政權向人民「文攻」（或稱洗腦）的作用，所以阿圖塞稱之為ISA。

構連（articulation）

理解在特定條件下，意識形態組成元素如何團聚在同一論述之中，以及這些元素如何與某特定政治主體聯結的理論。

整體（totality）

由本質與表象辯證卻統一的各種社會關係所組成。盧卡奇用整體概念來超越馬克思以上下層結構分析特定社會全貌的說法。

擬像（simulacrum）

消費社會之後的「超現實」時代裡，最重要的人造品就是「擬像」，指電子傳媒的影像視訊。這種人造品的運行邏輯特稱為「價值的結構法則」。

靈氣（aura）

藝術品所以值得珍惜乃得自它的靈氣，靈氣包括兩方面：一方面是獨特性，指藝術品是獨一無二的自足整體；另一方面是距離感，指藝術品是在特定時空下的創作，源自傳統而帶給觀眾一定的歷史距離。

參考文獻

馮建三譯（2015）。Curran, J., Fenton, N., and Freedman, D.著（2012）。《誤解網際網絡》（*Misunderstanding the Internet*）。高雄：巨流。

葉欣怡譯（2004）。May, C.著（2002）。《質疑資訊社會》（*The Information Society: A Sceptical View. Cambridge*）。台北；韋伯。

夏鑄九等譯（1998）。Castells, M.著。《網絡社會之崛起》（*The Rise of the Network Society*）。台北：唐山。

Adorno, T .W. (1938/1991). On the fetish character in music and the regression of listening. In Bernstein J. M. (Ed.), *The Culture Industry: Selected Essays on Mass Culture* (pp. 29-60). London: Routledge.

Adorno, T. W. (1991). Cultural industry reconsidered. In Bernstein J. M. (Ed.), *The Culture Industry: Selected Essays on Mass Culture* (p. 85). London: Routledge.

Althusser, L. (1969/1971). *Lenin and Philosophy and Other Essays.* New York: Monthly Review Press.

Anderson, B. (1983). *Imagined Communities: Reflections on the Origin and Spread of Nationalism*. London and New York: Verso.

Barber, B. R. (1999). Three scenarios for the future of technology and strong democracy. *Political Science Quarterly, 113*(4), 573-589.

Baudrillard, J. (1994). *Simulacra and Simulation*. (S. Glaser, trans.) Ann Arbor, Michigan: The University of Michigan Press.

Benjamin, W. (1968). The work of art in the age of mechanical reproduction. In H. Arendt (Ed.), *Illuminations: Essays and Reflections*. New York: Schocken Books.

Castells, M. (1997). *The Power of Identity*. Oxford, UK: Blackwell.

Coleman, J. S. (1987). Microfoundations and macrosocial behavior. In J. C. Alexander et al. (Eds.), *The Micro-Macro Link*. Berkeley, CA: University of California Press.

Curran, J., Fenton, N. & Freedman, D. (2012). *Misunderstanding the Internet*. London: Routledge.

Dahlberg, L. (2001). The Internet and democratic discourse: Exploring the prospects of online deliberative forums extending the public sphere. *Information, Communication & Society, 4*(4), 615-633.

Eagleton, T. (1994). *Ideology.* London and New York: Longman.

Gerth, H. H., and Mills, C. W. (1946). *From Max Weber: Essays in Sociology.* New York: Oxford University Press.

Gramsci, A. (1971). *Selections from the Prison Notebooks of Antonio Gramsci.* New York: International Publishers.

Habermas, J. (1989). *The Structural Transformation of the Public Sphere An Inquiry into a Category of Bourgeois Society*. Cambridge, UK: Polity Press.

Hall, S. (1996). *Stuart Hall: Critical Dialogues in Cultural Studies.* London and New York: Routledge.

Hall, S. (1982). *Culture, Society and The Media*. London and New York: Methuen.

Hall, S. (1980). Encoding/decoding. In S. Hall, D. Hobson, A. Lowe and P. Willis (Eds.), *Culture, Media, Language: Working Papers in Cultural Studies, 1972-79.* London: Hutchinson, [Birmingham, West Midlands]: Centre for Contemporary Cultural Studies, University of Birmingham.

Horkheimer, M., and Adorno, T. W. (1944/1989). The culture industry: Enlightenment as mass deception. *Dialectic of Enlightenment*. NY: Continuum.

Horkheimer, M. (1937/1989). Art and mass culture. *Critical Theory: Selected Essays*. NY: Continuum.

Jameson, F. (1991). *Postmodernism, or, The Cultural Logic of Late Capitalism.* Durham: Duke University Press.

Keane, J. (2003). *Global Civil Society?* Cambridge, UK: Cambridge University Press.

Lefebvre, H. (1991). *The Production of Space* (D. Nicholson-Smith, trans.). London: Blackwell (Original work published 1974).

Lefebvre, H. (1984). *Everyday Life in the Modern World* (R. Sacha, trans.). New Brunswick: Transaction Books. (Original work published 1971)

Levi-Strauss, C. (1971). *Mythologiques.* Frankfurt am Main [Germany]: Suhrkamp.

Lukes, S. (1974). *Power: A Radical View.* London, New York: Macmillan.

Lukacs, G. (1980/1938). Realism in the balance. In *Aesthetics and Politics.* London: Verso.

Marcuse, H. (1964). *One Dimensional Man: Studies in the Ideology of Advanced Industrial Society.* Boston: Beacon Press.

McLuhan, M. (1965). *Understanding Media: The Extensions of Man*. New York: McGraw-Hill.

Poster, M. (Ed.)(1988). *Jean Baudrillard: Selected Writings*. Stanford Calif.: Stanford University Press.

Tucker, R. C. (1978). *The Marx-Engels Reader*. New York: Norton.

Williams, R. (1980). *Problems in Materialism and Culture: Selected Essays.* London: Verso.

CHAPTER 7

電腦中介傳播

王嵩音

壹、電腦中介傳播的定義與特性
貳、電腦中介傳播重要概念
參、電腦中介傳播理論
肆、結論

本章區分為三個部分：第一部分介紹電腦中介傳播的定義與特性；第二部分介紹重要的概念；第三部分則是介紹電腦中介傳播的相關理論。本章依據各理論的特性，分類為去線索途徑、社會影響途徑，以及新興科技理論三大領域。去線索途徑包括：媒介豐富理論、社會臨場感理論、缺乏社會脈絡線索理論、網路論戰、去個人化效果社會認同模式。社會影響途徑則包括：社會影響理論、調適性結構行動理論、電子親密關係理論、頻道擴展理論、社會資訊處理理論、超人際互動模式。新興科技理論則包括兩個理論：保證理論、資訊科技接續使用模式。最後本章提出有關電腦中介傳播研究的未來展望作為結論。

壹、電腦中介傳播的定義與特性

隨著網際網路的蓬勃發展，使得現代人際溝通的互動模式不再僅限於傳統面對面的溝通模式，透過網路作為媒介傳遞訊息已成為相當普遍的溝通模式。此種利用電腦和網路為中介的溝通形式即稱為「電腦中介溝通」（Computer-Mediated Communication，電腦中介傳播）。當網路於60年代發明時，最主要的是交換電腦資料，尚未作為人際傳播的工具。最早注意這個現象的是社會學家希爾茲（Starr Roxanne Hiltz）與圖洛夫（Murray Turoff），他們在1978年發表的The Network Nation是電腦中介傳播早期研究的經典之作（Hiltz & Turoff, 1978）。

電腦中介傳播結合了電腦及網路兩種科技，其應用方式包括了電子信件、聊天室、電子布告欄、新聞討論群、網誌、即時通訊等，這些系統雖然所提供的功能不盡相同，卻有其共同點。其特性大致有下列幾點：

一、同步與非同步（synchronous and asynchronous）

同步與非同步是以互動的時間點來區分。在同步情況下，使用者是在同一個時間點進行互動，如網路聊天室及BBS等。非同步指發訊與收訊間

存有時間間隔，由於電腦具備儲存訊息的功能，因而收訊者能在任何時間接收，溝通雙方可於不同時間進行互動。非同步性使得使用者有更充裕的時間思考，這對於網路上的人際關係發展非常重要，因為在現實世界中，人們往往受到面對面溝通時無法避免的倉促而出錯，電腦中介傳播的人際交往由於不受時間限制，彼此可以有更多時間考慮對話言語，溝通時的壓力也隨之減少。

二、多向性（multidirectional）

在面對面溝通時，溝通的方向通常是一對一。但在電腦中介傳播系統中，既可以向單一方向，也可以向多方對象傳遞訊息。此種多向性溝通，能夠讓更多人同步參與討論。

三、超本文（hypertext）

超文本一詞為1965年尼爾森（Ted Nelson）所創，是指在一空間中存在著許多包含各種資訊的節點（node），透過節點之間各種不同類型的鏈結（link）將之串聯成為一個網路。在傳統本文中的線性結構中，資訊內容乃以線性方式出現，而超本文則是一種非線性的書寫方式。使用者可以根據個人的需求以鏈結不同的節點的方式，進行非循序式的閱讀，因此使用者可以發展個人的閱讀路徑，在相關節點中彈性地瀏覽檢索（Spiro & Jehng, 1990）。節點除了以文字的形式呈現外，還可以圖形、動畫、聲音等，因此超文本系統可以是多媒體的資料庫。

四、自動記錄（automatic recording）

電腦系統會自動將傳播的訊息及相關資訊記錄起來，此功能使得過去的傳播紀錄被完整儲存，使用者可以隨時搜尋和獲取互動過程的相關資料。

五、匿名性（anonymity）

此一特色在於電腦中介傳播提供使用者隱藏真實身分的功能。電腦中介傳播中以文字為基礎的互動因為缺乏社會情境因素線索，更能產生匿名的功效，以便進行較不受限制的傳播行為。在匿名下溝通，參與者可以輕易隱藏真實身分，又能作為虛擬社會身分的識別。學者特克（Turkle, 1995）研究MUD（網路角色扮演遊戲，或稱「泥巴」），認為就是匿名的特性使得玩家透過在網路遊戲中可以進行角色扮演，化身為另一個自我。此種對於身分訊息的控制，讓人們可以呈現具有彈性和多元的自我，與他人進行互動。

六、能供性（affordance）

能供性源於認知心理學提出人與環境的互動關係（Gibson, 1979），運用在人機互動領域。傳播科技不僅是被使用者作為工具，也非純粹主、客兩方的二元關係，實際上人與傳播科技之間存在一種共構的關係。生活體驗正是人與各種科技交互作用產生動能與意涵。

貳、電腦中介傳播重要概念

一、虛擬社群（virtual community）

電腦中介傳播為社群帶來改變，使得社群不再單純以傳統的地域作為劃分依據。在網路的關係網絡中，由於缺乏社會與實體線索，人們是藉由溝通為基礎，重視溝通後的感覺，而非以性別或社經地位等屬性，來決定是否繼續發展關係或斷絕關係。這些透過網路而形成的社群即稱為網路社群，又稱為虛擬社群（Wellman & Gulia, 1999）。

虛擬社群提供了不同的功能與設計，簡單來說可以分成四種類型的社群，分別是符合個人興趣型社群、提供人際關係的社群、提供個人幻想空間社群以及交易功能的社群（Hagel & Amstrong, 1997）。

1. 興趣：社群成員間彼此圍繞著一個特定議題或事物以進行資訊的共享和交流，參與的成員主要是對於此議題具有興趣者。
2. 人際關係：使用者能超越時空限制廣泛地與他人互動，而建立起人際關係來滿足個人人際關係上的需求。
3. 幻想：亦即角色扮演。這些社群的成員在社群中創造新的環境、新的人格或是新的故事，社群成員可以發揮想像在遊戲中扮演不同的角色，同時享受社群所提供幻想與娛樂服務。
4. 交易：虛擬社群能在網路上傳遞有關買賣等交易訊息，社群的成員在社群中可以參與買賣，或向其他社群成員詢問交易方面的意見。

貝姆（Byam, 1995）則發展出一個線上社群的模式，並提出五個評估虛擬社群的特性，可據以比較不同的虛擬社群：

1. 外在情境：成員之間原本認識還是不認識。
2. 時間結構：同步還是非同步。
3. 系統結構：成員之間匿名還是不匿名。
4. 群體目標：社群的目標。
5. 參與特徵：成員的特徵。

二、自我揭露（self-disclosure）

自我揭露意指將個人資訊、想法和感覺透露給他人的行為，是人與人之間發展親密關係的重要因素。自我揭露並非單方面，互動雙方必須都要自我揭露才能發展關係。自我揭露是一個多面向構念，包含五個構面（Park, Jin, & Jin, 2011）：

1. 數量（amount）：自我揭露的頻率和時間。

2.深度（depth）：親密的程度。

3.誠實度（honesty）：訊息的正確性。

4.意圖（intent）：自我揭露者的目的。

5.正向性（valence）：正面資訊的揭露。

在電腦中介傳播的情境中因爲匿名的特性，人們比較不會擔心尷尬或洩漏隱私，而願意對陌生人坦露隱私或祕密。又由於許多網路溝通缺乏非語言線索，因而減少社會期望與社會壓力，讓人感到安心，導致自我揭露意願提高（Attrill & Jalil, 2011）。自我揭露爲一種以目的爲導向的行爲，影響線上自我揭露的因素多爲希望建立人際關係或是爲了印象管理、炫耀、自我呈現等。

三、互動性（interactivity）

有關互動的定義，拉法利（Rafaeli, 1988）主張互動性分爲三種層次：

1.無互動作用（non-interactive）的雙向傳播（two-way communication）：指傳播者和接受者雙方之間將訊息傳送給對方，雙方角色能夠互換。

2.類互動性（quasi-interactive）的反應式傳播（reactive communication）：指傳播過程中，發送的訊息內容是爲了回應先前接受的訊息內容。

3.應答式（responsive）的完整互動傳播（full interactive communication）：指傳播的訊息除了訊息內容之外，在訊息屬性、形式上皆以先前接受的所有訊息作爲基礎回饋。

在電腦中介傳播環境下，透過各種傳播科技爲管道，互動性變得更複雜與多元。學界對於電腦中介傳播互動性的定義大致包括三個面向：人機互動（user-to-system）、人際互動（user-to-user）和文本內容互動（user-to-document）等三種型式（Szuprowicz, 1995; Haeckel, 1998; Jensen, 1998;

McMillan, 2002），分述如下：

(一)人機互動

　　人機互動或稱人機介面（Human-Computer Interaction, HCI），指人與電腦透過介面作互動。人機互動為一跨領域的整合學科，強調以使用者為中心的介面設計、評估與實作。人機介面設計的目標是希望讓使用者能夠選用此電腦系統完成任務或工作的工具，要使軟體與硬體能夠充分地與使用者進行適當的互動來提升工作的效率、品質與樂趣。麥克米倫（McMillan, 2002）認為超連結（hyperlink）也是一種互動方式。使用者可以任意點選節點與鏈結進行非線性的資訊處理，具有更大的自主性與主動性。

(二)人際互動

　　指使用者透過電腦和網路上進行互動，例如電子郵件、討論區或聊天室，乃至社群媒體等。這樣的互動形式讓參與者的身分可以是傳播者也可以是接收者，並沒有絕對固定的身分，是可以互相交換且共同參與的，在這過程中達到人際互動的效果。電腦中介傳播的多向性也可以讓多人同步進行溝通與回饋。

(三)文本內容互動

　　指使用者主動使用並解釋訊息。使用者化被動為主動，角色從被動的訊息接收者，轉而成為資訊提供者，模糊了傳播者與接收者的界線。例如在部落格中，讀者可以透過回響（comment）機制對文章內容進行論述，假如文章內容有錯誤或不足的時候，讀者可以適時的加以修正，改變原本部落格經營者所發表文章之意涵。

參、電腦中介傳播理論

　　自從70年代個人電腦問世之後，而網際網路也成為商業、社會、文化運作的重要平台，相關研究便如雨後春筍般出現。四十多年來已累積不少理論，有的理論比較成熟，有的理論則尚須進一步驗證。而新科技推陳出新也促成新的理論的出現。電腦中介傳播研究最主要關注的三個議題是：(1)人們如何運用資訊科技進行人際互動？(2)資訊科技如何影響人們的傳播行為？(3)電腦中介傳播和其他型態的傳播有何差異？（Thurlow, Lengel, & Tomic, 2004）在此部分，依據理論的特性大致區分為三大取向：第一類為去線索途徑（cues-filtered-out model）；第二類是社會影響途徑（social influence）；第三類是新興媒體理論。

一、去線索途徑

　　電腦中介傳播無法傳遞非語言線索，而有「去人性化」（depersonalization）傾向。庫爾南和馬寇斯兩位學者（Culnan & Markus, 1987）稱這類的理論為「去線索取徑」（cueless approach）或「線索濾除取徑」（cues-filtered-out approach）。這類的理論包括「媒介豐富度理論」（media richness theory）、「社會臨場感理論」（social presence theory）、「缺乏社會脈絡線索理論」（lack of social context cues theory）、「網路論戰與不文明留言」（internet flaming and incivility）和「去個人化效果社會認同模式」（Social Identity Model of Deindividuation Effects, SIDE）。

(一)媒介豐富度理論

　　或稱為「資訊豐富度理論」（information richness theory），依資訊豐富程度將媒介區分為「富媒」（rich media）和「貧媒」（lean media）。

富媒為多媒體形式或具有較寬的「頻寬」（bandwidth）。這裡的「頻寬」指的是媒介所能提供的線索的多樣性。用來決定媒介豐富性的指標有下列四項：(1)資訊即時回饋的能力，讓溝通者快速對問題回應並立即修正；(2)傳遞線索的數量，包括身體的存在、聲音的語調變化、身體姿勢、文字、數字、圖形符號等，也就是語言和非語言線索；(3)使用自然語言，指能被語言符號傳達的意義範圍如說話；(4)媒介的個人化（或私密）的程度，指是否可依個人的特色與需求來傳遞不同的訊息風格，例如可加入個人的情緒、感覺和創意，讓訊息更完整地被傳達。若傳播媒介具備上述所有或大部分特質即為富媒，反之則為貧媒（Daft & Lengel, 1986）。

　　達夫和藍格（Daft & Lengel, 1986）認為富媒可同時允許較多的資訊交換，使溝通者可更清楚地瞭解訊息內容，降低訊息的不確定性，因此適合較複雜的任務（如人際互動），而貧媒則較適合明確性任務（如工作），這是因為當訊息充滿著不確定性、高度模糊的時候，必須配合能夠傳遞豐富資訊的媒介，訊息才能有效地被處理。而當訊息模糊度低時，依賴低度豐富性的媒介來傳輸，才是最有效率的溝通方式。媒介豐富度越高，通常成本也越高，所以在例行事務或是單純的溝通任務上，貧媒比富媒適合，如果將富媒應用在非模糊性訊息上，可能會造成線索過多，影響溝通效率。豐富性最高的媒介是面對面傳播，因為它具有立即回饋功能，並能提供多重線索，且能以最自然的語言進行溝通。而電腦中介傳播中的電子郵件，使用自然語言，可快速提供回饋，但無法提供立即回饋，是豐富度最低的媒介。

　　不過Trevino等學者（Trevino, Daft, & Lengel, 1990）進一步認為媒介豐富理論無法充分解釋媒介的使用行為，而加入另外兩個因素，一個是情境決定因素（contextual determinants），例如地理距離和時間的壓力都會影響人們在媒介使用上的選擇，有時候受限於時間和距離，即使是要處理模糊的訊息，卻可能使用電話或電子郵件；另一個是媒介的象徵意義（symbolic meaning），媒介選擇本身甚至能傳達了在文字訊息內容之外的符號性線索（symbolic cues），是受到主觀規範（subjective norms）

而定，例如書面媒介會給人一種權威和正式的感覺，相對地，面對面媒介就表示了想建立信任和善意的動機，或者傳達了非正式性、不拘禮節的感覺。

學者威爾瑟和帕克斯（Walther & Parks, 2002）批評豐富度的假設無法適用於許多電腦中介傳播媒介。他們以電子郵件為例，如果依據測量豐富度的四個指標而言，雖然電子郵件傳遞線索僅限於文字，但有可能即時回饋（如果使用者正好都在線上）。電子郵件也使用自然語言，而且私密性高，因此反駁電子郵件為豐富度最低的媒介。有關評估各種媒介豐富度的測量確實有不易釐清之處。

此外，豐富度的理論也無法應用於新興的電腦中介傳播形式。例如Facebook同時可以將資訊大量傳遞，卻也可以進行兩人間私密的溝通（Walther, 2011）。另一個有趣的發現是人們傾向使用傳統的富媒欺騙他人，而不使用電腦中介傳播媒介，因為電腦中介傳播媒介會留下紀錄，容易被識破（Hancock, Thom-Santelli & Ritchie, 2004）。

(二)社會臨場感理論

舒特等三位學者（Short, Williams, & Christie, 1976）首先將社會臨場感理論運用在電腦中介傳播。所謂的「社會臨場感」（social presence）指的是當使用者在使用媒介進行溝通時，能察覺到對方存在的程度，以及對之後所發生的人際關係做評價。

萊斯和羅夫（Rice & Love, 1987）認為頻寬的變化對社會臨場感具有影響性。當媒介的頻寬變窄，它所能允許的社會臨場感較少，例如電子郵件（只有文字）或電話（只有聲音或語氣），所能傳遞的視覺與非語言線索也較少，相較於面對面傳播，容易給人較不友善、較缺乏情感，甚至是較嚴肅的或工作導向的感覺。

另一方面，社會臨場感也和社會心理學的兩個觀念有關，分別是親密性（intimacy）和即時感（immediacy），這兩個觀念主要是以面對面傳播環境為基礎發展出來的，因此也正是電腦中介傳播環境中的溝通限制

（Knapp & Hall, 2002）。

　　親密性主要由身體距離、眼神凝視、微笑、聊天話題等溝通訊號構成，還有像姿勢、身體碰觸等同樣都能增加親密性。互動的雙方透過這些能透露親密關係程度的訊號，可以找到一種彼此都舒適的感覺。如果人際溝通互動的過程能傳達越多親密性訊號給對方，對關係和溝通具有正面的效果。至於即時感，則是指傳播者和接收者之間的心理距離（psychological distance）。簡單地說，就是指喜愛對方的行為表現。在互動的過程中，溝通雙方會透過一些非語言訊號的呈現，例如身體向前傾、比較接近的距離、凝視多一些、正面的臉部和聲音的表情等，評估彼此之間屬於正面或負面關係（Knapp & Hall, 2002）。

　　如果媒介所能傳遞的溝通線索愈多，像是表情、身體姿勢、穿著、距離和言語等，越能使人們產生豐富的人際印象，達到高度的人際互動，那麼就屬於「高社會臨場感」的媒介，反之則為「低社會臨場感」的媒介（Short et al., 1976）。依照社會臨場感的區分，由於面對面傳播能傳達較多非語言訊息，例如：肢體動作、臉部表情、聲調等，所以面對面傳播屬於高社會臨場感的傳播管道，相反地，電腦中介傳播由於缺乏非語言線索，能傳遞線索也較少，因此通常被歸為低社會臨場感的媒介。而一旦社會臨場感降低，訊息就會變得比較不人性（impersonal）（Short et al., 1976）。而媒介的社會臨場感越高，能傳遞的訊息越多，越能傳遞較多的親密性和即時感，對維持理想的人際關係和人際互動就越有幫助。

　　但隨著網際網路的普及和技術的創新，電腦中介傳播能傳送的訊息也變得更多樣化。Web 2.0時代的電腦中介傳播不再只侷限於文字，還結合影像、聲音的傳遞，社會臨場感程度已無異於面對面傳播。傳統網路媒體和新興的網路媒體的臨場感程度仍需進一步檢驗。例如國內研究發現3D互動技術可提升網路廣告商品資訊豐富度與臨場感效果，也提高了消費者對商品的消費意願（陳月華、魏裕昌、孫慶文，2010）。也有研究發現發現在線上直播情境中遠距臨場感能強化觀賞體驗，觸動觀眾對於直播主在情感、工具和財務三個層面的社會支持（王紹蓉，2022）。

(三)缺乏社會脈絡線索理論

　　缺乏社會脈絡線索理論乃延伸社會臨場感理論的假設，進而探討不同臨場感程度的媒介對於個人的影響。此理論假設社會脈絡的線索（例如性別、年齡、種族等）越多，接收訊息者所受到的規範就越多。電腦中介傳播比較缺乏社會脈絡線索，使用者比較不會受到實體的規範。電腦中介傳播「匿名性」和「去人性化」的特性助長此種現象。缺乏社會脈絡線索可能造成正面和負面的影響。正面的影響是具有「免於受到限制的自由」（freedom from constraints），讓使用者可以暢所欲言，但也可能造成「免於負責任的自由」（freedom from responsibility）放任行為（例如任意批評或詆毀他人）。這也是為何網路上語言暴力的情形較真實世界多（Thurlow et al., 2004）。

(四)網路論戰與不文明留言

　　自網路新科技出現之後便開始出現有關網路論戰（flaming）與不文明（incivility）留言現象之研究。論戰這個名詞最早來自於《駭客字典》（*The Origianl Hacker's Dictionary*），意為公開抱持激進、狂熱的態度，對於感興趣的議題不停發言（Lea, O'shea, Fung, & Spears, 1992）。愛肯和瓦勒（Aiken & Waller, 2000）以「論戰」描述在網路上使用過度誇張的語言，輕則如使用極多的驚嘆號表達訝異或不斷以臉狀圖形表達高低起伏的激烈情緒，重者如對抗、咒罵、恐嚇的語言。有研究發現電腦中介傳播出現的恐嚇性渲染字詞，比面對面溝通時多出四倍（Dyer, Green, Pitts, & Millward, 1995）。

　　至於不文明發言則是在傳統媒體存在已久的現象。學者Coe、Kenski和Rains（2014）曾將不文明分為指名道姓辱罵（name-calling）、誹謗或中傷（aspersion）、指責別人說謊（lying）、說粗話（vulgarity）以及貶抑言論（pejorative for speech）等五類。網際網路的發展也促使網路不文明發言的產生。Coe等人（2014）檢視新聞網站留言區的內容，發現不文

明留言所占的比例超過五分之一。

會產生的原因可以分別由前述的三個理論解釋。首先，電腦中介傳播系統的媒介豐富度相對於面對面溝通比較低，限制了資訊的表達。有限資訊會形成意見模糊，容易讓發言者的意見被錯誤詮釋，導致摩擦的發生（Thompson & Fougler, 1996）。

從社會臨場感的角度而言，在電腦中介傳播環境中，缺少面部表情、聲音語調、肢體動作等非語文訊息，使得溝通更不具人性化，更無法控制，導致論戰與不文明言論的產生。

再者，電腦中介傳播缺乏社會脈絡線索的特性讓使用者無法從對方表情、服飾、年齡來觀察其階級或地位，造成社會規範效力減弱、組織管理的控制力降低。因此降低使用者自我規範的能力，促使非抑制性行為（uninhibited behavior）發生（Lea & Spears, 1992）。

國內研究曾將網路論戰現象與實體世界中發展自人際溝通學及組織行為學的衝突理論相比較，發現也能夠被相同的衝突理論所解釋，而實體世界所發展出的衝突策略，也同樣被論戰的參與者所使用（甘百瑩，2002）。近期研究則發現當不文明現象入侵新聞討論區時，並非增進對話，而是強化對立。尤其是網路新聞不文明留言可能使得潛水型使用者（lurkers）的態度極化，對於爭議性議題可能產生更多的對立與衝突，而非理解與趨同，對社會的影響將更大（陳靜君、陶振超，2018）。

(五)去個人化效果社會認同模式

此模式於90年代由利爾和史皮爾斯兩位學者（Lea & Spears, 1992, 1995）提出，乃以社會心理學中社會認同理論為基礎發展而成，是電腦中介傳播相關理論中最受重視的理論之一。該模式牽涉到的兩個重要概念為「社會認同」（social identity）和「去個人化」（deindividuation）。

社會認同或自我類別（self categorization）皆來自同樣的概念。其關注的研究主題是從團體身分而來的社會認同。認同的概念是由個人認同（personal identity）和社會認同（social identity）共同結構而成。塔加福

（Tajfel, 1978）認為人們在團體間的行為主要是受到社會認同的影響，社會認同不但涉及個人對其所認同的團體身分之辨識，而且還涉及他人或社會對此團體的價值判斷。一個團體的運作通常具備獨有的特徵，不同於個人單獨的行為模式。團體在組織化的過程中，每個成員的觀念和想法會漸趨一致，他們自覺的個性會逐漸消失，取而代之的是集體的群眾心理。團體認同並不一定立基於成員的相似性與共同興趣。當人們對某一個團體產生認同感時，並不一定要知道團體內其他成員詳細的資料。人們只需要少量的資訊便得以區分「內團體」（in-group）和「外團體」（out-group），這是所謂的「最低限度團體現象」（minimal group phenomenon）。因此社會認同是一種我群的感覺，並不一定需要面對面的溝通才能產生社群認同。而內、外團體的劃分是以類別屬性的相似性為基礎。這種內團體的形成可以不以人際互動為要件；換句話說，即使是互不相識的陌生人，只要彼此擁有相似的屬性，他們便會有「我群」的意識，而將彼此定義為內團體成員根據上述的結果顯示出，社會認同與相似性的關係相當的密切。

　　至於「去個人化」指個人在團體中受到團體的影響，其自我認同被團體行動與目標之認同所取代，個人愈來愈難意識到他自己的價值與行為，而集中在團體與情境上，表現出與團體成員一致的行為。人成為團體一部分時，會失去個人的獨特性，降低自我知覺，產生「去個人化」的情形。

　　上述的概念被延伸運用在電腦中介傳播環境下的認同現象。在現實生活中，人們從對方的性別、年齡、社經地位或生活型態等方面，來判斷彼此是否是同一群人。如果認為自己與對方具有相似性時（譬如都喜歡登山），則彼此就可能意識到「我們同屬一個團體」（登山族）。但是在匿名的電腦中介傳播環境裡，往往無法直接判斷彼此的身分，雖然沒有實體的接觸，但反而能夠形成凝聚力強大的團體認同。利爾和史皮爾斯兩位學者認為電腦中介傳播的「匿名性」和「去個人化」並不會造成認同的喪失，反而激發線上人際間的信任。電腦中介傳播缺乏視覺線索，難以辨識個人身分，因此傳播者傾向依照團體的規範，發展團體認同。一旦個人視

覺線索出現，容易讓傳播者認為溝通對象為個人而非團體，團體認同反而不明顯了。這個模式可以解釋線上談戀愛並不需要非語文線索或外表的吸引力，因為彼此關係的建立是基於社會認同而非個人認同（Lea & Spears, 1995）。SIDE理論的相關研究持續測試個人認同與團體認同的影響。譬如一項研究顛覆了理論原本的假設，發現在視覺匿名的情況下，個人事先彼此建立人際關係後才建構社群。也就是說先有個人認同才有團體認同（Postmes, Spears, Lee, & Novak, 2005）。國內研究根據「去個人化理論」發現網路使用者會因匿名性、無形性或變換身分不被發現而產生網路去抑制化行為（disinhibition behaviors），但若該行為不為所屬群體組織認同，或認知到在網路上發表不當言論行為會受到及時嚴厲懲罰時，網路去抑制化行為的強度則會減弱（王貴英、施柔帆，2016）。

電腦中介傳播新興媒體的出現亦增加學者對於模式的重新檢視。例如社群網站（social network sites）上溝通對象多具有影像資訊（照片或影片），而新的機制可以讓使用者匿名留言或評論。研究者在YouTube上播放反毒影片然後提供對影片正面及負面的評論，結果顯示當受試者越贊同留言的觀點則對其反毒的態度影響越強。如果匿名留言可視為個人認同效果，而態度認同為社會認同效果，究竟何者的影響力較強頗值得進一步探討（Walther, DeAndrea, & Tong, 2010）。

二、社會影響途徑

去線索途徑受到批評最主要是因為這些理論將科技的效能等同於社會或情感的效能，認為缺乏非語文線索、頻寬小的媒介在情感或社會的頻寬也小。實際上線索的縮減並不一定影響人際的傳播和情感的交流。針對如此的缺點，產生了第二種途徑的理論。在這一類別的理論比較強調媒介特質、情境因素和互動性如何影響使用者對於各種電腦中介傳播影響的評估。

(一)社會影響理論（social influence theory）

　　有鑑於研究發現媒介使用的型態與其豐富度並不一致。社會影響理論認為人們對於各種媒介的看法與使用型態是受到社會因素的影響。該理論的基礎為認知心理學，假設媒介使用行為是一種社會模仿與學習的過程，人們對於媒介豐富度的評估往往是主觀而且會受到周遭人們的態度或行為影響。理論提出另外一個影響媒介使用與選擇的因素是媒介技能，也就是使用媒介的能力。富勒柯等學者（Fulk, Steinfield, Schmitz, & Power, 1987）運用社會影響理論針對組織內員工使用電子郵件的行為與態度進行研究。他們提到六項相關因素會影響個人在組織內的媒介使用行為。這些因素是：(1)媒介特徵；(2)媒介使用經驗與技能；(3)社會性影響；(4)工作經驗與技能；(5)工作特性；(6)情境因素。**圖7-1**顯示研究架構以及各個因素之間的關係。

　　組織成員在媒介使用上，社會性影響最直接的來源，是在於其他成員對於媒介的公開評論和替代性的學習（vicarious learning）、組織中的媒

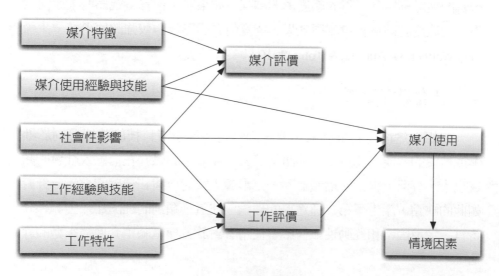

圖7-1　社會影響模式

資料來源：Fulk, et al. (1990).

介行爲規範（norms）、社會上所定義的合理性（rationality）媒介使用行爲。許多學者主張中介的通道（mediated channels），亦即溝通媒介不僅只是承載資料與符號的資訊而已，媒介本身是會具體化（embody）符號的意義並反應出組織的規則，對於特定的關係，也存在著普遍的社會規範。

富勒柯對於社會影響理論的實證研究是將社會影響因素定義爲受試者的同事和長官對於電子郵件的態度和使用行爲。媒介技能則包括了使用電子郵件的年資、使用電腦的年資以及打字的速度。研究結果顯示社會影響因素有顯著的預測力，其中尤以同事對於電子郵件的態度和使用影響較大。研究結論指出，組織內員工採用媒介的行爲和態度會受到組織的內規和文化的影響。

威爾瑟（Walther, 2011）指出，近年來學界少有社會影響理論相關的研究，但是值得觀察新傳播科技如社群網站的使用者如何針對關係深疏不一的線上朋友採取不同的傳播策略和方式。國內針對使用Facebook經驗的企業員工進行社會影響模式的驗證。研究發現員工會受到現實及虛擬人際關係之間的影響，另一方面，平台豐富度及有用性的評價也會影響到員工的使用（謝珮薰，2010）。

(二)調適性結構行動理論（adaptive structuation theory）

普爾和迪森克帝斯（Poole & DeSanctis, 1990）兩位學者根據紀登斯（Giddens, 1984）的結構行動理論（structuration theory）提出調適性結構行動理論，強調團體的互動行爲決定了科技的效果。紀登斯的結構行動理論主要探討行動者（人）和組織兩者間結構特性在交互影響下對於社會結構產生變化的過程。當行動者在社會系統中互動時，可以透過不同的模式再生產規則和資源，因而穩定社會系統，對人們形成約制力量；但行動者也可能改變原有的規則或資源分配情形，進而改變結構，此爲行動者的能動力量。所謂規則，指的是一種知識程序，是行動者通常所理解的方法或是技術；所謂資源，則是指行動者完成任務的工具。而結構是由規則和資源所組合的，因此當行動者在社會系統互動中改變了規則與資源後，就會

影響結構；若是再製原有規則或遵從原有的資源分配，則會穩定原有結構。

　　而調適性結構行動理論承襲了「結構化」（structuration）的概念，強調團體的互動過程決定科技所產生的效果，認為每一項科技均有其個別的運作結構與規範，但是組織或團體並不會被動的接受科技的原始結構，而是會為特定目標主動的調適科技的運作。科技和社會互動的過程中會產生新的結構來源，又會反向影響社會互動。這種相互型構的過程就是調適性結構。依據普爾等人以團體決策支援系統（Group Decision Support System, GDSS）導入組織的研究個案，發現不同的資訊科技導入組織，會對系統選用結構（appropriation）產生不同的影響（DeSanctis & Poole, 1994）。詳細架構見**圖7-2**。

　　如**圖7-2**所顯示，影響科技選用和社會互動有三個因素：第一個因素為資訊科技的結構特性和精神。結構特性指系統所提供的規則或資源，譬如標準作業流程、指導手冊等。而科技特性的精神則是科技的價值和目標，也就是運用科技能達到的目的以及對組織的價值，或者是科技系統原始的設計意圖；第二個因素是其他結構來源，包括組織文化、領導風格等；第三個因素是團體的內部系統，包括使用者對於科技的經驗與知識、使用者

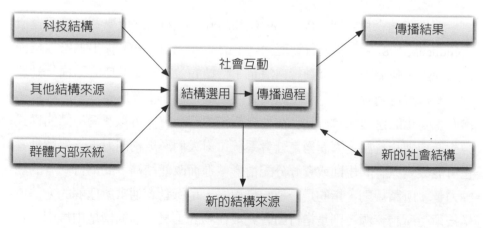

圖7-2　調適性結構行動理論

資料來源：DeSanctis & Poole (1994).

之間的互動、團體成員對於科技的信任度和接收程度。

使用者對於科技的認知並不直接由科技的特性決定，而是透過團體的選用過程影響傳播過程導致決策的結果。而在科技和社會互動的過程中，隨著時間不斷再製（reproduction），會產生一些新的結構來源（規則與資源），例如使用新資訊科技會產生一些新的文件或資料，組織也會在選用新系統之後產生新的任務指示，這些資料與文件會再回到社會互動結構中與選用結構產生互動。

相關的實證研究支持了理論的假設。例如柴克和麥肯尼（Zack & McKenney, 1995）研究兩家日報同時採用新的編輯審稿系統，結果發現雖為同一家母公司的兩報因內部溝通網絡的差異，而賦予了該資訊系統不同的使用型態。因此調適性結構行動理論對於資訊科技的選擇與採用過程頗有貢獻。台灣目前運用理論所進行的研究均為資訊管理領域，主要探討個別組織或團體選用特定資訊系統的過程與成果。

(三)電子親密關係理論（electronic propinquity theory）

電子親密關係理論最早出現於1978年，主要是以電視媒介為研究對象（Korzenny & Bauer, 1981），因此並未受到重視。直到2002年之後才有學者運用該理論針對電腦中介傳播進行研究。理論的主要概念是心理上的親密感覺，並主張透過電腦中介傳播也可以產生如面對面溝通的親密感覺。

影響親密關係的因素包括：(1)頻寬：媒介頻寬越大，親密感越高；(2)立即回饋：回饋速度越快，親密感越高；(3)工作的複雜度：複雜度越低，親密感越高；(4)溝通技巧：溝通技巧越好，親密感越高；(5)溝通規則：溝通規則越少，親密感越高；(6)溝通管道的數量：溝通管道數量越多，親密感越高。雖然依據媒介豐富度理論，如果要達到親密關係最好是使用頻寬較大的媒介（如面對面），但是文獻卻也指出在某些情況下，使用電腦中介傳播也能達到正面的效果和滿意度。電子親密關係理論最大的貢獻就是解釋此種落差。

有研究運用電子親密關係理論探討台灣交友App約炮使用行為，發現

線上交友可以顛覆自己原先個性和風格與對方聊天，也可能會過濾不善交際、缺乏社交技能、甚至外表有明顯缺陷，或是缺乏魅力的特性（林恩如，2017）。在缺乏社會線索的傳播環境中，容易使得傳播者選擇性地自我呈現，甚至比誠實地自我呈現有著更高的配對率。該研究發現交友 App 的環境中，屬男性主動，女性主導，也發現女性較男性更不信任交友 App 能夠促使其建立線下穩定的感情關係。

(四)頻道擴展理論（channel expansion theory）

頻道擴展理論強調人們的經驗會決定其對於電腦中介傳播的偏好和豐富度的評估。這也和媒介豐富度的理論相左。理論假設當個人使用某個特定的媒介的資歷越長經驗越豐富，該媒體的豐富度評價也就越高（Carlson & Zmud, 1994）。換言之，隨著時間的累積，使用者越來越能掌控對於電腦中介傳播製碼和解碼的能力，也就越能提升特定媒介達成人際溝通的效能。

理論的驗證是透過以電子郵寄為例的二項調查法蒐集資料（Carlson & Zmud, 1994）。研究發現使用電子郵件的年資以及和溝通對象的熟悉度皆和電子郵件豐富度的評估呈現正向相關。另一項研究則是比較傳統媒介（面對面和電話）和電腦中介傳播（聊天室和電子郵件）。結果發現，聊天室和電子郵件的使用年資和經驗與豐富度評估有相關；反之，面對面和電話的豐富度評估則是和雙方熟識程度有關（D'Urso & Rains, 2008）。因此影響不同媒介豐富度的評估因素會有差異，不宜一概而論。頻道擴展理論可以彌補媒介豐富度理論之不足。

學者運用長期追蹤調查資料探討師生線上論壇使用行為，發現媒介豐富度的評價因人而異，但也會隨著使用經驗的時間變化產生一致的影響（Fernandez, Simo, Sallan, & Enache, 2013）。

(五)社會資訊處理模式（social information processing model）

社會資訊處理取徑（social information processing approach）最早出現是在1978年由薩拉席克和菲佛（Salancik & Pfeffer, 1978）所提出，強調社

會本身所建構的主觀模式，將影響人對於資訊的需求滿足與使用態度，而電腦中介傳播的溝通模式亦能發展人際關係。人們不但能在網路上發展人際關係，且其情感互動的親密性感受與親身傳播情境並無不同。只要有人際之間的互動，就會產生社會聚合的驅動力，縱使在非語文線索的電腦中介傳播情境下亦可尋求其他方式來彌補線索不足（例如使用情緒符號、交換照片等），只要給予充足的時間，也能達到和面對面溝通相同的水準。基於上述，威爾瑟（Walther, 1992）提出了電腦中介傳播的社會資訊處理模式，並定義社會資訊處理爲「個人對社會關係資訊及其相關傳播行動的認知過程」，而非單純的是個人對社會媒介資訊的處理。而威爾瑟的研究主要發現如下：(1)傳播者是可以從沒有聲音、影像的文本中獲得線索；(2)線索縮減的假設，在長時間、非同步的電腦中介互動下並不適用；(3)傳播者會針對互動文本進行詮釋與解讀，形成認知，進而累積彼此的共識，不再需要透過一些非語言的線索或面對面接觸；(4)人很容易在網路上自我揭露，並不在乎對方是否爲陌生人；(5)只要溝通時間夠長，透過電腦中介形成的親密程度，可能更勝於面對面。

　　社會資訊處理觀點打破以往認爲電腦中介傳播是一冰冷、去人性的媒介。威爾瑟（Walther, 1992）指出，人與人之間只要有互動就會產生聚合的驅力，並將非語言符號以創新形式發展出特殊的網路語言線索，來補償缺乏社會線索的缺失，以傳達人際間的情感與關係。注音符號如「ㄌ」表示「了」，「ㄉ」表示「的」，「ㄋ」表示「呢」；鍵盤比擬人類的表情所構成的表情符號如「^_^」表微笑，「*^_^*」表臉紅了等等。這種溝通方式，是將行爲和情緒經由文字的表達傳達社會情緒的意義，或特別的文字空間安排等來促進人際關係。因此，網路雖然靠文字傳播，卻不見得會阻礙人際關係的發展。人際互動基本上就是一種人際訊息的交換，人與人之間要發展關係，必須先經過一段時間處理人際間各種印象與關係訊息，進而經營人際關係，即便是經由電腦中介傳播這種文字基礎、缺乏觸覺、聲音、語調、視覺等線索媒介的人際互動亦然，雖然電腦中介傳播以文字線索爲主，卻能夠承載關係訊息。社會資訊理論將電腦中介傳播視爲一個

提供社會互動的場地，而當中的文字及語言訊息即是所謂的社會資訊。此理論認為，電腦中介傳播的訊息雖比面對面傳播來得慢，然而，若傳播過程無時間限制，許多正向的社會情感行為將一一出現。

國內研究以「電子副語」研究網路符號，例如有研究以判讀效率與滿意度為評估項目，對於圖像電子副語的複雜度與其使用經驗，所造成之差異關係進行探討，發現在圖像副語的使用現況上，以臉部表情類的次數比例最高，肢體動作類次之，而在複雜度的分群結果中，臉部表情類多被歸為低複雜度等級，肢體動作類則為高複雜度等級。整體來說，圖像副語的使用評價會隨複雜度等級之降低，以及使用經驗之累積而有所提升（許子凡、林品章，2009）。

(六)超人際互動模式（hyperpersonal model）

威爾瑟（Walther, 1996）又提出了超人際互動模式解釋電腦中介傳播如何建立線上印象與關係。模式也認為影響超人際互動的因素包括：傳播者選擇性自我呈現、接收者過度歸因、非同步的溝通管道和回饋（圖7-3）。茲分述如下：

◆傳播者

傳播者會因為電腦中介傳播中身體印象的缺乏使得自我的個人形象更容易操控，因為電腦中介傳播所傳遞的是語言符碼（文字線索），這線索反而會比非語言線索來得容易編排及控制（Walther, 1996）。在面對面情況中，人們會花時間和精力來維持自我形象並吸引別人的注意，以獲得別人的讚賞，這種發展最佳印象的能力和選擇性會在電腦中介傳播的環境中更容易展現及提升。傳播者在線索受到限制的情況下，尤其是缺乏身體外貌等相關資訊會選用對於自己有利的資訊加以編排與建構，以獲得好印象。這就是所謂的「選擇性自我呈現」（selective self-presentation），或是印象管理（impression management）。

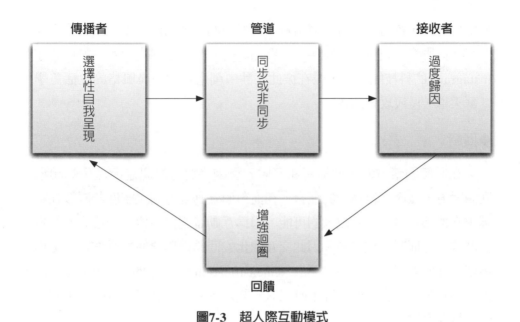

圖7-3　超人際互動模式

資料來源：作者自製。

◆接收者

　　接收者因對方傳送過來的線索不足，而會運用團體認同或想像以填補線索的空缺。接收者也會經由知識累積而成的刻板印象去評斷對方，簡單的將對方作分類，以降低彼此之間互動的不確定性。如此將容易忽略對方的負面屬性，建構完美的評價。此種過度歸因（overattribution）的過程往往會讓雙方在進行到面對面溝通情境時（比如約出來見面），產生很大的落差。因為接收者在看不見對方的情形下，會去主動建構對方的人際印象，也因如此往往會忽略掉對方的負面屬性，進而對對方進行完美的評價。譬如多年前發生恐龍妹冒用美女照片，專騙宅男的新聞，引發社會輿論便是很好的例子。

◆管道

　　現今電腦中介傳播的管道非常多元，相關的研究多採用如前所述之

273

能供性理論，探討傳播者在運用新和舊科技的各項功能，去感知其能供性並與社群影響以及生活經驗結合。譬如有研究分析台灣高中女生如何感知Instagram 的科技能供性，並在彼此互動中創造自我秀異風格的生活美學（蘇柔郡、吳筱玫，2018）。

◆回饋

在回饋因素方面，傳播者和接收者會因應對方的訊息所產生的印象回饋對方，並產生行為上的配合。在面對面互動雙方的親密度若置放在電腦中介傳播中也會有被放大的可能，因為互動者選擇性傳送和接收的相對程度會比起面對面來得高，因此交互強化的回饋過程會使得雙方關係更為親密。在心理學門「增強迴圈」（intensification loop）便可說明這樣的效果，即互動雙方在一開始互動時就有些許好感的話，好感便會隨著時間軸的拉長進而增強（Walther, 1996）。

有關超人際互動模式的研究也延伸至新的電腦中介傳播環境。例如在社群網站中臉書（Facebook）和推特（Twitter）的按讚（likes）數量成為回饋的重要指標，甚至強過於金錢以及社會獎勵。Walther & Whitty（2021）重新檢視二十五年來相關研究，認為無論科技如何進步，超人際模式都可以藉以探討在無法面對面溝通時，運用科技所建立之語言和符號系統。

三、新興媒體理論

隨著網路頻寬的擴增，經由網路所提供的內容也愈來愈多元化，由文字、圖像、聲音進而至影音資源（video resource）。影音資源是整合視訊（video）、音訊（audio）、圖像（image）及文字（text）等不同媒體的資料類型。Web 2.0成為重要的概念，其源自美國電腦出版商O'Reilly公司（O'Reilly Media）創辦人Tim O'Reilly於2003年所提出，其重點在於關注使用者層面，強調「互動、參與和共享」的精神，傳播媒體的內容不再是以核心製作的方式，而是由使用者提供傳播內容。隨著網際網路的發展越

來越普及，Web 2.0的概念讓網路媒介使用者不僅僅只是資訊的接收者，更是資訊的創造者與傳遞者（Kolbitsch & Maurer, 2006）。隨著Web 2.0架構逐漸成熟，各種形式的社群網站如雨後春筍般迅速發展。其範圍相當廣泛，一般用途的Facebook、MySpace，專業的LinkedIn，特殊喜好的Hobbies、academic，影片的YouTube、Google Video、Justin TV，部落格的LiveJournal、Blogger，微網誌的Twitter、Plurk、FriendFeed、微博，即時通訊的Skype、MSN、Yahoo Messenger等。

　　至於Web3.0就是利用技術和分散管理實現訊息民主化的概念，讓使用者不需要再透過Google、Facebook、Twitter、亞馬遜等大型公司留下個資、使用紀錄、網路足跡等。其核心概念為區塊鏈技術的「去中心化」，是一種在網路正確記錄交易數據的技術。在使用區塊鏈的服務中，交易信息由多個用戶共享，如果數據被竄改、複製或非法訪問，將立即檢測到欺詐行為，因此可以建立一個用戶在網路上互相檢查數據的系統。Web3.0利用區塊鏈技術，將減少Web2.0因特定公司擁有個資而導致的隱私問題和訊息洩露風險。Web3.0讓將網際網路轉化為一個大型資料庫，透過人工智慧發展建構出網路虛擬世界生態系（**表7-1**）。

　　隨著科技進步，社群網站的興起與普及也引發新的研究方向，和傳統的電腦中介傳播理論有些差異。以下介紹兩種理論：

表7-1　Web 1.0、Web 2.0與Web 3.0的差異

	Web 1.0 （1993～2003）	Web 2.0 （2003～2020）	Web 3.0 （2020～未來）
溝通模式	透過瀏覽器閱讀	分享內容以及互動	參與式
基本內容單元	網頁	張貼／紀錄	生命流
狀態	靜態	動態	便攜和個人
瀏覽方式	網頁瀏覽器	瀏覽器、RSS閱讀器	人工智能運用
內容創建者	網頁編寫者	任何人	任何人
體系結構	客戶服務	網路服務	去中心化用戶參與
主導者	電腦玩家	大量業餘人士	任何人

資料來源：Cuene (2005)、作者整理。

(一)保證理論（warranting theory）

　　威爾瑟等人（Walther & Parks, 2002）觀察到人們在線上發展人際關係，有的經驗很正面，有的卻很負面。主要的原因是在匿名的情況下，個人與其在線上的自我呈現經常出現差距。當差距越大，其他的網友越懷疑其資訊的正確性，因此也影響了網路上人際之間彼此的信任度。威爾瑟研究社群網站中的臉書（Facebook），發現個人塗鴉牆頁面（wall）所提供的個人自我描述（profile）資料顯示其個性內向，但同時他的好友卻分享了一張標註他與朋友狂歡的照片。針對此種資訊矛盾的現象，威爾瑟提出「保證理論」，檢驗眞實世界的個人和網路上所呈現形象之間符合的程度。網路上的資訊進一步被區分爲高保證（high warranting）和低保證（low warranting）資訊。實驗結果顯示高保證資訊的可信度高，而低保證資訊的可信度低。通常由本人提供的資訊，容易被修飾或隱藏，可信度較低，因此爲低保證資訊。而由他人所提供的資訊（例如好友在臉書上的留言或評論）可信度較高，爲高保證資訊。

　　運用保證理論需要符合下列三個條件：(1)需要有自我陳述的資訊；(2)需要有公開的評論（或回應）個人陳述的資訊；(3)兩種資訊必須能同時比較。因此最適合於觀察社會網絡網站的資訊可信度。透過網路要建立人際關係，常常需要各種資訊以充分認識交往的對象。譬如我們對於臉書上認識的朋友，還會在網路Google搜尋有關對方的相關資料。此種經由各種管道資訊蒐集的現象被稱爲「社會三角驗證」（social triangulation）（Gibbs, Ellison, & Heino, 2006）。

(二)資訊科技接續使用模式（ICT succession model）

　　資訊科技接續使用模式主張聯合運用各種不同的資訊科技，再加上傳統的媒介將能產生最大的傳播效果。模式的重要變項有兩個：一個是「連續vs.單一」訊息的傳輸；第二個是「多重輔助vs.單一」的管道。模式假設如果使用兩個以上的媒介重複傳遞相同的訊息，則傳播的效果和效率爲

最大。譬如訊息先以面對面方式傳遞，後續再使用電子郵件提醒，將會比重複使用單一管道（面對面或電子郵件）的效果高。

學者（Ma, 2021）運用資訊科技接續使用模式探討在Covid-19疫情期間健康飲食的說服效果，實驗發現視訊與純文字兩種管道無論是以接續或是雙重傳播方式對於訊息過載、訊息效果或遵循訊息之行為意圖都沒有影響。不過研究也發現，視訊內容比純文字內容的說服效果高。顯然模式仍然需要更多的研究加以驗證。

肆、結論

新科技進步快速，時時推陳出新，要即時掌握科技對於人類傳播產生的影響並不容易。過往電腦中介傳播的研究很多，但是彼此之間欠缺連結，也不易整理出清楚的脈絡。本章僅提供有關電腦中介傳播的基本概念與理論，比較著重於人際傳播和團體傳播兩個領域。和電腦中介傳播相關的許多現象涉及社會、文化、政治等各方面，也已累積許多的論述和文獻，然限於篇幅本章無法一一陳述。

威爾瑟（Walther, 2011）曾指出目前電腦中介傳播研究的三大趨勢為：(1)逐漸不重視電腦中介傳播和傳統面對面傳播的比較；(2)探討舊的理論是否仍適用於新的媒介；(3)探討在多元傳播模式情況下如何研究人際關係。電腦中介傳播早期的媒介豐富度和社會臨場感理論的確強調面對面溝通和電腦中介傳播的比較，後期的相關研究則視電腦中介傳播為一特殊的傳播形式，不和其他形式作比較。不過也有學者（Walther, 2011）認為電腦中介傳播和面對面傳播並非一分為二，兩者之間的互動與連結更值得深入探討。

至於舊的理論應該不會消失，而是會經過修訂。研究電腦中介傳播的確需要常常評估新傳播科技的特質是否仍符合或者會推翻舊的理論。過去強調電腦中介傳播為文字訊息的理論忽略了目前多媒體形式的介面。但是

有些舊的概念依然可以適用於新電腦中介環境。譬如我們依然可以運用匿名性的概念分析社群網站上使用者的文字回應所產生的效果。如前所述，學者也曾運用超人際互動理論、電子親密關係理論、SIDE等三個理論觀察Web 2.0環境下的相關現象。

目前的電腦中介傳播模式非常多元，包括電子郵件、即時訊息、社群網站、討論群、線上遊戲、影片分享等。這些管道的運用所產生的綜合傳播效果尚未釐清。不同的管道可能會被運用在不同的時機或目的，因此管道彼此之間的比較以及功能性替代的情形也須進一步檢驗。而在多重科技的運用之下可能衍生出如「侵犯隱私」、「資訊安全」、「違反智財權」等負面的影響也值得吾人深思並加以防範。

另外從方法論的角度而言，過往電腦中介傳播研究沿襲了認知心理學的傳統，常使用實驗室實驗法。雖然實驗法具有控制變項並確立變項間因果關係的優點，卻往往忽略了複雜的情境因素，無法以統整的概念涵蓋社會各面向，或以宏觀的視野觀察社會現象。這也是所有量化研究方法的缺點。另外一種研究的途徑是質性研究，例如藉由參與式觀察分析的民族誌法，可以在自然的情況下進行研究，也比較貼近真實生活的陳述。最佳的方式是能夠結合兩種途徑才能更細緻地分析電腦中介傳播現象。此外，電腦中介傳播研究的場域為虛擬的環境。無論所使用的研究途徑為量化或質性，在觀察方法以及抽樣方法等方面都必須重新調整。

希望奠基於本章所提供的理論，我們可以繼續開發電腦中介傳播可預知和不可預知的未來。

討論問題

1. 請思考你最常用哪些方式和周遭的人（家人、親戚、同學、朋友）互動？又為何使用這些方式？
2. 電腦中介傳播對於人際關係的建立與維持有何優、缺點？請運用理論解釋。
3. 曾經經驗過網路論戰或不文明留言的情況嗎？請試著分析其產生的原因、過程和結果。
4. 請比較不同的線上虛擬社群，瞭解其特質及運作的方式，以及如何凝聚其團體認同？
5. 網路上資訊繁多且分歧，請問你會用何種方式分辨其可信度？
6. 近來網路「人肉搜尋」事件經常發生，請提出相關個案討論此現象對於社會可能引發之影響。

重要語彙

互動性（interactivity）

電腦中介傳播互動性的定義大致包括三個面向：人機互動（user-to-system）、人際互動（user-to-user）和文本內容互動（user-to-document）。

去個人化（deindividuation）

指個人在團體中受到團體的影響，其自我認同被團體行動與目標之認同所取代，個人愈來愈難意識到他自己的價值與行為，而集中在團體與情境上，表現出與團體成員一致的行為。

自我揭露（self-disclosure）

意指將個人資訊、想法和感覺透露給他人的行為，是人與人之間發展親密關係的重要因素。網路溝通缺乏非語言線索，因而減少社會期望與社會壓力，讓人

感到安心，導致自我揭露意願提高。

社會三角驗證（social triangulation）

經由各種管道資訊蒐集的現象，以確定資訊的可信度。

社群網站（social network sites）

網路新興媒體包括一般用途的Facebook、MySpace，專業的LinkedIn，特殊喜好的Hobbies、academic，影片的YouTube、Google Video、Justin TV，部落格的LiveJournal、Blogger，微網誌的Twitter、Plurk、FriendFeed、微博，即時通訊的Skype、MSN、Yahoo Messenger等。

社會臨場感（social presence）

指的是當使用者在使用媒介進行溝通時，能察覺到對方存在的程度，以及對之後所發生的人際關係做評價。

非同步（asynchronous）

非同步指發訊與收訊間存有時間間隔，由於電腦具被儲存訊息的功能，因而收訊者能在任何時間接收，溝通雙方可於不同時間進行互動。非同步性使得使用者有更充裕的時間思考。

匿名性（anonymity）

電腦中介傳播中以文字為基礎的互動因為缺乏社會情境因素線索，更能產生匿名的功效，以便進行較不受限制的傳播行為。在匿名下溝通，參與者可以輕易隱藏真實身分。

能供性（affordance）

傳播科技不僅是被使用者作為工具，也非純粹主、客兩方的二元關係，實際上人與傳播科技之間存在一種共構的關係。生活體驗正是人與各種科技交互作用產生動能與意涵。

最低限度團體現象（minimal group phenomenon）

當人們對某一個團體產生認同感時，並不一定要知道團體內其他成員詳細的資料。人們只需要少量的資訊便得以區分「內團體」（in-group）和「外團體」（out-group）。

虛擬社群（virtual community）

透過網路而形成的社群即稱為網路社群，又稱為虛擬社群。簡單來說可以分成四種類型的社群，分別是符合個人興趣型社群、提供人際關係的社群、提供個人幻想空間社群以及交易功能的社群。

超文本（hypertext）

超本文則是一種非線性的書寫方式。使用者可以根據個人的需求以鏈結不同的節點的方式，進行非循序式的閱讀，因此使用者可以發展個人的閱讀路徑，在相關節點中彈性地瀏覽檢索。

過度歸因（overattribution）

接收者因對方傳送過來的線索不足，而會運用團體認同或想像以填補線索的空缺。如此將容易忽略對方的負面屬性，建構完美的評價。

電腦中介傳播（computer-mediated communication）

簡稱CMC，凡利用電腦和網路作為中介的溝通形式均屬之。

網路論戰（internet flaming）

描述在網路上使用過度誇張的語言，輕則如使用極多的驚嘆號表達訝異或不斷以臉狀圖形表達高低起伏的激烈情緒，重者如對抗、咒罵、恐嚇的語言。

調適性結構（adaptive structuation）

每一項科技均有其個別的運作結構與規範，但是組織或團體並不會被動的接受科技的原始結構，而是會為特定目標主動的調適科技的運作。科技和社會互動的過程中會產生新的結構來源，又會反向影響社會互動。這種相互型構的過程就是調適性結構。

選擇性自我呈現（selective self-presentation）

傳播者在線索受到限制的情況下，尤其是缺乏身體外貌等相關資訊會選用對於自己有利的資訊加以編排與建構，以獲得好印象。

頻寬（bandwidth）

指的是媒介所能提供的線索的多樣性。用來決定媒介豐富性的指標有下列四項：(1)資訊即時回饋的能力；(2)傳遞線索的數量，也就是語言和非語言線索；(3)使用自然語言，指能被語言符號傳達的意義範圍如說話；(4)媒介的個人化（或私密）的程度，指是否可依個人的特色與需求來傳遞不同的訊息風格。

 傳播理論

參考文獻

王紹蓉（2022）。〈探索行動直播平臺的社會支持因素：擬社會互動與遠距臨場感觀點〉。《新聞學研究》，150，45-59。

王貴英、施柔帆（2016）。〈整合使用者心理特性、SIDE及遏止理論探討網路使用者去抑制化行為〉。《中山管理評論》，24(1)，41-75。

甘百瑩（2002）。〈由衝突角度看網路論戰之過程、意圖、策略及管理：以電子布告欄連線討論區為例〉。國立中山大學傳播管理研究所碩士論文。

呂淑怡（2003）。《訂做一個他——交友網站的個人網頁自我形象分析》。國立中正大學電訊傳播研究所碩士論文。

林恩如（2017）。〈男女大不同：交友App約炮使用行為之認知、態度、行為之初探〉。世新大學新聞研究所碩士論文。

許子凡、林品章（2009）。〈BBS圖像電子副語之判讀效率與滿意度研究〉。《設計學研究》，12(1)，83-102。

陳月華、魏裕昌、孫慶文（2010）。〈網路商品臨場感對網路廣告效果之影響研究〉。《資訊傳播研究》，1(1)，27-43。

陳靜君、陶振超（2018）。〈偏見同化效果：網路新聞不文明留言對態度極化的影響〉。《中華傳播學刊》，33，137-179。

謝珮薰（2010）。〈基於社會影響模式探討溝通導向的社會網路在組織中之使用——以Facebook為例〉。中原大學資訊管理研究所碩士論文。

蘇柔郡、吳筱玫（2018）。〈高中女生使用Instagram之日常美學：符擔性觀點〉。《新聞學研究》，135: 139-191。

Aiken, M., and Waller, B. (2000). Flaming among first-time group support system users. *Information & Management, 37*, 95-100.

Attrill, A., and Jalil, R. (2011). Revealing only the superficial me: Exploring categorical self-disclosure online. *Computers in Human Behavior, 27*(5), 1634-1642.

Byam, N. K. (1995). The emergence of community in computer-mediated communication. In S. G. Jones (Ed.), *Cybersociety: Computer-Mediated Communication and Community* (pp. 138-163). Thousand Oaks, CA: Sage.

Byam, N. K. (2000). *Tune in, Log on: Soups, Fandom, and Online Community*. Thousand Oaks, CA: Sage.

Caplan, S. E. (2003). Preference for online social interaction: A theory of problematic internet use and psychosocial well-being. *Communication Research, 30*, 625-648.

Carlson, J. R., and Zmud, R. W. (1994). Channel expansion theory: A dynamic view of media and information richness perception. In D. P. Moore (Ed.), *Academy of Management: Best Papers Proceedings 1994* (pp. 280-284). Madison, WI: Omnipress.

Coe, K., Kenski, K., & Rains, S. A. (2014). Online and uncivil? Patterns and determinants of incivility in newspaper website comments. *Journal of Communication, 64*(4), 658-679.

Cuene, J. (2005). Web 2.0: Is It a Whole New Internet? Retrieved from cuene.typepad.com/MiMA.1.ppt

Culnan, M. J., and Markus, M. L. (1987). Information technologies. In F. M. Jablin, L. L. Putnam, K. H. Roberts, and L. W. Porter (Eds.), *Handbook of Organizational Communication: An Interdisciplinary Perspective* (pp. 2420-443). Newbury Park, CA: Sage.

Daft, R. L., and Lengel, R. H. (1986). Organizational information requirements, media richness and structural design. *Management Science, 32*, 554-571.

DeSanctis, G., and Poole, M. S. (1994). Capturing the complexity in advanced technology use-Adaptive structuration theory. *Organization Science, 5*(2), 121-147.

D'Urso, S. C., and Rains, S. A. (2008). Examining the scope of channel expansion: A test of channel expansion theory with new and traditional communication media. *Management Communication Quarterly, 21*, 486-507.

Dyer, R., Green, R., Pitts, M., and Millward, G. (1995). What's the flaming problem? or computer mediated communication: Deindividuating or disinhibiting? In M. Kirby, A. Dix and J. Finlay (Eds.), *Proceedings of the 1995 HCI Conference, Huddersfield* (pp. 289-302). Cambridge: Cambridge University Press.

Fernandez V., Simo P., Sallan, J. M., and Enache, M. (2013). Evolution of online

discussion forum richness according to channel expansion theory: A longitudinal panel data analysis. *Computers & Education, 62,* 32-40.

Fulk, J., Schmitz, J., and Steinfield, C. (1990). A social influence model of technology use. In J. Fulk and C. Steinfeld (Eds.), *Organizations and Communication Technology* (pp. 71-94). Newbury Park, CA: Sage.

Fulk, J., Steinfield, C., Schmitz, J., and Power, J. G. (1987). A social information processing model for media use in organizations. *Communication Research, 14*(5), 529-552.

Gibbs, J. L., Ellison, N. B., and Heino, R. D. (2006). Self-presentation in online personals: The role of anticipated future interaction, self-disclosure, and perceived success in Internet dating. *Communication Research, 33*, 1-26.

Gibson, J. J. (1979). The theory of affordances. In James, J. Gibson (Ed.) *The Ecological Approach to Visual Perception*. Boston: Houghton Mifflin.

Giddens, A. (1984). *The Constitution of Society: Outline of the Theory of Structuration.* Berkerly, CA: University of California Press.

Haeckel, S. H. (1998). About the nature and future of interactive marketing. *Journal of Interactive Marketing, 12*(1), 63-71.

Hagel, J., and Amstrong, A. (1997). *Net Gain: Expanding Markets through Virtual Communities.* Boston: Harvard Business School Press.

Hancock, J. T., Thom-Santelli, J., and Ritchie, T. (2004). Deception and design: The impact of communication technologies on lying behavior. In E. Dykstra-Erickson and M. Tscheligi (Eds.), *Proceedings of the ACM Conference on Human Factors in Computing Systems* (CHI 2004, Vol. 6, pp. 130-136). New York: ACM.

Hiltz, S. R., and Turoff, M. (1978). *The Network Nation: Human Communication via Computer.* Cambridge, MA: The MIT Press.

Jensen, J. F. (1998). Interactivity: Tracing a new concept in media and communication studies. *Nordcom Review, 19*(1), 185-204.

Knapp, M. L., and Hall, J. A. (2002). *Nonverbal Communication in Human Interaction* (5th ed.). Australia: Wadsworth/Thomson Learning.

Kolbitsch, J., and Maurer, H. (2006). The transformation of the web: How emergin communities shape the information we consume. *Journal of Universal Computer*

Science, 12(2), 187-213.

Korzenny, F., and Bauer, C. (1981). Testing the theory of electronic propinquity. *Communication Research, 8*, 479-498.

Lea, M., and Spears, R. (1992). Paralanguage and social perception in computer-mediated communication. *Journal of Organizational Computing, 2*, 321-341.

Lea, M., and Spears, R. (1995). Love at first byte? Building personal relationships over computer networks. In J. T. Wood and S. Duck (Eds.), *Understudied Relationships: Off the Beaten Track* (pp. 197-233). Thousand Oaks, CA: Sage.

Lea, M., O'shea, T., Fung, P., and Spears, R. (1992). "Flaming" in computer-mediated communication: Observations, explanations, implication. In M. Lea (Ed.), *Contexts of Computer Mediated Communication* (pp. 89-112). New York: Harvester Wheatsheaf.

Ma, M. (2021). Promoting Healthy Eating Behaviors Using Information and Communication Technology (ICT) *Succesion Theory and Media Richness Theory during Covid-19 Pandemic*. Unpublished docoral dissertation, Michigan State University, Michigan.

McKenna, K., and Burgh, J. A. (2000). Plan 9 from cyberspace: The implications of the Internet for personality and social psychology. *Personality & Social Psychology Review, 4*(11), 57-75.

McMillan, S. J. (2002). Exploring models of interactivity from multiple research traditions: Users, documents and systems. In L. A. Lievrouw and S. Livingstone (Eds.), *Handbook of New Media* (pp. 163-182). Thousand Oaks, CA: Sage.

O'sullivan, P. B., and Flanagin, A. (2003). Reconceptualizing "flaming" and other problematic communication. *New Media & Society, 5*(1), 67-93.

Park, N., Jin, B., and Jin, S. A. (2011). Effects of self-disclosure on relational intimacy in Facebook. *Computers in Human Behavior, 27*(5), 1974-1983.

Poole, M. S., and DeSanctis, G. (1990). Understanding the use of group decision support system: The theory of adaptive structuration. In J. Fulk and C. Steinfield (Eds.), *Organizations and Communication Technologies* (pp. 173-193). Newbury Park, CA:Sage.

Postmes, T., Spears, R., Lee, A. T., and Novak, R. J. (2005). Individuality and social

influence in groups: Inductive and deductive routes to group identity. *Journal of Personality and Social Psychology, 89*, 747-763.

Rafaeli, S., and Sudweeks, F. (1997). Networked interactivity. *Journal of Computer-Mediated Communication (on-line), 2*(4), retrived from: http://indiana.edu/vol2/issue4/rafaeli.sudweeks.html

Rafaeli, S. (1988). Interactivity: From new media to communication. In R. P. Hawkins, J. M. Wiemann and S. Pingree (Eds.), *Advancing Communication Science: Merging Mass and Interpersonal Process* (pp. 125-181). Newbury Park, CA:Sage.

Ramirez, A., Jr., and Wang, Z. (2008). When online meets offline: An expectancy violation theory perspective on modality switching. *Journal of Communication, 58*, 20-39.

Rice, R. E., and Love, G. (1987). Electronic emotion: Sociomotional context in a computer-mediated communication network. *Communication Research, 14*(1), 85-108.

Rice, R. E. (1993). Media appropriateness: Using social presence theory to compare traditional and new organizational media. *Human Communication Research, 9*, 451-484.

Salancik, G. R., and Pfeffer, J. (1978). A social information approach to job attitudes and task design. *Administrative Science Quarterly, 23*, 224-253.

Short, J., Williams, E., and Christie, B. (1976). *The Social Psychology of Telecommunication*. London: Wiley.

Snyder, I. (Ed.) (1997). *Page to Screen: Taking Literacy into the Electronic Era.* New South Wales: Allen & Unwin.

Spears, R., and Lea, M. (1992). Social influence and the influence of the 'social' in computer-mediated communication. In M. Lea (Ed.), *Contexts of Computer-Mediated Communication.* Hemel Hempstead: Harvester Wheatsheaf.

Spears, R., Russell, M., and Lea, M. (1990). Deindividuation and group in computer-mediated communication. *British Journal of Social Psychology, 29*, 121-134.

Spiro, R., and Jehng, J. (1990). Cognitive flexibility and hypertext: Theory and technology for the nonlinear and multidimensional traversal of complex subject matter. In D. Nix and R. Spiro (Eds.), *Cognition, Education and Multimedia: Exploring Ideas in High Technology* (pp. 163-205). Hillsdale, NJ: Lawrence Erlbaum Associates, Inc.

Sproull, L., and Kiesler S. (1986). Reducing social context cues: Electronic mail in organization communication. *Management Science, 32*, 1492-1512.

Stephens, K. K., and Rains, S. A. (2011). Information and communication technology sequences and message repetition in interpersonal interaction. *Communication Research, 38*, 101-122.

Szuprowicz, B. O. (1995). *Multimedia Networking*. New York: McGraw-Hill.

Tajfel, H. (1978). *Differentiation between Social Groups: Studies in the Social Psychology of Intergroup Relations*. London: Academic Press.

Tajfel, H., and Turner, J. C. (1979). An integrative theory of intergroup conflict. In W. Austin and S. Worchel (Eds.), *The Social Psychology of Intergroup Relations* (pp. 33-47). Monterey, CA: Brooks/Cole.

Thompson, P. A., and Foulger, D. A. (1996). Effects of prictographs and quoting on flaming in electronic mail. *Computers in Human Behavior, 12*(2), 225-243.

Thurlow, C., Lengel, L., and Tomic, A. (2004). *Computer Mediated Communication: Social Interaction and the Internet*. Thousand Oaks, CA: Sage.

Trevino, L. K., Daft, R. L., and Lengel, R. H. (1990). Understanding managers' media choices: A symbolic interactionist perspective. In J. Fulk and C. Steinfield (Eds.), *Organizations and Communications Technology* (pp. 117-140). Thousand Oaks, CA: Sage.

Turkle, S. (1995). *Life on the Screen: Identity in the Age of the Internet*. New York: Touchstone.

Walther, J. B. (1992). Interpersonal effects in computer-mediated interaction: A relational perspective. *Communication Research, 19*, 52-90.

Walther, J. B. (1996). Computer-mediated communication: Impersonal, interpersonal, and hyperpersonal interaction. *Communication Research, 23*, 3-43.

Walther, J. B., and Bazarova, N. (2008). Validation and application of electronic propinquity theory to computer-mediated communication in groups. *Communication Research, 35*, 622-645.

Walther, J. B., DeAndrea, D. C., and Tong, S. T. (2010). Computer-mediated communication versus vocal communication in the amelioration of preinteraction stereotypes: An examination of theories, assumptions, and methods in mediated communication research. *Media Psychology, 13*, 364-386.

Walther, J. B., and Parks, M. R. (2002). Cues filtered out, cues filtered in: Computer-mediated communication and relationships. In M. L. Knapp and J. A. Daly (Eds.), *Handbook of Interpersonal Communication* (3rd ed.), (pp. 529-563). Thousand Oaks, CA: Sage.

Walther, J. B. (2011). Theories of computer-mediated communication and interpersonal relations. In M. L. Knapp and J. A. Daly (Eds.), *Handbook of Interpersonal Communication* (4th ed.), (pp. 443-479). Thousand Oaks, CA: Sage.

Walther, J. B., Van Der Heide, B., Hamel, L., and Shulman, H. (2009). Self-generated versus other generated statements and impressions in computer-mediated communication: A test of warranting theory using Facebook. *Communication Research, 36*, 229-253.

Walther, J. B., & Whitty, M. T. (2021). Language, psychology, and new new media: The hyperpersonal model of mediated communication at twenty-five years. *Journal of Language and Social Psychology, 40*(1), 120-135.

Warkentin, D., Woodworth, M., Hancock, J. T., and Cormier, N. (2010). Warrants and deception in computer-mediated communication. In K. Inkpen and C. Gurwin (Eds.), *Proceedings of the 2010 ACM Conference on Computer Supported Cooperative Work* (pp. 9-12). New York: ACM.

Wellman, B., and Gulia, M. (1999). Virtual communities as communities: Net surfers don't ride alone. In M. Smith and P. Kollock (Eds.), *Communities in Cyberspace* (pp. 167-194). New York: Routledge.

Whitty, M. (2008). Revealing the "real" me, searching for the "actual" you: Presentation of self on an Internet dating site. *Computers in Human Behavior, 24*, 1707-1723.

Zack, M. H., and McKenney, J. L. (1995). Social context and interaction in ongoing computer-supported management groups. *Organization Science, 6*(4), 394-422.

CHAPTER 8

說服傳播

郭 貞

壹、說服的本質

我們每天幾乎都生活於充斥著說服傳播的環境中，以下是對幾個情況的描述，如果訊息接受者都依照說服者的意願行事，你認為哪個是說服呢？

帶著墨鏡的黑道大哥滿臉獰笑，對驚慌失措的張先生說：「如果你膽敢出庭作證對我不利的話，我保證你的寶貝兒子一定看不到明天的太陽。」（情況一）

候選人甲對選民說：「你們如果選我當市長，我一定不加稅，並且會給各位提供高品質的生活環境。如果你們竟然讓候選人乙當選了，你們就等著加稅吧！」（情況二）

一位中年男子在擠滿等車人潮的車站，對陳小姐大聲的說：「好心的小姐，買一支愛心筆吧！妳看很多人都買了，妳也發發愛心幫幫忙吧！」（情況三）

電視廣告中垂著飄逸烏黑長髮的美女，微笑的對觀眾說：「烏黑亮麗、閃閃動人，我都是用XX洗髮精，你也試試看！」（情況四）

或許你會說：在第一種情況下張先生受到黑道大哥的脅迫不敢不從，所以算不得被說服。或許另有人會說在第三種情況下陳小姐為了打發募款的人快走開，免得尷尬，所以也不算完全被說服。只有第二種和第四種情況，說服真的發生了。如此說來，我們似乎根據訊息接受者的行為是否出於自由意志下的選擇，來評定說服是否真的發生了。但不可否認的是，無論在上述的哪一種情況說服者都產生了影響力，而且也達到了目的。

事實上，我們仔細思量日常生活中許多親身的經驗，我們會發現無論是脅迫或是真正讓人信服，都是能使人產生行為或態度改變的社會影響力（social influences），這許多社會影響力可以藉由各種形式和樣貌出現。

因此我們或許可以把各種形式的社會影響力放置在「是否有自由意志」這同一個面向上來討論。在它的一個端點是「毫無自由意志」，例如，脅迫就是個典型的例子，因為說服者控制了獎懲，因而使得訊息接受者無法抗拒。在另一個端點則是「完全出於自由意志」的模仿。例如，一位青少年去參加某個熱門搖滾音樂會，他會穿著時下最流行的青少年服飾，他這是完全出於自動自發的模仿，因為不如此便不能感受到團體歸屬與認同感。如此說來，你認為說服在本質上是更接近模仿還是脅迫呢？

　　許多傳播學者談到說服，起初是意見分歧，到後來逐漸形成以下五點共識：(1)被說服者必須是出於自由意志下所作的選擇；(2)說服的發生必須要讓被說服者產生心悅誠服的感覺，願意私下接受或內化（internalize）說服者的意見；(3)說服傳播必須經由符號的互動產生；(4)說服傳播的過程是互相影響的訊息交易，傳播者與接受訊息者雙方都有可能在這個過程中受到對方的影響；(5)說服的效果可能是公開的行為改變，和私下的內在認知與態度改變。從以上的共識看來，要能真正說服別人改變態度或行為並非易事，要能觀察到立即而明顯的說服效果更是困難（Larson, 1978: 7）。無怪乎傳播學者柯拉柏（Klapper）在60年代就明言：說服傳播主要的效果是強化既有的預存態度，能在短時間讓人改變態度是少見的特例。另一位傳播學者拉森（Larson, 1978）更是堅信在說服傳播的過程中，訊息接受者的力量大過於訊息傳播者，只要前者下定決心不被說服，後者絕對是徒勞無功的。

　　後來，說服理論逐漸分成兩派：傳統的「資訊處理」派，和現代的「積極參與自我說服」派。資訊處理一派主張說服傳播必須要先有來自外在的訊息刺激才會發動，閱聽人接受到外在訊息的刺激後，會先對認知產生影響，然後再影響態度，最後才會影響行為。換言之，一個人接受說服訊息的影響而產生改變，通常是分成認知、態度、行為三階段，循序而進。心理學家稱認知、態度與行為是「認知三元素」，認為這三者具有一致性。如果三者中有任何兩個自相矛盾時，人們就會產生心理上的不安。相對於傳統的「資訊處理」派強調認知的轉變優先於態度和行為的轉變，

「積極參與自我說服」派卻強調先改其言行，然後由言行的改變引導態度和認知的轉變。如果一個人迫於形勢必須發違心之論，或者做出違反自己本心和意志的行為，只要繼續讓此人做下去，最後很可能弄假成真，連認知和態度都隨之改變了。這是因為當一個人的言行與信念態度不一致時，會產生心理壓力，如果又無法改變自己的行為時，只好啟動自我說服的機制把自己的行為合理化，希望重獲認知三元素的一致姓，進而減輕心理的不安與壓力，甚至重獲心靈平靜。這正是「久假不歸」的必勝絕招。

我們看到有人能抗拒得了說服傳播，百毒不侵；同時也看到有人在短短期間內被完全洗腦，脫胎換骨。我們很好奇「洗腦」究竟是怎樣發生的。以下我們用一個很戲劇化的例子來說明：將「脅迫」和「說服」兩個招式交互運用，就可能在短期內對人洗腦成功。很多人並不如想像中那麼堅強，能對說服訊息百毒不侵，尤其當說服者用威嚇脅迫於先，再用言詞不斷傳播於後，一般人在這兩個招數雙管齊下交互運用之下，很難不受影響的。

「美國報業鉅子孫女被綁架案」

1974年2月3日美國報業鉅子赫斯特（Hearst）的孫女派翠西雅（Patricia）被一小群自稱「共生解放軍」（SLA）的年輕人從加州柏克萊的寓所綁架。這群綁匪宣稱他們的使命是解放被資本主義壓迫的窮人，他們綁架了派翠西雅之後，立刻要求富有的郝氏家族拿出百萬美元買食物散發給加州的窮人作為贖金。經過兩個月的綁架和拘禁之後，派翠西雅居然公開譴責自己的家庭並且宣稱要加入這個城市游擊隊，和他們一同為劫富濟貧而戰。她還給自己取名「塔妮雅」，決心師法古巴的革命女將。在以後的幾個月當中，派翠西雅參加了這群解放軍的行動，手持武器搶劫銀行和體育用品店。十七個月之後她被捕了，派翠西雅面對媒體時還面帶微笑手握拳行禮，對訪問她的媒體記者表示：自己將永遠都是城市游擊隊的一員。

看到這個非常戲劇化而成功的人際說服個案，我們不禁十分好奇想知

道派翠西雅在這被綁架拘禁的兩個月裡，這群年輕的自稱解放軍的綁匪到底用什麼高招，把一個不知人間疾苦的富家千金轉變成他們的信徒。他們究竟用了什麼高明的說服技巧，居然完全顛覆而且反轉了派翠西雅的信仰和價值觀呢？經過傳播學者的個案分析發現，其實在整個綁架和拘禁的過程中，除了前兩個星期裡威嚇脅迫是綁匪的主要的招數之外，在後期他們說服招數卻與一般常用的人際說服方法並無不同，但是在兩者雙管齊下，相輔相成的作用下確實產生相當大的效果，使得派翠西雅澈底改變價值觀與人生態度。以下我們將簡單分析一下這個說服效果產生的過程。

　　首先派翠西雅在被綁架的最初兩星期裡，她一直被囚禁在一個狹小的衣櫥裡，這位向來不知人間疾苦的天之驕女受到的待遇，恍如自天堂墜入地獄，不但要忍受從不曾經歷過的身心磨折，還需時時擔心綁匪是否會傷害自己的性命。在身心遭受極大煎熬的絕望境況中，突然綁匪把派翠西雅從暗無天日的衣櫥內放出來，不但准許她蒙著眼睛在屋裡活動，也讓她蒙著眼睛與這群年輕的綁匪一同吃飯。這時派翠西雅不免會因為自己能活命而對綁匪產生一些好感。然後派翠西雅在日常生活中時時聽到綁匪宣揚他們劫富濟貧的理念，有時候還被迫要發表她個人的看法。如果派翠西雅的觀點與他們不同，綁匪就會給予糾正並且繼續不斷的疲勞轟炸，反覆說服。如果派翠西雅的說法合他們的意，他們就立即給予言詞的肯定和獎勵。在這樣持續而密集的說服傳播下，派翠西雅對劫富濟貧的理念最初是不認同的，但被迫發違心之言來討好綁匪，繼而變得不排拒，甚至接受和相信綁匪的理念，在經歷這個積極參與和自我說服的過程後，派翠西雅終於蛻變成城市游擊鬥士「塔妮雅」。

　　最初的綁架和囚禁時期綁匪用的是脅迫，因為派翠西雅的言行毫無自由意志，身處困境的她會變得脆弱無助容易屈服。由脅迫而產生的身心折磨，正是為日後的說服傳播做準備工作。當綁匪把派翠西雅從衣櫥裡放出並未傷害她，使她不免對這一群原本讓她懼怕的綁匪心生感激。然而更重要的關鍵卻是綁匪們讓派翠西雅參加了說服傳播的過程。他們在小組討論時定要她自由發言表示自己的意見。剛開始也許派翠西雅並不認同他們的

觀點，但是由於她處於完全孤立的境地，只能聽到一面倒的觀點，卻無法從別的社會參考團體獲得不同的看法。同時，她自己的發言會爲她帶來肯定或批評，爲了獲得肯定避免批評難免會附和綁匪的觀點。對派翠西雅而言，這一小群人共同決定了她現實生活中的是非和價值觀。起初派翠西雅或許覺得自己言不由衷，但是持續當眾發言表示贊同的行爲，卻會讓她產生認知失調的壓力，繼而啓動派翠西雅的自我說服機制。因爲她受外力控制下無法改變自己的言行，只能朝向改變信念和態度的方向去做，於是她心中早先的價值觀和信念開始動搖，逐漸變得愈來愈認同這群解放軍成員的價值觀和理念。

如果深入探究派翠西雅內心的轉變，學者發現派翠西雅的出身背景和這一群年輕的綁匪相似，他們大都來自於富裕的家庭卻反對資本主義者壓迫剝削窮人，他們的動機似乎有很崇高的理想性。他們劫富濟貧的方式雖然可議，但他們確實把搶來的財物散發給窮人並未藏私，這樣的處置顯得他們確實是言行一致，可與俠盜羅賓漢媲美。因此在派翠西雅的心目中，這群可怕的綁匪逐漸轉變成爲了解救窮人而採取非常手段的俠盜之士。派翠西雅在對他們產生好感之後，也逐漸相信他們的話。而且在親自參與團體討論時，派翠西雅爲了討好而說的附和言論，最初也許讓她覺得是言不由衷，經過一再重複之後她也逐漸對自己的說法愈來愈深信不疑了。這正是說服傳播中先改其言行，再改其態度與認知的積極參與法。派翠西雅後來真的深信自己的選擇是出於自由意志，因爲解放軍的成員曾經對她說過：「雖然我們都喜歡塔妮雅希望她留下來加入我們。但是如果塔妮雅選擇回家，我們會幫助她並且送她返家，我們只是要確定她真的睜開眼睛看清楚她的選擇真是她要的。」這個有自由意志選擇權的感覺也許是個假象，但是卻是任何一個成功的說服不可或缺的要件。到了說服最後的階段，傳播者必須讓訊息接受者感覺到自己有自由意志做選擇，這樣的說服才會產生持久的效果。

以上這個很戲劇化的成功說服案例，在我們日常生活中隨處可見到類似的說服企圖，只是並不採用那麼激烈引人注意的手法罷了。例如，在市

場行銷手法中贈送給競爭品牌愛用者一份免費試用品，就是企圖先改變消費者的商品使用行為，爭取其好感（態度改變）最後再改變該消費者對自己廠牌的看法（認知），終於使消費者在以後的購買決策中，也把此品牌納入考慮選購之列。當然，也有的廠商會先強調自己品牌的相對優勢，爭取消費者的信任與好感（改變認知與態度），然後再期望他們會購買（行為）。不論用何種方式達到最終之目的，說服傳播要成功總免不了要在個人的認知三元素上面作文章。

　　說服傳播可以有多樣化的面貌，有開門見山直接了當的宣揚，也有迂迴曲折微妙間接的暗示，甚至有以退為進引人入彀的策略，運用之妙存乎一心。若要明瞭並深入探討說服傳播以及其對訊息接受者可能產生的各種影響，我們不得不借重心理學、社會心理學和傳播學的理論。這些理論正是為我們打基礎的蹲馬步功夫，不但能讓我們更深入瞭解說服傳播的過程，而且也相當具有預測和解釋力。

　　以下作者將先簡介說服傳播的起源，然後再介紹幾個發源於心理學領域的說服理論，先陳述各理論的中心思想和學者們的實證研究發現，並配合上實務操作的例證。希望讓讀者能真正領悟說服理論並不是象牙塔裡的產物，它們與我們日常的傳播行為息息相關，而且能幫助我們針對不同的對象，做最有效的策略思考與訊息設計。

貳、說服傳播的歷史起源與相關理論

　　早在西元前五世紀古希臘時期的詭辯學（Sophistic）即為說服學之起源，與當時的柏拉圖學派並立，成為當時專研說服和公開演講的兩大學派。其後，柏拉圖的弟子亞里斯多德成為繼承兩派學說並且集大成的修辭學（Rhetoric）宗師，他的弟子將其學說蒐集編撰成修辭學的理論，此即為著名的修辭學五定律（Five Canons）。在當時亞里斯多德的修辭學理論，對於說服傳播研究貢獻甚鉅。他的修辭學五定律中的第一步驟

是發想（invention），亞里斯多德提出三種能打動人心的策略；道德訴求（ethos）、理性訴求（logos）和感性訴求（pathos）。道德訴求強調訊息傳播者的威信是說服利器之一，這個概念相當於今日說服傳播所強調傳播訊息來源之可信度（source credibility）；理性訴求與感性訴求更是今日說服傳播很核心的概念。另外，亞里斯多德還主張演說者必須使用聽眾們能聽得懂的語言，才能讓他們感同身受。他也提到在演說進行（delivery）當中，演說者應該注意聲音強弱、眼神注視、使用手勢強化訊息等非語文的元素來增強文字訊息的說服力。由此可見，亞里斯多德可以算得上說服傳播研究的祖師爺，直到20世紀初期他提出某些論點還被當時的許多社會心理學家，採用科學實證方法加以檢驗並獲得支持。

一、耶魯研究——以實證方法檢驗古典理論

在30年代末期、40年代初期大眾傳播媒體快速發展之後，說服效果一直是極受傳播學者感興趣的主題，「耶魯研究」可說是最早有系統進行說服效果的研究。耶魯研究的起源是二次世界大戰期間，美國陸軍部新聞署及教育署徵召一群社會科學家，以史多佛（Samuel Stouffer）和賀夫蘭（Carl Hovland）為主持人，負責從事戰爭宣傳與美軍士氣的研究，並且在戰後出版一套名為「美國軍人」（The American Soldier）的叢書。之後，賀夫蘭則以耶魯大學為基地，結合各領域，包括心理學與其他學科等三十多位學者，建立「傳播與態度變遷研究計畫」，為期十五年，進行五十次的研究，專注於傳播與說服的研究上。也因此耶魯研究又稱為說服研究（persuasive research），其著重實用目的，在於找尋出大眾傳播媒介的訊息是否可以導致態度與行為的改變，試圖建立一套有系統的傳播說服理論，以瞭解傳播與態度變遷的關係。傳播與態度改變由耶魯研究肇始，這群學者採用的研究方法主要是實驗法，強調經由實驗的控制來測驗各種反應。耶魯研究的主要檢驗變項分為傳播者、訊息設計、訊息的呈現方式、閱聽人。我們將學者們的研究發現摘要整理如後。

(一)傳播者／訊息來源

耶魯的研究有以下幾項發現：消息來源的可信度來自專業程度（expertise）及可信賴性（trustworthiness）。高可信度的消息來源在態度改變上的效果較強，就像我們會比較相信醫生而非江湖郎中。後來的學者發現受眾對傳播者的熟悉度、相似性，吸引力（McGuire, 1985）也會影響訊息來源可信度。Ohanian（1990）歸納整理了各學者的論點，指出訊息來源可信度可以包含以下三個面向：專業性、可信賴性與吸引力。其他學者大部分也認同傳播者與訊息來源可信度，由此三面向所構成。

廣告當中的代言人通常是挑選俊男美女，這是希望讓觀眾注意且產生好印象。但是並非所有廣告用俊男美女就一定有效，有研究指出，外表吸引力、專業程度和可信賴度三者之間並非完全正相關；模特兒的外表吸引力越強，觀眾感覺的可信賴度越高，但是相對的在專業程度上就讓人感覺越低。所以這時就出現矛盾之處：究竟做廣告時要選美麗的女主角，犧牲掉產品的專業程度，還是要保持專業，選一位外表較不出色的代言人？事實上，這完全要看產品的特性和目標市場而定。如果是需要專業背書的商品，例如維他命、金融商品等，那麼就應該選擇有專業性，讓人產生信任的代言人。若是一些專業性不那麼重要的產品，像是飲料、零食等，外表吸引力的部分就可以變成策略運用的方法之一。還有一類的商品如化妝保養品、洗髮精等，那麼這些商品代言人的外貌形象就變得重要起來。

但是，不論高或低可信度的消息來源，經過一段時間後，都可能會產生睡眠者效應（sleeper effect），當受眾忘記訊息來源是誰或是搞錯消息來源時，來源可信度的效應就大大降低，因此若要減低睡眠者效應，傳播者必須重複傳播，提醒受眾訊息來源。

(二)訊息設計與呈現

在訊息訴求與呈現方式的研究方面，恐懼訴求相當受到關注。其研究發現可以摘要如下：恐懼訴求可以用來取得說服效果，利用小小的威脅導

致意見改變的效果。然而恐懼訴求並非適用於每一個議題上，同時，使用恐懼訴求時必須注意威脅性太過於強烈的訊息，容易產生反效果。學者們（Rogers, 1975; Rogers & Mewborn, 1976）後來也提出恐懼訴求與態度改變的「保護動機理論」（protection motivation theory），認為使用恐懼訴求必須有三個組件：告知事件的有害程度、此有害事件發生的可能性，以及接受此一訊息建議防止有害事件的有效程度，當閱聽人對這三個組件經過認知過程與評估之後，就會產生「防止動機」，而防止動機的多寡，則會影響他們態度改變的程度。這也是說，當傳播者利用恐懼訴求，需同時表明危機發生的可能性，才能造成閱聽眾的緊張，之後也要告知閱聽眾如何解決緊張的方法，以免讓聽眾產生反效果，如充耳不聞、視而不見等逃避的現象。

(三)閱聽人個人差異

但是在訊息設計與呈現方式上，並不能一視同仁的用在所有的閱聽眾身上，必須要看你想說服的人是教育程度高或低，及原本所持的立場是什麼。研究發現，對於本來持反對立場的閱聽人，宜採取正反面訊息並陳；對於本來持支持立場的閱聽人，應採用單面訊息以增強其預存立場；對教育程度高者宜採取雙面訊息、教育程度低者宜採單面訊息；當閱聽人教育程度低且採支持立場時，一定要採用單面訊息。但是，正反面並陳對反宣傳能產生較佳抗拒效果，後續McGuire的免疫理論（inoculation theory）即依此而發。至於在訊息的傳達順序上，研究也發現，正反意見若由不同人提出，先提不一定有利。但正反意見都若由相同的人提出，反而會有先入為主的效果。對強烈求知的人來說，順序並無影響。若訊息內容為滿足需求，則應先激起需求。對閱聽人不熟悉的訊息宜先提示重點。總而言之，先提的人最好能引人「注意」，後提的人最好能引人「記憶」。

賀夫蘭認為團體規範會影響閱聽人的意見與態度，尤其是效忠團體的人對於對手說服的訊息往往充耳不聞。在個人的可說服性方面，經常公然表現敵意者比較不容易受說服訊息影響，而想像力豐富或自我評估低微

者則比較容易受訊息說服。此外，「外導」（other-oriented）傾向的人比「內導」（inner-oriented）傾向的人容易被說服。在閱聽人的反應類型方面，主動參與、動機較強的閱聽人較易受訊息影響，因此閱聽人的投入與效果成正比。此外，重點式的記憶也比全部記憶的閱聽人更能保持較長的說服效果。

二、認知取徑的理論

這幾個理論的基本前提都與認知三元素的一致性有關。認知三元素是指一個人的信念（belief）、態度（attitude）、行為（behavior），當這三個元素是一致的時候，人們的心理狀態是平衡的，否則就出現心理不平衡狀態而產生焦慮，亟需做出改變以恢復平衡狀態。平衡理論與認知失諧論具有以下幾個共同特點：(1)描述人們心理平衡與不平衡的狀態，在什麼情況下會出現；(2)認定當人們心理出現不平衡狀態時都會產生心理驅動力，驅使人們恢復平衡狀態；(3)提出人們為恢復心理平衡狀，可能採取的各種手段與策略。

(一)平衡理論（balance theory）

人們對於追求認知三元素上的「一致性」是非常強烈的，碰到不一致的狀況時總會用自己覺得合理的藉口去合理化自己的行為。心理學家海德（Heider, 1946）的「平衡三角形」，對「人對他人、人對他人看待的事物」之間的調和態度過程感到非常的有興趣，他把這三者之間的關係畫成了一個三角形：

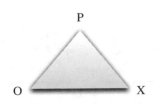

P代表當事人，O則代表別人（和那件事物有關的對象），X代表該件事物。這三個角之間再加上「喜歡」（＋）及「不喜歡」（－）的關係後又可以發展出八種可能的情況：

這八種情況中，只要是三邊相乘是正的，當事人的心理呈現平衡的狀態（圖8-1）；如果三邊相乘是負的，那麼當事人的心理可就不太平衡了（圖8-2），在不平衡的情況下，可能就會產生一種驅力讓當事人去擺平它。

這個理論經常用在廣告或是政治說服當中，三角形中的P是閱聽人自己，O是產品代言人，X是產品。當我們喜歡產品代言人時，他對於產品的正面推薦也讓我們對產品產生好感，這就形成一個理想的平衡狀態。又如在新聞議題中，我們尊敬的意見領袖對於某個爭論性議題發表了負面批評，也會讓我們對該議題抱持負面立場，這樣也形成平衡的狀態。

(二)認知失諧論（cognitive dissonance theory）

認知失諧理論是由美國社會心理學家Leon Festinger（1957）所提出，其「失諧」定義為「一種情緒的不舒服感，會激起人產生試圖減輕失諧以

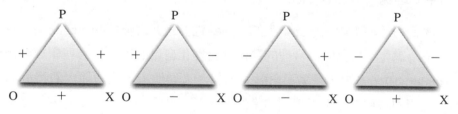

圖8-1　平衡狀態

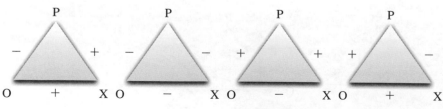

圖8-2　不平衡狀態

圖8-3　名人代言，歌手楊丞琳代言運動品牌Adidas

便重獲和諧的動機」，而且人還會主動避免面對可能增加失諧的情境或資訊。認知三元素—信念、態度、行為—不一致時常會導致認知失諧，此時容易形成人們心理上的矛盾，而不愉快、緊張，甚至會有生理上的激起（arousal）。它像是一種驅力，會驅使個人想辦法去消除失諧的狀態。

　　此理論對於人類的認知有三個基本假設：(1)人們都有追求認知三元素一致性的需求；(2)當認知失諧出現時，人們會在心理上產生不愉快的經驗；(3)心理上不愉快感會激勵人們去解決這種不協調感，以求恢復認知上的平衡與和諧。認知失諧的強弱程度取決於所有涉及的失諧認知元素的數量，與協調認知元素的數量之比率，以及這些認知元素對個人的重要性。對個人越重要，而且失諧認知元素的數量越大，認知失諧程度也越大。例如，在選購汽車時有兩款車都很理想，一旦做下決定選擇了其中一款時，內心可能產生害怕決策錯誤的焦慮，這是常見的抉擇後的認知失諧症候群（post-decision dissonance）。人在做決策後面對「決策後失諧」時經常採取以下三種方法降低認知失諧：(1)撤回決策；(2)增加被選者的好處優

勢，貶低落選者的壞處缺失；(3)將兩個選項的結果的優劣，視為相同。

另外一種經常會出現認知失諧的情境是，個人受到外在壓力被迫說出或做出違反自己信念的言行時，心裡會產生認知失諧的不安和罪惡感，此時他必須選擇做出以下的改變：(1)改變原先的信念與態度使之與行為一致；(2)強化外在的壓力或獎賞以合理化自己的行為。這裡牽涉到內在歸因與外在歸因的議題，當個人因為言行不一致產生認知失諧時，人們通常會先找尋外在的理由（歸咎於無法控制的外在環境），例如，外在的壓力或誘因是難以抗拒的，所以個人脫序的言行雖然有違個人的信念，卻是不得已而為之，這並不會影響個人原先的信念與立場。如果外在的理由不充分，此時個人內心可能感受更強烈的認知失諧，只好傾向作內在歸因（於個人內在的特性和態度），從而引導個人改變自己原先的信念與立場。這種從設立情境讓個人先產生認知失諧，最後導致態度改變的結果，過去的實驗中曾經得到支持。認知失諧理論可被應用在消費者行為上，也能運用在選戰拉票的策略中。

(三)自我說服和角色扮演

讓閱聽眾產生自我說服，是達成說服的有效策略。啟動自我說服的機制與認知失諧有相當的關聯性。在以下三種情況下，人們會嘗試說服自己：

◆自我說服情境一：決策後失諧

這是最常發生的情境，而且愈是進退兩難的事，愈是貴重的物，愈會造成決定後後悔的情況。此時常見的策略是說服自我：相信自己所做的決策是正確明智的。

◆自我說服情境二：公開的承諾

當人們面對著其他人做過口頭上的公開承諾時，便會開始說服自己實現那個承諾，即使當初的表態是情非得已的，那是因為人們會希望自己在別人面前是呈現「言行一致」的形象。這個情境如同先讓人在行為或言語上造成事實，讓他產生認知失諧的焦慮感，然後再引導他改變原先的信念

與態度。例如，一位原先反對吸菸的人，在同儕團體壓力之下，開始嘗試吸菸。起初他感受認知失諧的焦慮，但是又無法疏離同儕團體不與他們往來，最後只得說服自己：吸菸並非罪大惡極不能接受的行為。

◆**自我說服情境三：角色扮演**

當某人參與某一個正反兩面的議題討論時，他在當中所扮演的角色無論是正方或是反方，會影響到他以後對這件事情抱持的態度，而且通常會傾向於他在角色扮演中相同的立場。例如：針對核四停建與否的議題上，某人如果代表贊成續建的一方，他往往需要最先說服自己，然後再去說服別人。心理學家認為，當人們在扮演某種立場的角色時，腦子裡接受到的角色扮演指令必須進一步執行將既有經驗和知識加以重組整理的過程，然後選擇出可以符合角色立場的意見，以提供人們運用。縱使某人原先的立場與扮演的角色不同，他也必須啟動意見重組的按鈕——基模（schema），深入瞭解對方的意見與立場，甚至產生同理心，這樣比較容易想出最有效與適當的說服策略。

(四)歸因理論（attribution theory）

歸因理論的假設也是建立於個人隨時想重建認知平衡的欲望之上。歸因理論主張：當人們發生言行脫序狀況時，會主動運用存在腦中的認知為自己提出原因，或是為別人的行為找到解釋和理由。人們會為事情找尋內在或是外在歸因是來自於「自我知覺理論」（self-perception theory），這是由社會心理學家Bem（1965, 1967, 1972）提出的。他發現人們為自己的行為提出解釋時，一開始會先尋求外在的解釋，若無法覓得適當合理的外在因素時，便會轉而尋找個體內在的動機態度，這個尋找的過程即為自我知覺的歷程。說起來似乎和認知失諧理論有點雷同，但是Bem進一步解釋，「自我知覺」是來自於人們自我態度的改變，是一種推演而來的過程，換句話說，在自我知覺的歷程中，個體對自己行為所持的態度是落在接受區，他認同自己的行為，只是必須從內在或外在線索來尋找合理化的理由。而「認知失諧」所指的是人們對自己行為所持的態度是落在拒絕

區，他必須加以調適，好使得自己的態度和行為能夠趨向一致。Bem主張當人們受到情緒或者是生理的模糊狀態的變化，卻無法明確解釋原因，就會促使人們去搜尋情境外在的原因以企圖解釋。

◆常見的歸因謬誤

大多數人在歸因時，主觀性很強且帶有偏見，許多偏見甚至導致歸因過程產生誤差。常見的歸因偏誤有兩種類型：

1.認知性偏差（cognitive biases）：包括顯著性、基本歸因錯誤、行為人與觀眾的差異，以及在自己與他人行為或認知一致的程度很高的狀況下，人們容易做外在情境歸因；相反的則容易做內在性格歸因。

2.動機性偏差（motivational biases）：包括為了提升自己的價值感或保護自尊的「自利偏差」，以及個人高估其對外在事件的控制力而易做內在歸因的「高估自控的錯覺」（如過分自責等）。

在競爭激烈的選舉廣告當中，常可見到「錯誤歸因」的使用，例如斷章取義、營造刻板印象及各種抹黑流言等，均是常見手法。

◆解釋歸因理論之案例

公司的年終考績發下來了，新進的可愛妹妹小桃拿了個甲等，和她一樣做行政工作的資深員工老白卻拿到乙等。同部門的人知道後，私底下議論紛紛：

菲菲說：「恐怕是老白得罪了上頭吧，否則怎麼會拿到乙等？」

美珍說：「不是吧，聽說是小桃有後台哦！」

輝仔卻說：「我看都不像，應該是上面的人要貫徹執行考績從嚴審核的命令，老白倚老賣老太混了，所以被拿來殺雞儆猴吧！」

每個人都有自己推測的原因，基於好奇心和關心，所以很想知道兩位當事人是怎麼想的。

老白忿忿不平的對菲菲說：「小桃憑什麼拿甲等？她也不過進公司四個月，還不是因為她長得漂亮，會撒嬌。其他的，我可看不出來她有什麼長處。」

小桃聳聳肩告訴輝仔：「是不是拿甲等我無所謂，反正我不遲到、不早退、更沒有請過一天病假。延宕了兩年的行政人事報告在我手上花了兩個禮拜就搞定了，而且我從來沒有把自己份內的工作推給別人過，除了這個之外還要幫常常請假的同事處理雙倍的工作，我拿到甲等問心無愧。」

老白認為得到乙等不是自己的責任，而小桃考績能得甲等是因為小桃「長得漂亮、會撒嬌」；但是小桃卻覺得自己能得甲等，完全是因為「工作態度負責、辦事效率高」。明明是同一件事，為什麼當事人卻有不同的解釋和說法？人們在遇到狀況的時候，總是會主動運用存在腦中的認知基模提出原因，或是為別人的行為找到解釋和理由，這種為事情找尋合理解釋的情況，在心理學上稱為「歸因」。人們會試圖把自己和別人的行為歸因於情境因素或個人因素，因而產生內在和外在的歸因。把最有利的理由歸在自己的內在特質態度或能力（內在歸因），而把負面的理由歸咎給情境因素或是別人（外在歸因）；對別人的行為的歸因卻正好相反，這種「寬以律己，嚴以待人」是人之常情，也是我們常見的基本歸因謬誤（fundamental attribution error）。

三、免疫理論（inoculation theory）

在防疫醫學上人體先被注射入微量的病菌，讓自身產生免疫抗體以對抗日後可能入侵的大量病菌。這樣的操作也可以運用在說服傳播上，美國傳播界的兩位學者麥吉爾和帕博吉（McGuire & Papageorgis, 1961, 1962）為了不讓人們輕易的被他人說服，以實驗證實了免疫理論在說服的過程中的確是存在的。實驗中提到了一個重要觀念：人們從來沒有機會為自己的信仰做過辯駁的工作，所以一旦遇見不同和對立的說法時，腦中並沒有從以前因辯護駁斥而留下來的「抗體」，可以支持自己既存的立場想法，有

可能會受影響而跟著改變。而麥、帕二氏認為想要使人們的態度不要輕易改變的方法就是，事先讓人們閱讀含有攻擊基本信仰之反面說法，和駁斥這些說法的理由（也就是正反面的訊息都要有），如此一來，人們腦中自然會產生一種普遍的免疫效果；即使以後再碰見反面說法時，仍然能夠堅持原有的態度。

進一步來說，免疫理論在說服過程中扮演的重要角色是—反說服，怎麼樣讓已經具有支持立場的閱聽人，不會改變他的想法，繼續堅定支持下去。免疫理論在反說服的操作使用上，大概可以分成兩種：

1.打預防針：提供完整的正反面訊息論據，讓人們瞭解即將會接觸到的反面駁斥訊息，是採取什麼樣的角度。
2.預警：不提出任何具體的訊息或數據，只用警告的方式提醒：他們將要遭遇反面的說服了，請小心！這種透過預警，使人們心中產生防備，並會事先搜尋一些支持既存立場的理由以備用。

免疫廣告通常運用三個大觀念——病菌、作戰、抗體。以選戰廣告為例，若想將原來支持對手的選民爭取過來時，一直批評對方的缺失，真有用嗎？一直反駁對方說法的廣告，能達到期望中的效果嗎？如果對手採取負面競選廣告攻擊我們時，應當如何面對呢？其實，要製作一支有效的預防針廣告，要記得檢查你的廣告中有沒有「病菌」（也許是溫和委婉的陳述對方的某些優點，但是自己的更好）；有沒有機會預先讓選民警醒裝備起來準備作戰（提出對方可能攻擊自己的某些弱點，自己不可上當而相信了），然後確保你的忠實支持者會產生「抗體」（啊！果然對手針對預警的方面做攻擊了，我才不相信呢！）。這三大觀念是免疫廣告的核心，廣告人必須不停地檢測，「病菌、作戰、抗體」是否在廣告行銷的傳播過程中完整的出現，否則費盡心思做了一支免疫廣告，卻沒有讓目標閱聽人產生抗體，那不是白作工？

四、社會判斷理論（social judgment theory）

　　如同免疫理論一樣，社會判斷論在操作上也必須先知道閱聽人的預存態度是什麼。學者薛里夫等人（Sherif, Sherif, & Nebergall, 1965）認為一個人在接受新訊息時，通常會先以自己原有的立場作為基準點，然後做出接受或反駁的判斷。俗話說：「各人心中自有一把尺。」而這把尺經過學者的研究，它的的確確是存在的，而且隨著年齡增長、生活經驗增加，尺的多樣性也會愈豐富。每次人們接觸新事物之後，心中自然就為它立下新標準，以後碰見同樣事情時，這把尺或是參考架構就會自然浮現，影響我們的判斷。根據這個理論所言，個人會運用自己的預存態度作為參考架構，對於新接收的訊息做出接受或是拒絕的判斷，這就是社會判斷論的基礎。我們先來看看這把態度衡量尺的樣貌。

　　「態度衡量尺」─抱持中立的初始態度者通常有比較寬的接受區（latitude of acceptance），相對窄的拒絕區（latitude of rejection），介於接受區和拒絕區之間的為無所謂區（latitude of non-commitment）（**圖8-4**）。

溫和的中立態度

圖8-4　溫和的中立態度的示意圖

　　學者從研究中發現，在人們的心中針對特定議題，存在一把態度衡量尺，當人們對於一個議題抱持中立態度時，此時可看到正反兩個方向的刻度平均，而且兩個端點和中點的距離相當，不論在贊成或是反對的那一邊，此人的拒絕區都一樣寬，而且小於接受區。通常人們對於事不關己的事件時，最常出現這樣的態度分布。例如，南非選總統對大多數的台灣人

來說，不那麼具有切身關心度時，就會出現這樣的現象。但如果碰到的是和自己切身利害有關的事件，例如，核四續建議題，這時人們的態度就會明顯的出現不同的強度，**圖8-5**是一個極端反核四者的態度分區圖。

五、訊息落差與同化效應、對比效應

談到同化（assimilation）與對比（contrast）效應之前，我們必須先提到訊息落差（message discrepancy）。訊息落差是指新接收的訊息立場與個人對某個議題原先立場，兩者之間的差距。如果訊息落差不大，且未落在此人態度尺上的拒絕區，就有可能被接受。若是訊息落差過大，且落在態度尺的拒絕區，該訊息就會被拒絕。以**圖8-5**為例，X代表某人強烈反對續建核四的初始立場，A與B代表兩則說服訊息。雖然兩個訊息都比某人的初始立場X更傾向於贊成續建的方向，但是訊息A與X的訊息落差比較小，且未落在態度尺的拒絕區間，此人會把訊息A的落點看成比實際的落點更靠近自身的初始立場X，因此有可能接受訊息A，這就是「同化」效應。正所謂「不是敵人，就是朋友」。但是訊息B與X的落差較大，且落在態度尺的拒絕區間，此人會將訊息B與自身初始立場（X）的差距，更擴大視之，而認為訊息B的落點比實際的落點更遠離X（初始立場），這就是「對比」效應。正所謂「不是朋友，就是敵人」。

個人對於自己關注的議題會有較高的涉入感（ego involvement），這會影響其態度是否傾向溫和中立或是極端而強烈的程度。通常個人對一個自己關心度不高的議題，傾向抱持中立且溫和的態度，此時他們的接受區

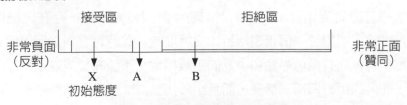

圖8-5　極端強烈態度的示意圖

比拒絕區寬得多，因此較容易受到說服訊息影響而改變態度。但是對於自己很關心的議題人們多半抱持較極端而強烈的立場，他們的拒絕區往往比接受區寬得多，如果對他們提出一個與其初始立場稍有差距的反面訊息，一定立刻被拒絕，徒勞無功。因此學者們根據他們的研究提出的建議是，若想說服頑固的極端份子，必須要有耐心採取小步引領的蠶食策略。換言之，如果先以落差較小的訊息A試探，讓此人的初始立場從X點往贊成方向挪移；再重複施行此微小轉變策略，就有可能將原先抱持極端反對意見者的立場從X點逐步挪移到中間點，甚至往贊成的方向再移動。

　　事實上，學者的研究曾發現訊息落差與態度改變兩者之間呈現出一個倒U字型的曲線變化關係。當某人接收的訊息與原先立場落差小時，不需要改變態度；當此人接收的訊息落差過大時，很可能落入此人的拒絕區，也不會產生態度改變。只有訊息落差恰到好處，既未落入拒絕區，但是距離原先立場又有一些差距時，就有可能被接受而且逐步引領此人朝向說服者期望的方向移動，最終導致態度翻轉改變。尤其當訊息來源是具有高威信度的專家學者時，這樣具有恰到好處落差的訊息，最能引發態度改變（**圖8-6**）。

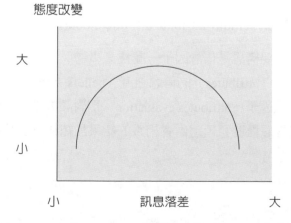

圖8-6　訊息落差大小與態度改變之間的倒U字型曲線關係

六、理性行為論（theory of reasoned action）

這個理論是由心理學家Fishbein和Ajzen提出，雖然也和前面認知取徑的理論一樣，都在探討認知三元素：信念、態度與行為，但是它切入的點卻有所差異（Fishbein & Ajzen, 1974, 1975）。此處，焦點關注於個人由建立信念，形成態度，最終導致行為的歷程。信念、態度與行為意向是理性行為論的三個重要元素。個人在評斷是否要採取行為之前，會先歷經建立信念（belief）（例如捐血救人是對的、有利益和價值的），然後形成態度（attitude）（例如喜歡去捐血，也喜歡捐血的人），接著態度就會影響個人的行為意向（intention）（例如自己有經常去捐血的行為意向）。

「信念」主要有三：原始信念（個人經驗得來）、推論信念（由推測而得）、資訊信念（經外在給予）。「態度」是由接收到的刺激和資訊整合，而形成的全面印象所決定的。「意向」是指行為選擇決定過程，也是行為前最重要的指標。意向愈強烈，之後的行為也愈確定。意向、態度和信念之間的關係是一致性且連續的，可用來解釋人為什麼會做這件事的原因，特別是當行動具有明顯目標時，用意向來對行為做預測更是準確。尤其是運用在行銷市場對消費者行為的預測時。

(一)多屬性態度模式（multi-attribute attitude model）

多屬性模式主要構思是信念因子—認為某事物（例如商品或候選人）具有：(1)某些屬性（attributes）的信念強度（beliefs strength）或主觀的確信；(2)該屬性評價因子（attributes evaluation，即對該屬性的評價，該屬性對本身重要性或喜惡程度），這兩者相乘的結果加總起來就是個人對於該事物形成的態度。

$$A_o = \sum^n B_i\, a_i$$

$$\sum = B_1 a_1 + B_2 a_2 + \cdots\cdots\cdots + B_n a_n$$

A_o：對品牌（對象）的態度（整體評價）

B_i：對品牌（對象屬性）的信念強度i（信念因子）

a_i：對對象屬性i的評價面（屬性評價因子）

n：所提到的屬性數目

　　多屬性模式運用在實務上，就是預測消費者依據產品屬性形成對產品的態度。而要想操作廣告訊息來說服消費者改變其對於品牌態度，可以採取以下的策略：

1.改變信念因子：改變消費者原來對標的物所具有的某項屬性之認知的主觀確信。

2.改變屬性評價因子：讓消費者對某一屬性的評價從負面轉變為正面。

3.增加新的信念因子：對消費者的認知結構導入新屬性和有利於本公司品牌的好評價，以改善其對品牌的整體性態度。

　　Fishbein提出多屬性模式後，McGuire再提出CBA（Construction by Aspect）模式來修正。他認為人們一開始並不會評估「全部」的屬性，而是從最顯著的屬性開始檢討，再來是次要顯著屬性，如此反覆直到認為足夠做出決定為止，CBA模式考慮了個人資訊處理量和屬性重視的排序過程。

　　Fishbein面對後來學者的批評，於是以多屬性態度模式為基礎，重新提出了理性行為論（Ajzen & Fishbein, 1980），它最主要的觀點是認為行為意向可以有效預測行為的發生，並且可以解釋行為發生與否的原因。此理論的大前提是：(1)人是理性的動物，能在自己的意志控制下做出合理行為；(2)能系統化地利用或是加工所得到的資訊，因此資訊能被理性的使用。

　　行為意向是指個人做出某項行為的主觀機率或可能性，是某項行為發生與否的立即決定性因素。如果此行為的表現愈能由個人意志掌控，則愈能藉由行為意向的預測來預知實際行為的發生。我們從圖**8-7**中可以得

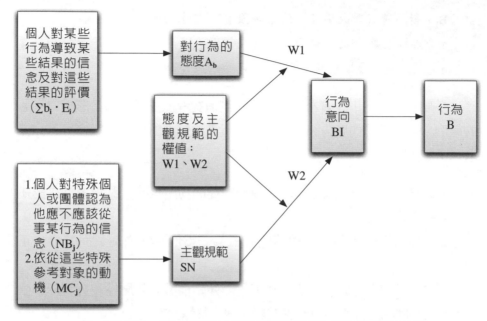

W1和W2是權值，代表態度和主觀規範個別對行為意向的相對重要性

圖8-7　理性行為論完整模式

資料來源：Petty & Cacioppo (1981: 201)；作者翻譯整理。

知影響個人行為意向的兩大因素為：個人對於行為的態度（attitude toward behavior）及主觀規範（subjective norm）。主觀規範類似社會觀感，但通常是指與自己關係最密切的家人和親友的觀感與期望。但是此二者的相對重要性如何，則需要看此人對於這兩項因素在意的程度如何。因此，我們可以從行為的態度和主觀規範來預測行為意向。行為的態度表示對從事該行為結果，所產生是喜歡或不喜歡的感覺。行為的主觀規範則是指，在他的生活中重要的參考對象，認為本身從事該行為是應該或不應該的認知。

以下列公式表示：

$$B \sim BI = f\,[(A_b)W1 + (SN)W2]$$

B（Behavior）：個人的行為

BI（Behavior Intention）：個人從事某行為的意向，是指個人做出某行為的可能性

A_b（Attitude toward the Behavior）：個人對從事某行為的態度

SN（Subjective Norm）：個人主觀認為別人會怎麼想

W1、W2指態度和主觀規範個別對行為意向的相對重要性，是實證所得的 β 值

依據理性行為論的主張，若要成功改變行為的前提是必須瞭解構成態度、信念、正／負面評價，以及構成主觀規範的個人在意的他人之信念與個人依從他人期望的認知。前者與多屬性態度模式非常相似，代表個人對於從事特定行為導致的結果之好惡態度；後者則是來自於社會環境中的他人期望和影響。

(二)個人對行為之態度與信念、評價的關係

下列公式與多屬性態度模式相同，表示個人對從事某行為的態度，是個人對從事該行為可能導致某些結果的信念和對結果產生評價的函數。

$$A_b=\sum_{}^{n}b_i \cdot E_i$$

A_b：指個人對從事某行為的態度

b_i（belief）：個人對從事某行為後，導致對某項結果i的信念

E_i（evaluation）：個人對從事某行為後，導致對某項結果i的評價

n：個人對從事某行為後，所可能導致結果的數量

(三)主觀規範和規範信念間的關係

「主觀規範」是人們參照社會規範而自認為該做或不該做的行為模式。個人對行為的主觀規範會受兩個因素的影響：(1)個人認為參考團體成員期望個人該或不該從事某行為的信念；(2)個人會依從這些參考團體成員的期望的動機。以下列公式表示：

$$SN=\sum_{}^{m}NB_j \cdot MC_j$$

SN：主觀規範（個人對重要參考人物對自己行為看法的整體認知）

NB_j：個人對於重要參考團體j認為個體該或不該從事某行為的信念

MC_j：個人服從重要參考團體j的動機

j：重要參考團體的數量

　　從理性行為論我們對於說服他人得到以下的啓示：(1)若要改變個人對行為的態度，必須先改變其對行為的信念和評價；(2)要改變個人對行為的主觀規範，則必須先改變對個人參考團體的規範信念，和個人順從參考團體的動機強度。理性行為理論的終極目標並不是用來預測行為的意向，而是用來預測和瞭解決定行為的因素。不管我們想要影響的目標是什麼——像是要改變態度、規範、意圖、行為——都要從人們的信念來著手。信念扮演著一個基本的決定性因素。

　　這個理論常被應用在行銷溝通上，例如，我們若想改變消費者對商品的態度，可以經由廣告訊息來：(1)告訴消費者商品具有哪些優質的屬性；(2)將原來被消費者認為負面的屬性，從另一個角度切入轉換成正面；(3)告知消費者商品新增添的優良屬性。我們若想從主觀規範方面切入，可以：(1)強調這個商品是消費者的家人與親友都會喜歡的選擇；(2)消費者若想贏得大家的歡心，必須購買此商品。

七、古典制約學習——因連結成功而產生說服果效

　　聽到「8825252」時，你想到什麼？或者是「3939889」呢？如果上面向兩個問題都能答出正確的答案，那麼你不得不相信自己正是商人眼中那隻聽到鈴聲就會流口水的巴夫洛夫狗。在討論這隻全世界最有名的狗以前，我們先來解釋一下「制約學習」的定義。簡單來說，制約學習就是經由刺激和反應之間的關聯性來改變行為。也可以說學習是一種過程，一個人在這個過程中所得到的一些經驗，有可能會改變他的知識、態度或者是

行為。

學習又可分成兩種：認知學習和制約學習。這兩種學習最大的不同在於：認知學習是改變你的知識，制約學習則是企圖改變你的行為。「認知學習」是指人們透過演練和推敲，學習將資訊變成記憶。演練就是一直不停地重複複習資訊，最後它就會變成長期定存一樣被放在腦子裡，就好比我們不停地背單字、不斷聽著重複的音樂一樣。推敲則是試圖將新資訊和舊經驗加以連結，造成聯想的技巧。像達美樂的「28825252」就是運用人們可以想到的諧音變成「餓！爸爸餓，我餓，我餓」而將它輕鬆記住。但是要注意，認知學習的效果會依照每個人的動機和知識能力程度的不同，而影響到學習效果的高低。「制約學習」又分成了古典制約和操作制約，兩者最大不同在於，古典制約是利用人天生的生理反應來做制約（像是看到酸梅會流口水，看到美女帥哥產生愉悅），而操作制約則是運用獎懲的方式讓人學習新的行為。

最著名的古典制約案例是巴夫洛夫和他的狗的實驗。鈴聲（中性刺激／NS）本來對狗兒來說並不會引起反應的，然而肉塊（非制約刺激／US）是狗兒看到就會流口水，非常想吃的東西。這引起牠流口水的生理反應叫「非制約反應」（UR）。狗兒經歷過多次聽見鈴聲就有肉塊出現的經驗後，日後這隻狗只要聽到鈴聲就想到肉塊要來了因而流口水，這時鈴聲對狗狗來說不再沒有意義，它已經變成了「制約刺激」（CS），而狗兒流口水的動作則變成「制約刺激」下所預期學習到的「古典制約反應」。這種行為的學習成功關鍵在於鈴聲（制約刺激）和肉塊（非制約刺激）的成功連結。我們常見制約學習用在廣告的案例中，例如：在廣告中出現甩著濃密烏黑柔亮長髮的偶像美女（非制約刺激），緊接著某品牌（制約刺激）洗髮精也跟著出現。只要將美女和洗髮精品牌連結成功，消費者就會把對美女的好感，移轉到該品牌的洗髮精。又如，長榮航空以偶像明星金城武為代言人，金城武僅出現在有世界各城市地標的畫面中，卻未曾發一語，但這支廣告使人印象深刻。有時候廣告中使用的非制約刺激物可以是悅耳的音樂或美麗的風景畫面，這些能自然引人產生好感的非制

約刺激物，只要與原爲中性的品牌連結成功，就能引發好感轉移的制約效果。

(一)操作制約

最大特徵是運用和獎勵懲罰來改變行爲，不是用一次就能眞正的改變行爲，必須經過好幾次的練習機會。而爲了要讓新學習到的行爲不被忘記，還要運用時間上間隔來給予增強的作用，大致分爲以下幾種：

1. 連續增強：從做對的那一刻起就不停地給予獎勵或懲罰，一直到行爲完全固定爲止。
2. 部分增強：從做對的行爲之後間隔性的給予獎勵，讓人抱著期待的心理持續學會的行爲，像是定時定比的增強或者是不定時不定比的增強。

(二)視覺說服（visual persuasion）

視覺和圖像在說服效果上很重要，圖像的記憶效果常優於單純的文字訊息（Childers and Houston, 1984; Houston, Childers, & Heckler, 1987）。學者也發現視覺和圖像訊息比單純文字更能引發正向或負向情緒（Domke, Perlmutter, & Spratt, 2002）。Michell（1986）發現在廣告中若置入正向（日出）的圖像，會引導消費者對廣告訊息產生良好討喜的態度；若是置入負面（野豹）的圖像，則會對廣告訊息引發反感不宜的態度。關於視覺說服的理論以下二者是最常被討論的：雙重製碼（dual coding theory）與實例體現（examplication theory）。前者強調語文和非語文訊息的交互作用會強化資訊處理，以兩種形式呈現的訊息之效果，通常優於單一形式呈現的訊息。後者主張當語文和視覺訊息一同呈現時，可讓訊息更具象更容易被受衆認知並理解（Gibson and Zillmann, 2000）。

Cometa（2016）整理了八個廣告中常見的視覺說服技巧：選擇合適的顏色，使用非語文訊息（如模特兒的姿勢體態），視覺圖像擺放的位置，重複出現，三分法畫面來突顯視覺物，用暗示性圖像，使用符號，使用向

量線條引導視線。視覺圖像與文字訊息的關聯非常重要，如此不但可以引起注意，引發情緒，而且能說明或註解文字訊息的意涵。

八、集說服理論大成的ELM模式（Elaboration Likelihood Model）

　　王曉今年拿了一筆年終獎金，想去買一部新車代步，同事們紛紛建議他各種車款，小米就說：「買MARCH啦，你看它的新車款廣告拍得多可愛！」煌雄則說：「我看吳念真推薦的IMPRESA才酷呢，雖然貴了點，但是比較像男人開的車。」就在大家七嘴八舌的把自己最喜歡的車廣告貢獻出來的時候，孟良卻反對：「我覺得各種廣告拍的車雖然都很討喜，可是買車是大事呢！只憑廣告就做決定，是會吃虧的，最好要多蒐集資料比較保險吧！」王曉點點頭說：「對呀，現在電視廣告中的車種只能給我做參考，最好自己要勤快一點，多跑幾家展示中心實地去瞭解那些配備，性能什麼的才行吧，又不是像我喜歡左岸咖啡的廣告，就決定要喝左岸那麼簡單！」

　　為什麼王曉買車子的時候會再三搜尋資料，不以廣告作為購買的準則，可是在買咖啡的時候卻依賴自己對特定廣告的偏好？這樣兩種截然不同的思考的態度，似乎在我們的生活中天天出現，卻又不會互相矛盾，這是怎麼回事呢？人究竟用什麼樣的方式在思考他所接收到的訊息？你試圖回想一下生命中曾經有過的大小決定，它們都是怎麼樣從抉擇中成為定局的？談戀愛的時候、買房子的時候、換工作的時候和買衣服的時候、吃午餐的時候、買衛生紙的時候，你思考花的時間都是一樣的嗎？你輾轉難眠的程度也是一樣的嗎？你一定有問過許多人之後才做決定的經驗吧，也有過一秒鐘就點頭的經驗吧，思考花費時間的長短受什麼因素影響呢？很多人一定會不假思索的說：買房子和買衛生紙相比，重要性不一樣嘛，當然思考花的時間不一樣。

　　這個「重要性」確實影響了人們思考事情及做決定的態度，是草率而行還是考慮再三呢？同時它也影響了人們蒐集資訊及對消息來源評估的程度。

而幾乎所有的說服理論都可以圍繞著這個中心概念發展，並且加以歸類。

　　Cialdini等學者（Cialdini et al., 1976; Cialdini & Petty, 1981）曾經以校園中最近發生的議題當作實驗的材料，進行了一項實驗，他們發現當人們碰上和自己有關係的事件時，會主動搜尋一些理由來支持自己的看法，而和自己相關度越高，態度產生強化的程度也越高。但遇上和自己沒有什麼關係的議題時，人們心中幾乎連基本的立場都很微弱。後來佩帝和卡西波（Petty & Cacioppo, 1981）兩人的實驗也證實了這點，甚至還發現越和人們有關的議題，人們越仰賴事實論據，比較不輕易相信消息來源（例如廣告、新聞、同事等），可是低相關的議題，人們就容易仰賴消息來源，不太在乎事實論據是否周延。佩帝和卡西波鍥而不捨的想將人們思考外來資訊的方式整理出來，企圖將所有的說服理論都能夠包括進去，因為如果你可以知道人們會怎麼處理接收到的資訊，自然也可以見招拆招的去說服之。因此這個萬宗歸一的說服架構就誕生了，它就是ELM模式（推敲可能性模式）。

　　ELM模式為前面我們提出關於思考時間長短的問題，提供了有力的解答。根據ELM模式的主張，因為每天接觸到的東西那麼多，人們對外來的訊息就是會從兩種不同的路徑去思考：跟自己的生活有關的、有興趣的就思考久一點；和自己沒有太大關係的，瞄一下就好了。換言之，對於和自己比較有關係、比較重要的事情，人們會採用所謂的中央路徑思考；和自己沒有直接關係的、無關痛癢的事情，採取的就是周邊路徑思考。但是除了與自己相關性之外，個人的知識與能力也形成一個必要條件。除了有興趣關心度高之外，個人是否有足夠的知識與能力作評估和思考，也會影響人們採用何種思考路徑。因此要想說服別人改變態度，也可以分由中央路徑和周邊路徑來進行。

(一)中央路徑（central route）

　　中央路徑強調說服訊息必須提出有力的論述、證據，讓閱聽人自己做資訊統整與評估。此時閱聽人傾向做理性的思辨與評量。通常人們針對自

己關心而且有能力理解的訊息,會採取中央路徑思考。當他面對廣告或是其他說服訊息時,若是採用這種思考路徑就會針對訊息的內容仔細推敲,毫不馬虎。

如果拿前面王曉要買車的事為例子,因為買車對他來說是一件大事,而且代價也不小,他對這件事的關心度很高,思考模式就會進入更深一層的認知狀態。他不會直接在行為上或是態度上就做立即改變或做決定,他會將蒐集外界所有車子的訊息,仔細而且理性的推敲過。銷售人員若要說服他,必須要先能說服他的信念(認知),然後才能造成態度及行為的改變或決定。所以王曉不會輕易的去相信電視上的汽車廣告,立刻就決定買什麼車。他會自己跑到展示中心去看車,因為買車這件事對他很重要,所以他有強烈的動機和需求去得到足夠的論據和資訊,此時情感上的因素(如感人的汽車廣告)能夠去說服他的效果不大。他會在日常生活中拚命的尋找可能會有理由充足的說服線索(persuasion cues)的地方,像是汽車雜誌、網站等等。若想要說服像王曉這樣採取中央路徑思考的人時,就一定要試圖把說服的內容論述做得很完整,必須有大量的數據、實驗證明、評價、性能等資訊在其中,供其參考。所以像汽車或者是房屋的目錄或簡介都是非常的詳細,非常的精美。因為他們面對的就是這樣思考的客人。而經過中央路徑思考,然後做了決定的事情,通常很難輕易的再改變,態度也會比較持久,畢竟買了一輛新車子,想要馬上反悔也不是一件容易的事。

(二)周邊路徑(peripheral route)

相對於中央路徑說服是針對喜歡動腦思考的閱聽人,周邊路徑說服則是針對不愛思考的人所設計。此時,說服訊息中不強調與議題或產品相關的論述與證據,卻是聚焦於周遭的「說服線索」,例如,悅耳的音樂、俊美的代言人等。當人們對於低關心度商品或是沒有能力理解的議題,通常會採取周邊路徑思考,採取周邊路徑之說服更加有效。例如,王曉到7-11買咖啡時就不會像買車那麼認真,他今天的心情喜歡左岸咖啡的調調,他就買左岸;明天想起范文芳可愛的笑臉,他就伸手拿了每日C橙汁,反正

不過是一罐飲料，不必考慮太多，如果決定做錯了，大不了下次不再選擇同樣的就好。這樣的情況，人的思考是在低涉入的狀態，做決定都仰賴一些有趣的或是無關緊要的因素，像是廣告女主角好可愛、音樂好好聽、廣告很逗趣幽默等等。所以我們看到像是口香糖、飲料、零食類的廣告都是把說服的重點放在情境、風格、逗趣居多，原因就是它們的主要消費者在面對此類產品時多半用「周邊線索」在決定的。

另外還有一種情況下的商品會使用周邊路徑的廣告去說服消費者的，那就是市場已經成熟，且各家廠商的產品都不相上下，很難找出彼此差異的商品。像沐浴乳就是一個明顯的例子，理性訴求功能的廣告沒有什麼人想看，大家想看的是美女展露動人的曲線，或是偶像的推薦。不過透過周邊路徑思考的決定雖然可能快速吸引人改變態度和購買行為，但是也很容易被別的更具吸引力的周邊線索所改變，而且行為改變不易持久，必須要搭配中央路徑的訴求訊息，讓消費者真正相信你的產品很優，再加上一些公關活動的配合，才能留住消費者的青睞。

究竟是什麼因素會影響閱聽人採用哪種路徑思考？簡單來說，有三個因素會對你的思考路徑有影響：動機、處理能力和資訊裡的理由是否夠強。

先來看看動機和思考路徑之間的關係：

1. 當這件事和我們的關係很大時，自然去思考及蒐集資料的動機就會很強，那麼就容易進入中央路徑。
2. 如果一具有爭議性的議題，眾說紛紜，意見不一，也會讓人有動機去注意、蒐集多方意見，使人容易以中央路徑思考。
3. 個人對事情的認知需求不同，動機就會不同，思考方式也不會一樣，認知需求小的人不愛動腦子思考，容易採取周邊路徑的思考。
4. 當個人感知外面的資訊和自己的想法不一樣時，也會產生動機去注意。

接著看看處理能力和思考路徑之間的關係：

1. 如果周遭干擾的情況嚴重，人們的資訊處理能力低（因為很難專心

思考），例如，SOGO的週年慶，百貨公司人潮擁擠的情況下，很容易讓消費者無法理性思考，一衝動就刷卡買了。

2.個人對於議題或商品的知識愈多，處理的能力愈強，愈容易採用中央路徑思考；反之，一個對議題或商品缺乏知識與理解能力的人，只好採用周邊路徑思考，跟隨自己喜歡的意見領袖或代言人的腳步了。

3.其他的因素：像是資訊是否一再的重複，重複度越大，人們會採取中央路徑思考的可能性愈大。

當閱聽人對一件事情又有關心的動機又有處理的能力，那麼他已經具備了深思的條件，他若接收到的訊息中所陳列的理由充足論述強，經過深思之後可能產生正面與支持的想法；但是他如果接收到的訊息中理由及論述薄弱且牽強，反而容易讓他產生反駁及負面的想法。

(三)ELM模式實戰運用需注意的問題

乍看之下這個二分法的思考路徑模式似乎把人的思考方式說得太過簡單，但是事實上，這兩種思考路徑之間是可以交互作用的。有的時候人會因為一開始喜歡這則廣告的氣氛（周邊路徑）而試圖去接觸那個商品，因為後來的使用滿意，就形成了持久性的態度改變（中央路徑）。所以當我們在日常生活中運用ELM模式時，不要執著於把想訴求的對象分類為中央或周邊，深涉或淺涉，因為如果策略運用得宜，就可以使周邊變中央，淺涉變深涉。

當這個架構被應用在廣告情境中的時候，即使面對的消費者是在深度涉入的情境下，還是應該儘量的先考慮以討喜的手法引誘之，而中央思考的資訊要擺在後，而這個「在後」，有很多種可能，像是以平面媒體如雜誌、報紙做資訊性的傳達（消費新聞或是廣告）；還有網站上的新資訊提供，或者是寄發DM給資料庫中的顧客，以及最後在銷售點所呈現的資訊是否夠清楚，都是中央資訊的表現方式之一，而這也是一般的商品行銷都會採用的方式。

為什麼會說ELM模式是萬宗歸一說服手法，因為在現在這個競爭激烈

的時代，只用單一的一兩種手法是無法說服消費者做改變的，必須要多種方法相輔相成的運用。前面的廣告引起了消費者的動機，後面的活動和服務必須隨之提供完整詳細（最好還要易懂，讓大家都有能力去處理）的資訊，才能發揮效果。這樣說起來似乎很簡單，但是看見廣告拍得不錯，但賣場卻很糟的品牌比比皆是，或者是消費者要找後續的較清楚資料很難，這樣的狀況會讓人更為不耐和反感，因為只要消費者有動機去買，他就會注意周圍的一切條件好納入考量之中，而那些都是中央思考的依據，對其會下決定與否影響很大。

所以不論是廣告公司或者是候選人的競選團隊，在執行策略之前，不妨先將策略放在ELM的架構中做一個檢視，看看是否有遺漏或是不夠強之處，想想要訴求的對象是什麼樣的一群人，接受到這個新訊息的時候會如何思考，這樣才能略為降低執行上的風險，而避免莽撞或是自以為周延的錯誤產生。

【案例分析】

◆國民黨競選文宣

在1998年馬英九競選台北市長的平面廣告中，「書包篇」、「停車篇」的系列就採用周邊或中央說服策略。說服訊息中採用較強的論據，通常會提供較多的佐證以此觀點，可以發現在「書包篇」、「停車篇」的系列稿中，以問問題的方式，質問「為什麼孩子的書包那麼沉重」以及「為什麼現任市長覺得停車很容易」，以醒目的問句形式企圖喚起市民的注意以及對該問題的重視。而文案部分則是列舉調查數字以說明現任市長在教育政策和交通政策上的缺失，並且針對這些缺失提出改進的方式。這類廣告明顯是希望藉由對問題及解決方式清楚陳述，來針對高度關心此類議題的選民加以說服。

在周邊路徑說服策略方面，馬英九以一系列的以國際知名城市為

背景藍圖的廣告，是1998年馬陣營在平面媒體上以周邊路徑為策略的主要例證，包括強調「實現願景，何必遠走他鄉」的「雪梨篇」，以及「美好的生活品質，你要等多久？」的「美人魚篇」（以哥本哈根為對照）。另外尚包括「紐約篇」、「巴黎篇」等都是屬於這類訴求的系列作品。這一系列稿最大的特色以及共通點在於以精美的圖片或素描和軟性的筆調，來描繪出市民心目中世界名城的模樣，並且再以簡單的文案告訴市民，若是由馬英九任職的台北市，未來的生活品質足以與這些城市並駕齊驅。這類型的廣告顯然並非針對對都市相關問題高度關心的選民，而是希望藉由優美的圖片與動人的文案吸引非高涉入度選民的目光，並進而將馬英九與這些高水準的城市相連結。又如2008年國民黨總統大選的「天燈篇」也是採用周邊路徑說服策略，每一個天燈都代表一個希望，試圖告訴選民只要馬蕭兩人當選，就能幫助大家實現天燈上的願望「菜價好」、「加薪買房子」、「生意好換新車」、「阿雄找好工作」、「存夠錢好退休」等。在「天燈篇」中當天燈緩緩升空時，參與放天燈的民眾歡欣鼓舞，臉上盡是興奮幸福的表情，顯露出對未來充滿期待和盼望的感覺。

◆民進黨競選文宣

1988年台北市長選舉在陳水扁陣營方面，採取中央路徑說服策略者，像是「終生教育篇」中，以將台北市打造成「終生學習教育城」，提出陳水扁的跨世紀教育行動方案即是明例。其中具體而微的詳述陳水扁對教育施為的構想藍圖，就是希望能夠對關心此一議題的選民加以說服。另外，在引用世界性著名雜誌對台北市的評價系列稿上，這類廣告包括「亞洲新聲篇」引用美國《時代雜誌》、「亞洲前五名篇」引用英文《亞洲週刊》評定台北市為亞洲十大優質生活城市的第五名、「亞洲之星篇」引用美國《商業週刊》將陳水扁列為五十位亞洲之星之一，在國內僅與李遠哲並列。這些稿件使用具有可信度或是形象良好的消息來源，並且也提出該雜誌上所使用的資料及數據。對於低涉入的選民來

說，具吸引力的消息來源，可以啟動周邊路徑的說服。對高涉入的選民來說，充足的佐證資料對於中央路徑的說服是極有正面效益的。2008年民進黨總統大選的「台灣維新：守護者篇」用童年照片拼湊出國民黨威權統治和解嚴初期的情況，內容包括林義雄家人被政治謀殺慘死、鄭南榕自焚爭取言論自由等，希望國民黨與過去的威權統治做連結，期望引起選民對國民黨的厭惡。這也是一種周邊路徑說服策略。

◆總結分析

　　根據ELM模式指出，影響中央或周邊路徑說服的選擇，最大關鍵在於被說服者的「涉入度」（involvement）深淺。因此訊息設計上便需要注意被說服者對該議題是否有深思的可能性（elaboration likelihood）。很多時候，我們並不能很明確的分辨說服訊息是採用何種路徑策略。因為整體而言，人處理訊息時並非能夠截然分出中央或周邊方式，而且中央或周邊說服策略對說服效果也都有所助益，周邊路徑訊息容易引起注意，而中央路徑訊息則是能夠持久說服，兩者應是相輔相成，互相為用。因此，任何的說服訊息應該都要考量這兩項說服路徑，只有彼此配合，方能達到良好的說服效果。

討論問題

1.根據報業鉅子赫斯特的孫女Patricia被綁架的案例來分析，她在被綁架之後的短短數週內似乎被洗腦，彷彿完全變成另外一個人。如果你是專題報導此事的記者，你會從哪裡切入？強調哪個重點？被脅迫還是被說服？

2.Heider的平衡理論和古典制約學習論，都提到名人代言或是與商品做連結的重要性；請問兩個理論的差異在哪裡？

3.社會判斷論和免疫理論都認定個人的預存態度與立場的強度，會影響其被說服而改變態度的可能性。請舉例說明之。

4.理性行為論將所有可能使人產生態度改變的策略摘要如後：(1)告訴消費者商品具有哪些優質的屬性；(2)將原來被消費者認為負面的屬性，從另一個角度切入轉換成正面；(3)告知消費者商品新增添的優良屬性。我們若想從主觀規範方面切入，可以強調：(1)這個商品是消費者的家人與親友都會喜歡的選擇；(2)消費者若想贏得大家的歡心，必須購買此商品。請以政治候選人為例，運用此理論來產生不同類型的說服訊息。

5.ELM理論特別強調在行銷策略上可以結合周邊路徑與中央路徑，雙管齊下說服消費者購買其產品。請挑選一個市場上既有的銷售成功之產品或服務，以ELM理論來分析其行銷策略。

重要語彙

內化（internalization）

是指個人將自己所認同的新的思想和自己原有的觀點、信念，結合在一起，構成一個統一的態度體系。這種態度較持久，並且成為自己人格的一部分。

同化（assimilation）與對比（contrast）效應

同化效應是指當個人面對社會比較信息時，其自我評價水平朝向（displace toward）比較目標的現象；對比效應是指個人面對社會比較信息時，其自我評價水平背離（displace away）比較目標的現象。如果以說服訊息立場為比較目標，同化效應是指個人的立場偏向訊息立場而移動；對比效應是指個人的立場背離訊息立場而移動。

制約學習（conditioning）

是一種關聯性學習。這種產生制約行為的學習型態，當兩件事物經常同時出現時，大腦對其中一件事物的記憶會附帶另外一件事物。

修辭學（rhetoric）

亞里斯多德繼承詭辯學和柏拉圖兩派學說並且集大成，後來成為修辭學宗師，他的弟子將其學說蒐集編撰成修辭學的理論。

恐懼訴求（fear appeal）

利用人們害怕的心理來製造壓力試圖改變人們態度或行為的方法。從傳播學的角度來看，影響恐懼訴求有效性的主要因素是受眾的接受心理和信息內容的本身兩個方面。而恐懼訴求的信息內容只有具備了有效構成因素和適宜的訴求強度，才有可能被受眾接受並產生預期的傳播效果。

基本歸因謬誤（fundamental attribution error）

常見的心理現象上，是說人在解釋別人的行為原因時，會傾向歸因於個人內在特質（人格、本性），而非外在情境因素（外在環境情勢、場所的特殊潛規則）。最典型的例子是：自己成功是因為自己努力，別人成功是因為那個人幸運；別人失敗是因為那個人不夠努力，自己失敗則是因為自己不幸。

睡眠者效應（sleeper effect）

閱聽眾經過一段時間後，忘記消息來源是誰或是搞錯消息來源，他們只能針對內容做判斷時，可能消息來源可信度的效果就不見了。

認知三元素（cognitive elements）

認知三元素是指一個人的信念（belief）、態度（attitude）、行為（behavior），當這三個元素是一致的時候，人們的心理狀態是平衡的，否則就出現心理不平衡狀態而產生焦慮，亟需做出改變以恢復平衡狀態。

認知失諧（cognitive dissonance）

當認知三元素——信念、態度、行為——不一致時，常會導致認知失諧，此時容易形成人們心理上的矛盾，而不愉快、緊張，甚至會有生理上的激起（arousal），會驅使個人想辦法去消除失諧的狀態。

參考文獻

Adams, J. S. (1965). Inequity in social exchange. In L. Berkowitz (Ed.), *Advances in Experimental Social Psychology* (Vol. 2, pp. 267-299). New York: Academic.

Ajzen, I., and Fishbein, M. (1980). *Understanding Attitudes and Predicting Social Behavior*. Englewood Cliffs, NJ: Prentice-Hall.

Bem, D. J. (1965). An experimental analysis of self-persuasion. *Journal of Experimental Social Psychology, 1*, 199-218.

Bem, D. J. (1967). Self-perception: An alternative interpretation of cognitive dissonance phenomena. *Psychological Review, 74*, 183-200.

Bem, D. J. (1972). Self perception theory. In L. Berkowitz (Ed.), *Advances in Experimental Social Psychology* (vol. 6). New York: Academic Press.

Childers, T. L., and Houston, M. J. (1984). Conditions for a picture-superiority effect on consumer memory. *Journal of Consumer Research, 11*, 643-654.

Cialdini, R. B., Levy, A., Herman, P., Kozlowski, L., and Petty, R. E. (1976). Elastic shifts of opinion: Determinants of direction and durability. *Journal of Personality and Social Psychology, 36*, 663-672.

Cialdini, R. B., and Petty, R. E. (1981). Anticipatory opinion effects. In R. E. Petty, T. M. Ostrom, and T. C. Brock (Eds.), *Cognitive Response in Persuasion.* Hillsdale, N. J.: Erlbaum.

Cometa, Ben (2016). Use these Visual Advertising Techniques to Persuade Your Audience, Get their Attention and Inspire Action, from: https://www.linkedin. com/pulse/use-visual-advertising-techniques-persuade-your-get-ben-cometa

Domke, D., Perlmutter, D., and Spratt, M. (2002). The primes of our times? An examination of the 'power' of visual images. *Journalism, 3*, 131-159.

Festinger, L. (1957). *A Theory of Cognitive Dissonance*. Stanford: Stanford University Press.

Fishbein, M. A., and Ajzen, I. (1974). Attitudes toward objects as predictors of single and multiple behavior criteria. *Psychological Review, 81*, 59-71.

 傳播理論

Fishbein, M. A., and Ajzen, I. (1975). *Belief, Attitude, Intention, and Behavior: An Introduction to Theory and Research*. Reading, Mass.: Addison-Wesley.

Heider, F. (1946). Attitude and cognitive organization. *Journal of Psychology, 21*, 107-112.

Gibson, R., and Zillmann, D. (2000). Reading between the photographs: The influence of incidental pictorial information on issue perception. *Journalism and Mass Communication Quarterly, 77*, 355-366.

Houston, M. J., Childers, T. L., and Heckler, S. E. (1987). Picture-word consistency and the elaborative processing of advertisements. *Journal of Marketing Research, 24*, 359-369.

Kumkale, G. Tarcan; Dolores Albarracín (2011). The Sleeper Effect in Persuasion: A Meta-Analytic Review. *Psychological Bulletin, 130*(1), 143-172.

Hovland, C. I., Janis, I. L., and Kelley, J. J. (1953). *Communication and Persuasion*. New Haven: Yale University Press.

Hovland, C. I., Lumsdaine, A. A., Sheffield, F. D. (1949). *Experiments on Mass Communication*. Princeton, N. J.: Princeton University Press.

Klapper, J. (1960). *The Effects of Mass Communication*. Free Press.

Larson, C. (1978). The nature of persuasion. In *Persuasion: Perception and Responsibility*, ch. 1.

Mitchell, A. (1986). The effect of verbal and visual components of advertisements on brand attitudes and attitude toward the advertisement. *The Journal of Consumer Research, 13*, 12-24.

McGuire, W. J., and Papageorgis, D. (1961). The relative efficacy of various types of prior belief-defense in producing immunity against persuasion. *Journal of Abnormal and Social Psychology, 62*, 327-337.

McGuire, W. J., and Papageorgis, D. (1962). Effectiveness of forewarning in developing resistance to persuasion. *Public Opinion Quarterly, 26*, 24-34.

McGuire, W. J. (1964). Inducing resistance to persuasion:Some contemporary approaches. In L. Berkowitz (Ed.), *Advances in Experimental Social Psychology* (Vol. 1). New Yoek: Academic Press.

McGuire, W. J. (1985). Attitudes and Attitude Change. In Lindzey, G., and Aronson, E. (Eds.), *The Handbook of Social Psychology* (pp. 233-346). New York: Random House.

Mitchell, A. (1986). The effect of verbal and visual components of advertisements on brand attitudes and attitude toward the advertisement. *The Journal of Consumer Research, 13*, 12-24.

Nelson, D. L., Reed, V. S., and Walling, J. R. (1976). Pictorial superiority effect. *Journal of Experimental Social Psychology: Human Learning and Memory, 2*, 523-528.

Ohanian, R. (1990). Construction and Validation of a Scale to Measure Celebrity Endorsers' Perceived Expertise, Trustworthiness, and Attractiveness. *Journal of Advertising, 19*(3), 39-52.

Petty, R. E., and Cacioppo, J. T. (1981). *Attitudes and Persuasion: Classic and Contemporary Approaches*. Wm. C. Brown Company Publishers.

Rogers, R. W. (1975). A protection motivation theory of fear appeals and attitude change. *Journal of Psychology, 91*, 93-114.

Rogers, R. W., and Mewborn, R. (1976). Fear appeals and attitude change: Effects of a threat's noxiousness, probability of occurrence. *Journal of Personality and Social Psychology, 34*, 54-61.

Sherif, C. W., Sherif, M. S., and Nebergall, R. E. (1965). *Attitude and Attitude Change*. Philadelphia: W. B. Saunders Company.

CHAPTER 9

人際溝通在現代社會之必要性

郭 貞

壹、人際溝通是不可迴避的行為

　　每個人自呱呱落地直到走完人生的路程，除了睡眠和獨處的時間外幾乎無時無刻不在從事人際互動與人際溝通。雖然在不同的文化裡會強調不同的目的與動機（Rubin, Fernadez-Collado, & Hernandez-Sampieri, 1992），有五種一般性的目的是相當普遍的：學習、關聯、助人、影響與娛樂。無論我們願意與否，只要我們和別人處於同一時空環境處，人際溝通行為是無法避免的。一群致力於人際溝通學研究的帕羅奧圖研究群（The Palo Group）早在1960年代已經提出了「一個人無法不溝通」（One cannot not communicate）的主張（Watzlawick, Bavelas, & Jackson, 1967）。譬如，我們低著頭匆匆走過一群熟人，聽見叫喚自己的名字也假裝沒聽見，因為不想理會他們。這樣「無回應」的行為也是一種回應（No response is a response），因為那一群人感知我們以非語文行為做了回應。換言之，我們的一言一行無論是有心或是無意的，只要別人看見了並且賦予某種社會意義，人際溝通就算已經發生了，因為在人際溝通的過程中語文的和非語文的溝通都一樣重要，有時候非語文的訊息甚至比語文的訊息更重要，因為後者是最古老、最自然、較難作偽的符碼。

貳、人際溝通研究——一個簡短的歷史回顧

　　二次世界大戰之後少數學者開始對在說服過程中，人際傳播扮演的角色發生興趣。遲至1950年代末期和1960年代初期，只有極少數的語文傳播領域的學者從事人際傳播之研究，當時的研究焦點大都集中在一對多的大眾或公眾傳播，以及其對個人之信念、態度和行為的改變（Berger, 2014）。由於當時關懷的焦點是社會影響過程（process of social influences），因此社會心理學理論如認知失諧論（Festinger, 1957）、社會比較論（Festinger, 1954）都被借用來解釋人際溝通行為。大約在1960年代中期這些學者們開始研究雙人溝通（dyadic communication），其主要的研究興趣是如何善用溝通來改進及開展與朋友、家人、配偶間的關係。由於這個階段的研究特別偏重在和平、瞭解和合作等課題；影響所及，使得許多高級學府新開了不少有關如何改進人際關係的課程。但是率先從事人際關係與溝通研究的都是社會心理學家。他們在1970年初期首先出版了人際溝通方面的教科書（Giffin & Patton, 1971; Keltner, 1970; McCroskey, Larson, & Knapp, 1971）。到了1970年晚期傳播學界已經有不少學者從事人際溝通和人際關係進展等方面的研究與學理建構，當時大部分的研究無論是內容、方法與方向依舊深受社會心理學理的影響。從1970年晚期到1980年代這段期間有幾個主要的人際溝通的理論，例如：非語文溝通、衝突解決、兩性溝通與職場溝通、文化間溝通（intercultural communication），都已經建立起來了（Baxter & Braithwaite, 2008）。至1980年代受到認知心理學興起之影響，學者們開始提出目標—計畫—行動（Goal-Plan-Action）的GPA模式來探討人際溝通行為，他們主張人際溝通是目標導向，計畫引導的行動（Dillard, 1990; Berger, 1997; Greene, 1997）。此後，學者的興趣轉為探討發生在不同情境和社會關係中的人際溝通行為，例如家庭溝通、組織溝通、跨文化溝通等。

參、人際溝通的定義——三種取向

在早期的人際溝通教科書裡我們看到學者提出的定義如下：「溝通是人們用來建構真實的方式一個包含信息傳送和接收的過程」（Giffin & Patton, 1971）。近年來學者對人際溝通的焦點轉移了，他們認為人際溝通是人們經由符號互動（symbolic interaction）來達成意義共享（shared meaning）和界定真實（defining reality）的過程（Stewart, 1999）。為了讓

大家能更深入地瞭解什麼是人際溝通的眞義，我們必須從不同的取徑和觀點提出幾個人際溝通的定義。以下作者將分別自境況（situational）、發展（developmental）和關係（relational）三個取徑（approaches）來探討人際溝通的各個層面及其特性。

一、境況取向（situational approach）的定義

這個「境況取向」又可稱爲「成分」（componential）觀點，因爲它強調在傳播過程中所涉及的各種結構因素和成分的數量。採用這個取徑來界定傳播溝通類型的學者不少，最早可以溯源到政治學家拉斯威爾（Lasswell, 1948），他首先提出舉凡人類傳播必定包含五個要素：傳播者（誰）、訊息（說什麼）、媒體（透過什麼管道）、接收者（向誰）和效果（產生什麼效果）。

但直到現在，學者引用最廣的定義卻是由史萬生與德利亞（Swanson & Delia, 1976）所提出的。這個定義試圖用四種傳播過程的組成要素之數量變化，來區分各種不同類型的傳播。這四個組成要素分別是：參與傳播之人數（number of communicators）、傳播管道（channels）、距離的遠近（proximity）與回饋的立即性（immediacy of feedbacks）（**表9-1**）。

根據此四個組成要素的數量變化，學者可以區分不同型態與性質的傳播行爲。例如：自身傳播（intrapersonal communication）即包括個人獨自思考問題、幻想、做白日夢或自言自語。它通常發生於我們獨自一個人的時候，實際參與傳播行爲的只有一個人，此人既是自己訊息的傳送者也是

表9-1　「境況取向」觀點對人際溝通的定義

傳播／溝通類型	參與人數	傳遞訊息的管道	溝通雙方距離遠近	有無立即性回饋
人際溝通	二人或以上	最多個	近距離／面對面	立即回饋
小團體傳播	三人或以上	較多個	近距離／面對面	立即回饋
公眾傳播	較多人無明確上下限	較少個	有些距離／可以面對面	有不完全部分回饋
大眾傳播	很多人	單一或較少個	遠距離／非面對面	缺乏或延遲回饋

接收者。依照境況觀點的界定，人際傳播與自身傳播最容易區別之處在於參與傳播的人數之不同，人際傳播牽涉了兩個人，亦稱為雙人傳播，而自身傳播只有一個傳播者。在這雙人傳播的過程裡，兩人可用最多的管道：視、聽、嗅、嚐和觸摸五種感官來傳送和接收訊息。當兩人面對面傳送接收訊息時，其間之距離屬高度親近性（high proximity），此時回饋（feedbacks）通常是立即產生而且可以被對方辨識的。

　　當第三者出現而且加入兩人溝通之後，就形成了小團體傳播（small group communication）。若是這傳播之進行發生於組織內並且受到組織層級結構（hierarchical structure）和組織目標之限制，則稱為組織傳播（organizational communication）。當這傳播之進行過程牽涉的人數愈來愈多，訊息傳送者與接收者之距離愈來愈遠，訊息傳送管道數目減少或須透過媒介，而且回饋延遲或者欠缺，這就是公眾傳播（public communication）與大眾傳播（mass communication）的特徵了。

　　若是依照境況取向的界定，人際溝通的定義應為：「兩人在高度親近的距離內，以五種感官和多重管道傳送訊息之過程，並且有立即的回饋。」如今這個定義是人際溝通學導論之類教科書中最常見的定義。但是學者史文森和德利亞（Swanson & Delia, 1976）在其書中曾對此定義作了討論和批判，這個定義乍看之下似乎界線分明，便於區分人際溝通和其他型態的傳播或溝通行為，因為我們可依照四項組成要素來區分它們即可。但是仔細考慮之後，我們認為此定義有不少漏洞和缺失。學者認為：此觀點過度強調結構因素而忽略了人際溝通的實質內涵。此定義將所有兩人面對面交談都視為是人際溝通，並未區分兩人社會關係之親疏遠近，以及兩人交談的內容和目的。況且人們經由網際網路可以視訊通話互動，這算是近距離還是遠距離呢？這種界定方式相當粗糙，將親密情侶之間的談心和店員顧客之間的議價都等同視之。其次，溝通與互動的過程是動態的而非靜態一成不變的現象，事實上，人際溝通的內容與型式，和互動規則會隨著兩人關係之發展而改變。因此，境況觀點的定義並未能掌握人際溝通的實質內涵。

　　如果就定義中所提及的結構因素而言，有界線模糊以及不全備的缺點。首先，以傳播過程參與者人數來界定傳播的類型容易產生混淆（Cappella, 1987）。若說兩人或兩人以上參與的是人際溝通，三人以上參與的是小團體傳播，這兩者之間的分界線十分模糊不易分辨。其次，人際傳播強調訊息的傳送需在近距離面對面的情境中進行，如此說來，兩人經由電話、網路視訊談心，難道就不算人際溝通嗎？如此界定方式也未免過於狹隘。如果我們把打電話談心也視為人際溝通的範圍，則兩人賴以傳送訊息的管道只有聲音，並非如定義所言以五種感官和多重管道來傳送訊息。其次，兩人傳播時雖然可有立即的回饋但是對於回饋的感知（perception）與解讀卻並不是每個人都同樣精確和有效率（precision and efficiency）。對熟識的人我們可以比較精確和迅速地感知對方的回饋是肯定或否定，態度是誠懇或欺瞞；可是對於不太熟識的人，我們解讀其回饋的精確性和迅速就可能會大打折扣了。

　　事實上，網路上的人際互動已超越境況取向可界定的範疇，隨著網路互動性及匿名性的展現，使用者在進行互動溝通時，能更新傳統的傳播媒介與面對面的人際互動方式；在互動溝同時，使用者可以真實身分或者藉由代號在網路中扮演虛擬的身分認同（戴怡君、董旭英，2002）。

二、發展取向（developmental）的定義

　　由於有些學者不同意境況取向定義注重「數量」不重「本質」，於是有人提出發展取向的定義，強調人際溝通的「質」意即內涵與目的。

　　米勒和史坦伯（Miller & Steinberg, 1975）在其書中將人際溝通中屬於「質」的面向探討得十分深入。米勒和史坦伯主張大部分的兩人溝通都屬於「非人際溝通」（impersonal or non-interpersonal），只有少部分符合某些條件和特性的兩人溝通才是人際溝通。米勒和史坦伯認為人際溝通的內容與互動方式會隨兩人關係之發展而隨時做動態性改變，這裡所說的溝通內容與互動方式是指下列三件事：(1)兩人所交換的資訊之層次（level of information exchanged）；(2)人與人之間互動的規則（interactional rules）；(3)對所交往者彼此的瞭解程度（level of knowing）。

首先，兩人所交換的資訊之層次和人與人之間互動的規則大抵可分爲三個層次：文化或規範層次（cultural level or normative level），社會層次（sociological level）和心理層次（psychological level）。當我們與人初見面之時彼此的言行都遵循文化中所規範的禮儀，此時的互動行爲受到文化或社會規範之限制，舉凡打招呼、問候、交談和道別等都得遵循一定的規矩。兩人談話的內容通常是些客套虛禮，或者是與兩人所扮演的社會角色有關者，譬如：在餐廳裡顧客和服務生的對話只限於點菜以及跟用餐相關之內容，因爲此時兩人正扮演單純的社會角色，只須說符合該角色「台詞」。若兩人相見多次之後覺得彼此印象不錯，於是便開始進一步攀談以便增加對彼此的瞭解。此時兩人的談話內容就會從「文化或規範層次」進展到「社會層次」。譬如，兩人會聊到家庭背景、工作、興趣嗜好和休閒活動。

互相交換彼此的社會背景資料有兩個作用：(1)可以降低彼此的不確定性（uncertainty reduction）和心裡的焦慮與好奇，個人不會因爲對所交往者一無所知而感到不安與焦慮；(2)對交往者的背景和性格增加瞭解後，有助於我們決定是否適合與此人繼續交往下去。兩人經過一段時間的交往後若覺得十分投契，希望進一步發展成爲知心朋友，或者終生相守的伴侶，此時兩人交談的內容會更深入觸及內心深處的感情和祕密。米勒和史坦伯（Miller & Steinberg, 1975）稱之爲心理層次的資訊交換。根據此二位學者的觀點，只有當兩人的談話內容涉及深度的心理層次時，才算是人際溝通。

除了交談的內容之外，兩人之間的互動規則和禮節方面也會隨著關係之親疏遠近而有所轉變。例如：陌生人首次見面多半遵循標準化的禮節和社會規範的行爲模式，對不太熟識的人要說「請」、「謝謝」、「對不起」。這都是爲生活於同一社會中的公眾共同認可和接受的規則和禮節。兩人若交往日久逐漸熟悉了，這些常見於陌生人之間的客套虛禮就變得不必要，否則過度遵行這些客套虛禮反倒顯得生份及見外，甚至會阻礙兩人

友誼的進展。兩人的關係日趨親密時，兩人會自然協商出一套獨特的，專屬於他們之間的互動規則與溝通模式。譬如：情侶間以打情罵俏方式、哥們兒之間以戲謔或近乎粗魯的方式打招呼。

　　至於兩人對於彼此的瞭解程度也會因為關係之親疏遠近而改變。根據此理論的思維，我們對於不太熟識的人的瞭解只是描述性的（descriptive）。換言之，我們只知道他的社會角色是警察、老師、銷售員等，卻不知道任何關於他個人方面的人格與心理特質。等到雙方比較熟識了，我們對他的行事瞭解程度就提高為預測性的（predictive）。此時我們能對他的行為模式做一定程度的預測。最後，兩人成為知心友伴時，彼此的瞭解程度則提升至解釋性的（explanatory）。此時由於彼此深知其為人與性格、習慣、喜惡，便可以經常準確地揣摩到對方心中的動機與想法。簡言之，對於與自己關係親近之人的言行，我們不但能經常做出準確的預測，還能依其性格和好惡，揣摩其心中的行為動機與想法。

　　根據米勒和史坦伯的理論，當兩人在溝通時交換心理層面的資訊，互動時的規則獨特且專屬兩人所有，同時兩人相知很深已達到解釋性的瞭解程度，只有合乎這三個條件的溝通行為，才可算是人際溝通。至於其他情況下的兩人溝通都只能算做「非人際溝通」。但是不少學者們對於此觀點並不完全認同，雖然米勒和史坦伯的定義指出人際溝通會隨著兩人關係之進展而轉變的特質，這種動態與消長不定的特質確實是人際溝通最重要的本質，然而學者們認為米勒和史坦伯的定義太過於狹隘。因為他們的定義認定只有自我披露（self-disclosure）才算是人際溝通，將其餘經常發生的人際溝通行為，如閒聊、打招呼、討論問題等都排除在外，是不太合宜的。另外，發展取向模式似乎暗示著兩人若一開始交往，其關係必定會由生疏逐漸發展到親密。但是，事實上我們與人交往時只會和極少數的人從初結識發展成親密的知交或伴侶，絕大多數的人與我們的關係都只停滯在點頭之交或普通朋友的階段。

三、關係取向（relational approach）的定義

　　Cappella（1987）主張人際溝通的發生必須對彼此的外在行為產生影響，使其產生有異於慣常的行為模式。換言之，兩人的溝通行為會產生互相影響的規律及模式，這個規律與模式與兩人的社會關係有密切的關聯性，而且時間在這行為發生的先後順序上，相當關鍵。簡言之，他認為人際溝通的關懷焦點是在於所有社會互動中的個人，他們互相影響的規律與模式。換言之，與自己親近者的喜怒哀樂情緒若是有任何變化，必定會牽動其他和他關係親密者的情緒和行為，因為他們會以特有的模式產生相互影響。例如，寡居的母親對即將離家出外求學的獨子說：「你儘管去好好讀書吧，不要牽掛我。想你的時候，我就看看你的相片吧！」如果母子兩人感情深厚，兒子會十分不捨得分離；如果兩人關係冷漠，兒子會覺得母親的話語帶譏諷，反而生出不悅的反應。

　　順著這個思維發展下去，Burleson（2010）主張，人際溝通為一切涉及訊息交換、行為互動，並且導致相互影響的結果。又譬如，兩個平日愛戲謔開玩笑的好哥們，交談中可能出現以下的對話：老張：「你的馬子愈來愈辣了，如果那時候你招架不住了，我可以替你分勞喔！」小王：「是嗎？我以為你知道了，我是你家大嫂的小王！」在此定義之下，人際溝通的過程包含訊息產製（encoding）、訊息接收（decoding）、互動整合（interaction coordination）與社會知覺（social perception）。簡言之，人際溝通之目的是為了產生意義共享，並且達成社會目標，例如，提升人際關係的滿意度、要求順服、獲取資訊等目標。

肆、自多重觀點看人際溝通

　　現代的傳播學者是處於一個多重典範（paradigm）並存的時代，每一個典範有如世界觀都包含一套自成體系的假設前提（assumptions）來指引

研究者問什麼問題，用什麼方法找尋問題的答案。由於人類的溝通行為是那麼複雜和多面化的現象，至今尚無任何一個研究典範被公認是最好的。由於學者們關注的重點不同，對人際溝通也有不同的定義，因此在研究人際溝通的取向與觀點上始終呈現多樣化的面貌。Baxter與Braithwaite（2008）在其書中將人際溝通理論歸納為三個類型：(1)以個人為中心；(2)以交流互動為中心；(3)以關係為中心。多元化與多重觀點一方面代表了學者們百家爭鳴和充沛的學術原創力；另一方面則顯示了眾說紛紜，各學理之間欠缺可整合性與彼此相同屬性。大底看來，研究傳播和人際溝通的學者最常遵循的三個路徑是：定律取徑（law approach）、規則取徑（rules approach）和系統取徑（system approach）。直到最近數年間才有人開始另闢蹊徑採用族群學理路徑（ethnographic approach）。作者將於本章的後半段，概略介紹一下這三個研究取徑，以及其衍生理論的主要重點。

一、定律取徑和通則觀點（covering laws perspective）

在1960年代當傳播學者開始引進行為科學的研究取向時，定律取徑是在傳播學研究上的全盛時期。事實上這個研究取徑並非肇始於社會科學領域，而是從自然科學的實證法轉借和衍生而來。自然科學的實證法強調知識的起源有兩種：(1)用五種感官來感知（嚐、嗅、觸、視、聽）；(2)用邏輯推理獲得結論。此外，實證法的另一個特徵是：它主張所有的自然現象都有一個可以被觀測和發現的規律。根基於這個信念，定律取徑強調找尋行為與現象的自然規律，試圖並且釐清其間的因果關係。

換言之，只要能找出某特定行為發生之前預先存在的情況或事件，我們把兩者之間的先後發生順序和機率掌握住，我們便可以應用這個規律來預測哪些前置因素會引發哪些後續的行為。採用此學理取徑的學者們最關心的是找尋出一些可以廣泛適用的行為通則，用來解釋或預測一些人際溝通現象和行為。因為這個取向和自然科學與行為學派用實證方法來檢測驗證假說，又稱為後實證主義（post-positivism）。

古第康思特和丁圖彌（Gudykunst & Ting-Toomey, 1988: 20）認為傳播是一個有意圖的（intentional）、交易式（transactional）的符號創造運用過程，他們主要仍是依循刺激或譯碼（encoding）和回應或解碼（decoding）的模式為基礎，同時又加上交易式來強調內在精神狀況與外在環境同時對傳播過程所產生之影響力。

　　波特和賽牟瓦（Porter & Samovar, 1988）給傳播所下的定義最能清楚地代表傳統觀點的特質：「傳播是一個動態交易式的行為影響的過程，它的來源與接受者都有意地把行為變成符碼再透過管道的傳送，以便能引發特定的態度和行為」（Porter & Samovar, 1988: 17）。由此定義中我們可以看出此觀點雖然認為溝通可以反映參與者的信念與態度，但是它只不過是工具而已，與溝通參與者和訊息之意義是可以分開看待的。這是定律觀點與其他觀點中將溝通訊息與溝通者二者合而為一的看法，最主要的不同處。依循此觀或取徑而發展出不少關於人際溝通的理論，以下是幾個例子。

(一)降低不確定感理論（uncertainty reduction theory）

　　降低不確定理論最初被提出時是以原理和定律的形態呈現，伯格提出此理論試圖解釋和預測人類如何利用溝通獲取訊息及增進瞭解（Berger, 1979; Berger & Calabrese, 1975）。此理論的中心假設前提是：當兩個陌生人初次相遇時，彼此都試圖消減關於對方的不確定性，並增加在各種情況下對彼此的行為之預測能力。此理論試圖歸納一些互動的規律來幫助人們在初識的情境中預測對方的行為。伯格主張人們有效降低對於陌生朋友關係的不確定性有以下三種前提：(1)未來互動的預測——預期彼此會再見面；(2)誘因價值——對方有自己所需要的東西；(3)特異行為——對方行為怪異。

　　這個理論以「如果……則」的條件式陳述提出了七條定律來描述兩人初識之時各種不確定因素之間的相互關係，例如：語文交談的多寡、資訊搜尋、兩人的相似與互相吸引程度、溝通內容的親密程度、非語文方式來

表達歸屬關係，和兩人相互交流（reciprocity）資訊的速度等。以下是這
七條降低不確定感定律之內容：

1.定律一：兩人在初識時都有高度的不確定感，若語文溝通的量愈多
　時，兩人之間的不確定感會降低；當不確定感降低時，語文溝通的
　量會更增加。

2.定律二：兩人在初識互動之時如果用非語文方式表達關懷愈多時，
　兩人之間的不確定感會降低；當不確定感降低時，也會促使兩人增
　加用語文來表達關懷和歸屬。

3.定律三：兩人在初識時的高度不確定感會增加兩人之間相互的資訊
　探詢；當不確定感降低時，兩人的資訊探詢也隨之減少。

4.定律四：兩人在初識時的高度不確定感會降低兩人溝通內容的親密
　程度；反之，低度的不確定感會使兩人溝通內容的親密程度增加。

5.定律五：兩人在初識時的高度不確定感會使兩人之間的溝通行為產
　生相互交流，低程度的不確定感會使兩人之間的資訊相互交流速度
　降低。

6.定律六：兩人之間的相似程度高會降低不確定感；反之，不相似程
　度若提高則會增加不確定感。

7.定律七：若不確定感增高會使兩人之間的喜歡程度減少；反之，若
　不確定感降低則會使兩人之間的喜歡程度增加。

降低不確定感理論（Berger & Bradac, 1982; Berger & Calabrese, 1975）
指出不確定性是促使人產生資訊尋求（seek information）行為的動機。
從降低不確定感理論首次被提出之後的四十年中，有學者用計量法與驗
證法來檢驗以上所列出的定律，有人專注於戀愛中情侶關係的發展與維
繫（Parks & Adelman, 1983）；有學者致力於跨文化比較以瞭解不同文化
背景的人彼此的關係發展與交往過程是否不同，以及在組織環境中新進
的成員如何消減不確定和社會化（Gudykunst & Nishida, 1984; Gudykunst,
Nishida, Koike, & Shiino, 1986; Gudykunst, Yang, & Nishida, 1985; Lester,

1986）。另有學者研究個人對於社交網路平台（social network sites）的喜好度會影響其選擇不同的降低不確定性策略（Gambo & Özad, 2021）。

柏格（Berger, 1986）後來又把不確定感理論略微修正加添新概念，擴大其適用範圍到解釋初識階段以後的人際關係發展情境。這個新修訂的理論稱為「認知不確定感理論」（cognitive uncertainty theory）；此時不確定乃泛指在所有人際互動與交往的情境中個人所感受到的不確定，他又將不確定分成語言（linguistic）和行為（behavior）兩種，並以此來代表個人在一次特定的交談中所感受到的不確定程度。在這個新修訂的理論中，個人對於對方的知曉（knowledge）可有三個程度：描述性的、預測性的和解釋性的。描述性的知曉指個人可以描述對方當時的行為；預測性的知曉指個人可以預測對方的信念、態度、感覺和未來的行為；解釋性的知曉指個人可以解釋對方為什麼會有如此言行舉止之原因。以上柏格所提的論點與米勒和史坦伯所提的人際溝通發展過程的轉變事項完全相同。

(二)社會交換理論與公平理論（social exchange theory & equity theory）

社會交換理論與公平理論都源起於社會心理學，經常被人相提並論。前者尤其受到研究人際溝通學者們的注意（Walster, Walster, & Berscheid, 1978）。Homans（1950, 1974）認為人際互動過程中，社會行為是一種商品交換；個人所付出的行為為了獲得報酬和逃避懲罰，降低付出的代價和提高回收利益的方式去行動。社會交換理論假設人與人之交往全都基於趨利避害的理性動機；從開始交往建立關係到決定是否加強維繫或終止放棄一個社會關係（Roloff, 1981）。Thibuat及Kelly（1959）首先提出代價與報酬（cost-reward）關係理論，交換的觀點在於分析雙方付出代價與獲得報酬的情形，期待低代價高報酬的互動，人們會被最能夠提供報酬的人所吸引。其基本考量都是根據成本代價（cost）與報酬回收（reward）之比值而定。如果一個人期望自己會從一個關係中獲取的回報超過付出的代價，就會願意繼續保持這個關係；反之，若是此人認為自己從這個關係中獲取的回報比所付出的代價少，就會傾向終止這個關係。換言之，社會

交換理論應用於人際溝通面上的啓示是：人們從事溝通的主要目的是爲了在與人交往的過程中獲取最大的利益和報酬，並且把一切成本付出降至最低。羅洛夫（Roloff, 1981）因此主張人際溝通其實就是人們經由溝通和互動來交換各種資源，這些資源包括：關愛、社會威望、服務、商品、資訊及金錢等。近年有學者將此理論用於探討職場工作環境與員工滿意度，研究結果發現若是工作環境缺乏足夠的社會獎勵，員工會降低心力成本的付出，這樣非常不利於職場管理（Even, 2020）。

公平理論最先由美國心理學家Adams（1965）所提出，他主張人們受激勵的動機來自人與人間的相互比較（social comparisons）。比較的標準即投入與回報，運用在工作上，所謂投入泛指員工付出的心力、時間、工作品質與成效等，而回報係指員工從工作得到的一切代價，例如薪水、獎金、尊重和肯定等包含在五大需求層次的滿足。員工會將自己對工作的投入相對於所得到的回報比例與其他人做主觀性的比較，作爲公平或正義與否的基準。公平理論的中心主題在於交往的兩人需有一個公平對等的關係，如此這關係才能保持健全和長久，至於兩人的關係是否公平對等則完全是個人主觀的認定。

沃思特等人（Walster, Walster, & Berscheid, 1978）將許多關於公平理論運用在人際溝通行爲上，他們將實證研究結果整理之後，摘要列出以下四條假說：第一，每個人都在交往過程中儘量提升自己的利益；第二，爲了避免經常的衝突發生，團體通常會訂下資源公平分配的原則，若是有人不遵守這個原則，其他的團體成員將會對他施壓或予以懲罰；第三，兩人的關係必須公平對等才會對此關係感到滿意，若是有一方覺得受委屈被虧待了，結果是雙方都會感到心裡不悅或不安；第四，人們一旦感到有不公平存在，會儘量設法回復一個公平對等的關係，除非有一方決定放棄或終止此關係。簡言之，公平理論的主要論點是：人總是最先考慮自己的利益，兩人的關係唯有建立在公平對等之基礎上才會持久並健全發展。我們可以應用此理論來預測人際溝通和人際關係發展的情況，由於這個理論頗有啓發性（heuristic），因此產生了許多實證研究。

(三)人際吸引力理論（interpersonal attraction theory）

人際關係之所以會建立和進展是因為彼此喜歡互相吸引。吸引力理論就是針對以下的問題而提出的：「為什麼兩人會彼此喜歡？」、「哪些人格特質和社會因素會使人有吸引力？」貝克曼和賽科德（Backman & Secord, 1959）先提出一個相互喜歡（reciprocal liking）的觀點，他們主張人們會自然趨向那些喜歡自己的人靠近，喜歡與好感通常會遵循禮尚往來的模式。貝尼（Byrne, 1971）研究人與人際吸引力也提出一個「勉勵原則」（principle of reinforcement）來解釋大多數人之間相互吸引的原因。他認為人們通常會喜歡那些用言詞或禮物給自己肯定與勉勵的人，卻討厭那些處處否定及批評自己的人。其他學者又發現，性格相像與吸引力很有關聯。正如中國的俗語所云：「物以類聚」，由實證結果中也顯示兩人若覺得彼此的信仰、價值觀、能力、性格、態度及行為都相像時就會互相吸引（Byrne, 1971; Sunnafrank, 1983, 1984, 1985）。人傾向和與自己同質性高的人在一起，Peltokorpi（2006）在檢視可觀察之屬性（年齡、性別、族群）和潛在之屬性（職位、教育程度、工作價值觀）對人際溝通之影響時，也發現性別、族群和工作價值觀的多元性和人際溝通呈負相關，這樣的結果可以解釋在一個多國企業，為何員工會傾向和自己同膚色或同性別的人群聚在一起，因為預期彼此的文化價值觀會較接近。簡言之，每人都喜歡和自己相像的人來往。學者們發現相像（similarity）可以包含幾個層面（Berschield & Walster, 1978），例如：外表、性格、智力、社會背景、態度等。此外，當我們與人交往時對別人的瞭解多來自個人的觀察，與主觀感覺或者聽他人的評論，因此我們對兩人的相像之判定是主觀而非客觀的。

除了以上的因素之外，代價與報償是一個常見的因素，因為許多人際之間的交往是基於功利主義的動機，社會交換論已經有所說明了。互補需求（complementary needs）也是可以對某些人造成吸引力的一個因素。舒茲（Schutz, 1958）提出人與人之間存在三種基本的人際需

求（interpersonal needs）：歸屬（inclusion）、掌控（control）、鍾愛（affection）。每個人對於這三種需求的程度不同，具有高度掌控需求者喜歡事事做主領導別人，常常會讓那些缺乏主見喜歡被人領導的人心生仰慕，因此這兩類的人因為互補的需求，而容易被對方吸引。外貌美醜經常是吸引人們目光焦點的重要因素，但是真正想求偶的時候，外貌美麗者卻並不能吸引最多追求者，因為還有一個「速配」的因素會被納入考量。學者們（Walster, Aronson, Abrahams, & Rottman, 1966）提出一個「速配假設」（matching hypothesis）。他們發現人們在開始啟動求偶行動前，會先衡量一下自己與對方的條件是否速配，如果覺得自己與對方差距太大，會因為怕被拒絕而先知難而退，改而選擇與自己條件相當的對象，展開追求。

(四)社會滲透論和關係進展（social penetration theory and relationship development）

社會滲透論是預測人際關係發展的理論，這個理論由兩位心理學家奧特曼與泰勒（Altman & Taylor, 1973）所提出。他們預測只有當兩人的關係是循序漸進，從表面的交往逐步發展到親密的程度時，才會成為最好朋友。他們提出以下幾個關於人際關係進展的假設：(1)關係由不親密而發展至親密；(2)關係的發展呈系統化及可預測性；(3)關係的發展包括反穿透與崩解；(4)自我揭露是關係發展的核心。

這個理論預測個人在社會交往中會經歷以下四個階段：(1)在互動的最初階段是適應（orientation），此時人們會儘量展現自己討喜的樣貌，致力於表現有禮客套的印象管理（impression management）工作；(2)在初步情感交流（exploratory affective exchange）階段，個人開始交換關於自己正面的背景資訊；(3)在情感交流（affective exchange）階段，個人在交流時同時會有正面和負面的交流，在開口說話之前比較輕鬆自在，不太會深思熟慮太久；(4)等兩人發展到穩定交流（stable exchange）階段，兩人能自然無拘束的表達心中思想和感覺，由於兩人相知較深，也較少有溝通上

的誤解產生。此時，雙方能發展出一套個人特異化的溝通模式。

學者奈普以社會滲透論爲基礎，提出一個人際關係進展與終止的階梯模式來解釋人際關係的進展與終結的過程（Knapp, 1978）；其後他更修改此階梯模式成爲十個階梯（Knapp & Vangelisti, 2005），更詳盡的預測在五個關係進展過程的開始、試驗、強化、融合、結盟；以及五個關係終止過程的差異、禁制、停滯、迴避至終止，在每一個階段人們最經常出現的典型溝通行爲。**表9-2**列出關係進展與惡化各個階段的典型對話。

表9-2　Knapp的關係進展與關係惡化模式之典型對話

關係進展	典型對話
開始 （initiating）	「你好嗎！很高興認識你！」 「很好！幸會！幸會！」
試驗 （experimenting）	「喔！你喜歡看NBA籃球賽嗎？」 「是啊！我是林書豪的粉絲，他的每場比賽我都儘量不錯過。」
加強 （intensifying）	「我想……我已經情不自禁……愛上你了。」 「天哪！我等你這句話……很久了！」
融合 （integrating）	「我真是一刻都離不開你，搬過來住，好嗎？」 「我也一樣，多麼希望每天早上醒來，一睜開眼睛就看見你。」
結盟 （bonding）	「我想跟你永遠在一起」 「我們結婚吧！」
關係惡化	**典型對話**
差異 （differentiating）	「我真不喜歡參加這種大型的酒會，都是不認識的人，好無聊！」 「我真搞不懂你，參加這樣的大型酒會才能拓展社交圈啊！」
禁制 （circumscribing）	「公司這次派你出差去泰國，玩得很高興吧？」 「都7點了，我們什麼時候吃飯呢？」
停滯 （stagnating）	「我們之間還有什麼可聊的呢？」 「是啊！你要說什麼我都能猜得到，我要說的話，你也聽太多次了。」
迴避 （avoiding）	「我實在太忙了，下次不知道還能跟你見得到面。」 「沒關係！你找不著我，我能理解的，不需要見面了。」
終止 （terminating）	「我要離開你了，你不需要來找我。」 「我不會去找你的，緣分已盡，就散了吧！」

資料來源：本章作者整理。

　　奈普提出的階梯模式有以下幾個特點：人們在每一個階段都有最典型的溝通模式。例如，在關係進展的五階段，一開始是打招呼（greeting）；試驗階段是閒聊（small talk）；加強階段是自我披露（self-disclosure）；融合階段是成雙成對（coupling）；結盟階段是舉行儀式昭告天下。而在關係惡化的五階段中，差異階段（differentiating）發生衝突是常事；禁制階段（circumscribing）兩人對話開始有了禁忌區域；停滯階段（stagnating）兩人是相敬如冰、話不投機半句多；迴避階段（avoiding）是相見不如不見；終止階段（terminating）是決定分手，如果雙方是好聚好散，通常會有臨別贈言（farewell address）畫下句點。

　　奈普並且指出兩人在這關係階梯上的移動，通常會有以下的特性（圖9-1）：(1)在階梯上的移動通常是系統性（systematic）而且循序而進（sequential）；(2)垂直移動方向可以是往前行或是往後退（forward and backward）；(3)移動也可以是水平方向，在同一個階梯內移動；(4)在階梯上的每一次移動都會到達一個關係的新境界；(5)在關係階梯上移動速度的快與慢，會受到許多因素的影響，譬如，處於哪個階段、兩人允許互動時間的長短、周遭環境因素以及個人心理需求等（Knapp & Vangelisti, 2005）。

結盟 -------------- 差異

融合 ------------------ 禁制

加強 ---------------------- 停滯

試驗 -------------------------- 迴避

開始 ------------------------------ 終止

圖9-1　奈普的關係進展與終止階梯模式

資料來源：本章作者整理。

　　以上所介紹的幾個理論都建立於定律或是後實證觀點的基礎上，其目的在找尋一些可以普遍應用的通則，來解釋及預測人際溝通的行為。學者

們對於這個強調實證的定律路徑和通則觀點，提出以下的批判：

　　這個取徑的優點是：經由實證方法所獲得的許多有關人際溝通行為過程中，各因素之間的相關性或是因果關係，可以幫助我們預測一般人在遭逢某些情況時會如何回應。換言之，由定律觀點所衍生的理論，可以對人際溝通的行為模式作預測，比較具有科學實用性（scientific utilities）。但是這些理論也有以下的缺點：有些學者認為他們將人視作被動且無自由意志，只會對外在的刺激物產生回應的傀儡，這種對人的行為之假設觀點是不正確的。雖然有某些行為通則確實能對行為模式做出預測，但卻無法針對每個人做出任何明確的預測。另外，定律路徑在分析資料時用化整為零的分割法來檢驗每一個單一變項之特性，這種做法無法反映出人類溝通過程中的錯綜複雜之動態變化（Delia, 1980）。換言之，定律學派的學者一次只分析一個變項是過度簡化了複雜的人類溝通行為。

二、規則取徑與CMM理論

(一)規則取徑

　　規則取徑對傳播領域有很大的影響，西曼諾芙（Shimanoff, 1980）認為為了溝通的存在與持續進行，兩個或更多的個人必須遵守符號使用的規則。換言之，溝通時語文和非語文符號的使用，互動型態的磨合，乃至於在不同社會情境中訊息應該如何解讀，基本上都必須遵行約定俗成的規則，否則會引來負面的結果。雖然規則取徑有不同的觀點，但是它們有一個共同的假設前提：儘管有部分的人類行為是機械式的對環境所做出的被動回應，但是最重要的行為卻是由個人為達到目標，而積極主動選擇的結果。例如，語詞字義（semantics）和語法（syntax）的使用，都是遵循規則的溝通行為。如果人們對於使用語詞的字義不遵循共同協商好的規則，其結果是雞同鴨講溝通不良，或是貽笑大方。譬如，有人升官卻收到別人贈送一幅「駕鶴西去」的賀匾，肯定要生氣了，這是因為未遵循語詞字義的規則。語法的規則也是我們在學習外語時必須學習的重點，否則說出來

的語句讓人弄不清楚你的意思，同時也顯示出語文使用者的程度差。

　　但是當語文字義和語法規則都正確，人們卻可能因為這句話語出現的社會情境不同，必須做不同的解讀。這是屬於語藝或是語用層次（pragmatic）的義意解讀規則了。意義協調管理理論（Coordinated Management of Meaning, CMM）即為以規則取徑為前提的人際溝通理論，它強調人們在解讀話語的真正意義時，必須遵循構成規則（constitutive rules），在回應話語時應遵循調節規則（regulative rules）。

(二)意義協調管理理論（CMM）

　　此理論簡稱CMM理論是皮爾斯和克里農（Pearce & Cronen, 1980）兩人所提出，他們不太認同當時流行的行為科學論調以及定律取徑的觀點，因此自哲學、語言學與詮釋心理學借得概念而提出此理論。他們主張：人們所處之社會環境是經由我們的言談和行為所創造出來的，因此特別強調行動當時所處「脈絡」（context）的重要性（Pearce, 1976; Pearce & Cronen, 1980）。這個理論納入了符號互動學（symbolic interactionism）、系統理論（system theory）和言語行動（speech act）等概念，並且將這三者加以綜合。此一理論的主要目的是在探討互動中的兩個個體，如何詮釋、管理、協調彼此行為的意義，對於他人的行動，個體如何決定要依據哪些規則來進行意義詮釋及行動。CMM理論說明人們是根據規則進行解釋和行動的。此理論提到兩種規則——「構成規則」和「調節規則」，前者是瞭解意義的規則，它幫助溝通者理解訊息的真正意義是什麼；後者是行動規則，它幫助溝通者針對訊息的真正意義，選擇最適當合宜的回應行動。

　　意義規則與行動規則的選擇和應用總是發生於社會情境當中，皮爾斯和克里農提出一個情境層級（hierarchy of context）來說明人們如何經由意義規則解釋訊息（**圖9-2**）。在**表9-3**裡作者以實例說明，同樣一句話發生在不同情境中，應該怎樣被解讀。在情境層級的最上層是文化原型（cultural archetype），它代表溝通者生長的文化環境和價值觀；其下是自我概念（self-concept），溝通者的自我或角色認同；再來是場景事

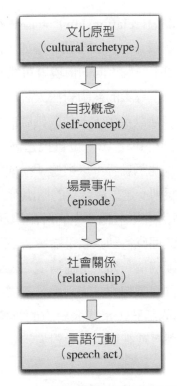

圖9-2 皮爾斯和克里農情境層級模式

資料來源：本章作者整理。

表9-3 皮爾斯和克里農情境層級模式的實例說明

	情境一	情境二	情境三
文化原型	中產階級社會文化	中產階級社會文化	中產階級社會文化
自我概念	具醫療專業人士	愛嬉鬧調侃者	自視甚高的贏家
場景事件	醫生診療室	熱鬧的夜店	爭搶客戶的場合
社會關係	醫生與病人	經常玩樂的哥兒們	競爭對手
言語行動	診斷和關懷	開玩笑	挑釁對方
語文訊息	你今天氣色看來不太好		

資料來源：本章作者整理。

件（episode）和社會關係（relationship）；最底層是言語行動（speech act），它代表語文訊息的真正意義和意圖。譬如，同樣的一句話「你今天氣色看來不太好」，在以下三個不同的情境就可能有三種迥異的意義：(1)在醫生看診的場景中，一位專業的醫師對病人說出此話，這表示醫生為病人診斷病情;(2)在酒館夜店談笑中，一位愛嬉鬧的兄弟說出此話，可被視為開玩笑；(3)在商業競爭的場合，一位自視甚高的對手說出此話，很顯然是在挑釁。此時，聽到此訊息者可以根據「構成規則」解釋其真正的意義，然後再根據「調節規則」選擇最合宜的回應行為。

假如在情境一你聽到這句話語，你的解讀應該是醫生關切病人的健康狀況，所以此時適當的回應行動應該是誠實告訴醫生自己最近的生活作息，並且請醫生仔細診斷病情。如果是在情境二聽到這句話，知道對方無惡意只是開玩笑，就以同樣戲謔的言詞回應，不需要感覺被冒犯而發怒。若是在情境三聽到相同的話語，這代表對方的挑釁及示威，如果不想示弱，最佳的防禦就是攻擊，或許可以回嗆對方一句：「我看你今天才是有點印堂發黑呢！」

三、系統取徑與關係溝通論

人際溝通理論受到系統取徑最大影響的是「關係溝通理論」（relational communication theory）。其中心思想為：人際互動與溝通進行時形成關係結構，當人們進行溝通時會自成一個系統，這個系統會決定溝通的過程與形式。此理論首先由人類學家貝特森（Bateson）提出，後來他帶領一批研究者和臨床醫師進一步發展此理論，並加以應用，形成著名的帕羅奧圖研究群。後來一位瓦茲拉維克（Watzlawick）加入此研究團隊並成為新的領導人，在1960年出版一本經典之作《人類溝通語藝學》（*Pragmatics of Human Communication*），引起學界廣泛注意，被稱為「帕羅奧圖學派」。這個理論的五項基本原理摘要如下（Watzlawick, Bavelas, & Jackson, 1967）：

1. 人不能不溝通交流（We cannot not communicate），所有的非語文行為都具有潛在的訊息力，只要兩人共處同一時空環境，並且互相知覺對方的存在。一方的有意識或無意識的行為被對方看見，並且賦予意義，溝通於是發生。用如此廣義的定義會將行為也視為溝通的一種。

2. 每一個訊息都有雙重意義，字面（content）意義和關係（relational）意義。後者可被用來修飾前者或透露線索，幫助訊息接受者去理解訊息的真正意涵，因此後者又稱為「後設溝通」（meta-communication）。

3. 人們可使用數位符號（digital codes）和類比符號（analogical codes）做溝通。數位符號就是語文，類比符號就是非語文。

4. 兩人訊息交換的最小單位是一對相連的互動訊息（interact），所以要研究人際溝通行為不能只分析單一個人的話語，必須要分析一組互動訊息，並且在一連串的互動訊息之間加上「逗點」，如此才能找出真正的互動規律。

5. 兩人在互動過程中有兩種對應關係，對稱和互補（symmetrical vs. complementary）。在對稱關係中兩人的行為是相同的，一方想支配掌控對方，另一方也針鋒相對不肯退讓；一方想迴避責任，另一方也表現出順服聽命於人的態度。在互補的關係中兩人的行為是相反的一方很強勢要支配，另一方則表現出順服。

瓦茲拉維克提到的「後設溝通」是溝通背後的溝通基礎，其中潛藏的訊息是：發話者對於自身與對方的角色之認知，對於兩人關係本質的認知，對於兩人互動規則的認知，以及發話者在當下情境中對方會如何回應之預期。根據瓦茲拉維克的主張，關係層面的訊息是任何傳播中最重要的元素。在每一次溝通活動中兩人發送出的訊息同時包含字面訊息和關係訊息，後者可以對前者加以界定和修飾，屬於較高的形上層次。例如，當姐妹淘以戲謔的語氣問：「週末可以把妳的未婚夫借給我當舞伴嗎？好東西該和好朋友分享嘛！」從關係層面的訊息我們可以知道此兩人相當的友

好，不會因為這樣的問話心存芥蒂。因為此兩人已經自成一個特殊的溝通體系，因此必須把兩人的社會關係納入考量，作為溝通基礎，才不至於誤解了兩人真正的溝通訊息。此理論裡相當看重非語文訊息（non-verbal messages）在表達關係層面意義，所扮演的角色。人們在溝通時一方面需要細聽語文訊息，同時也要分辨非語文訊息。譬如，你去別人家作客臨離去時，主人起身送客並且說：「歡迎以後有空常過來玩！」語文訊息是正面的歡迎之意，如果配上冷淡的語氣和迴避的眼神，客人需要體認那只是禮貌客套之語而已，主人並不真心有歡迎你再次上門拜訪的意思。

另外，這個理論主張學者必須要分析兩個人的互動行為（interact）以及反覆出現的規律（pattern），才能真正知曉兩人的溝通體系情況。在關係層面可以探討的課題非常多，包括，支配／順服、情感喚起、正式／非正式、親密程度等（Burgoon & Hale, 1984）。其中支配／順服（dominance/submission）是被學者探討最多的面向。他們的研究以兩句對話來分析互動的類型是屬於對稱或是互補。每次當我們向人說出一句話，其中包含文字層面意義與關係層面意義。尤其在關係層面的涵義隱含著發號施令，要對方順服並且依照自己的要求行動，我們將此種話語標示為「在上」（one-up）；如果話語中有願意跟隨與聽命的順服的意涵，我們將此種話語標示為「在下」（one-down）。當兩句對話出現的「在上」或「在下」的關係層面意義是相同的，稱之為對稱互動類型；若是出現不同的關係層面意義，就是互補互動類型。

例如：

王先生對太太說：「已經六點半了，怎麼還不開飯啊？」
（話裡明顯有在上位要支配對方的意思）

王太太的回應可能有以下兩種：

「這麼晚了！不好意思！我一定是睡過頭了，馬上就做飯。」
（這是屬於願意順從聽命的「在下」回應）

「今天我累了，你自己煮水餃吃吧！也給我留一份。」

（這回應屬於不願聽命並且要爭主導權的意思，明顯是一個「在上」
　的回應）

　　如果王先生發出「在上」的話語，引發王太太第一種「在下」的回
應，這是互補型的互動模式；如果王太太的回應是第二種「在上」的回
應，此時的互動模式為對稱型。我們可以觀察並分析兩人的互動模式主要
是何種類型，是互補或是對稱比較多一些，由此可以探出兩人之間的權力
地位，以及對於各方面的支配或順服情形。

　　請讀者依據以上分析互動模式的方法，來分析以下兩組對話，然後判
斷對話是屬於哪一種互動模式？是對稱，還是互補呢？

情境一：在客廳裡

先生：「妳瞧，家裡的大小事情我不是都讓妳做主嗎？」

太太：「哦！是呀！你總是說……（被打斷）」

先生：「上回妳堅持去日本玩，結果弄得一肚子氣，我有抱怨嗎？」

太太：「沒有！沒有！你怪旅行社沒有怪我。……可是……」

先生：「你要把客廳牆壁漆成綠色的，我也忍受了。」

太太：「對不起！讓你的家人和朋友很不習慣。我是有點任性了。」

情境二：在華納威秀影城

春嬌：「阿明！你說我們要先吃飯，還是先看電影呢？要看哪一部片
　　　　子呢？」

志明：「隨便啊！妳決定就好！」

春嬌：「可是，是你提議要來這裡的，當然是你說了算囉！」

志明：「我不想太費心嘛，妳的腦筋比較靈光，還是由妳來選吧！」

春嬌：「哪有啊！我還不都是一切聽你的安排。」

志明：「拜託啦！還是妳決定吧！反正我一切聽妳的就是。」

　　人際溝通是我們日常生活中不可避免的行為，它是自然存在我們生活中的一部分，它同時也擔負了許多重要的任務。由於傳播科技之快速發展，形成「天涯若比鄰」的地球村，讓身處現代社會的人必須面對來自不同文化與成長背景的人，具備尊重多元文化與價值觀的胸襟成為成功達成協調目標之必要條件。雖然我們每天都在從事人際互動與人際溝通，但是各人的動機和目的卻有多種。研究者自不同的觀點和取徑切入，他們所關懷的重心和面向也不同。

　　本章介紹三種不同取向觀點的定義：境況取向、發展取向與關係取向。境況取向強調人際溝通進行過程中的形式要件；發展取向偏重人際溝通的實質內涵，以及其隨著人際關係親疏遠近不同之發展，而產生的動態性改變；關係取向的關懷焦點是在於所有社會互動中的個人，他們之間互相影響而形成的溝通規律與模式。在綜觀各派學者探討人際溝通行為與現象的各種研究方向之後，作者又將人際溝通理論分成三個取徑：定律取徑（或是後實證取徑）、規則取徑和系統取徑。在每一個取徑之下，學者都發展出相關的理論，其中以定律取徑和實證方法研究建立的理論，數量最多（Baxter & Braithwaite, 2008）。譬如，以「定律取徑」為假設前提的相關理論有降低不確定感理論、社會交換理論、人際吸引力與社會穿透理論。以「規則取徑」為假設前提的理論，則以意義協調管理（CMM）理論最具有代表性。關係溝通論則是與「系統取徑」最有關聯性的理論。不論採取何種取徑，複雜的人際溝通行為都是學者們十分關懷而且感興趣的研究課題。

討論問題

1. 在如今這網路與手機上網盛行，以及社群通訊裝置使用普遍今日，你認為從境況取向與發展取向對人際溝通下定義，各有何優缺點？

2. 在奈普階梯模式上兩人的關係可以垂直方向上下移動，也可以朝水平方向移動，但是人們如何能知道自己和對方究竟處於在奈普階梯模式的哪個位置？

3. 社會交換理論假設人與人之交往全都基於趨利避害的理性動機；此理論應用於人際溝通面上的啟示是：人們從事溝通的主要目的是為了在與人交往的過程中獲取最大的利益和報酬，並且把一切成本付出降至最低。但是我們日常中常會看到有些很持久穩固的關係當中的雙方，卻是一方明顯付出很多代價，但是回收的報酬卻很少。請問這樣的特例會存在可能的因素和緣由是什麼？

4. 請舉一個生活中的實際案例，說明人們如何使用意義協調管理（CMM）理論提到的兩種規則（構成規則與調節規則），來解讀彼此話語的意義並且採取適當的回應？

5. 關係溝通理論主張必須要分析兩個人的互動行為（interact）以及反覆出現的規律，才能真正知曉兩人的溝通體系情況。現在有兩對夫妻的互動情況簡單描述如下：(1)瑪莉和約翰每次爭吵過後都會親吻對方；(2)蘇珊和喬治每次親吻之後就會爭吵。你能從分析他們的互動規律來判斷他們的溝通關係嗎？請說明理由。

重要語彙

公平理論（equity theory）

該理論是研究人的動機和知覺關係的一種激勵理論，員工的激勵程度來源於對自己和參照對象（referents）的報酬和投入的比例的主觀比較感覺。

系統取徑（system approach）

此取徑的中心思想為：人際互動與溝通進行時形成關係結構，當人們進行溝通時會自成一個系統，這個系統會決定溝通的過程與形式。

定律取徑（law approach）

定律取徑強調找尋行為與現象的自然規律，試圖並且釐清其間的因果關係。此學理取徑最關心的是找尋出一些可以廣泛適用的行為通則，用來解釋或預測一些人際溝通現象和行為。

社會交換理論（social exchange theory）

這一理論主張人類的一切行為都可由人際互動所互換的報酬（reward，如好的感覺、聲譽、經濟收益、情感需求的滿足）與成本（cost，如時間、精力、焦慮）的估算理解人際關係的發展與維持。人們期待高報酬低成本的互動關係。

社會滲透理論（social penetration theory）

是指個體之間從表面化的溝通到親密的溝通而經歷的關係發展過程，關係較疏遠的人談話內容多半屬於可公開的，關係較親近者才會談到私密的內容。

後設溝通（meta-communication）

是溝通背後的溝通基礎，其中潛藏的訊息是：發話者對於自身與對方的角色之認知，對於兩人關係本質的認知，對於兩人互動規則的認知，以及發話者在當下情境中對方會如何回應之預期。

降低不確定性（uncertainty reduction）

這個理論的目的是解釋陌生人在第一次互動時如何使用傳播來降低人們之間的不確定性。當陌生人初次相遇時，最關心的在於如何在交流過程中消除不確定性，提高交流的可預測性。

規則取徑（rule approach）

主張雖有部分的人類行為是對環境做出的被動回應，但是最重要的行為卻是由個人為達到目標，而積極主動選擇遵循規則的溝通行為。

意義協調管理理論（theory of coordinated management of meaning）

此一理論主要是在探討互動中的兩個個體，如何詮釋、管理、協調彼此行為的意義，對於他人的行動，個體如何決定要依據哪些規則來進行意義詮釋及行動。

對稱與互補互動類型（symmetrical and complementary pattern of communication）

是帕羅奧圖研究群所提出來，用於分析兩人互動與對話中的權力掌控類型。當兩句對話出現的「在上」或「在下」的關係層面意義是相同的，稱之為對稱互動類型；若是出現不同的關係層面意義，就是互補互動類型。

語言行動（speech act）

此為語言行動理論的核心概念，它試圖解釋發話者如何用語文來達成行動意圖，以及受話者如何推測話語真正的意義。

參考文獻

陳芷鈴（2014）。〈聯合國ITU估計 全球網路用戶在2014年底將達到30億〉。《數位時代》，發表日期：2014/05/07，取自/http://www.bnext.com.tw/article/view/id/32109

戴怡君、董旭英（2002）。〈使用網際網路進行互動者特質之探討〉。《資訊社會研究》，2，29-58。取自https://www.nhu.edu.tw/~society/jccic/02/fu/2-02.pdf

Altman, I., and Taylor, D. (1973). *Social Penetration: The Development of Interpersonal Relationships*. New York: Holt, Rinehart and Winston.

Backman, C., and Secord, P. (1959). The effect of perceived liking on interpersonal attraction. *Human Relations, 12*, 379-384.

Baxter, L. A., and Braithwaite, D. O. (2008)(Eds.). *Engaging Theories in Interpersonal Communication: Multiple Perspectives*. Sage Publication.

Baxter, L. A., and D. O. Braithwaite (Eds.) (2008).*Engaging Theories in Interpersonal Communication: Multiple Perspectives* (pp. 1-18). Sage Publication.

Beisecker, T. (1969). *The Role of Verbal Communication in Interpersonal Interaction: An Analysis from the Point of View of Games*. Lawrence, Kans.: Communication Research Center, Univ. of Kansas.

Berger, C. R. (1979). Beyond initial interaction: Uncertainty, understanding, and the development of interpersonal relationships. In H. Giles and R. N. St. Clair (Eds.), *Language and Social Psychology* (pp. 122-144). Oxford: Basil Blackwell.

Berger, C. R. (1986). Uncertainty outcome values in predicted relationships: Uncertainty reduction theory then and now. *Human Communication Research, 13*, 34-38.

Berger, C. R. (1997). *Planning Strategic Interaction*. Mahwah, N. J. : L. Erlbaum Associates.

Berger, C. R. (2014). Interpersonal communication: Historical foundations and emerging directions. In C. R. Berger (Ed.), *Interpersonal Communication* (pp.

3-26). Walter de Gruyter GmbH, Berlin/Boston.

Berger, C. R., and Calabrese, R. J. (1975). Some explorations in initial interaction and beyond: Toward a developmental theory of interpersonal communication. *Human Communication Research, 1*, 99-112.

Berschield, E., and Walster, E. H. (1978). *Interpersonal Attraction* (2nd ed.). Reading, MA: Addison-Wesley.

Burgoon, J. K., and Hale, J. L. (1984). The fundamental topoi of relational communication. *Communication Monographs, 51*, 193-214.

Burleson, B. R. (2010). The nature of interpersonal communication: A message-centered approach. In Charles Berger, Michael E. Roloff and David Roskos-Ewoldsen (Eds.), *Handbook of Communication Science* (2nd ed.) (pp. 145-163). Thousand Oaks. Ca.: Sage Publications.

Byrne, D. (1971). *The Attraction Paradigm*. New York: Academic Press.

Cappella, J. N. (1987). Interpersonal communication: Definitions and fundamental questions. In Berger, C. R., and Chaffee, S. H. (Eds.), *Handbook of Communication Science*. Newbury Park, CA: Sage.

Cooley, C. H. (1968). The social self: On the meaning of "I". In Chad Gordon and Kenneth J. Gergen (Eds.), *The Self in Social Interactions*, *Vol. 1: Classic & Contemporary Perspectives* (pp. 87-91). N. Y.: Wiley.

Cushman, D. P., and Cahn, D. D. (1985). *Communication in Interpersonal Relationships*. Ch. 1. Albany, N. Y.: State University of New York Press.

Delia, Jesse G. (1980). Some tentative thoughts concerning the study of interpersonal relationships and their development. *Western Journal of Speech Communication, 44*(2), 93-96.

DeVito, J. A. (1989). *The Interpersonal Communication Book* (5th ed.). Ch. 1. Harper & Row, Publishers.

Dillard, J. P. (1990). The goals-driven model of interpersonal influence. In J. P. Dillard (Ed.), *Seeking Compliance: The Production of Interpersonal Influence Messages* (pp. 41-56). Gorsuch Scarisbrick Pub.

Erikson, E. H. (1968). *Identity: Youth and Crisis*. New York: Norton.

Even, Angela M. (2020). Social exchange theory and the Telework employee. https://www.linkedin.com/pulse/social-exchange-theory-angela-measles-even

Festinger, L. (1954). A theory of social comparison processes. *Human Relations, 7,* 117-140.

Festinger, L. (1957). *A Theory of Cognitive Dissonance*. Stanford University Press.

Gambo, S. and Özad, B. (2021). The Influence of Uncertainty Reduction Strategy over Social Network Sites Preference. *Journal of Theoretical and Applied Electronic Commerce Research, 16*(2), 116-127. ISSN 0718-1876 Electronic Version

Geller, E. S., and Williams, J. H. (2001). (Eds.). *Keys to Behavior-Based Safety from Safety Performance Solutions*. Rockville, MD: Government Institutes.

Gerbner, G. (1956). Toward a general model of communication. *Audio-Visual Communication Review, 4*, 171-199.

Giffin, K., and Patton, B. R. (1971). *Fundamentals of Interpersonal Communication*. New York: Harper & Row.

Graham Yemm (2008). Influencing others-A key skill for all. *Management Services, 52*(2), 21 (4 pages).

Greene, J. O. (1997). A second generation action assembly theory. In J. O. Greene (Ed.), *Message Production: Advances in Communication Theory* (pp. 151-170). Mahwah, NJ: Lawrence Erlbaum.

Gudykunst, W. B., and Ting-Toomey, S. (1988). *Culture and Interpersonal Communication*. Newbury Park, CA:Sage.

Gudykunst, W. B., Nishida, T. (1984). Individual and cultural influence on uncertainty reduction. *Communication Monographs, 51*, 23-36.

Gudykunst, W. B., Nishida, T., Koike, H., and Shiino, N. (1986). The influence of language on uncertainty reduction: An exploratory study of Japanese-Japanese and Japanese-North American interactions. In M. McLaughlin (Ed.), *Communication Yearbook, 9* (pp. 555-575). Newbury Park, CA: Sage.

Gudykunst, W. B., Yang, S., and Nishida, T. (1985). A cross-cultural test of uncertainty reduction theory. *Human Communication Research, 11*, 407-454.

Guylaine Landry and Christian Vandenberghe (2009). Role of commitment to the supervisor, leader-member exchange, and supervisor-based self-esteem in employee-supervisor conflicts. *The Journal of Social Psychology, 149*(1), 5(23 pages).

Homans, George C. (1950). *The Human Group.* Harcourt, Brace, Psychology.

Homans, George C. (1974). *Social Behavior: Its Elementary Forms.* Rev. ed. New York: Harcourt Brace Jovanovich, Inc.

Josh Williams and E. Scott Geller (2008). Communication strategies for achieving a total safety culture. *Occupational Hazards, 70*(7), 49-51.

Keltner, J. W. (1970). *Interpersonl Speech-Communication: Elements and Structures.* Belmont, CA: Wadsworth.

Knapp, Mark L. (1978). *Social Intercourse: From Greeting to Goodbye.* Needham Heights, MA: Allyn & Bacon.

Knapp, Mark L., and Vangelisti, Anita L. (2005). *Interpersonal Communication and Human Relationships* (5th ed.). Ch. 2. Allyn and Bacon.

Lasswell, H. (1948). The structure and function of communication in society. In Lyman Bryson (ed.), *The Communication of Ideas.* New York: Harper & Row, Publishers.

Lester, R. E. (1986). Organizational culture, uncertainty reduction and socialization of new organizational members. In S. Thomas (Ed.), *Culture and Communication: Methodology, Behavior, Artifacts, and Institutions* (pp. 105-113). Norwood, NJ: Ablex.

Lisa Aldisert (2008). Learn to adapt to different communication styles. *Rural Telecommunications, 27*(6), 44(3 pages).

McCroskey, J. C., Larson, C., and Knapp, M. L. (1971). *An Introduction to Interpersonal Communication.* Englewood Cliffs, N. J.: Prentice-Hall.

McKeon, R. (1957). Communication, truth, and society. *Ethnics, 67*, 89-99.

Mead, G. H. (1934). *Mind, Self & Society* (pp.144-164). Chicago: University of Chicago Press.

Miller, Gerald R., and Steinberg, Mark (1975). *Between People: A New Analysis of Interpersonal Communication.* Chicago: Science Research Associates.

Parks, M. R., Adelman, M. B. (1983). Communication networks and the development of romantic relationships: An expansion of uncertainty reduction theory. *Human Communication Research, 10*, 55-79.

Patton, B. R., and Giffin, K. (1974). *Interpersonal Communication: Basic Text and Readings*. Ch. 3. New York: Harper & Row, Publishers.

Pearce, W. B. (1976). The coordinated management of meaning: A rules based theory of interpersonal communication. In G. R. Miller (Ed.), *Explorations in Interpersonal Communication* (pp. 17-36). Beverly Hills, Calif.: Sage.

Pearce, W. B., and Cronen, Vernon (1980). *Communication, Action, and Meaning*. New York: Praeger.

Peltokorpi, V. (2006). The impact of relational diversity and socio-cultural context on interpersonal communication: Nordic subsidiaries in Japan. *Asian Business & Management, 5*(3), 333.

Porter, R., and Samovar, L. (1988). Approaching intercultural communication. In L. Samovar and R. Porter (Eds.), *Intercultural Communication: A Reader* (5th ed.) (pp. 15-31). Belmont, CA: Wadsworth.

Roloff, M. E. (1981). *Interpersonal Communication: The Social Exchange Approach*. Beverly Hills, CA:Sage.

Rubin, R. B., Fernandez-Collado, C., and Hernandez-Sampieri, R. (1992). A cross-cultural examination of interpersonal communication motives in Mexico and the United States. *International Journal of Intercultural Relations, 16*, 145-157.

Schutz, W. C. (1958). *FIRO: A Three-Dimensional Theory of Interpersonal Behavior*. New York: Holt, Rinehart & Winston.

Shimanoff, Susan B. (1980). *Communication Rules: Theory and Research*. Beverly Hills, Calif.: Sage.

Stevens, S. S. (1950). A definition of communication. *The Journal of Acoustical Society of America, 22*, 689-690. Quoted in Frank E. X. Dance and Carl E. Larson, *The Functions of Human Communication*. New York: Holt, Rinehart and Winston (1976), p. 25.

Stewart, J. (1999). Introduction to interpersonal communication. In Stewart, J. (Ed.),

Bridges and Walls (7th ed.), (pp. 15-65). New York: Random House.

Sunnafrank, M. (1983). Attitude similarity and interpersonal attraction processes: In pursuit of an ephemeral influence. *Communication Monograph, 50*, 273-284.

Sunnafrank, M. (1984). A communication-based perspective on attitude similarity and interpersonal attraction in early acquaintance. *Communication Monograph, 51*, 372-380.

Sunnafrank, M. (1985). Attitude similarity and interpersonal attractions during early communicative relationships: A research note on the generalizability of findings to opposite-sex relationships. *Western Journal of Speech Communication, 49*, 73-80.

Swanson, D. L., and Delia, J. G. (1976). *The Nature of Human Communication (in Modules in Speech Communication)*. Chicago: Science Research Associates.

Thibaut, John W., and Kelley, Harold H. (1959). *The Social Psychology of Groups*. New York: John Wiley and Sons.

Walster, E., Aronson, V., Abrahams, D., and Rottman, L. (1966). Importance of physical attractiveness in dating behavior. *Journal of Personality and Social Psychology, 4,* 508-516.

Walster, E., Walster, G. W., and Berscheid, E. (1978). *Equity: Theory and Research*. Boston: Allyn & Bacon, Inc.

Watzlawick, P., Bavelas, J. B., and Jackson, D. (1967). *Pragmatics of Human Communication: A Study of Interactional Patterns, Pathologies, and Paradoxes*. New York: Norton.

WeAreSocial：2021年全球網路概覽，windowsun (2021-02-09). From: https://iter01.com/585340.html

Williams, J. H. (2003). People-based safety: Ten key factors to improve employees' attitudes. *Professional Safety, 48*(2), 32-36.

CHAPTER 10

小團體溝通

秦琍琍

　　全球化改變了我們的生活與工作場域，也提高了人們對於資訊分享和決策參與的需求，當今社會與組織中，逐漸興起以團體（或是團隊、網絡）為主的運作結構，讓新世紀的競爭型態從單打獨鬥變成以團隊取勝。

　　當實務界越來越注重團體溝通與團隊領導能力之際，傳播學界的相關研究也已從致力於鑽研有效的團體溝通及互動技巧之外，進而在團體的決策與問題的解決，以及團體的凝聚力與文化的塑造等議題上繼續深耕。

　　研究範疇的擴展與研究議題的更新，反映出「團體」（group）對於人類個體與群體生活的重要性。個體目標的達成，往往有賴於與其他個體間的合作協調，當我們在生活和工作場域中，經由溝通互動去分配資源以解決問題並達成目標之時，就是在進行團體溝通（group communication）。此種傳播行為的本質與內涵，除了工具性的完成任務與達成目標，也同時在定義人們彼此間的關係，並且塑造團體成員間共享的規範與文化。

　　本章將從探討小團體的定義開始，一方面從理論的角度來介紹小團體溝通的重要概念與論點；另一方面則從實務的角度來說明有效團體溝通與團隊建立的方法、技巧與原則。此外，也會關注傳播科技與網際網路的發展，對於小團體溝通所帶來的影響和課題。

壹、小團體溝通的定義與內涵

一、小團體溝通的定義與種類

　　所謂的團體，一般而言是指兩個以上的個體互相影響、互相依賴，以達成目標的組合。傳播學者Harris和Sherblom（2002）認為「小團體」是指當一群由三到二十人所組成的群體，成員除了認定彼此屬於同一團體外，且經由溝通互動以形成特定的規範與角色，並會互相依賴、影響以達共同的目標。雖然學者對於小團體人數的說法不一，但當一個小團體人數

過多時，其溝通互動與人際網絡勢必更為複雜不易，故實務上有人認為以十二人為限的小團體規模較為合宜。

「小團體溝通」（small group communication，也有學者以小團體傳播稱之），是指團體成員經由使用符號表徵的行為，以建立共享意義的全方位傳播過程。全方位的傳播過程（transactional communication process）除了說明溝通從傳統單向線性的行動進入雙向互動的模式外，更意味著溝通的定義不再是早先制式的由傳播者（sender）到受播者（receiver）的傳遞訊息。在小團體溝通的情境中，團體成員可能同時扮演著傳播者與受播者的角色，並多方向的（multidirectional）與多層次的（multilevel）進行傳送與接收訊息。參與互動的成員不僅同時在處理語言和非語言的訊息，更同步在進行個體內（intrapersonal）、人際間（interpersonal）與小團體（small group），甚至是組織（organizational）層級的溝通。

而符號表徵行為（symbolic behavior）則凸顯了人類傳播的特質，因為人類是唯一會透過使用符號表徵系統來進行溝通的動物。而這些符號表徵包括了語言文字、非語言以及所有的符碼系統。像是許多團體會擁有特殊典禮儀式、使用某些特定語言與文字、懸掛專屬旗幟或吉祥物，甚至要求成員做相同的打扮或是使用特別顏色等，這些符號表徵的使用都傳達出了這個團體所共享的意義、價值觀、文化與意識形態。

人際關係的需求、情感的交流與社會網絡的建立也常常是人們加入群體與組織的原因。因此，學者大多認為個體之所以加入團體的因素主要有：尋求安全保障、形塑階級地位、提升自尊、滿足社會需求、擁有權力以及達成目標等（Andrews & Herschel, 1996; Harris & Sherblom, 2002; Robbins & Coulter, 1996）。

人類團體的類型若是從關係與目的的角度來看，可分為初級團體（primary group）與次級團體（secondary group）兩種。初級團體主要聚焦在成員間的社會或是人際關係上，成員的連結主要是為了強化人際關係、滿足個體需求，以及完成情感上的歸屬，或是被愛的感受，因此如家人或親朋好友等都屬於此一團體；而次級團體則主要聚焦在任務的完成與

目標的實踐上，因此成員的組成多為工作上的因素，成員間的關係也多為正式的工作關係。

另一方面，也有學者從團體的目標與結構，將團體分為正式團體（formal group）與非正式團體（informal group）。非正式團體多因為鄰近性或是相似性而自然形成，像是友誼團體與同好團體（interest groups）等；正式團體在於達成組織任務或集體目標，又可分為指揮團體（command groups）與任務團體（task groups）兩種（Daft & Noe, 2001）。指揮團體是指在正式的組織之下所設的單位團體，亦即管理學所言在組織圖中所顯現的管轄關係，因此其成員多屬同一單位且有直屬關係；而所謂的任務團體則可能囊括了不同單位的成員，且其任務雖不是例行性的工作，但往往會持續一段時間，因此許多跨部門委員會即屬此類團體。

二、小團體溝通的功能與研究發展

有效的團體溝通具有分享資訊與知識、進行決策、解決問題、達成目標、建立關係與建立身分與共識等功能。意指成員在團體中不僅可以解決個人或是群體的問題以達成目標外，有效的團體溝通亦會是一個動態的過程，在此過程中人們可以分享感情與訊息，建立各種人際關係並形成認同與共識。

下列幾項特徵常常是影響小團體溝通的重要因素：

1. 凝聚力：指團體成員的團隊精神與形成團體共識的程度。一般而言，一個凝聚力越高的團體，通常越能達成團體的目標。
2. 團體規模：團體成員的人數往往會影響溝通的成效與團體績效。團體規模一旦增加，成員間的關係難免會產生疏離，溝通協調的時間相對增加，衝突的機率也有可能提高。
3. 權力結構：權力主要為一種影響他人的能力，在一個團體中，成員間權力的使用與大小往往是有差異的，而此種影響力的運作主要分

為兩種類型，其一為壓制（power over），另一則為賦權（power to）。

4.團體互動：一般而言，小團體互動的模式根據團體規模、權力結構以及成員間的互動關係，可分為網式傳播、圈式傳播、鏈式傳播、Y型傳播與輪型傳播（**圖10-1**）等不同的網絡模式（Berelson & Steiner, 1964）。小團體互動的模式不只形成團體結構，更會影響團體問題解決的方式。在網式與圈式傳播網絡中，成員的地位相當、權力相同，其成員互動的頻率也較多；而鏈式傳播網絡則呈現單向的溝通互動；至於Y型和輪型傳播網絡則以分叉點的成員地位最高。

小團體溝通的研究與發展主要來自三個領域：

1.Follett在1924年所提出的整合性思考（integrative thinking）理論：主要是探討團體成員如何經由溝通討論來解決所面臨的問題與衝突之學說，其步驟主要有三：首先是向專家蒐集解決問題所需的資訊，

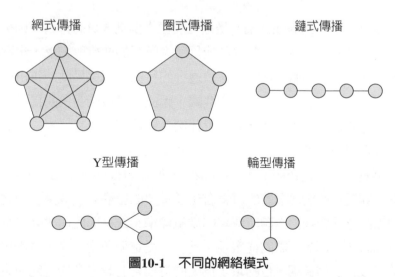

圖10-1　不同的網絡模式

資料來源：Berelson & Steiner (1964).

其次是根據日常的經驗來檢視該資訊的可行性，最後則是整合出一套解決的方案以符合不同團體成員的需求，至於其實際執行的技巧將在後面加以說明。

2. 口語傳播領域（speech communication）中對於團體討論研究的轉移（group-discussion movement）：傳統的口語傳播研究逐漸從一對多的公眾傳播情境轉而注意到小團體溝通的情境。

3. 社會心理學中團體動力學（group dynamics）的研究範疇：主要概念是聚焦在輸入（input）→過程（process）→輸出（output）的模式上，亦即在探討影響團體互動的因素（輸入）、在其中所發生的經過（過程）以及所產生的結果（輸出）。

貳、小團體研究的重要概念與理論

一、團體規範與團體角色

團體規範（group norms）是指在團體中個別成員的行為準則，這些行為準則不僅顯示出這個團體對其成員所說所行的期待與約束，也意味著當個體成員希望被群體接納時所必須遵守的行為準繩與尺度。正由於團體規範是經過全體成員同意並接受的共識，因此團體規範明白的揭示了這些成員在特定的情境中應該穿什麼、說什麼、做什麼，或者什麼是對的、什麼是應該表現的行為。

事實上，早在1930年代著名的霍桑研究（Hawthorne Studies）中就已證實，團體規範對於個體的行為有相當重要的影響力，成員會因為希望被接納而願意「順從」全體所認定的規範標準，或是因此而改變自身的態度與行為時，這即是所謂的從眾性。當然，從這個角度來看，團體規範似乎框架了成員的價值觀，也約束了個人的行為，有時過多的規範與束縛可能使個人與群體喪失了創造與變革的能力，但從正面的角度來看，明顯的團

體規範一方面可以降低成員，特別是新進團員的不確定感，讓其行爲有所依歸而不至於無所適從外，亦有助於團體成員間的協調與配搭。因此，對小團體的成員而言，知道團體規範，就好像擁有了一本團體內的「旅遊護照」，可以任意進出以及與其他成員互動。

而由於多數的小團體其實都是隸屬於不同性質的組織中，如學校、企業、非營利組織、政府機關等，因此若從管理學的角度來看，一個運作良好的小團體主要包括了四種規範：(1)表現規範：主要是對於成員如何完成工作、如何達成團體目標以及該有多少工作績效的規範；(2)外表規範：指該如何穿著與裝扮的規範；(3)社交規範：框架了成員該如何互動與建立關係；(4)資源分配的規範：則是指陳團體中的工作與資源應如何分配。

規範（norms）與規則（rules）未必完全相同，規則常常會行諸於文字甚至具有法律的效力，如校規或是交通規則等；但是規範未必會明文寫出，有時是沒有經過正式的討論而大家都知道的事，或是一開始並沒有出現卻在團體歷經一些重大事件後方才衍生出來的。但當團體成員經由正式或非正式的溝通互動而形成一些具有約束力與區隔性（區分我群與他群）的信念時，並認爲團體有權要求其中的個人遵守時就形成了規範（Wahrman, 1972），而這些所謂的團體規範有時會進一步地轉化成一種團體共有的習慣、傳統或是文化。

在團體中的成員雖須遵守相同的團體規範，卻有著不同的角色。成員在團體中的角色指出了其在團體結構中的地位、應該盡之責任、應享有之權利以及合適的行爲等（Hare, 1994）。

有關團體中成員角色的討論，主要分爲三個部分——即角色認同（role identity）、角色期望（role expectation）與角色衝突（role conflict）。角色認同主要是指成員對於自我角色的認知與定位，這又可以細分爲自己的認定、別人的認定與實際扮演的角色等三種概念。而正因爲個體與他人對於某一個角色的認定與期望可能有所不同，因而可能造成角色的衝突。例如大學「班代」一職，其功能與角色可能與國中或是高中時期的「班長」不同，多數時候大學的「班代」未必能發揮領導統御的功

能，而是扮演著學校與同學間聯繫的橋樑，因此，如果彼此對這個角色有不同的認知而產生不同的期望時，自然會產生衝突。

有時角色衝突可能是源自於個體必須同時扮演多重角色而產生的，由於現代人往往同時隸屬於多個正式和非正式的團體，因而在多重角色的扮演中常常會互相抵觸。例如，多數職業婦女因身兼多重角色而疲於奔命，或是當企業組織中勞資爭議時最為難的通常是基層管理人員等，即是最典型的角色間的衝突。

學者將團體中的角色分為兩大類：團體任務角色（group task roles）與團體維持角色（group maintenance roles）（Ketrow, 1991）。任務角色主要是與完成任務以達到目標有關，而維持角色則是從社交與情感等方面去維持團體氣氛並建立良好的工作關係。這兩種角色都有助於團體的表現與績效，但前者除了能幫助群體完成既定目標外，並能在團體變革的過程中幫助群體調整與適應這些改變。也因此Harris和Sherblom（2002）認為任務角色的傳播行為包括了發想（提出構想、目標、計畫與行動等）、說明（進一步說明其構想等）、協調（整合並促成團隊合作）、統整（統整工作與意見及之前的工作）、記錄（記錄並保存團體的資料）、評估（評論意見與評斷資訊）、接送訊息、給予意見、釐清（釐清議題與陳述）、檢測共識與提出程序等。

而團體維持角色所具有的傳播行為則是鼓勵、支持、維持和諧、守門（保持溝通管道的暢通與維持成員的發言權與順序）、流程觀察（評論成員彼此互動與協調的情形）、設定標準（幫助團體目標、計畫或是規範的建立）與減壓（減除了緊張、壓力與衝突，並協助新成員的適應）等。

相對於這兩種角色，有時團體中也會存在著以自我為中心的角色（self-centered roles），這樣的角色多數無視於團體的利益與成就，而在小團體互動與討論的過程中，一味以自己的需求為中心，所以在其傳播行為的表現上有人會傾向過於武斷的爭取主導權，有的則是會不斷地批評而具有攻擊性，也有的人是過於冷漠而顯得疏離，或是一味的吹捧自己以獲得他人的注意等。

二、小團體的發展階段以及決策過程

每一個團體都是一個開放系統，因此一個團體從形成到解散的過程中，常會歷經許多階段，根據Tuckman的團體發展理論，一個團體的成長與發展主要可分為下面五個階段（Tuckman, 1965; Tuckman & Jensen, 1977）（**表10-1**）：

(一)形成期（forming）

團體在一開始形成時，對於目標、結構、彼此的角色以及彼此指揮的從屬關係等都不明確，因而團體是處於一個混沌不明的狀態中，一直要到團體成員確認自己為團體的一分子（membership）時，此一階段才告結束。

(二)激盪期（storming）

這是團體磨合的時期，此時的特色即成員間彼此的衝突，這些衝突主要是成員對於團體的目標、領導以及規定等會不斷地衝撞與測試，這個階段一直要到領導統御（leadership）形成方會結束。

表10-1　團體成長與發展主要階段

階段	認知與行為
形成期	此一時期充滿了許多不確定性；團員除了彼此認識外，對所語與所行較為謹慎
激盪期	團員間對於目標、任務以及人際關係易產生衝突
規範期	團員間彼此產生一種「我們」感受，並建構出團體共享的價值觀與團隊精神
表現期	團員的角色與彼此的從屬關係確立；專注於目標與任務的達成
休息期	團員淡出或是團體暫時解散

資料來源：Tuckman & Jensen (1977).

(三)規範期（norming）

一旦團體成員確定彼此的角色與從屬關係時，這時團體的結構（structure）就會形成，於是成員間會開始解決彼此的衝突，此時凝聚力與團隊精神就會增強，也會形成團體規範來約束成員。

(四)表現期（performing）

此一階段團體結構開始發揮作用，成員各司其職、發揮專長以完成團體目標，並專注於團隊績效以求表現。

(五)休息期（adjourning）

當團體的任務或是目標達成時，團體會處於一種過渡期，有可能解散或是等待下個任務，此時成員有可能會暫時淡出，或是退出團體。

小團體研究的主要焦點，是決策（decision making）與問題解決（problem solving）。決策與問題解決是非常類似的過程，因為當我們解決問題時通常需要做決策，而所有管理活動的核心其實也是做決策，乃至於我們的日常生活，其實說穿了也就是不停地在做決策，小至「今天的午餐去哪裡吃」、「要看哪一部片子」這種日常例行性瑣事，大到「選哪個人當總統」或是「企業該如何營運」這種攸關國家與組織發展的大事，每一件都跟個人或是團體的決策有關。

無論是日常例行性或是攸關未來發展的重大決策過程，都包含了六個相互連結的階段：

1. 確認問題：確認想要達成的目標以及欲達成目標時可能會碰到的問題。
2. 找出限制：找出可以解決問題的方案以及可能會產生的限制。
3. 尋思替代方案：思考並分析其他可能的解決方案以及可能產生的限制。
4. 做決策：權衡得失並做出選擇。

5.執行決策：訂定行動方案以實際執行此一決策。

6.評估決策：對決策過程與結果進行評估，以完成回饋的機制，並成為下次決策時的參考。

　　上述每個階段，都與其他五個階段相互扣連，形成了一種協商式的互動關係（a negotiated interaction），例如問題的確認，不僅牽涉到如何找出解決方案，也關聯到決策的執行，而這是因為決策的本質「乃是在一個特定的情境中或是在某一渴望達成的目標下去解決問題」，因此在如何做決策與做什麼決策的背後，其實存在著一些期望、假設、價值觀與意識形態等深層意涵。

　　傳播學者們提出決策功能論（the functional theory of decision making）（Gouran, Hirokawa, Julian & Leatham, 1993）來說明，要做出好的團體決策時，往往必須有一些重要的功能性要件；若是從功能論的論點來說明決策過程時，一個好的決策必須要先具備問題瞭解、目標設定、多種可行方案的確認以及方案的評估等四個功能性要件方可達成。

　　在決策過程中，團體的討論與互動亦常會產生一些偏差的現象而影響決策的品質，這種團體決策的副產品主要有團體思考（groupthink）和團體偏移（groupshift）。Janis（1982）所提出的「團體思考」主要是指當一群人做集體決策時，在時間的壓力與團體凝聚力的影響下，所產生的一種思考模式，而這種思考模式有時會驅使團體做出不明智的決策。

　　其原因乃是在團體決策過程中，有時會產生一些團體思考的症候（symptoms），使得個體成員在顧及團結氣氛或是在團體的壓力下，喪失客觀思辨及判斷的能力，或是不願意提出個人獨特的見解而破壞和諧，而造成團體決策產生盲點，致使決策品質無法提升。這些症候有以下幾種情形：(1)團體所做之假設或決定若不盡正確或合理時，團體成員會予以合理化；(2)若有人對團體的共識表示懷疑時，其他成員會施以壓力；(3)若有人抱懷疑態度或持不同看法時，為避免壓力會保持沉默或甚至貶低己意；(4)成員的沉默常被團體或領導者視為同意；(5)成員常會認為團體決策是基於眾人利益，因而常會忽略而不去討論決策所衍生的道德或倫理議題。

「團體思考」有時會使得一個團體過度的誇大或是不實的看待自己，而不願意虛心接受批評，或是一味的以團結與凝聚力來要求成員的一致性，如此通常會限制了團體的成長與發展。

「團體偏移」則是指團體在共同決策時常與成員的個體決策有相當的差異，亦即團體在共同決策時有可能會比個體決策時更趨於冒險或保守，這是因為個別成員常常會在團體互動的氣氛之下，而做出有別於自己性格的決策。比如一個原本個性保守的成員，可能會在團體決策過程中以及其他成員的鼓勵下，而做出非常冒險的決定，而這是在許多團體決策時會發生的情況。

參、小團體溝通與互動技巧

小團體中的傳播融合了語言與非語言的溝通，尤其是在團體互動的情境中，非語言傳播更是顯得重要，因此本節將先從小團體中語言傳播（verbal communication）和非語言傳播（nonverbal communication）的功能、意涵與類型談起，然後再討論語言傳播和非語言傳播是如何的搭配與互補，以增進小團體溝通的效果。

一、小團體中的語言與非語言傳播

小團體的形成常常是為完成某一或某些特定目標，因此語言符號的使用有助於成員釐清彼此對於目標的認知與意涵，而經由語言文字的交換與使用，成員亦能按部就班的去完成既定的工作。團體中語言與文字溝通是時刻在進行的，語文的溝通不僅能讓團體確認與執行目標，最終亦能讓團體檢視其成果。

就像人們常描述自己所處的團體好像是個「和樂融融的大家庭」、「堅強的團隊」、「複雜的小社會」或是「非常緊張的戰場」等，團體成員常會發展出一些故事與幻想來描繪並塑造團體的形象，有時這樣的講法

不僅可以傳遞團體的核心價值與文化，更能夠凝聚共識與團結眾人。

語言傳播的功能主要是植基在語言與文字的意義上，人類社會主要是由語言文字和意義構成，猶如織布機般，我們將語言文字交織在一起組成意義，因此，當談到語言與意義時，我們其實觸及了明示義（denotation）和隱含義（connotation）兩個層次。明示義是指這個語言社群所給予文字直接與外顯的意涵；隱含義則牽涉到我們對於這個字義的經驗、感受以及評價。在團體溝通中，真正的意涵常常不在於明示義而在於更深層的隱含義，但唯有當我們成為該團體正式的一分子，瞭解其團體規範，並認同其團體價值和文化時，我們才能更精準的在該團體中運用合宜的語言文字溝通互動，以減少誤解衝突達成團體目標。

在人際溝通互動的過程中，我們常常混合語言和非語言的訊息來傳遞意義，意義不僅存在於文字訊息中，亦存在於互動者和互動的過程中；換言之，意義除了受到文字與情境的影響外，更受到非語言訊息的影響。

一般而言，凡是運用語言文字之外的傳播都屬於非語言傳播。人類在整個傳播的過程中，會同時運用語言和非語言系統的連結以進行溝通，而非語言的行為有表達情感、傳遞人際的態度、展現個性、伴隨語言以處理對話的順序以及回饋等功用。

近年來，學者多採用下列分類方式來說明非語言傳播的類型、功用和重要性：

(一)體態語言（kinesics/body language）

指所有形式的身體動作，包括面部表情、頭的動作、四肢的姿態、軀幹的動作與全身的姿勢等。這些眼部、面部以及身體四肢的表情與姿態，對於人際與團體互動的成敗有著極大的影響。在團體中人們常藉由彼此的肢體語言來認識、判斷與對待彼此，而體態語言也會決定我們是否具有親和力、吸引力、受人喜愛以及受人信賴等特質。

(二)外表的傳播（physical appearance）

除了體態，人的外表有時也決定了一個人的吸引力與影響力，在我們說什麼與做什麼之前，我們的外表、穿著與裝飾已經傳達出了一些訊息。

(三)副語言（paralanguage）

副語言主要指聲音的表現與表情，因此說話時的頻率、強度、速度、發音的清晰度、節奏的控制與共鳴等聲音的特色都屬於副語言。此外，像是笑、哭或是嘆氣時某種特定的聲音，以及像是「啊呀」、「嗯」這些間隔或停頓的聲音，甚至是無聲（silence）也算是副語言的範疇。副語言就像是一種輔助語言般，會直接或間接的影響彼此的印象與人際關係。而悅耳的聲音、明快的語調、清晰的發音等通常會使得人們願意傾聽，更具有說服力。

(四)空間的傳播（proxemics）

是指我們如何使用環境與物件的符碼來影響人際溝通。環境與陳設的符碼包括了自然環境（天候、溫度、溼度）、環境中的其他人（在場或不在場），以及建築物與硬體陳設等，甚至個人的人際領域（personal space）也屬於在內。例如，小團體聚會場所的空間設計、擺設、燈光，甚至是桌椅的安排等都會影響團體討論與互動的結果，因此，在小團體中的空間傳播不僅影響我們對於團體氣氛的感受，更會傳遞出成員間的權力關係、人際關係，以及小團體的行為準則與規範。

(五)時間的傳播（chronemics）

指我們是如何看待、結構與使用時間的，因為時間也是環境的一部分，它雖然不是實物，但人們對於時間的觀念會影響其日常作息與團體溝通。

(六)碰觸的傳播（haptics）

人際之間的碰觸與接觸常常也是重要的傳播訊息，團體中的接觸行為除了負面的肢體衝突外，也有許多正面的碰觸行為，除了可以完成團體任務並達成目標外（如啦啦隊、足球隊或是組織中的任務小組等），亦有助於團體成員的互動與情感的凝聚。

二、團體決策與問題解決的方法

為達成有效團體互動，早先研究認為團體決策與問題解決模式為一種線性的模式（Bales & Strodtbeck, 1951），指出小團體決策是依據定向、評估和控制三個階段依序進行，亦即成員首先蒐集與交換資訊，其次交換與評估意見，最後達成普遍接受的解決方法等三個步驟。

近期研究顯示，團體的討論與決策未必會像線性模式般理性的、依次的進行，相反地，團體成員在達成共識的過程中常會遵循一種反覆討論的「螺旋形模式」（spiraling model），在此「提出—檢驗」的循環模式中，某個參與者通常會先提出一個新的想法，然後接受其他成員的檢驗，在此過程中，成員間會進行對話、說明、接受或是拒絕，接著會有另一個成員提出另一個想法，然後重複進行檢驗的過程。

由於團體決策是一個不斷進行語言和非語言溝通互動的過程，即使團體決策過程很少是完全理性的，但多數學者認為團體如果採取一定的決策方法與程序，通常對於決策品質與問題解決有所助益。Walter Lippmann曾說過一句很有智慧的話：「當我們的想法都一樣時，我們就想得太少了。」多數團體是經由集體討論以做出決策，目前較為常用的決策方法主要分為下列兩種方式：

(一)腦力激盪（brainstorming）

為避免成員對於可能的解決方案過早定論而喪失了決策品質與創造力，許多學者提出腦力激盪的方式以增進自由思考，並鼓勵更多的想法產

生。腦力激盪是指提出和列舉各種想法或是可能性而不做任何判斷與批評。因此，團體在進行腦力激盪時有幾個原則，首先是鼓勵輕鬆態度，成員可以天馬行空的提出任何想法都不會被視為離譜；其次，成員可以利用別人的想法並再加以想像和發揮；此外，彼此間應暫緩批評與排斥，容許有各種可能性的存在。

(二)科學分析步驟

團體亦可經由理性提問（questioning）與科學化分析來解決問題，其中最有名的即是杜威（1910）所提出的反思性順序（reflective-thinking sequence）的概念，可幫助團體透過不斷地提問來確認問題、蒐集資訊並提出解決方法。此概念主要是指團體在解決問題時，可循序提出理性思考的問題，例如「我們如何界定問題？」、「問題的原因和範圍為何？」、「評估各種解決方案的標準為何？」、「有哪些可供選擇的解決方案？」、「它們的優點和缺點各為何？」、「該選擇哪種解決方案？」、「如何實施解決方案？」等。而Harris和Sherblom（2002）則認為在做團體決策時，有六種重要問題是必須先問的，即是我們常說的五個W和一個H——who、what、why、when、where和how，即「對誰造成問題？」、「問題是什麼？」、「為何產生問題？」、「何時會形成問題？」、「何處會形成問題？」、「對誰造成問題？」、「問題的影響如何？」一旦開始提問與回答這些基本問題時，團體就會實際進入資訊蒐集、定義問題、分析問題、進行協商、選定對策等科學化的分析步驟。

三、領導與小團體溝通

在日常生活與工作中常會提到「領導」，有人認為它是一種人格特質，有人則認為領導是一種能力，領導真正的意涵乃是與權力（power）或是影響力（influence）有著極大關聯。

領導基本上是一個運用權力以影響他人的過程，從權力的運作來看領導，特別是小團體與組織中的領導統御，團體成員之所以聽從與跟從

領導者的原因主要有三方面：一是因害怕被懲罰，恐懼領導者運用在組織或團體職位上，所具有的強制權（coercive power）來懲罰而聽從；二是功利的交換關係，領導者可以行使獎賞權（reward power）以酬庸或激勵跟隨者；最後則是因為領導者具有專家權（expert power）、說服權（persuasive power）和參考權（referent power），能夠透過專門知識與技術、良好的溝通與說服能力、以及受人信任與敬重的人格特質來影響下屬。

若將領導視為一個影響過程，參與此領導過程的參與者主要包括領導者和被領導的追隨者，在企業組織中的各種小團體，領導者可能是管理者，也可能不是管理者，一般而言，領導者多需具有高成就感、價值觀、知識與智慧等人格特質，同時也要擁有提出願景、領導者思維、領導風格，以及領導溝通等技能（Kirkpatrick & Luke, 1991）。若是從溝通的角度來看，被領導者的個人屬性與行為特質也深深影響了此一互動過程。

在團體與組織中，領導與統御無疑是重要的一環，但一個好的領導者究竟是天生或是可以後天培養的呢？是否有一種完美的領導風格能夠放諸四海皆準，適合所有的團體與組織呢？有沒有哪一種領導行為與風格是不需要透過溝通與互動來達成的呢？這些問題，其實是在學習領導統御時所必須思考的問題。

要回答這些問題，可以從領導理論的演進來看。在1940到1950年代，許多學者信服「領導者特質論」，認為多數領導者天生就具有著一些人格特質與特徵，例如自信、正直、智慧、高成就感、果決、勇敢、支配性、領袖魅力等，但是如果這個論點要成立，必須要找出所有領導人所具有的共同特質為何，然而之後的許多研究顯示，很難在所有的領導人身上找到完全一致的相關特質。

於是，學者轉而去分析有效領導者的行為特性，這即是「領導行為模式論」的開始。該時領導風格與行為取代了人格特質成為研究焦點，其中主要以美國俄亥俄州立大學（Ohio State University）的研究團隊所提出的「兩構面理論」（two-dimension theory）和密西根大學（University of

Michigan）研究團隊所提出的兩大領導向度最為重要。

俄亥俄州立大學的研究團隊所提出的「兩構面理論」主要是將領導行為濃縮為兩大面向：一是主動結構（initiating structure），指的是體制，亦即領導人對達成目標以及界定自己與部屬的地位和角色時所做之行為，通常一個高主動結構的領導人會指定團體成員從事特定的工作與程序、維持一定的績效水準、強調限期完成等；二是體恤（consideration），則是指出領導人對於其部屬所給予尊重、信任及相互瞭解的程度。

密西根大學研究團隊也提出了相似的兩大領導行為向度，分別是員工導向（employee-oriented）和生產導向（production-oriented）。員工導向主要是以員工為中心，領導者注重人際關係，較瞭解部屬需要，也能接受個體差異；而生產導向則是以工作為中心，領導者強調的是目標的達成，或是著重在工作技術或作業層面的相關事宜。

根據上述的研究，Blake和Mouton在1964年提出了「管理座標」（managerial grid）的理論（**圖10-2**）。這個座標圖以關心員工（concern for people）和關心生產（concern for production）為兩大向度，而座標的兩個軸各有九級的程度，因此可得出八十一種領導方式。其中，以（1, 1）的自由放任型、（9, 9）的團隊管理型、（9, 1）的權威型和（1, 9）的鄉村俱樂部型以及中間的（5, 5）中庸管理型最為鮮明。雖然Blake和Mouton認為在（9, 9）的團隊管理風格績效較佳，而在（9, 1）的權威型和（1, 9）的鄉村俱樂部型的管理績效較差，但並沒有明確的研究結果支持他們的看法。

這個座標圖提供一個參考架構，讓我們知道原來領導有這麼多方式，後續許多研究發現，領導型態與團體績效間並沒有一致性的關係，也就是說，並沒有一個理想的領導風格可以放諸四海皆準，適用於每個團體。

當我們一旦視領導為一個影響他人的過程時，就必須要考慮到領導者、被領導者、工作情形與環境等等的情境因素，這也促成「權變理論」（contingency theory）的興起，把視領導為一全面且複雜的過程，不再只看領導者的人格特質與行為、或是單從「工作一人」的二分法來考量，因

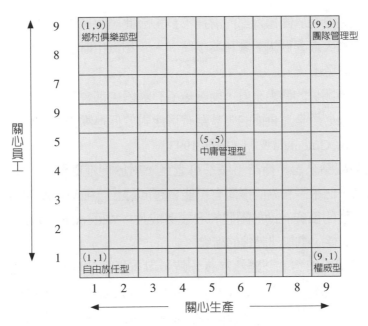

圖10-2 管理座標理論

資料來源：Blake & Mouton (1964).

為真正的領導能力來自於某些讓人欽佩的性格，以及某些權力工具和原則的使用。有效的領導必須是同時關照到領導與被領導者、工作任務、團體與組織的結構，以及內外在環境等情境因素的配合（fit）才能產生效果。

權變理論的重點，在於強調領導須根據團體內、外部情境而定，情境本身就是溝通的關鍵要素。一個小團體的領導者，主要任務就是召開會議以做成決策、激勵與指導團體成員完成目標，以及解決衝突以排除阻礙等三件事（Harris & Sherblom, 2002），而要執行這三項任務勢必須運用我們前面所說的語言和非語言傳播，因此領導溝通（leadership communication）逐漸成為領導研究的重要課題。

四、小團體的衝突管理與溝通

傳統觀點認為衝突是具破壞性且應該避免的。早期傳播研究也指出

衝突的發生主要在於團體內部的溝通不良，因此應改善溝通以增進團體績效。尤其中國人最喜歡講「家和萬事興」、「和氣生財」、「以和為貴」等話來勸人避免衝突。

但從人類關係的觀點來看，衝突是所有團體中都會發生且不可避免的現象，有時未必是全然負面的，甚至有可能對於促進團體績效會有正面功能（O'Connor, Gruenfeld & McGrath, 1993）。

從互動觀點來看，衝突不僅不可避免，對於促進團體績效更是不可或缺，因為一個平靜和諧的團體有可能會趨於靜止，並缺乏反省力與創新力，因此良性的衝突有助於團體的發展與成長（Witteman, 1991），團體成員要避免惡性、毫無建設性的衝突。

那麼何謂「衝突」？雖然定義分歧，但有幾個共同點：首先，衝突必須被當事人知覺到（perceived），如果當事人毫無感知，那衝突當然不存在；其次，衝突包括了對立與阻撓等概念，因為衝突的產生一定有對立的兩方，由於不相容的目標、利益或是旨趣而彼此競爭（Hocker & Wilmot, 1991）；最後，衝突一定是一個兩造互動的過程。因此，我們可以將衝突視為是一個過程，而在此過程中A藉由某些阻撓性行為，致力於抵制B之企圖，結果使B在達成目標或增進其利益方面遭受挫折（Robbins, 2001）。而在衝突過程中，則包括了四個重要階段（**圖10-3**）：

(一)第一階段：潛在對立期

這個階段中由於可能產生衝突的要件成立，故而有可能產生衝突。這些要件主要分為溝通、結構與個人變項等三類。雖然溝通不是所有問題的起因，但溝通不良的確會產生誤解以及使問題惡化，因此前面探討的語言與非語言傳播以及溝通的管道都非常重要；而結構則指團體的大小、權限的清楚度、成員目標的一致性、領導方式，以及團體間相互依賴的程度等；至於個人變項則指個體的人格特質、價值觀、態度認知等變項。

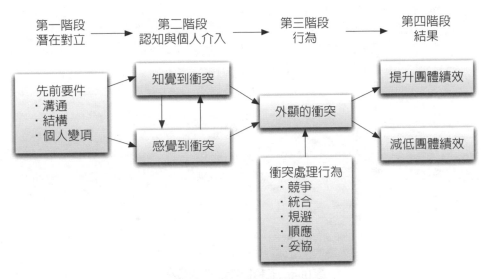

圖10-3　衝突過程的四個階段

資料來源：Robbins (1992).

(二)第二階段：認知與個人介入期

在此階段中個體逐漸感知到衝突的存在，因而有可能產生一些內在的情緒，如焦慮、挫折感與敵意等。

(三)第三階段：行為期

在此階段可能有一方產生某些阻撓性行為，致使另一方在達成目標或增進其利益方面遭受挫折，因而做出一些行為反應。此時，衝突不再只是內在的感受與知覺，而成為外顯的行為，使得其他成員亦能感受到兩造的對立。此時也正是衝突管理開始之時，一旦衝突表面化，當事人即會發展處理衝突的方法。根據研究顯示，一般人處理衝突的方式可以用合作性（cooperativeness）與肯定性（assertiveness）兩個向度來解釋。合作性是指試圖滿足對方需求之程度，而肯定性則指希望滿足自己需求之程度，這樣則會產生五種主要衝突處理的溝通風格（**圖10-4**）：

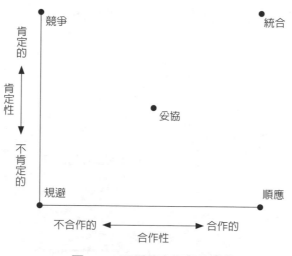

圖10-4　五種衝突處理的風格

資料來源：Thomas (1976).

1.競爭（competition）：肯定的與不合作的，即犧牲對方滿足自己的目標與利率。

2.統合（collaboration）：肯定的與合作的，即指彼此合作達成雙方目標，以找出雙贏的方法。

3.規避（avoidance）：不肯定的與不合作的，也就是規避而不解決衝突。

4.順應（accommodation）：不肯定的與合作的，也就是犧牲自己的利益以成全對方的目的。

5.妥協（compromise）：中等肯定與中等合作的，即指兩人都讓步但未必對彼此都有利。

(四)第四階段：結果

當團體能透過溝通與協調有效管理衝突時，對於團體的影響將會是良性並促進團體績效；反之，衝突的結果也可能是惡性並促使團體崩裂。

由於小團體是一個開放性的互動系統，因此即使我們瞭解衝突產生的

原因和處理衝突的不同方式，卻不能保證每次都能夠有效的管理衝突。因為衝突管理常發生在複雜的情境中，而每個人處理衝突的方式也未必會具體清楚的以這五種方式呈現；此外，溝通能力顯然也有著極大的影響，否則儘管原本是要採取雙贏的取向，也有可能因為不良的溝通而造成雙輸的結果。

　　人們在處理衝突時基本上有兩種傾向（McShane & Von Glinow, 2003），一種是採取win-win的「雙贏取向」，也就是透過溝通協商以找到一個兩利（mutual benefit）的解決方案；另一種則是傾向於「輸贏取向」（win-loss），亦即衝突狀態就是在爭取一個你輸我贏的局面。當然，若是一味的規避與遮掩衝突，則有可能造成「雙輸局面」（lose-lose）。

 ## 肆、團隊的建立與合作

一、團隊的定義與類型

　　所謂的「團隊」（team），指集合起來的一群人能夠密切的彼此依賴、相互扶持、共享資訊以達成目標。所有的團隊都是團體，但不是所有的團體都能成為團隊。團隊有著更高的凝聚力和執行力，成員對於團隊的承諾與認同也超越一般小團體。

　　小團體要進化成為團隊的要件，是激勵成員對於團體目標有更多參與和更深承諾。因為團隊和團體最大的差異在於團隊的領導固然重要，但真正影響團隊表現的是所有團隊成員的參與，亦即團隊合作（teamwork）。

　　事實上，團隊合作早已成為當代企業組織的重要趨勢與課題，許多成功企業的共同趨勢，也是大量的依賴組織中的團隊以達成品質控管、創造力提升和提高員工參與等目標（Deetz, Tracy, & Simpson, 2000）。

　　團隊既是由一群集合起來能夠密切合作以達成目標的人，那麼在現代

組織中的團隊種類，就可能包含甚廣，但在本節中，將就品管圈（Quality Control Circle, QCC）、自我管理團隊（self-managed team）與虛擬團隊（virtual team）等現代工作團隊的類型作一說明。

(一)品管圈

自1980年代起即盛行至今，主要的精神是在於由相同工作領域的員工自發性的組成團隊，並願意定期聚會以解決工作中的主要問題（Baron, 1983）。因此，參與的人數主要以十到十二人的小團體為主，開會時間則有的是在上班時間內、有的則是在下班時間，會議內容也多與改進品質、提高效率以及降低成本等有關。品管圈起源於美國企業界對當時日本管理模式成功的群起仿效，但卻未必所有的企業都有同樣成功的結局。

(二)自我管理團隊

又稱自治團隊，亦即團隊除了執行任務與解決問題外，並具有獨立自主的權力。傳統上由領導者負責的項目，如計畫、管理、掌控與評估等工作，在自我管理團隊中則是由團員自行計畫與安排工作、指派成員與評估績效，這種賦權（empowering）的結果，使得團隊成員必須共同承擔起自我管理的責任，可以有效的團隊合作與提高績效。然而，自我管理團隊的實施，必須要是企業組織文化、結構與管理型態上有別於既往，否則僵化的制度和制式的思維很難落實自我管理的團隊運作。

(三)虛擬團隊

電腦與網際網路的盛行，造就了虛擬團隊的形式，團隊成員儘管不在同一個地方，仍然可以經由網路與其他傳播科技來進行跨越時間和空間的溝通協作，以解決問題並達成目標，此種團隊形式隨著傳播科技與電子商務的發展已日趨普遍（Cardon & Marshall, 2015），而在全球性的新冠疫情過後更為普及。虛擬團隊的組成以專案為導向，多為臨時組成的團隊，團隊成員的任務、角色或工作任務的變動性也較高。此外，組織中的虛擬團

隊，多由地理區域分散或是不同單位的成員所組成，因此，團隊虛擬互動所面臨的挑戰更高於面對面的溝通（Suchan & Hayzak, 2001）。

二、團隊建立

由於現代組織對於團隊以及團隊合作的重視，團隊建立（team building）成為所有領導者的管理重心，幾乎在所有討論組織變革與更新的論述中，都會提及團隊建立的重要性（Boyett & Boyett, 2000）。

至於一個團隊的建立，必須注意到幾個面向：

(一)慎選團隊成員

在實際生活與工作場域中，我們未必一定有選擇團隊成員的權力，因此，若從團體互動的角度來說，沒有完美的團隊，只有能夠成功共事的團隊成員，所以團隊中的人際網絡與關係的建立，則影響到團隊成員間是否能夠彼此信賴、彼此支持以及開放的溝通，而這樣的互動模式與氣氛自然會影響到衝突的解決與領導溝通。

(二)設定團隊目標

團隊成員要能彼此合作無間，必須要能清楚的瞭解團體目標，一個目標與願景不明確的團體是很難成為有效率的團隊。其次，成員必須明確的知道自己與他人的角色與職責，如此則不僅能恪盡其責，更能彼此搭配與補位。

(三)確立團隊互動程序

有效能的團隊必須有一套明確的互動程序與決策過程，這些程序除了與團體規範有關外，也會幫助團隊成員對於如何開會、如何做決定，以及如何溝通互動等團隊例行事項有清楚的瞭解，當然，如果領導者能讓所有隊員都能參與這些程序並做出貢獻的話，團隊的精神與績效必然更高。

(四)有效的領導與激勵

每個團隊的目標、任務、型態與組成分子皆不同，無法有一個放諸四海皆準的理想領導模式，可以適用於任何團隊，但目前多數的學者與實務工作者都同意開放式的溝通、分享式的權力運作，以及多元化的管理形式是較為理想的。團隊領導者的首要任務，必須能激勵成員對於團隊的參與度和對於完成目標的承諾感，因此領導者的溝通能力與技巧十分重要。

三、團體溝通與社群媒體

隨著新科技與數位匯流的發展，透過網際網路進行連結與互動已經是生活日常，網路是一個高度凝聚社群認同的地方，網路社群（social group）成員能找到歸屬感並分享彼此間的熱情（Thomas, 2008）。早期網路社群的凝聚多是基於社交性，出於與他人連結的需求，這些社交群體的人際關係一方面以共同興趣作為基礎，讓陌生人彼此建立連結，另一方面，又以匿名性或化名性的局部人格進行接觸，藉此建立身分認同與信任，由社群擴展為社區（community），因而虛擬社區（virtual community）的特性是既隔離又連結（黃厚銘，2010）。

Carr和Hayes（2015）將社群媒體定義為一「基於網際網路、去中心且持久的群我溝通渠道（channels of masspersonal communication），其促進了使用者間互動的認知，並主要從使用者生成的內容中獲取價值。」（p.49）此定義一方面讓社群媒體與其他電腦中介（computer-mediated）之媒介有所區隔，另方面凸顯社群媒體涉及群我溝通（masspersonal communication）的獨特性。

Web2.0的網路群體，有著時聚時散、分分合合形貌的弱連帶社會關係，這種社會建構的（socially constructed）網路社群，有著情感聯繫與認同凝聚的嚴肅面，也有著自我享樂與次文化主題的浪漫氛圍（翟本瑞，2011）。

學者依照網路群體的不同屬性，將其分為四類：(1)群體組織程度高、

特定目標導向的蜂群（hives），是網路世界的菁英，內容產製多有著創新與領導性地位；(2)群體組織程度高、經由長時間參與形塑而成的閃群（mobs）；(3)群體組織程度低、特定目標導向，圍繞突發事件而行動的事件群（crowds）；以及(4)群體數量龐大但組織程度低、缺乏共同目標的烏合之眾（swarms），像一般YouTube、Facebook的使用者（Kozinets, Hemetsberger & Schau, 2008；吳筱玫、劉吉軒、黃厚銘，2010；鄭宇君，2014）。

　　而現今Web3.0架構下的網路群體，不僅放大了網際網路所具有的匿名性和去中心化等特性，虛擬社群中的成員更可以透過元宇宙中的虛擬化身（avatar）來溝通互動。新科技的發展固然可以幫助團／群體進行溝通互動，其範疇包括了社會、文化、宗教、政治、營利組織、乃至於非營利組織和社會運動等，然而人們也可能會因為使用和濫用社交媒體而破壞友誼、失去工作、浪費機會、甚至導致衝突，自然也要謹慎使用。

伍、結論

　　本章主要從理論與實務的角度來討論四個重點：(1)小團體溝通的定義與內涵；(2)小團體研究的重要概念與理論；(3)小團體的溝通與互動技巧；(4)團隊建立與合作。這四個重點建構出一個完整的知識架構，幫助讀者瞭解什麼是小團體溝通，為什麼要學小團體溝通，以及如何使用小團體溝通的知識與技巧。

　　作為人類社會的一員，我們幾乎不可能不隸屬於任何一個小團體，然而這些小團體卻也不總是會有效率、有趣或是令人滿意，其中關鍵就在於小團體成員的溝通與互動。小團體溝通絕非是靜態的，而是一個動態的溝通網絡，同時在這個溝通網絡中所流通的內容、產生的模式、建立的關係以及所有互動的過程，都會影響團體效能與表現。

　　雖然形成小團體的因素有許多，但多數團體的形成與目標都是為了解

決某些問題而存在，特別是在現代企業組織中，小團體的特徵往往因著企業文化與環境、組成成員的特質，以及要解決的問題等而有所不同。合宜的小團體溝通策略與技巧，不僅會導引出符合期望的結果與團體績效，更能激勵身在其中的每一個成員。

當我們對小團體溝通的理論與實務有更多瞭解，不僅能具體實踐在日常生活中的諸多面向，更能在這些面向上幫助我們達成個人與團體目標。特別是在Web3.0時代中，從社群媒體到元宇宙，我們固然可以期待新科技為人類帶來消除個體差異、增進群體互動、協助團體決策與增進團體／社群認同等好處，但如何避免與此同時而起的挑戰與問題，也是在學習本章基礎知識後的進階議題。

討論問題

1. 什麼是小團體溝通？一般而言，人類團體又可以分為哪幾類？根據這些分類，你目前總共屬於幾個團體？

2. 一個團體的成長與發展主要可分為哪幾個階段？舉一個你目前參與的團體為例，逐步說明在這些階段中團體成員的溝通與互動。

3. 請討論衝突對於團體可能帶來的正面與負面的影響為何？並請舉一個你最近所面臨的團體衝突實例，根據課文相關內容，分析衝突發生的原因、歷程以及可能的解決之道。

4. 如果你和五個同學或同事用社群媒體建立群組，你會採用什麼規則或準則來管理你們的活動？

重要語彙

小團體傳播（small group communication）

小團體成員經由使用符號互動的溝通行為，傳遞訊息並建立共享意義的全方位傳播過程。

決策功能論（the functional theory of decision making）

是從功能論的論點來說明決策過程時，一個好的決策過程中，必須要先具備問題瞭解、目標設定、多種可行方案的確認，以及方案的評估等四個功能性要件方可達成。

非語文傳播（nonverbal communication）

凡是運用語言文字之外的傳播都屬於非語文傳播，包含體態語言、外表的傳播、副語言、空間的傳播和時間的傳播等面向。

團隊建立（team building）

團隊建立是促使團隊達成目標的領導與管理過程，必須慎選團隊成員、設定團隊目標、確立團隊互動程序，並要有效的領導與激勵。

團體規範（group norms）

指在團體中大多數成員所遵守的共同行為準則或指導方針。

管理座標（managerial grid）

這個座標圖以關心員工（concern for people）和關心生產（concern for production）為兩大向度，其中，以（1, 1）的自由放任型、（9, 9）的團隊管理型、（9, 1）的權威型和（1, 9）的鄉村俱樂部型，以及中間的（5, 5）中庸型最為鮮明。

參考文獻

吳筱玫、劉吉軒、黃厚銘（2010）。〈群體智慧與群體力量的實現：網路社群中的情感標籤與連結方略〉。「2010政治大學傳播學院頂尖大學核心計畫年度成果發表會」論文。台北：政治大學。

黃厚銘（2010）。〈Mob-ility：重探虛擬社區的社區議題〉。「2010台灣資訊社會研究學會年會暨學術研討會」論文。新竹：交通大學。

翟本瑞（2011）。〈從社區、虛擬社區到社會網絡網站：社會理論的變遷〉。《資訊社會研究》，21：1-31。

鄭宇君（2014）。〈災難傳播中的群體力量：社交媒體促成新型態的公民參與〉。《傳播與社會學刊》，27：179-205。

Andrews, P. H., and Herschel, R. T. (1996). *Organizational Communication: Empowerment in a Technological Society*. Boston, MI: Houghton Mifflin Company.

Bales, R. F., and Strodtbeck, F. L. (1951). Phases in group problem-solving. *Journal of Abnormal and Social Psychology, 46*, 485-495.

Baron, R. A. (1983). *Behavior in Organizations: Understanding and Managing the Human Side of Work*. Boston, MI: Allyn & Bacon.

Berelson, B., and Steiner, G. A. (1964). *Human Behavior.* New York: Harcourt, Brace & World.

Blake, R., and Mouton, J. (1964). *The Managerial Grid: The Key to Leadership Excellence.* Houston, TX: Gulf Publishing Co.

Boyett, J. H., and Boyett, J. T. (2000). *The Guru Guide.* New York: John Wiley.

Cardon, P. W., and Marshall, B. (2015). The hype and reality of social media use for work collaboration and teams communication. *International Journal of Business Communication, 52*(3), 273-293.

Carr, C. T., and Hayes, R. A. (2015). Social media: Defining, developing, and divining. *Atlantic Journal of Communication, 23*, 46-65.

Daft, R. L., and Noe, R. A. (2001). *Organizational Behavior*. Orlando, FL: Harcourt

College Publishers.

Deetz, S. A., Tracy, S. J., and Simpson, J. L. (2000). *Leading Organizations Through Transition*. Thousand Oaks, CA: Sage.

Dewey, J. (1990). *How We Think*. Boston: D. C. Heath.

Gouran, D. S., Hirokawa, R. Y., Julian, K. M., and Leatham, G. B. (1993). The evolution and current status of the functional perspective on communication in decision-making and problem-solving groups. In S. A. Deetz (Ed.), *Communication Yearbook 16* (pp. 573-600). Newbury Park, CA: Sage.

Hare, A. P. (1994). Types of roles in small groups. *Small Group Research, 25*(3), 433-448.

Harris, T. E., and Sherblom, J. S. (2002). *Small Group and Team Communication* (2nd ed.). Boston, MI: Allyn & Bacon.

Hocker, J. L., and Wilmot, W. W. (1991). *Interpersonal Conflict* (3rd ed.). Dubuque, IA: William, C. Brown.

Janis, I. L. (1982). *Groupthink* (2nd ed.). Boston, MA: Houghton-Mifflin.

Ketrow, S. M. (1991). Communication role specializations and perceptions of leadership. *Small Group Research, 22*(4), 492-514.

Kirkpatrick, S. A., and Luke, E. A. (1991). Leadership: Do traits matter? *Academy of Management Executive, 5*(2), 48-60.

Kozinets, R. V., Hemetsberger, A., and Schau, H. J. (2008). The wisdom of consumer crowds: Collective innovation in the age of networked marketing. *Journal of Macromarketing, 28*(4), 339-354.

McShane, S. L., and Von Glinow, M. A. (2003). *Organizational Behavior*. Boston, MA: Irwin/McGraw-Hill.

Newton, D. A., and Burgoon, J. K .(1990). The use and consequences of verbal influence strategies during interpersonal disagreements. *Human Communication Research, 16*(4), 477-518.

O'Connor, K. M., Gruenfeld, D. H., and McGrath, J. E. (1993). The experience and effect of conflict in continuing work groups. *Small Group Research, 24*(3), 362-382.

傳播理論

Robbins, S. P. (1992). *Essentials of Organizational Behavior*. Englewood Cliffs, NJ: Prentice Hall.

Robbins, S. P. (2001). *Organizational Behavior*. Upper Saddle River, NJ: Prentice-Hall.

Robbins, S. P., and Coulter, M. (1996). *Management* (5th ed.). Englewood Cliffs, NJ: Prentice Hall, Inc.

Senge, P. M., Kleiner, A., Roberts, C., Ross, R. B., and Smith, B. J. (1994). *The Fifth Discipline Fieldbook: Strategies and Tools for Building A Learning Organization*. New York: Doubleday.

Suchan, J., and Hayzak, G. (2001). The communication characteristics of virtual teams: A Case Study. *IEEE Transactions on Professional Communication, 44*(3), 174-187.

Thomas, K. W. (1976). Conflict and conflict management. In M. Dunnette (Ed.), *Handbook of Industrial and Organizational Psychology*. Chicago, IL: Rand McNally.

Thomas, A. (2008). Community, culture, and citizenship in cyberspace. In J. Coiro, M. Knobel, C. Lankshear and D. J. Leu (Eds.), *Handbook of Research on New Literacies* (pp. 671-698). New York: Lawrence Erlbaum.

Tuckman, B. W. (1965). Developmental sequence in small groups. *Psychological Bulletin, 63*, 384-399.

Tuckman, B. W., and Jensen, M. C. (1977). Stages of small group development revisited. *Group and Organizational Studies, 2*, 419- 427.

Wahrman, R. (1972). Status, deviance and sanctions: A critical review. *Comparative Group Studies, 3*, 203-224.

Witteman, H. (1991). Group members satisfaction. *Small Group Research, 22*(1), 24-58.

CHAPTER 11

組織傳播

秦琍琍

人的一生是在不同類型（正式／非正式、營利／非營利）與規模（國家、社會、社群）的組織中度過，溝通互動乃是組織生活的重心。在日益複雜多元的人類社會中，越來越多組織意識到內部與外部溝通的重要性，設立相關教育訓練課程；另一方面，包括傳播與管理在內的諸多學門，也紛紛開設相關教學科目。這代表了組織傳播是一個跨領域的研究範疇，也說明了其在今日社會中的重要性。

長久以來，組織傳播學者希望探究並解決營利企業、非營利組織、政府機構、工會、社會運動團體等各類型組織形構（organizing）、管理溝通以及內外部傳播的相關議題。早期以社會—經濟為框架的思維，強調植基於市場之上的資本主義運作邏輯，近年研究範疇漸次拓展到運用新科技和想像，從實踐中觸及社會和組織問題。當社會和組織問題涉及傳播並運用溝通來解決時，就不能把傳播簡化成訊息傳遞（messaging）、也無法忽略組織成員的能動性（human agency）、更不能把組織當成是恆常穩定的結構（stable and enduring structures）（Kuhn, 2017; Mumby, 2016）。

21世紀的組織形貌趨向多元化、全球化與彈性化，本章目標是從理論與實務的整合中，幫助讀者對於當代組織內涵有所瞭解，從而具備解決問題和批判思考的能力。

壹、組織傳播的定義與內涵

數百年前，詩人約翰・鄧恩（John Donne）曾經寫過詩作《沒有人是一座孤島》（*No Man Is an Island*），點出人的一生是由一個又一個人際網絡接續出來，而人類社會亦是由一個又一個人際網絡所構築而成。無論從個體微觀角度或是從社會鉅觀角度來看，家庭中的家族關係、求學時的在校關係、出社會後的職場關係，乃至於一個國家中各個社會組織間互動運作的良莠，影響的絕不只是單一個體的喜樂哀愁，也可能攸關組織、社會、甚至整個國家的成敗興衰。

這樣看來，現代社會公民皆須具有「組織素養」（秦琍琍，2011），亦即具備在任何組織有效溝通與互動的能力，以建立關係、完成任務、達成目標、共享意義並創造文化。當組織成員對於「組織」和「傳播」有更多認識時，一方面會知道該如何理解和批判組織中的種種現象（例如為什麼有人會說做事沒有做人難，或是換了位置就換了腦袋等）；另一方面則能夠具體扮演自身在組織中各種角色（如管理者、被管理者、雇主、員工、客戶、成員或是志工），以達成組織目標。

一、組織傳播學的起源與發展

組織傳播學之起源，可追溯至人類文明發展前期，早在人類社會形成政治與經濟組織時，就有了相關概念，畢竟成群結黨以達個人和組織目標是人性之一。隨著人類文明演進，自工業革命以降，私人企業興起，人類的經濟活動從區域性、國際性進而發展至全球化，組織傳播學門的重要性與影響力也就與日俱增。

在實務需求下，「組織傳播」（organizational communication）於20世紀初興起，Deetz（2001）認為當代有三種對於組織傳播的認知：(1)視組織傳播為傳播領域分支下的一個次級學門（discipline），學術社群致力回顧與展望學門的歷史和發展，並從中杷梳何為／何非組織傳播；(2)視傳播為組織中的現象（phenomenon），討論組織中傳播現象的研究都屬於組織傳播，但因為不同學派學者對於何謂「組織」、何謂「傳播」有不同見解，因此，除定義組織傳播為一跨學門領域（multi-disciplinary field）外，常常會把對理論的論辯窄化到方法論差異的討論上；(3)第三種視角則是視傳播為描述與解釋組織的方式（descriptor），於是傳播成為與心理學、社會學或是經濟學等其他學門有所區隔的一種獨特思考和理解組織的方式（秦琍琍，2021）。由此可知，對於組織傳播的定義和認知，會因其所處學派而有所歧異。

從歷史發展來看，自1960年代晚期到1970年代，主要以傳統功能學派學者（functionalists）、通則論者（covering-law theorists）、和從事變項分

析者（the variable analytic scholars）爲代表（Nicotera, 2020）。主張理性的經濟目標是研究重心，這種現代性論述強調規律與秩序，組織主要是爲了有效的獲利或是組織目標發展等工具性目的而存在，傳播多被看成具有掌控與說服內涵的訊息。

在1980年代初期的詮釋轉向（interpretive turn）（Nicotera, 2020: 26），凸顯符號互動的組織過程（process of organizing through symbolic interaction）。學者們將眼光從經濟活動轉而聚焦到組織的社會活動。在人類學家Geertz文化論述、社會學家現象學與符號互動論思想、以及詮釋學和質化研究方法論的激盪下，從詮釋取徑出發的組織研究，將過往只重視管理者與溝通效能的研究旨趣，轉到關懷組織中許許多多他者與（次）文化群體的文化意涵。這種瞭解「被研究者的理解」之雙重詮釋、與溝通「關於傳播」（metacommunication）的複雜過程，需要在組織場域中進行實際田野調查，以從表象進入深層的文化理解（秦琍琍，2021）。組織成員不再是研究對象而是組織中具有能動性的行動者，組織傳播學即是「對人們日常組織生活場域與互動活動的研究」。

1980年代晚期，組織傳播學者以Marx意識形態的批判和Habermas的溝通行動論爲兩大軸線，注入對於意義形構的批判理論，以及後現代主義的對話論點（dialogic perspective）迸生的斷裂（fragmentation）、文本性（textuality）和抵抗（resistance）等概念（秦琍琍，2011）。在Bourdieu、Derrida、Lyotard、Foucault、Baudrillard、Deleuze和Guattari等人思維影響下，轉而聚焦於微觀的政治過程、以及權力和抵抗連結的本質（Mumby & Putman, 1992）。相關研究強調異識（dissensus）的生成與在地／情境（local/situated）的理解。此種後設層次（metalevel）的探討，一方面將組織傳播學門中對於行動與結構張力的核心論辯，從結構決定論轉至21世紀主流的真實建構論（如組織溝通建構論，Communicative Constitution of Organization, CCO）；另方面亦將傳統對於解決組織秩序問題（problem of order）的討論，導入到組織控制問題（problem of control）的探究，並於2010年代納入後殖民主義（postcolonialism）視角（Nicotera,

2020）。

　　在實務需求下，組織傳播學植基於傳統語藝傳播、早期管理與組織理論、以及後來的人際關係學說等三個主要學說之上（Redding & Tompkins, 1988），並藉由工業心理學、社會心理學、組織行為、行政管理學、人類學與政治學等學科的相關理論，得以萌芽成長（Daniels et al., 1997; Allen, Tompkins, & Busemeyer, 1996）。發展過程如同傳播學門各個次領域般（如人際傳播、小團體傳播與大眾傳播），為跨學科（interdisciplinary）的演進態勢。因此，可以把組織傳播學理解為「將人類傳播學研究與理論應用在各種組織情境和組織行為的學科」。除了語藝傳統外，其他與組織傳播相關的學科、其重要概念與理論，以及研究分析的對象與層次等均對這個學門的發展產生重要的影響，這部分可以參照**圖11-1**（秦琍琍，2000）。

　　跨學科的結合，有助於學者和實務工作者從多元觀點探討組織不同層次——包括內部與外部，以及組織與環境間——的現象和議題。在組織管理理論進入權變取向（contingency approaches），並看待組織看為動態建構過程的今日，「傳播」的角色不再侷限於傳達訊息的「溝通工具」，而是一種「社會黏著劑」（social glue），將組織成員、次級團體與部門、以及不同的組織連結起來。許多重量級組織傳播學者認為，人類傳播的本質以及語言符號的使用，才是建立與形塑組織的中心點，Tompkins（1987）等就認為，若是沒有符號論（symbolism）、語藝（rhetoric）與說服，我們就不會有組織。

二、組織傳播的定義

　　組織傳播學直至1950年後，由於相關學制和科系的設立、以及大量書籍和期刊研究的發表，逐漸鞏固。對於組織傳播的定義，也由早期組織中訊息的接收與傳達，或是商業溝通的技巧等，轉變成為把傳播看成是組織系統中成員互動與協調以達成組織目標的基本過程（Daniels et al., 1997; Tompkins, 1984）。傳播行為在組織中不再只是線性、靜態或只是技巧工

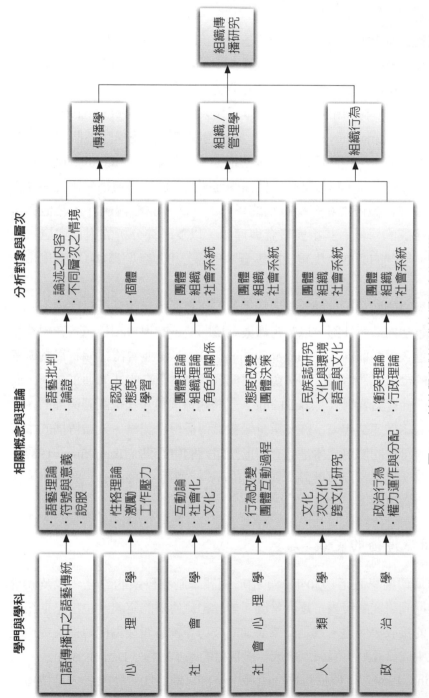

圖11-1 其他學科對組織傳播研究的影響

資料來源：秦琍琍（2000）。

學門與學科　　　　　　　相關概念與理論　　　　　　分析對象與層次

口語傳播中之語藝傳統

・語藝理論　　・語藝批判
・符號與意義　・論證
・說服

論述之內容
不同層次之情境

傳播學

心　理　學

・性格理論　　・認知
・激勵　　　　・態度
・工作壓力　　・學習

個體

社　會　學

・互動論　　　・團體理論
・社會化　　　・組織理論
・文化　　　　・角色與關係

團體
組織
社會系統

組織／
管理學

社　會　心　理　學

・行為改變　　・態度改變
・團體互動過程・團體決策

團體
組織
社會系統

人　類　學

・文化　　　　・民族誌研究
・次文化　　　・文化與環境
・跨文化研究　・語言與文化

團體
組織
社會系統

組織行為

政　治　學

・政治行為　　・衝突理論
・權力運作與分配・行政理論

團體
組織
社會系統

組織傳播研究

具而已，在由行動個體所組成的組織系統中，傳播活動其實就是建構組織的主要活動（Farace, Monge, & Russell, 1977; Hawes, 1974; Weick, 1969），這也就是近期許多學者主張傳播即組織，或是組織即傳播（Cheney et al., 2004）之因。

雖然不同學者曾為組織傳播下過不同定義，綜整起來可以看出幾個共同點：(1)組織傳播產生在一複雜開放的系統中，此一系統與其所處之環境會互相影響；(2)組織傳播涉及訊息傳遞的流程、方向、目的與使用之媒介；(3)組織傳播牽涉到人的態度、感情、關係與溝通技巧（秦琍琍，2000）。因此，組織傳播含括組織內部成員間與組織外部（如跨組織和組織與環境）的溝通。初學者如能先對「組織」與「傳播」先有認識，比較容易瞭解組織中各層次的傳播（如人際、小團體、公眾溝通等）、傳播與文化、傳播與組織結構、傳播與新傳播科技，以及領導、決策、衝突與組織社會化等課題。

(一)組織

Miller（2003）認為所謂的組織，乃是由身處於環境中之兩人以上的社會集合體，透過不同的協調活動與結構的運作，以達成某些共同目標。此一說明指出「組織」乃是較前章之「團體」更為龐雜的一個社會集合體，為了運作以達成目標，組織中的成員必須協調與分工，因而就形成了彼此互動的模式、關係和結構。而組織又是置身於所處的社會文化大環境中，因此環境中的種種要素皆會影響組織的運作與互動。

(二)傳播

Miller（2003）指出「傳播」是指兩個人以上的社會集合體，經由語言和非語言的符號使用，以達成傳播者意圖的一個全方位互動過程（transactional process）。傳播是複雜與動態的，除了具有符號表徵（symbolic）的特質外，更不侷限於是「傳送者」或「受播者」、以及是單向或雙向互動的傳統定義。組織中任何一個發生在當下的溝通事件，都

是在組織的歷史、結構、氛圍與文化種種影響下所進行，互動的過程與結果也會影響未來組織運作，而且過程中常常牽涉到的不會只有「傳送者」和「受播者」兩個人，多會牽連到其所屬的團體或單位、甚至是多個組織內外部的群體。在組織傳播過程常常清楚的展現出人心人性與社會性的本質，故而常需要關注傳播者的意圖（intention）。

　　瞭解上述說明後，我們可以知道為什麼組織傳播不應只是被界定為在組織中不同層次（如人際、小團體、公眾溝通）或是不同面向的溝通（如對內傳播與對外傳播），因其內涵包括了組織中、以及組織間的訊息產製、互動模式、意義建構、論述與符號，以及文化形塑等傳播行為，因此有人建議不妨將其視為是指組織中個人與個人、團體與團體，以及組織與環境間的交流與合作過程。所謂的交流包括了訊息、思想、觀念，甚至是意識形態的交換與對話。

貳、組織傳播研究的多元取徑與理論

　　本節將從理論與實務知識的角度，將組織傳播研究不同取徑和理論發展做一全面介紹。主要架構分為傳統對於組織和傳播的研究取徑、系統取徑以及新的組織傳播研究取徑等三大部分。在早期的組織與傳播理論中，將介紹科學與古典管理、人際關係與人力資源等三個主要取徑；新的組織傳播研究，則會介紹文化以及批判等重要取徑。取徑（approach）一詞是指在從事理論建構和實際研究時，所採取的基本信念、研究觀點、研究假設以及研究方法等。

一、傳統對於組織和傳播的研究取徑

　　早期對於組織和傳播的研究，主要延續西方自19世紀末工業革命傳統而來，當時人類的生產技術正由手工邁入了機械化的時代，人類「組織」被視為如「機械」（machine）般，管理者最重要的工作就是讓此大型

「機械」有效能與效率的運作。由此產生科學與古典管理、人際關係、以及人力資源三個主要取徑：

(一)科學與古典管理取徑

被稱為「科學管理之父」的泰勒（Frederick W. Taylor），在其1911年出版的《科學管理原理》（*The Principles of Scientific Management*）書中，提出從微觀的角度來思考如何能更有效的改善組織功能，因而認為管理者的主要工作就是制定規範與原則，並且應依照最為科學的方式來分派、指定與監督員工工作。他提出四個管理原則，至今仍被許多經理人所遵循：

1.只要根據科學的方法，每件工作都有一個最好的完成方式。
2.要適才適用，因此員工的選取、訓練與發展應科學化。
3.應視員工的表現計酬，每一項工作皆有其固定的報酬，但表現好的員工則應 有額外的獎勵。
4.應有明確的分工，因此管理者的工作是制定與計畫工作，而員工的工作則是遵循與完成管理者的規劃。

同一時期的費堯（Henri Fayol）則是根據其實務經驗而提出了一般性的管理原則以強調效率與行政管理（1949），有人將他歸於行政管理學派。而他所提出的十四點管理原則（principles of management）至今仍被許多管理者奉為圭臬，主要包括：

1.分工（division of labor）原則：每一個人有其特定的工作。
2.職權（authority）原則：職權乃是根據其職務而來，並賦予管理者下達命令的權力，但亦連帶有職責的歸屬。
3.紀律（discipline）原則：好的紀律源自於好的領導、公平的政策與適當的獎懲。
4.指揮統一（unity of command）原則：每一個員工只接受一位上級的命令。
5.方向統一（unity of direction）原則：為達相同目標的所有活動，應

只由一位主管領導與規劃。

6.個人利益小於團體利益（subordination of individual interest to the common good）原則：應視組織的利益高於任何團體和個人的利益。

7.報酬（remuneration of personnel）原則：員工的工資應在符合組織與其個人期望下公平合理的給付。

8.集中化（centralization）原則：決策的集中（centralized）於管理者或是分散（decentralized）於部屬應視狀況而定。

9.指揮鏈（scalar chain）原則：職權的關係好像是一條由上而下的鏈條，一層管理一層，而溝通時也必須沿著此鏈進行，除非在獲得上級同意的情形下，才會允許跨鏈間的溝通，以免延誤工作，這即是有名的費堯橋樑（Fayol's bridge）的概念，意指在某些情況下直接的平行傳播是應被允許的。

10.秩序（order）原則：員工應該適才適所。

11.公平（equity）原則：員工應被和善與公平的對待。

12.穩定的人事（stability of tenure）原則：在工作穩定的前提之下，員工應給予學習的時間，以能更佳的執行其工作。

13.主動（initiative）原則：員工主動思考與執行的能力是組織珍貴的資源。

14.團隊精神（esprit de corps）原則：管理者應提倡團隊精神以促進團結與和諧。

另一位德國的社會學家韋伯（Max Weber），在其1947年的著作《社會經濟組織理論》（*The Theory of Social and Economic Organization*）中，使用科層體制或官僚體制（bureaucracy）來說明一種理想的組織型態。韋伯認為在科層體制中的所有行為都是依據機械性規則而在一理性系統（a rational system）中所運作，其所謂系統是一個封閉性的系統（closed system），因此在這種科層制度下的員工都是經由正式公平的遴選，在組織中亦有嚴格的分工、明確的職權階層以及正式的法規與規範，同時具有

不徇私的非人情化（impersonality）管理方式。

上述古典理論中，傳播被視爲是一種管理工具（tool），主要功能並非是社會性的溝通或是創新傳播，因爲最好的工作方式已經被科學化所決定了，組織中的溝通內容，主要是正式且和工作相關的內容。溝通訊息的流向，多是由上而下、單向垂直式的溝通。可想而知，這樣的傳播風格必然會以書面溝通爲主，因而塑造出一種不帶情感、正式且疏離的氛圍。

(二)人際關係取徑

人際關係運動（human relations movement）的產生，一方面受到其他學科發展的影響，另一方面源起於對科學管理學派機械式組織思維的反動。從1920年代末期到1930年代，在美國伊利諾州西方電氣公司的霍桑廠進行了一系列研究，後來以「霍桑研究」稱之，推動了人際關係取徑的思潮。

該研究主要由哈佛大學教授梅堯（Elton Mayo）領導的團隊進行，研究宗旨起初與泰勒的科學管理理論一致，要探討如何改善生產環境以提高員工生產力與組織效率。但在運用多重研究方法的數個研究後發現，組織猶如一個社會體系，員工參與組織工作並非只爲賺錢果腹的經濟因素，也有著不同的社會動機；此外，個人的態度會影響其工作行爲，而監督者的態度以及團體士氣，又連動著個人的態度和生產表現。

霍桑研究的發現指出，決定生產力高低的主要因素並非是工作環境，而是員工間的關係、以及員工與主管間的關係。這項研究不僅使人際關係學派受到重視，也使人的行爲與動機開始受到廣泛的討論，因此管理學將此學派歸於行爲學派。

另一位兼具理論與實務經驗的學者巴納德（Chester Barnard），在1938年《高階主管的功能》（*The Function of the Executive*）書中，也強調了社會與心理因素對組織效能的影響。他認爲組織乃是一個開放的社會系統，這個系統的運作必須依賴成員的互動與互助，管理者最重要的功能就在於激勵部屬。

巴納德的書主要提出了三個重點來彌補之前學說的缺陷：

1. 個體行為（individual behavior）的重要性：巴納德認為古典理論的學者忽略了個體行為的差異性，以及這些差異性可能對組織效能所產生的影響。
2. 服從（compliance）：巴納德認為所謂的服從是一種願意合作的意願（as willingness to cooperate），而獲得員工服從的前提是他們願意先放棄其個人的喜好而接受命令，因此透過溝通式的權威，以使用不同的方式去激勵員工是必須的。
3. 傳播（communication）：傳播是組織運作不可或缺的要素，因此管理者的首要功能就是要建立並維持組織中的傳播系統。事實上，巴納德認為組織結構就是一個傳播系統。

此學派核心概念聚焦在工作場合中的社會性互動，就組織中溝通內容而言，除了正式、書面以及與工作有關的內容外，也強調非正式、面對面的人際關係內容。溝通訊息的流動方向是多向性的，除了垂直的上行傳播和下行傳播外，亦包括了水平的平行傳播。

(三)人力資源取徑

自人際關係運動之後，人的行為及其動機成為關注焦點。然而依照人際關係理論，當員工的滿意度越高時，其生產力理應越高且表現越好才是，但在實務上，一個對工作滿意的員工，卻未必有著高生產力。因此，人力資源理論的發展（human resource development），源起於對人際關係運動的反思。

有部分研究也顯示，人際關係理論在組織中常常只是被表面運用，經理人雖然對員工使用參與性的開放溝通，但並非真正認為員工具有獨立作業或是高品質的決策能力，只是以假性的人際關係（pseudo human relations）與假性的參與（pseudo participation）為管理策略，來提高生產力。

包括馬斯洛需求層級（Maslow's need hierarchy, 1954）在內的許多理論都指出，人類除了經濟性與社會性的工作動機外，也跟個人的存在價值和自我實現有關。擁護人力資源理論的管理者，不只會鼓勵員工參與決策並支持開放性的溝通方式，更相信組織成員都具有值得重視的感知能力，任何員工的思想和創新觀念都對組織有貢獻，因此員工是組織最大的資源。以下將就幾個重要的理論內涵來說明人力資源學派。

首先，介紹馬斯洛（A. H. Maslow）的需求層級理論，馬斯洛認為人類行為乃是受到五個不同層級需求的驅使，唯有當低層級的需求滿足時，人們才會尋求高層級需要的滿足。這五個需求層級分別為：

1.生理的需求（physiological needs）：人體呼吸、飽足以及其他的基本生理需求。

2.安全的需求（safety needs）：人都有免於危險與威脅、安全無虞的需求。

3.社會性的需求（social needs）：希望被愛與關懷，以及被接納的需求。

4.自尊的需求（esteem needs）：人都希望擁有自重自愛的內在自尊，以及被他人認可與尊重的外在自尊。

5.自我實現的需求（self-actualization needs）：人希望能夠盡其所能的發揮與展現自己的一種需求。

其次，要說明麥克葛瑞格（McGregor, 1960）的X理論（Theory X）與Y理論（Theory Y）。麥克葛瑞格區分出兩種人類本性的基本假設，這些假設顯然主導了管理者對於員工行為的認知和溝通的方式。

X理論主要是基於古典的理性經濟人的假設，認為人是不喜歡工作、不喜歡有責任且需要被督促的；而Y理論則認為人是獨立的、是喜歡工作、有責任且希望不斷成長的，也因此員工的組織行為會呈現出兩種截然不同的表現（**表11-1**）。

表11-1　麥克葛瑞格的X理論與Y理論

X理論	Y理論
1.員工天生就不喜歡工作，如果可能的話，他們會儘量逃避工作。 2.為達到組織所追求的目標，必須對員工施以強迫、控制或處罰的威脅。 3.員工會逃避責任，他們會盡可能尋求正式的指揮。 4.大多數員工都會將安全視為工作中最重要的因素，而且很少展現野心。	1.員工視工作如休息或遊戲一般的自然。 2.員工一旦對目標有了承諾就會自我要求和控制。 3.平均而言，人們能夠學習著去接受責任，甚至尋求主動承擔責任。 4.員工普遍有能力做出優良決策，而不一定僅是仰仗管理者去做決策。

資料來源：McGregor (1960).

最後，是李克特（Likert, 1961）的四管理型態（或是系統）理論（four types of four systems）。他的系統一之概念主要與X理論相似，系統四的概念則是近似Y理論的內涵，而系統二和系統三則是介於兩者之間。

1.系統一（system 1）：是剝削性權威型（exploitative-authoritative），這是一種中央極權的管理模式，因此管理者與員工間的溝通極少，且多是一種由上而下的垂直式的溝通。

2.系統二（system 2）：是慈善性權威型（benevolent-authoritative），雖然也是權威式的管理，但管理者不會以威脅或剝削的方式對待員工，同時與員工則有較多的互動，也願意付出較多的獎勵來激勵員工。

3.系統三（system 3）：則是諮商式參與型（consultative），在此型態的組織中雖然決策權與控制權仍在上層的管理者手中，但員工的意見在決策過程中會被諮詢，管理者對員工也有更多的關懷與激勵，因此上行與下行傳播的次數皆十分頻繁。

4.系統四（system 4）：為共享式參與型（participative），此種組織強調開放性的傳播（open communication），因而上對下、下對上的垂直傳播，以及水平傳播皆頻繁，傳播的內容也都是正確未扭曲的；且員工得以參與決策的過程，因而目標的設定是確實可行的，同時員工可以經由回饋以進行自我控制（self-control）。

由於人力資源取徑強調提升組織效率與滿足員工需要的雙重目標，因此組織溝通較人際關係取向更為開放。溝通內容除了社會性以及與工作有關外，亦強調新觀念的傳布。溝通訊息會經由多重管道且多方向性的流動，除了垂直的上行傳播和下行傳播外，亦包括水平的平行傳播，同時以參與及團隊為基礎的傳播風格亦為其特色。

二、系統取徑

系統理論源起於生物學者Bertalanffy在1950年代前陸續發表的主張，後匯集於《一般系統理論》（*General Systems Theory*, 1968）一書；Katz和Kahn則將系統概念運用在組織，寫成《組織社會心理學》（*The Social Psychology of Organizations*, 1966）。Farace、Monge和Russell（1977）根據系統理論，發展出「結構—功能性」（structural-functional mode）組織傳播模式，指出組織是一個持續不斷與環境互動的開放體系，就像有機體（the living organism）一樣，透過與外在環境的交換互動以及自身內部的轉換過程，組織也有出生、成長、衰竭甚至死亡的生命週期。

要瞭解系統理論，最好從系統的特徵、運作的過程以及重要的概念三個面向來說明：

(一)系統的特徵

1. 系統的組成要素（systems components）：系統是由具有高低階層秩序的許多要素所組成的，這些要素從大到小分別為超系統（supersystems）、系統（systems）與次系統（subsystems），環環相扣。
2. 相互依賴性（interdependence）：各個（次）系統要素間必須互相依賴方可運作。
3. 可穿透性（permeability）：每個（次）系統皆具有可穿透的界限（permeable boundaries），以供訊息或物質的流進與流出。

(二)系統的運作過程

　　一個開放系統透過可穿透的界限，從環境中輸入（input）（如人力、原料、資金與資訊）各種資源，組織系統接著將這些資源進行轉換（transformation），最後再把這些物質（如產品、服務）釋出到系統外就是產出（outputs），這些產出大部分會回饋給環境，以交換更多的資源投入系統。因此整個系統的運作過程包括了交換的過程（exchange process）與回饋（feedback）的過程。

(三)系統的重要概念

　　系統的重要概念包括：

1. 整體性（wholeness）：此概念指出各個系統間的要素必須互相依賴方可運作，因此一個整體互動良好的系統，其效能往往大於其中個體相加的總和（the whole is greater than the sum of its parts）。
2. 殊途同歸性（equifinality）：是指在一個複雜的系統中可以有很多方式與途徑去達成相同的目標，並非只有單一的方式可行。
3. 負面亂度（negative entropy）：亦稱為反熵作用，亂度是指封閉系統崩潰的趨向，因此一個開放性的系統必具有克服亂度的特性，以防止系統衰退。
4. 必要多樣性（requisite variety）：由於系統的開放性，因此其內部的運作情形必須和其所處的環境同樣的複雜多元，方能因應外在環境。

　　系統理論提陳了一個複雜的組織在不可預知的動態環境中，必須不斷地運作以建構秩序，因而對管理學而言，系統理論導出了一種權變的論點（contingency approach），意指在複雜與變動的環境中，並沒有一種放諸四海皆準的運作方式，管理者必須在同時考量內部情形與外部環境後，方能找出適合自己組織運作的方式。

系統取徑除了含括正式與非正式溝通，以及上行、下行和平行等組織內部傳播外，也會不斷地與組織外部進行溝通互動，特別是跨越組織系統界限的跨界傳播（boundary spanning）最爲重要，像是公關部門、發言人、或是第一線接觸到組織外部的客服與業務人員，都是此類代表。另外，組織間成員、團體以及組織與其他組織的互動也可以用傳播網絡（communication network）的概念來理解。

三、新的組織傳播研究取徑

　　如同其他社會科學學門，組織傳播學的發展也有典範轉移。早期實證典範多從科學、理性、客觀且注重因果關係的現代性思考模式來瞭解組織，強調提高生產力、效率和員工的滿意度，視組織如機械或是系統一般，所有運作只是輸入與輸出的過程，傳播的重要性也僅僅只是此一線性流程中的一個部分而已。

　　自1980年開始，詮釋典範的文化取徑（cultural approach）逐漸興起，轉而從「人」的面向去瞭解組織成員間是如何經由傳播與互動建構組織眞實、分享意義、以及彼此合作。在此強調意義詮釋的學派中，傳播成爲組織運作與建構的核心。

　　同時，另有一群主張批判論點的學者，將組織看成是階層宰制的工具（instruments of oppression），此典範研究重點是在組織中被宰制的階層（如勞工、女性或弱勢團體等）（Daniels et al., 1997）。這類研究強調探究組織中深層結構（deep structure），以及傳播在組織權力結構和運作過程中所扮演的角色。學者認爲在此過程中傳播其實是被管理階層有系統的扭曲，以塑造對其有利的意識形態（Deetz, 1982; Mumby, 1988）。以下將分別說明文化取徑與批判取徑：

(一)文化取徑

　　「文化」一詞有時指涉人類生活中的所有事情，有時又單指某一特定區域、社會或群體生活中如藝術、建築、飲食、制度和行爲等獨特

面向。管理與傳播學界在使用「文化」來檢視組織時，有兩種不同見解：一種看法認為文化是組織所「擁有」的物件（culture as something an organization has），一個組織特別是企業組織，需要擁有一個強勢文化（a strong culture）以勝出；另一種看法認為組織即文化（culture as something an organization is），就像Meta與Google是不同的企業組織，文化必定不同，組織傳播就是這個文化的展演（organizational communication is a performance of this culture）（Pacanowsky & O'Donnell-Trujillo, 1984）。

文化取徑的發展在實務界有三本重要書籍推波助瀾：(1)William Ouchi（1981）的《Z理論》（*Theory Z*），書中指出企業能否成功，主要跟是否有能力依據所在的國家文化和卓越標準（standards for excellence）不斷調整有關，並據此提出了兼容美國企業注重個人主義和日本企業強調群體利益的「Z理論型態」組織，是最為理想的；(2) Deal和Kennedy（1982）的《企業文化》（*Corporate Cultures*），指出構成「強勢文化」（strong culture）的五個重要因素，分別是企業外在環境、組織價值觀、組織英雄人物、典禮與儀式以及文化網絡；(3)Peters和Waterman（1982）的《追求卓越》（*In Search of Excellence*），分析當時被認為「卓越」的六十二家企業，歸納出行動至上、接近顧客、鼓勵自主與創業精神、透過人來提高生產力、建立積極的價值觀、做內行的事、組織精簡以及寬嚴並濟的管理方式等八個重要文化面向。

之前被視為具有優質文化以及卓越表現的企業組織，許多在今日已漸被淘汰或衰敗，說明了組織文化的建立與運用必須動態且靈活，沒有一個理想的文化模式能放諸四海皆準適用於任何組織（there is no one best culture to fit all organizations），就像是前面章節所談的權變概念一樣，組織文化會因著組織所處的產業、環境、領導風格、組成成員和經營策略等有所差異，管理者若勉強套用一個並不適合自己組織的文化模式，有時反而會造成企業成員的適應不良；此外，文化除了具有延續的特性外，更擁有演進和改變的特徵，管理者須時時根據組織內外部的環境進行變革並彈性管理。

　　那麼什麼是組織文化？儘管看法分歧，多數學者對「組織文化」的概念存有下列共識：(1)組織文化是經由社會建構（socially constructed）而形成；(2)組織文化提供組織成員瞭解事件與符號的參考基模，並提供其行為之指導；(3)組織文化並不是憑空存在（out there）且可以直接觀察的，其所形成之內涵是組織成員所共享和共同詮釋的；(4)組織文化是多重向度的結合體（秦琍琍，2000）。

　　Schein（1985, 1992）則將組織文化的構成元素分為三個層次（**圖11-2**）：

1.第一層是人造品和創造物：這是指在組織中最顯而易見的事與物，像是建築物、辦公室的擺設、使用的技術、人員的穿著、彼此的稱呼以及傳播行為等。

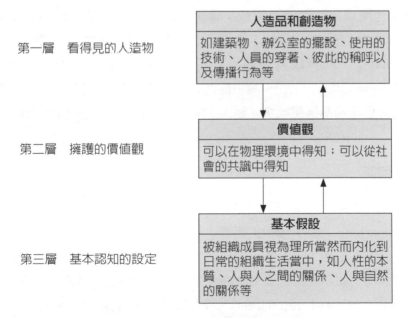

圖11-2　Schein的組織文化構成元素

資料來源：Schein (1985, 1992).

2.第二層是價值觀：指組織成員所廣泛具有且可以意識得到的價值觀和信念。這是一種被擁護的價值觀（espoused values）（Argyris & Schon, 1978），意思是其雖然指出在組織中應該如何（ought to happen），但不代表組織成員所行確實如此，例如一位管理者可能會說他很重視與員工的溝通，也很重視員工的意見，但其所行未必如此。

3.第三層是基本假設（basic assumptions）：這才是文化的內涵與精髓所在，卻常被組織成員視爲理所當然（taken for granted），習而不察的內化到日常組織生活中。基本假設常常是看不見也說不出，但確是實際引導著組織運作的，例如組織成員對人性的善惡、人與人之間的關係以及人與自然的關係等信念，深深影響了組織的管理、溝通行爲與制度的訂定。

對文化闡釋學派而言，瞭解組織就如研究文化一般（Pacanowsky & O'Donnell-Trujillo, 1984），要深入探究成員行爲背後的價值、信念、意識形態、世界觀與假設等。任何組織之所以爲「這個」組織（"the" organization），是一種主觀而非客觀的現象，唯有經由在此組織情境中的人們透過傳播與社會互動，才能建構出屬於這一群人的組織眞實（organizational reality）。

(二)批判取徑

自1980年代起，批判理論在美洲大陸逐漸興起，主要是受到馬克思（Karl Marx, 1818-1883）學說的影響，認爲在資本主義的社會中，勞資關係有先天性的不平衡（imbalance），需要過批判（critique）來顯露人類社會的基本眞實，此舉並將導致革命的發生，而其理論對之後的法蘭克福學派（Frankfurt school of critical theory）多位學者亦有深遠的影響。

組織傳播研究的批判取徑，源起於對組織與傳播的認知有所轉變，主要差異在於從獨白式取向（monological approaches）轉變成對話式取向（dialogical approaches）。獨白式取向，是指在組織中尋求整體一致的故

事和共識，這個單一貫穿的主流論述或是大敘事，也就是某些人認為組織中所具有的強勢文化。而擁護對話式取向的學者認為，組織中存在著多元認知和多重真實，組織如同一個爭霸場域，當中不同聲音和多元觀點會相互角力，以爭取掌控權力，因此論述（discourse）本身就是權力的來源。

批判學說對於權力（power）和權力運作（power exercise）有不同於以往的看法，認為人類組織中的權力和衝突，主要來自資本家對生產模式（生產過程背後的經濟條件）和生產方式（實際的工作過程）的控制、管理者對性別議題的控制，以及管理者對組織論述的控制等三個面向。

持批判論點的學者主張，資本主義的生產模式是建立在對勞工剩餘勞力（surplus labor）的剝削上，因為資本家將利潤的達成視為是來自工廠與設備的投資，因此利潤多寡取決於市場條件而非勞力，所以員工無法決定其勞力所生產出的產品價值。同時，工業化的結果也帶來對人性的扁抑（dehumanization）與異化（alienation），這種潛藏的不平衡卻未必被勞方與資方所意識到。

近年來女性主義（feminism）論點亦漸受到重視，此派學者多從女性主義角度探討父權制度（patriarchy）對於組織中的性別關係、知識結構以及男性主控等現象的影響，而在對於性別刻板印象、性騷擾、性別歧視等存在已久的組織問題上，女性主義的學者也確實為新世紀的組織傳播研究開出了另一條路。

對組織論述（organizational discourse）控制的重視，則是因為組織真實主要是經由成員溝通互動所建構，而組織中的權力關係是透過組織論述所產生和再製的（Deetz & Mumby, 1990），在組織中「誰能說？」、「什麼能說？」、「怎麼說？」以及「誰說了算？」等，其實都透露出論述就是一種掌控與宰制。

批判論點視組織為階層宰制的工具，而傳播則是組織中權力產生與運作最重要的場域。在傅科（Michel Foucault）、葛蘭姆西（Antonio Gramsci）、哈伯瑪斯與法蘭克福學派的新馬克思主義之影響下，許多學者從權力的正當性、權力的深層結構、霸權與扭曲的傳播、權力與衝突，

以及意識形態的掌控等面向探討組織文化與眞實。

批判理論的終極目標在於幫助被壓迫的團體，從被宰制的意識形態、假設、權力關係以及認同的形塑等扭曲的眞實中解放出來，唯有當被壓迫的團體能夠進行批判性反思並逐漸浮顯自主意識時，解放才有可能達成。

參、組織傳播的實務與溝通情境

本節將從個人與組織角度來介紹組織傳播實務上的相關議題，並依序自人際、小團體、以及組織和跨組織等不同溝通情境，說明傳播如何影響組織成員生活與組織運作效能。此處將討論組織同化、組織認同、情緒勞動、組織結構、傳播結構和組織文化等六個組織溝通的重要面向。

一、組織傳播實務的相關議題

(一)組織同化過程

組織同化過程是新進成員理解、學習與融入組織文化的過程，Jablin（1987）提出「同化」（assimilation）的概念，來說明個體參與、融入以及離開組織的溝通行爲和認知過程。同化過程是雙向進行的，一方面組織會運用各種正式及非正式的社會化方法（如新進員工訓練或師徒制），來影響個體融入組織體系；另一方面當個體融入並認同組織後，會逐漸出現個人化的行爲，也可能會影響或改變組織。

針對工作場域中新進人員的內在感知和傳播行爲，這個適應和學習的過程主要包括三個階段：

◆先期性的社會化（anticipatory socialization）

是指個體進入組織之前的社會化過程，包括對特定組織及特定職業的印象、期望和所獲得的訊息等。對職業的選擇與自幼開始的社會化過程有

關，人們會從父母家人、學校師長、朋友同儕、打工經驗以及媒體等處，得到與未來職業選擇相關的訊息和回饋，至於如何選擇，則跟個體職涯性向以及消息來源的可信度等有關。而對特定企業組織的選擇，除會受到上述消息來源的影響外，也會受到企業廣告、面試經驗等傳播內容與行為的影響。在Web2.0時代中，社群媒體與短影音，成為企業招募新人或是各級學校招生的重要平台。

◆遭遇期（organizational encounter）

指新進成員剛進入組織的時期，此時組織新鮮人主要在進行資訊蒐集（information seeking）的傳播行為，訊息內容多是關於如何扮演組織角色、企業文化、以及組織生活中所必須知道的重要事項。取得訊息的來源除了上司與同事外，也包括組織所傳達的正式資訊。新人在適應可能產生的文化震撼（cultural shock）、或克服與原本期望不符的差距決定留下後，會展開角色發展的過程（role-developing process），同時邁入下一階段。

◆蛻變期（metamorphosis）

當組織成員度過了新人時期，就進入被組織正式接納且逐漸內化組織文化的階段。此時會以一種內部成員（insider）的身分進行傳播與互動，並成為新人蒐集訊息的對象，也會展開個人化的過程與建立人際網絡。

(二)組織認同

透過同化過程，成員能將個體價值觀、生涯發展與組織價值觀和成長目標做一連結，進而產生組織認同（organizational identification）。組織認同是指組織成員對於該組織核心性、區辨性與持久性等特徵的集體看法，亦即對「我們是誰」、「這是一個什麼樣的組織」以及「我們與其他組織的主要差異為何」等命題的共同認定（identity）。

組織認同與工作投入（job involvement）、組織承諾（organizational

commitment）以及員工對組織的忠誠度（loyalty）有密切關係，當組織成員越認同組織時，其工作滿意度與投入的程度通常會越高，而其對與組織的忠誠度與承諾亦會越高，員工會有較佳的工作表現，也能樂在工作中。

(三)情緒勞動

Hochschild（1983）指出在某些工作上，組織會要求成員呈現特定情緒以符合工作角色，當組織成員因為職務要求必須壓抑或改變真實感受時，情緒也變成了一種勞動，此即情緒勞動，例如安寧病房的護理人員、空服員或是第一線的客服人員等。

事實上，人類組織幾乎都有情緒表達的規則（feeling rules），也會要求成員適當表達情緒。從Goffman（1959）的戲劇理論來看，組織如同日常生活的展演場域，人們在組織「前台」的舉手投足，往往是刻意安排的結果。為了達成目標，參與溝通者常會壓抑原有的感受，而對情境表達出一種其他組織成員能夠接受的形象。

在商業化社會中，因應組織要求和顧客需求，組織成員的情緒表達與展演，常須放棄「我覺得如何」，而被規範成「我該如何感受」以及在什麼樣的場合該／不該表現出什麼感受。嚴格說來，任何組織或是社會關係都有情緒勞動的痕跡，情緒管理也確實攸關個體任務與組織氛圍，這也是為何現今職場中情緒商數（EQ），成為個體能否成功的一個重要指標。

上述的幾個概念雖是從個體微觀的角度出發，但也都涉及到組織的鉅觀層面，在一個開放系統中，所有要素都會相互影響。以下將從組織角度來討論一些與實務相關的概念。

(四)組織結構

組織結構（organizational structure）是人所設計的系統和架構，提供了組織分工與統合的基礎。組織結構在縱向方面能顯示出階層體系，在橫向方面則說明各種不同功能的單位與部門是如何連結。因此，一個組織的結構說明了三件事：

1. 組織的複雜程度（complexity）：即組織中工作任務分工精細的程度。主要有三種形式：(1)平行的分工，指如何劃分部門；(2)組織層級的深度，指組織有多少層級；(3)跨越空間的區隔，指的是跨區或跨國的程度。

2. 組織正式化的程度（formalization）：指使用規定與標準處理流程來規範工作行為的程度，越有制度的組織則正式化的程度越高。

3. 組織決策權集中的程度（centralization）：指在決策過程中，中央集權與地方分權的情形。

組織結構顯示組織職權的劃分、報告關係與控制幅度、以及組織中是如何分工和協調的，但若要更詳細的瞭解組織中的權力運作、人際網絡與資訊／資源的交換，必須從組織中的傳播結構著手。

(五)傳播結構

組織的傳播結構（organizational communication structure）是組織傳播學中的重點之一，實務上有兩種基本觀點來檢視組織的傳播結構，分別是管道的觀點（channels perspective）和網絡的觀點（network perspective）。

◆管道的觀點

從管道的觀點來看傳播結構，是將組織中的溝通結構視為一系統性的通道，而流通於其中的自然是組織中的各種訊息（Papa, Daniels & Spiker, 2008），可區分為正式和非正式的組織傳播：

1. 正式傳播（formal communication）：指的是組織中正式的訊息交換，因此傳播途徑主要是遵循組織的結構與層級來進行。有四種訊息流通的方向：

    (1) 下行傳播（downward communication）是指管理者從上往下的傳播，傳播內容多為與下屬工作內容、組織制度與政策，以及意識

形態宰制有關的書面傳播，而傳播功能則主要爲布達、激勵和建立共識。

(2)上行傳播（upward communication）是由下往上的一種下情上達的傳播，傳播內容多與如何執行工作、解決問題、表達意見、以及對管理者的回饋有關，傳播的方式同時包括了書面與口頭的表達。

(3)平行傳播（horizontal communication）乃是組織部門間的橫向傳播，傳播內容主要是爲了跨部門間的整合與協調，傳播方式自然包括了書面與口頭的表達，主要的傳播功能除了增進協調合作外，尚有激勵士氣和解決衝突。

(4)斜行溝通（diagonal communication）是指組織中跨越部門層級間的溝通，又稱爲跨向溝通或交叉溝通（crosswise communication），像是員工自發性定期開會以解決問題的品管圈（QCC）、晶格狀可以直接溝通的團隊設計（lattice designs）、水平對等或是網絡連結異階層式（heterarchy）的自主團隊等都屬於新型態的溝通結構。

2.非正式傳播（informal communication）：指訊息傳播的路徑並非沿著正式組織結構而行，反而像是葡萄蔓藤式的擴散傳布（grapevine communication）出去。組織中訊息很大部分是循著非正式傳播管道，這種所謂的小道消息具有口耳相傳的人際與時效等特性。

管道的觀點能夠明確呈現組織訊息的內容、流向與功用，但是在實際工作場域，有時很難區分是「正式」傳播或是「非正式」傳播，也並非所有的訊息都可以明確指出是向上或是向下傳遞，因此有學者提出網絡的觀點。

◆網絡的觀點

從網絡角度來看組織中的傳播結構，聚焦在組織成員的互動模式，也就是傳播網絡上（communication network），其中尤其重要的是成員

角色、網絡連結特性、網絡結構特性、以及網絡內容等四大面向（Tichy, 1981）。

1. 主要的網絡角色有：
   (1)橋樑者（bridge link），指在團體中並與其他團體互動的人。
   (2)聯絡者（liaison），指不在團體中但與其他團體互動的人。
   (3)不與任何人連結的獨立個體（isolate）。
2. 連結特性：網絡連結的特性通常可從成員是否是雙方且互惠性的溝通、對於彼此的承諾與涉入的程度以及網路成員相互連結方式是否具多樣性等來看。
3. 結構特性：結構特性主要指網絡的大小規模、其中訊息傳遞的密度以及穩定程度等。
4. 內容：指成員在網絡中所交換的物件內容，可能包括了訊息、情感、影響力、具體物件與服務等。

　　網絡觀點除了能解決正式與非正式溝通界定的困難，也能深入地描繪出組織成員溝通互動的形貌，因為溝通網絡可以更確切的說明組織中各種群我關係的構連。在社群媒體與即時通訊軟體發達的今日，許多企業組織為改善員工間互動關係、更有效的進行團隊協同合作，往往會使用企業社群網路（Enterprise Social Network），像是Slack、Yammer、Chatter之類的獨立技術，或Microsoft Teams、JIRA等企業版內建應用程式等。而近期社會網絡分析（Social Network Analysis）理論與技術的發展，也有助於分析大型組織領導溝通與文化建構的種種現象。

(六)組織文化

　　目前組織管理者，多從兩個不同面向進行文化管理：(1)著重於成員內在的心理知覺因素；(2)著重於外在的行為與溝通過程。前者認為，文化管理與變遷的成功因素，主要在於員工內心認知和信念結構，要改變文化應先改變員工是如何「認知」和「思考」的。至於強調外部行為者而言，組

織乃是一個符號系統（a system of symbols），成員們在此系統中經由互動行為與傳播模式建構出組織真實與價值觀，因此文化的管理與變革亦須從外在的行為和互動開始。

Trice和Beyer（1993）認為，組織文化並非是單一概念，像是組織氛圍、組織結構、價值觀、語言或是隱喻等。文化包括了成員共享的價值觀、信念以及規範等所涵蓋的內在文化本質（culture substances）、以及可以從組織成員言行中觀察得到的外部文化形式（cultural forms）兩大部分。因此，Deetz、Tracy和Simpson（2000）提出從整合觀點來看文化的運用和管理。他們認為組織文化乃是同時由內部與外部的因素所構成，因此認知與行為是互相影響的。就實務而言，對於組織成員外在行為和傳播模式的要求及掌控，比改變成員內在根深柢固的認知容易得多，因此，有學者認為組織文化的塑造與管理，其實也就是對組織成員的意識形態進行塑造與管理（Daniels et al., 1997）。

二、組織中的傳播情境

接下來，從組織各個層級的傳播情境（context），如人際溝通、小團體溝通、跨組織溝通與公共傳播等，來說明傳播在人際關係、團隊合作，以及組織內、外部的策略管理上所扮演的角色。

(一)組織中的人際溝通

人際溝通與人際關係是組織最基本的傳播層次，也是職場工作者最重視的議題之一。組織人際溝通的進行，分別有與客戶的溝通、上司與下屬的溝通、同儕間的溝通等幾種模式。

1.與客戶的溝通：顧客導向是現代企業組織重要趨勢，組織普遍希望其成員具備顧客服務理念，透過溝通回應客戶需求。對於非營利組織如學校、公共電視與公益機構等，顧客導向概念也能幫助其提升服務品質和溝通氛圍。

2.上司與下屬的溝通：上司與下屬對於組織和工作常有不同認知，上司平均耗費三分之一到三分之二的工作時間與下屬進行溝通（Dansereau & Markham, 1987）。一般而言，當上司願意傾聽與溝通、能給予即時回饋且願意開放訊息給員工時，下屬的溝通與工作滿意度皆較高。研究也顯示管理者使用開放、支持、激勵以及賦權式溝通時，較易取得員工的順服，組織中上司與下屬溝通與領導統御有關。

3.同儕間的溝通：同儕間的溝通主要指與工作團體內其他成員的溝通或是跨部門的人際溝通等情境，有時也指跟組織外部同業間的溝通關係。

組織中人際溝通除了參與互動的雙方需要良好溝通能力外，也應該瞭解在所有關係傳播（relational communication）中都存在著關係兩難（relational dialectics）（Baxter & DeGooyer, 2000; Baxter & Montgomery, 1996）。關係兩難意味著人際關係中，隱含著因為兩種論點的對峙而產生矛盾與張力（tension），包括：

1.自主與緊密的兩難（autonomy vs. connection）：指「需要個人空間」與「想要與人作伴」的矛盾。

2.新奇與循例的兩難（novelty vs. predictability）：指人際間的相處一方面需要建立慣例性的熟悉感，另一方面卻又需要一些改變與新鮮感。

3.開放與封閉的兩難（openness vs. closedness）：我們常會在與人溝通時，為應該自我揭露到何種程度而感到困惑，我們一方面希望能與人分享某些事，卻又擔心某些個人隱私，會變成組織中流傳的小道消息。

4.公平與不公平的兩難（equality vs. inequality）：在組織中公平與否是一個重要議題，多數時候我們都希望得到一視同仁的公平對待，但人際關係的建立往往就在於打破此種一視同仁的公平性，才顯出

遠近親疏的交情深淺或是關係差別，這種矛盾在上司與下屬、同儕間、乃至組織成員的外部溝通（如面對不同服務對象時）都常見到。

(二)組織中的小團體溝通

前一章已詳盡說明小團體溝通，若將小團體視為組織體系中的次系統（subsystems），那麼前一章的內容都可以應用在組織中。組織中各個團體內部與團體間溝通互動的好壞，會影響組織運作與效能，團體與組織是互相影響與依賴的。新科技在組織中小團體溝通也扮演關鍵角色，現代組織除了運用即時通訊軟體和社群媒體進行團隊協作，人工智能（Artificial Intelligence, AI）也漸被導入，團隊成員對於AI的態度和使用權能否自主決定等因素，會影響團隊運作績效（Bezrukova, Griffith, Spell, Rice, & Yang, 2023）。

組織中或是跨組織間團隊（team）、團體（group）、或是網絡（network）的形成與運作，都和團體規範、決策過程、組織文化、衝突管理以及共識的產生有關。團體互動主要是根據團體成員的角色和團體規範進行，在多數企業組織中，團隊是為了進行決策以解決問題，例如我們常聽到的專案團隊、任務分組或是某種委員會等。團體能有效決策的前提，必然與團體成員的傳播行為、人際關係以及是否能有足夠且正確的資訊有關。

Schein（1969）認為團體決策主要有以下六種方式：

1.不予回應（lack of response）：指當意見被提出時，團體未經任何討論就被擱置；換言之，團體成員是用沉默來進行否決。
2.權威議決（authority rule）：在此決策過程中，儘管成員可以討論與建議，但是最後必定由權位最高者議決。
3.少數聯盟（minority coalition）：是指團體中少數成員經由串聯而強力發聲，因而形成一種團體共識的假象，致使團體中多數的成員不敢反對。

4.多數議決（majority rule）：這是我們所熟悉的投票表決，以贊成人數的多寡議決。

5.形成共識（consensus）：當團體對一決議形成共識時，或許不是所有成員都認同，但是在可以接受的範圍內，此即常說的「雖不滿意但可以接受」。

6.一致同意（unanimity）：指所有成員全然贊同某一提案，是較爲少見的理想情形。

　　小團體的衝突管理亦是組織運作的重要議題，這部分可參考上一章內容。組織中團體內或團體間的衝突多傾向透過協商（negotiation，又稱談判）方式解決，亦即利用重新定義彼此的相依而解決彼此分歧的目標（Lewicki et al., 1999）。學者認爲協商基本上可分四種戰術（tactics）：

1.分配式協商（distributive negotiation）：是一種零和的概念，在資源固定下，雙方各自企圖讓對方瞭解並同意己方的需要，或是說服對方其目標是不可能達成或是不公平的，以同意己方的方案。

2.整合式協商（integrative negotiation）：通常是一種擴大資源數量而使雙方各取所需的雙贏方案，但這顯然需要雙方願意協調與合作。

3.態度重建式協商（attitudinal structuring negotiation）：由調解者（mediator）居中介入，以仲裁、裁判或是旁觀者的方式進行調解。

4.組織內協商（intra-organizational negotiation）：通常由雙方各派代表，先尋求內部共識，再與對方代表協調。

(三)跨組織傳播

　　組織內外部的溝通，涉及組織環境、結構、文化與權力的運作。對於組織環境的研究，主要分爲資源依賴理論（resource-dependency perspective）和資訊流通（information-processing perspective）兩大論點（Aldrich & Mindlin, 1978），前者認爲外部環境中存在著組織賴以爲生或

是達成目標的種種資源，資源的豐富與否，以及組織能否取得資源，影響了企業組織的存活與成長；資訊流通論點則強調，組織與環境間的溝通與訊息交換，實為影響其結構與管理過程之主要原因。

這兩個論點都指出，企業組織和外部環境互動與溝通的重要性，透過對外部環境的監測，組織才能掌握環境的變動、資源的流通、以及訊息的流向與流量，此正是進行決策和訂定策略所必須依賴的要項。

在與所處環境中其他組織的溝通互動上，則是跨組織傳播的範疇。在跨組織的溝通策略上，主要有兩種策略以應付環境的侷限：

1.造橋策略（bridging strategy）：透過與其他組織的聯繫以建立各種合作關係，而在組織之間則可進行有形物質與訊息的交換。Eisenberg等學者（1985）認為有三種不同層次的跨組織聯繫：

　(1)組織性的溝通連結，如兩家公司的合作計畫。

　(2)代表性的溝通連結，由不同組織中的部門或代表人物合作。

　(3)個人性的溝通連結，是指非正式個人層面的人際溝通。

2.跨界策略（boundary-spanning strategy）：由與環境具有較高程度互動關係的組織成員與外界進行互動，這些人被稱為組織越界人（boundary spanner）（Adams, 1976），通常是負責與外部環境進行溝通聯絡的人，如公關、發言人、行銷廣告人員或是人事部門的員工等。在進行對外傳播時，他們扮演了資訊蒐集、守門人、組織代表以及組織與外界的緩衝體等角色。

(四)組織的公共傳播

公共傳播（public communication）是指特定消息源（source）對於既定公眾傳播的過程，是一對多的溝通（one communicating with many）（Wiseman & Barker, 1967）。Daniels等學者（1997）用「策略傳播」（strategic communication）來凸顯組織公共傳播的重要性。他們認為「策略傳播」的概念既強調說服以及取得順從（gaining compliance），也跳脫傳統公共傳播的線性模式（linear model），展現出一個全方位的互動過程。

組織通常須面對七種不同的公眾：金融界（如貸款銀行）、媒體、政府主管機關、特殊利益團體（如消保會、綠色和平組織）、社區民眾、一般大眾、以及內部員工，這些公眾也可被視為是組織的利益關係人（stakeholder），又可分為對內溝通和對外溝通兩大面向。

◆對內溝通

對內溝通是指管理者針對內部員工的傳播，包括人際、小團體或是整個組織的溝通範疇，對於管理掌控、組織效率以及生產力有極大影響。溝通方法與媒介主要有：(1)面對面的溝通，如會議、典禮儀式等；(2)書面溝通，如組織中的刊物、員工手冊、所貼的標語文宣等；(3)透過電子媒介與電腦中介，如電話、廣播、網際網路、社群媒體等。內部溝通主要關於五種內容：(1)員工教育與訓練；(2)工作安全與損失的防治；(3)報酬與福利；(4)組織的發展與變革；(5)士氣與滿意度。

◆對外溝通

組織對外的公共溝通主要有三種形式：行銷、公共關係和議題管理。行銷是從顧客導向的概念出發，將公眾視為顧客，以廣告或行銷手法促銷組織的產品或服務。Web3.0時代，數位廣告與行銷更多運用到虛擬實境（VR）、擴增實境（AR）和混合實境（MR）相關技術，結合虛擬與真實事物、也整合線上和線下互動。像是能運用虛擬化身（avatar）的元宇宙，正是此波主流趨勢。

另一方面，組織會透過公共關係的運作來建立良好組織形象或是品牌形象。長久以來公共關係被視為組織有效溝通的管理行為（Grunig, 1992），形象是指個人或群體對某一標的物的整套信念，組織透過公關操作，運用某些特定的價值觀對公眾塑造正面形象的過程就是形象建立，Goldhaber（1993）認為形象建立乃組織透過涵化過程，塑造出一個為公眾所接受與認同的企業識別（organizational identity）。

公關活動是企業組織與外在環境「跨界」（boundary spanning）交流

活動（Adams, 1976），除了傳達訊息，也展示組織信念與價值觀。公關
活動不僅僅是媒體操作，或表面形象的包裝，而是能否點出企業體的精神
與價值。因此，組織與品牌形象的建立，除了公共關係的運作，以及媒體
平台和傳播策略的配合外，企業組織本身也要有正面的企業精神與文化才
有可能成功。

　　公共事務與議題管理（public affairs and issue management）和公共關
係的操作雖有所重疊，但主要指組織對影響其未來發展的政治或社會議題
進行控管的過程。例如在政策法規制定前，企業就使用策略性傳播形成有
利於組織的輿論或民意，來影響政策訂定。因此，議題管理牽涉到預見、
政策發展和企業倡導三部分（Arrington & Sawaya, 1984）。

　　學者Ewing（1979）列舉出五種組織議題管理時常用的方法：

1. 趨勢分析：以統計學或是大數據分析等方法，對某一變項進行預
   測。
2. 趨勢影響分析：在趨勢分析後，辨識出會對組織造成影響的各項事
   件來。
3. 媒體觀察：這是一個較為簡易的方法，主要是經由檢視媒體的各項
   內容而找出會影響組織的議題。
4. 民意監測：通常與媒體觀察一起使用，主要是針對已觀測到的潛在
   議題進行分析，故會使用像是民調等社會研究方法。
5. 腳本撰寫：這個方法主要是根據「如果X通過會如何」的假設性問
   題，而撰寫出未來可能發生的情節，以供組織做沙盤推演、產生對
   策。

肆、結論

　　本章分別從學術與實務面向來介紹組織傳播。第一節從學門的發展歷程中說明什麼是組織傳播學；第二節介紹不同的研究取徑與相關理論，以為讀者勾勒出一個清楚認識組織傳播學的地圖；第三節從實務面向，由人際、小團體、組織以及跨組織的溝通情境中，說明日常組織運作時會面對的相關議題，讓讀者對組織生活能有深刻感受。

　　至於如何扣連理論與實務，可以運用本章一開始所提出的「組織素養」概念。身為一位現代人，必然會與各種組織有所關聯，如果我們想要成為新世紀的優質組織人，能夠真正「樂在組織」的話，應該瞭解和重視組織傳播學的內涵，並且在組織生活中透過溝通技巧和互動實踐，來建立關係、完成任務、達成目標、共享意義以及創造文化。

　　有人曾說：「組織中唯一不變的就是會改變。」組織人會變、制度會變、技術會變、結構會變、文化會變，甚至科技和外在環境也不斷改變，對於組織領導者而言，如何在改變（change）與延續（continuity）中尋得平衡是一個挑戰；而對組織成員而言，如何在組織的掌控（control）與個體的自主（autonomy）間得到平衡，則是我們每天都要面對的課題。

　　Eisenberg和Goodall（2004）建議以正向的「用心」（mindfulness）來實踐組織傳播，我們要有意識（consciousness）的進行溝通互動。這種「用心的傳播」（mindful communication），不僅要有溝通知識和技能，更要具備溝通倫理和自我節制。當我們越用心溝通時，在組織中的為人處事才會越有道德感，也才有可能建立正直良善的組織。

傳播理論

討論問題

1. 什麼是組織？什麼是傳播？請以你的學校生活為例，具體說明組織與傳播間關係為何？
2. 請找一個你感興趣的組織（如學校、企業或是非營利組織等）當個案，並從本章所學的研究取徑中（如傳統、系統、文化與批判等），選擇一個來分析並說明該個案。
3. 什麼是組織中的傳播結構？從管道的觀點和從網絡的觀點來討論傳播結構又有什麼不同？
4. 請分享你個人在組織中的人際溝通情形？你同意「做事沒有做人難」這句話嗎？

重要語彙

Schein's組織文化理論（Schein's theory of organizational culture）
Schein將組織文化的構成元素分為人造品和創造物、擁護的價值觀和基本假設三個層次。

科學與古典管理取徑（scientific and classical management approaches）
代表人物分別為泰勒（Frederick W. Taylor）和費堯（Henri Fayol），主要強調應依照科學方法來分派、指定與監督組織成員工作，並強調行政管理原則和效率。

組織中的傳播結構（organizational communication structure）
可從管道的觀點（channels perspective）和網絡的觀點（network perspective）來研究組織的傳播結構。

組織同化過程（organizational assimilation process）
組織同化過程可被視為新成員理解、學習與融入組織文化的過程。

組織結構（organizational structure）

提供了組織分工與統合的基礎，組織結構在縱向方面能顯示出階層體系，在橫向方面則說明了各種不同功能的單位與部門是如何連結的。

組織傳播（organizational communication）

又稱組織溝通，包含組織內部個人與個人、團體與團體，以及與組織外部環境中其他組織的交流互動，所謂的交流包括了訊息、思想、觀念，甚至是意識形態的交換與對話。

組織認同（organizational identification）

指組織成員對於該組織核心性、區辨性與持久性等特徵的集體看法。

參考文獻

秦琍琍（2000）。〈組織傳播的源起與發展現況〉。《新聞學研究》，63，137-160。

秦琍琍（2011）。《重・返實踐——組織傳播理論與研究》。台北：威仕曼。

秦琍琍（2021）。〈再思華人社會組織傳播學的在地發展與實踐〉。李立峰、黃煜主編，《中華傳播研究的傳承與創新》。香港：香港中文大學。

Adams, J. S. (1976). The structure and dynamics of behavior on organizational boundary roles. In M. D. Dummette (Ed.), *Handbook of Industrial and Organizational Psychology*. Chicago, IL: Rand McNally.

Aldrich, H. E., and Mindlin, S. (1978). Uncertainty and dependence: Two perspectives on environment. *Organization and Environment: Theory, Issue, and Reality* (pp. 149-169). Newbury Park, CA: Sage.

Allen, B. J., Tompkins, P. K., and Busemeyer, S. (1996). Organizational communication. In M. B. Salwen and D. W. Stacks (Eds.), *Integrating Theory and Research in Communication.* Mahwah, NJ: LEA.

Argyris, C., and Schon, D. A. (1978). *Organizational Learning*. Reading, MA: Addison-Wesley.

Arrington, C. Jr., and Sawaya, R. N. (1984). Managing public affairs: Issues management in an uncertain environment. *California Management Review, 26*, 148-160.

Barnard, C. (1938). *The Function of the Executive*. Cambridge, MA: Harvard University.

Baxter, L. A., and DeGooyer, D. H., Jr. (2000). Perceived aesthetic characteristics of interpersonal conversations. *Southern Communication Journal, 67*, 1-18.

Baxter, L. A., and Montgomery, B. (1996). *Relating: Dialogues and Dialectics*. New York: Guilford.

Bezrukova, K., Griffith, T. L., Spell, C., Rice, V., and Yang, H. E. (2023). Artificial Intelligence and groups: Effects of attitudes and discretion on collaboration.

Group & Organization Management, 1(1), 1-42.

Cheney, G., Christensen, L. T., Zorn, T. E., and Ganesh, S. (2004). *Organizational Communication in an Age of Globalization: Issues, Reflections, Practices*. Prospect Heights, ILL: Waveland Press.

Cheney, G., and Vibbert, S. L. (1987). Corporate discourse: Public relations and issue management. In F. M. Jablin et al. (Eds.), *Handbook of Organizational Communication: An Interdisciplinary Perspectives*. Newbury Park, CA: Sage.

Daniels, T. D., Spiker, B. K., and Papa, M. J. (1997). *Perspectives on Organizational Communication* (4th ed.). Madison, WI: Brown & Benchmark.

Dansereau, F., and Markham, S. (1987). Superior-subordinate communication: Multiple levels analysis. In F. M. Jablin, L. L. Putnam, K. H. Roberts, and L. W. Porter (Eds.), *Handbook of Organizational Communication: An Interdisciplinary Perspectives*. Newbury Park, CA: Sage.

Deal, T., and Kennedy, A. (1982). *Corporate Cultures: The Rites and Rituals of Corporate Life*. Reading, MA: Addison-Wesley.

Deetz, S. A. (1982). Critical interpretive research in organizational communication. *Western Journal of Speech Communication, 46*, 131-149.

Deetz, S., and Mumby, D. K. (1990). Power, discourse and the workplace: Reclaiming the critical tradition. In J. Anderson (Ed.), *Communication Yearbook 13* (pp. 18-47). Newbury Park, CA: Sage.

Deetz, S. A. (2001). Conceptual Foundations. In F. M. Jablin and L. L. Putnam (Eds.), *The New Handbook of Organizational Communication: Advances in Theory, Research, and Methods* (pp. 3-46). Thousand Oaks, CA: Sage.

Deetz, S. A., Tracy, S. J., and Simpson, J. L. (2000). *Leading Organizations through Transition: Communication and Cultural Change*. Thousand Oaks, CA: Sage.

Eisenberg, E. M., Farace, R. V., Monge, P. R., Bettinghaus, E. P., Kurchner-Hawkins, R., Miller, K, I., and Rothman, L. (1985). Communication linkages in interorganizational systems: Review and synthesis. In B. Dervin and M. Voigt (Eds.), *Progress in Communication Sciences, 6,* 231-258. Norwood, NJ: Ablex.

Eisenberg, E. M., and Goodall Jr., H. L. (2004). *Organizational Communication:*

 傳播理論

Balancing Creativity and Constraint (4th ed.). Boston, MA: Bedford/St. Martin's.

Ewing, R. P. (1979). The uses of futurist techniques in issues management. *Public Relations Quarterly*, winter issue, 15-18.

Farace, R. V., Monge, P. R., and Russell, J. M. (1977). *Communicating and Organizing.* Reading, MA: Addison-Wesley.

Fayol, H. (1949). *General and Industrial Management* (Constance Storrs, trans.). London: Sir Isaac Putnam.

Fisher, B. A. (1978). *Perspectives on Human Communication*. New York: Macmillan.

Goffman, E. (1959). *The Presentation of Self in Everyday Life*. New York: Doubleday.

Goldhaber, G. M. (1993). *Organizational Communication* (6th ed.). Dubuque, IA: Brown & Benchmark Publishers.

Grunig, J. E. (1984). Organizations, environments and models of public relations. *Public Relations Review & Education, 1*, 6-29.

Grunig, J. E. (1992). *Excellence in Public Relations and Communication Management*. Hillsdale, NJ: Lawrence Erlbaum.

Hawes, L. C. (1974). Social collectivities as communication: Perspectives on organizational behavior. *Quarterly Journal of Speech, 60*, 497-502.

Hochschild, A. (1983). *The Managed Heart.* Berkeley, University of California Press.

Jaslin, F. (1987). Organizational entry, assimilation, and exit. In F. Jablin, L. Putnam, K. Roberts, and G. Miller (Eds.), *Handbook of Organizational Communication* (pp. 615-654). Newbury, CA: Sage.

Johnson, G. (1987). Commentary on Chapter I. In A. Pettigrew (Ed.), *The Management of Strategic Change*. Oxford: Basil Blackwell.

Katz, D., and Kahn, R. (1966). *The Social Psychology of Organizations*. New York: John Wiley & Sons.

Krone, K. J., Jablin, F. M., and Putnam, L. L. (1987). Communication theory and organizational communication: Multiple perspectives. In F. M. Jablin, L. L. Putnam, K. H. Roberts, and L. W. Porter (Eds.), *Handbook of Organizational Communication: An Interdisciplinary Perspectives*. Newbury Park, CA: Sage.

Kuhn, T. (2017). Developing a communicative imagination under contemporary capitalism. *Management Communication Quarterly, 31*(1), 116-122.

Lewicki, F. J., Saunders, D. M., and Minton, J. W. (1999). *Negotiation* (3rd ed.). Boston, MA: Irwin/McGraw-Hill.

Likert, R. (1961). *New Patterns of Management*. New York: McGraw-Hill.

Maslow, A. H. (1954). *Motivation and Personality*. New York: Harper & Row.

McGregor, D. (1960). *The Human Side Enterprise*. New York: McGraw-Hill.

Miller, K. (2003). *Organizational Communication: Approaches and Process* (3rd ed.). Belmont, CA: Wadsworth/Thomson Learning.

Mumby, D. K. (1988). *Communication and Power in Organizations: Discourse, Ideology, and Domination*. Norwood, NJ: Ablex.

Mumby, D. K. and Putman, L. L. (1992). The politics of emotion: A feminist reading of bounded rationality. *Academy of Management Review, 17*, 465-486.

Mumby, D. K. (2016). Organizing beyond organization: Branding, discourse, and communicative capitalism. *Organization, 23,* 884-907.

Nicotera, A. M. (2020). Developments in the 20th century. In A.M. Nicotera (Ed), *Orginis and Traditions of Organizational Communication: A Comprehensive Introduction to the Field* (pp. 22-44). New York, NY: Routledge.

Ouchi, W. G. (1981). *Theory Z*. Reading, MA: Addison-Wesley.

Pacanowsky, M. E., and O'Donnell-Trujillo, N. (1982). Communication and organizational cultures. *Western Journal of Speech Communication, 46*, 115-130.

Pacanowsky, M. E., and O'Donnell-Trujillo, N. (1984). Organizational communication as cultural performance. *Communication Monographs, 50*, 126-147.

Papa, M. J., Daniels, T. D., and Spiker, B. K. (2008). *Organizational Communication: Perspectives and Trends*. Los Angeles, CA: Sage.

Peters, T. J., and Waterman, R. H. (1982). *In Search of Excellence.* New York: Warner.

Redding, W. C., and Tompkins, P. K. (1988). Organizational communication: Past and present tense. In G. Goldhaber and G. Barnett (Eds.), *Handbook of Organizational Communication* (pp. 5-33). Norwood, NJ: Ablex.

Schein, E. (1969). *Process Consultation: Its Role in Organization Development*. Reading, MA: Addison-Wesley.

 *傳播理論*

Schein, E. H. (1985). *Organizational Culture and Leadership*. San Francisco, CA: Jossey-Bass.

Schein, E. H. (1992). *Organizational Culture and Leadership* (2nd ed.). San Francisco, CA: Jossey-Bass.

Taylor, F. (1947). *Scientic Management*. New York: Harper & Brothers.

Tichy, N. M. (1981). Networks in organizations. In P. C. Nystrom and W. H. Starbuck (Eds.), *Handbook of Organizational Design* (Vol. 2). London: Oxford University Press.

Tompkins, P. K. (1984). Functions of communication in organizations. In C. Arnold and J. W. Bowers (Eds.), *Handbook of Rhetorical and Communication Theory* (pp. 659-719). Boston, MA: Allyn & Bacon.

Tompkins, P. K. (1987). Translating organizational theory: Symbolism over substance. In F. M. Jablin, L. L. Putnam, K. H. Roberts, and L. W. Porter (Eds.), *Handbook of Organizational Communication: An Interdisciplinary Perspectives*. Newbury Park, CA: Sage.

Trice, H. M., and Beyer, J. M. (1993). *The Cultures of Work Organizations*. Englewood Cliffs, New Jersey: Prentice-Hall.

Weick, K. (1969). *The Social Psychology of Organizing* (2nd ed., 1979). Reading, MA: Addison-Wesley.

Wiseman, G., and Barker, L. (1967). *Speech-interpersonal Communication*. Chicago, IL: Chandler.

CHAPTER 12

談判與人際衝突的化解

黃鈴媚

　　由於衝突會破壞人際關係的和諧以及團體的凝聚力，加上中國人向來推崇和諧的價值觀，使得人際衝突往往被視爲一種負面的行爲，因而盡可能避免與人發生衝突。然而，當人際衝突變成無法迴避時，是否能夠有效地解決人際衝突，就成爲衡量「人際溝通智能」（interpersonal communication competence）的標準之一（Trenholm & Jensen, 2000）。根據衝突解決的相關研究顯示（Pruitt & Carnevale, 1993; Rubin, Pruitt, & Kim, 1994），每個人在不同的時候面對每一次的衝突，都必須進行兩個不同層級的決策。首先，衝突者必須先決定是否立即處理衝突：消極迴避衝突（亦即不處理）或積極處理衝突；其次，假如當事者選擇積極處理，接著就會面臨以下選擇：單獨行動、談判（negotiation）、調解[1]（mediation）、仲裁[2]（arbitration）或司法訴訟（**圖12-1**）。

　　上述五種衝突解決途徑中，由於談判讓所有衝突者可以透過溝通來共同決定最後的解決方案，經常成爲衝突者的最優先選項。然而，是否能夠

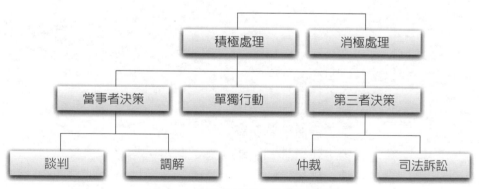

圖12-1　衝突解決途徑決策示意圖

資料來源：本文作者整理。

---

[1]談判和調解都是由衝突當事者自己決定最後談判協議內容的衝突解決方式，差別在於調解提供談判者第三者（非衝突當事者）的協助（Bazerman & Neale, 1992）。

[2]調解和仲裁都是出現第三者涉入衝突解決過程的衝突解決方式，差別在於仲裁人先讓衝突當事者提出各自對某項爭議的立場後，可以強行決定使用當中的任何一個解決方案（Bazerman & Neale, 1992）。

透過談判得到一個比不談判更好的衝突解決方案，要看談判者是否具備以下三種專業能力：(1)滿足談判發生的條件；(2)選擇正確的談判策略；(3)有效執行談判策略。由於並非每一個衝突都適合透過談判來解決，因而談判者面臨的第一個問題不是如何談判，而是如何滿足談判發生的條件，以便讓其他衝突者也願意坐下來談判。然而，雙方談判意願對等並不代表最終會達成談判協議，還必須要看談判者是否選擇正確的談判策略，以及是否有效地執行所選擇的談判策略。換言之，談判者的第二種專業能力跟談判者選擇談判策略的能力有關；其次，談判者是否知道各種談判策略的優缺點決定談判者的最後一種專業能力，因為唯有充分瞭解各種談判策略的限制才能有效地執行所選擇的談判策略，並達成預期的談判目標。

壹、診斷衝突情境

　　誠如圖12-1所顯示，談判是眾多解決衝突途徑的選項之一。然而，談判初學者最容易錯將談判當作解決衝突的萬靈丹，動不動就跟別人談判。儘管著名的談判學者T. Schelling（1960）認為大多數的衝突情境都是談判情境，但是談判是否比不談判好要看相關條件是否被滿足。什麼情況下談判才是解決衝突的最適當途徑呢？談判相關研究（Johnson, 1993; Zartman & Berman, 1982）指出，適用談判的衝突情境必須具備以下兩大條件：(1)談判價值；(2)可談判性（negotiability）。因此，當談判者考慮是否選擇談判來解決衝突時，首先要比較談判與其他解決途徑間的成本效益，假如一個衝突情境對特定談判者具備談判價值而欠缺可談判性，談判者通常會選擇努力創造可談判性，以便促成談判；但是對於存在可談判性而欠缺談判價值的情況，談判者的談判意願會相對降低。

一、談判價值

　　關於談判價值的評估，可以簡單分成兩種結果：第一種是當談判效益

大於談判成本，也就是談判比不談判好；另外一種是談判成本大於談判效益，亦即不談判比談判好。值得注意的是，談判效益可以被細分成具體利益以及抽象利益，而談判成本也可以被區分成具體成本以及抽象成本。理論上，必須是具體利益加上抽象利益大於具體成本加上抽象成本時，一個理性談判者才會選擇談判；然而，有時候儘管具體利益微乎其微，談判者也有可能為了抽象利益不惜付出很高的具體成本。

以房東與房客間的租屋糾紛為例[3]，房客有可能為了爭一口氣或教訓房東（抽象利益），不但承受無法立即上網查閱資料而最終將導致遲交課堂報告的焦慮（抽象成本），還要花大量的時間以及金錢打電話（具體成本）詢問相關法律資訊，最後只是讓房東出面付不到一百元的費用來修理網路接點（具體利益）。對於非當事者而言，這是一個不理性的決策，因為房客自費修理才是最符合經濟利益的選擇；但是對於當事者而言，即使要付出很高的談判成本，因為租屋契約內容規定房東有義務修理網路接點，所以由房東付費修理才是合理的解決方案。因此，談判者要特別注意抽象利益對談判的影響，以免錯估談判對手的談判意願。

二、可談判性

除了具備談判價值外，衝突是否存在「可談判性」（negotiability）也會影響衝突當事者的談判意願。最早提出「可談判性」這個概念的是談判學者I. W. Zartman以及M. R. Berman（1982），這兩位學者主張務實的談判者（the practical negotiator）應該分成三個階段進行談判：診斷問題階段（the diagnostic phase）、架構階段（the formula phase）以及細節階段（the detail phase）；而診斷問題階段的談判者主要關心的就是衝突是否具備「可談判性」。兩位學者進一步指出，當所有當事者都覺得無法接受現

---

[3]本章內容所提及的生活談判案例部分來自作者在世新大學口語傳播學系負責講授的「談判理論與策略」課程，在此特別感謝九十三以及九十四學年度修讀本課程的學生的貢獻；此處案例資料來自九十三學年度的課堂分組報告。

狀，但是卻又無法單獨改善現狀，衝突就會出現「認真轉捩點」（turning point of seriousness），也就是大家願意認真地坐下來進行談判。換言之，現狀必須被改變代表衝突具備爭議急迫性，而衝突當事者沒辦法單獨改善現狀則反應衝突的決策互賴性，上述兩項因素同時存在就代表衝突具備「可談判性」。

值得注意的是，Zartman以及Berman忽略另一個重要的因素：立場妥協性。儘管談判者最不願意做的事就是妥協，但是沒有妥協就沒有談判，卻是談判的一個不爭事實（Lewicki, Saunders, & Minton, 1999: 88）。一般而言，立場妥協性主要受到一個客觀因素以及一個主觀因素的影響。所謂客觀因素就是衝突屬於利益衝突或非利益衝突，前者存在妥協空間，而後者不存在妥協空間；然而，存在妥協空間的利益衝突，有可能受到談判者主觀認知的影響而變成沒有妥協空間。譬如，男女雙方親密交往期間，講好男方付頭期款25萬元買一部車，剩餘的25萬元分期付款由女方負責；但是當男方感情出軌導致關係破裂後，女方認為男方應該為情感出軌付出代價而堅持將車子占為己有，而男方認為感情跟車子不能混為一談，女方想擁有車子就必須補償男方的頭期款。也就是說，車子的所有權問題在客觀上具備妥協性，但是在女方主觀的認知上沒有妥協性[4]。

(一)爭議急迫性對稱

第一個影響談判意願的因素是：談判雙方的時間壓力是否對等？談判專家H. Cohen（1980）就曾經在他著名的《人生無處不談判》（*You Can Negotiate Anything: How to Get What You Want*）一書中強調，談判者的立場主要受到時間（time）、實力（power）以及情報（information）等三個因素影響。理論上，必須所有當事者都急著解決眼前的問題，談判才會水到渠成；假如一方迫不急待地想趕快解決問題，而另一方卻「老神在在」氣定神閒，談判當然不會發生。此外，時間壓力不只是影響雙方談

---

[4]此一案例資料來自九十四學年度的「談判理論與策略」學生分組報告。

判意願，也是決定談判者底線的彈性的重要因素。誠如Walton與McKersie在1965年出版的《勞工協商的行為理論》（*A Behavioral Theory of Labor Negotiations: An Analysis of a Social Interaction System*）中所說，儘管談判者無法確實得知對手的底線為何，但是談判學者已經找出幾個影響形成底線之主要因素，其中有一項就是談判進程不順利或僵局（stalemate）的成本；換言之，一方愈需要彼此儘快達成協議，急需達成協議的一方的底線就會愈容易被改變。回到上面提到的租屋糾紛，當房客發現無法從租房處上網查閱報告相關資料時，房客當下所面臨的是兩個星期後要繳交學期報告的時間壓力，而房東即使因為租約規定必須解決房客無法上網的問題，但是這個問題對他來說並不存在急迫性，沒有愈快解決愈好的壓力。因此，即使房客多次氣急敗壞地打電話聯絡房東，要求房東依約立即找人修復連線上網功能，房東也只是在電話中表示會儘快過來瞭解情況，卻都是「只聞樓梯響，不見人下來」。換成你是房東，你的做法應該不會相差太遠，因為多數房客通常等不及了就會自己解決問題，如此一來房東就不必花錢處理，何樂而不為？

(二)決策互賴性對稱

第二個影響談判意願的因素是：談判雙方的談判實力是否對等？儘管談判研究從1980年代起，由於一群美國哈佛大學學者的努力（Fisher & Ury, 1981; Ury, 1991），強調追求雙贏（win-win）的整合性談判模式（integrative bargaining model），逐漸與一輸一贏（win-lose）的分配性談判模式（distributive bargaining model）並駕齊驅，並且出現後來居上的趨勢；但是無論零和或整合，是否具備談判實力對談判者而言，都一樣重要，差別只在整合談判者透過展現談判實力來說服對手坐下來談判，而零和談判者卻是運用談判實力來迫使對手接受前者的單方面要求（Ury, 1991）。

在促成談判階段，根據美國賓州大學學者G. R. Shell（2000）的主張，談判實力來自三種談判優勢（bargaining leverage）：正向優

勢（positive leverage）、負向優勢（negative leverage）以及規範優勢（normative leverage），前兩者就是一般俗稱的蘿蔔和棒子，最後一種是談判者的立場正當性。此外，談判實力也取決於談判者是否具備哈佛學者Fisher和Ury（1981）所謂的「談判協議最佳替代方案」（Best Alternative To a Negotiated Agreement, BATNA）；也就是說，假如無法跟眼前的談判對手達成談判協議，談判者是否存在解決問題的其他替代方案？更重要的是，這些替代方案中是否存在任何一個替代方案的談判獲利，高過眼前談判對手的提議？假如答案是肯定的，就代表談判者具備BATNA，而有BATNA談判者的談判實力將高於沒有BATNA談判者。

◆ **正向優勢**

「威脅利誘」是我們經常聽到的一句話，放到衝突情境中，前者代表的就是負向優勢的運用而後者就是正向優勢的運用。以正向優勢而言，談判者的最重要的工作就是想盡辦法打探談判對手的需要（wants），並且盡可能地瞭解談判對手對於上述需要的急迫性，同時設法讓自己成為滿足對手需要的來源（Shell, 2000: 02）。因此，正向優勢代表談判不成所失去的機會（opportunities），因而當機會失去時，付出比較低成本的談判者就是具備正向優勢的一方（Shell, 2000: 105）。

正向優勢如何影響談判呢？2005年6月台灣明基電通購併德國西門子（Siemens）手機事業部的過程就是一個很好的例子。當這個購併案公諸於世時，外界都只看到明基風光的一面，因為明基不但不花一毛錢，就取得淨值無負債的西門子手機部門，西門子還提供明基2.5億歐元的現金與服務，以及購買5,000萬歐元的明基股票，同時明基還可以使用BenQ-Siemens雙品牌五年。局外人可能很難想像當明基2004年年底開始接觸德國西門子時，德國西門子根本連談都懶得跟明基談。根據明基談判團隊的說法，明基擊退強勁競爭對手摩托羅拉（Motorola）的主要原因是：明基談判團隊說服德國西門子，只有明基與德國西門子之間才存在互補關係，也就是說明基有德國西門子需要的東西，而這個正向優勢讓明基以小搏

大，最終脫穎而出。

◆負向優勢

萬一沒有對方所需要的東西，談判者可以運用負向優勢來說服對手坐下來談判。根據Shell的界定，負向優勢代表惡化談判對手現況的能力（Shell, 2000: 103）。一般的做法是談判者透過口頭宣示，讓對方知道不坐下談的後果；接著再視對手反應來決定是否採取行動，這種談判方式就是西方學者所說的「嚇阻性威脅」（deterrence threats）（Schelling, 1960）。譬如，2005年年初英國國家廣播公司（BBC）宣布未來三年要裁員大約4,000人，但是管理階層又拒絕跟工會代表協商；工會於是通過罷工決議，希望管理階層因為不樂見員工罷工的可能後果，改變他們不願意談判的強硬態度。

值得注意的是，雖然威脅是促成談判的常見手法，但是不一定是最有效的方法。一般情況下，被威脅者通常不會在第一個時間點就相信威脅者，而是對威脅者進行「紙老虎測試」：威脅者有能力執行威脅嗎？威脅者有意願執行威脅嗎？威脅者有勇氣執行威脅嗎？面對被威脅者的一連串質疑，威脅者的選項並不是很多。最理想的狀況是，在相關條件配合下，威脅者幫自己找到下台階，「神不知鬼不覺」地順利解套，無損於自己的威信（Walton & McKersie, 1965）；假如條件無法配合時，威脅者只能選擇執行威脅以建立威信，相對地就必須付出龐大行動成本。

◆規範優勢

由於運用負向優勢很少能夠只停留在口頭宣示立場階段，為了產生足夠的說服力，威脅者往往必須付出龐大的行動成本；因而非萬不得已，並不鼓勵談判者輕易使用負向優勢。相對地，突顯談判者的立場正當性（亦即規範優勢）也可以說服對手坐下來談判，又不需要承擔很高行動成本。根據Fisher以及Ury（1981）的建議，選擇適當的客觀標準作為談判立場的訴求重點（**表12-1**），不但可以提高談判者的立場正當性，因為接受客觀標準而非屈服於談判者個人意志或價值，讓對手比較容易接受談判者的立場。

表12-1　常用客觀標準

市場價格	法庭判例	先例
道德標準	科學判斷	效率
專業標準	傳統	公平

資料來源：整理自Fisher, R., & Ury, W. R. (1981). *Getting to Yes: Negotiating Agreement without Giving in*. Boston: Houghton-Mifflin.

　　一旦需要運用立場正當性來說服對手坐下來談判，談判者接著的問題就是：應該選擇哪一個客觀標準來包裝談判立場才能夠提高說服力？Shell（2000）建議，無論如何都不可以由談判者自己來攻擊對方所支持的標準，所以談判者的立場主張必須選擇以下三個做法之一：

1.上策：最理想的狀況是，讓自己的提議契合對方所支持的標準。
2.中策：假如雙方之間的主張直接衝突，那就退而求其次，舉證說明自己的提議是對方支持標準下的一個特例。
3.下策：假如中策行不通，設法找一個同情我方論點但又可以影響對方的第三者，讓第三者而非自己來擔任反對者。

　　然而，假如衝突被公諸於世，也就是從私人議題變成一個社會議題，此時談判者要說服的對象就不再是談判對手，而是社會大眾，於是就會出現所謂的下下策：談判者各自選擇對自己的立場比較有利的客觀標準，然後交付輿論來決定孰對孰錯。在這種情況中，由於大家都採取客觀標準來包裝自己的立場，表面上看起來像是「公說公有理，婆說婆有理」，不分軒輊；但是，細究各方的論點後，還是可以分辨哪一方的論點比較具備說服力。從以下所提供的例子當中，我們就不難發現行政院勞委會的論點比台鐵工會更有說服力。

　　民國92年中秋節前，台灣鐵路局工會與管理機構交通部曾經為了工會成員是否可以不經主管准假，自行參加在該年中秋節舉行的會員大會，發生以下各說各話的情況。首先，當時的台鐵局長黃德治明確表示，員工如果不能出勤，必須在七天之前請事假，找到職務代理人，取得主管許可

之後，才能休假，否則依曠職論處。針對台鐵局長的聲明，台鐵工會引用勞基法指出，中央主管機關規定的應放假日勞工都應休假（公平），因而決定所有會員在中秋節集體休假，以召開會員大會。相對地，行政院勞委會則強調，根據銓敘部的解釋，台鐵屬於公用運輸事業，應實施輪休及輪班制（專業標準）；此外，多年來台鐵員工也都認同輪班輪休模式（傳統），在民法中屬於依習慣或事件性質的承諾，中秋節再引用勞基法做休假理由，站不住腳，若是當天應到班而未到班，以曠職論。

◆談判協議最佳替代方案（BATNA）

　　美國福斯電視台有一齣十分賺錢的卡通影片叫做《辛普森家庭》，其中有六位主要卡通人物分別由六位配音員負責幫他們配音。這六位配音員從1989年開始幫這部卡通配音，一開始每配一集每人領25,000美元；十五年來這部卡通受歡迎程度歷久不衰，而這些配音員的薪水也水漲船高，2001年調漲成每人每集100,000美元的薪資，接著每人每集又提高到125,000美元。儘管這些配音員的薪水已經居全美之冠，當這部卡通堂堂邁入第十六個年頭時，這六位配音員的經紀人表示，除非福斯電視台將每位配音員的薪水調成每配一集每人領360,000美元，否則他們就拒絕配音。

　　我們不禁要問：這六位配音員的經紀人為什麼敢開口要求如此驚人的天價？以這六位配音員每年每人的薪資達到275萬美元（125,000美元×22集）的收入來計算，等同於新台幣約8,600萬元，難道這位經紀人不怕福斯電視台為了節省人事成本，將這些配音員解僱嗎？福斯電視台一開始的確是拒絕談判，但是最終還是不得不坐下來談判。追根究柢就是上一次這些配音員要求調薪時，福斯電視台也曾經企圖尋找其他的配音員進錄音室配音，但是最後卻徒勞無功，結局就是再請回這些配音員，並將他們的酬勞從一集每人領100,000美元，調高到每一集領125,000美元。

　　假如你是這六位配音員的經紀人，你應該也會毫不猶豫地大膽要求，並且不會擔心激怒老闆而導致老闆不願意談判，因為你知道老闆沒有哈佛學者Fisher和Ury（1981）所謂的「談判協議最佳替代方案」。好比一個賣

方只掌握到一個買方或一個買方只知道一個賣方,這時候前者沒有其他選擇,雖然不至於落到任人宰割的下場,但也只好死心塌地跟對手談判。就像福斯電視台一開始不願意跟代表六位配音員的經紀人協商,但是爾後卻發現自己找不到適當的替代配音員,福斯電視台立即面臨這部爲電視台賺進25億美元的卡通將發生播出開天窗的窘境,權衡談判或不談判的相對利害關係之後,也顧不得「好馬不吃回頭草」的個人尊嚴問題,硬著頭皮回頭談判。

也因爲BATNA這麼重要,一個稱職的談判者當然不能不苦心經營自己的BATNA,好讓自己能夠具備「挑三撿四」的談判實力;不幸的是,一般人往往無法做到。談判研究的認知學派學者(Bazerman & Neale, 1992)指出,很多人在談判開始前都沒有愼重考慮無法達成協議的可能後果,所以也就不會覺得有必要爲自己準備一個BATNA。結果就是,無論是買房子、車子或找工作,很多人都不自覺地陷入一個不知道第二個選擇是什麼的談判困境,這個時候談判者很容易就會對眼前的選擇產生一種不理性的迷戀,導致想要談成一個有利於自己的協議變成一件不容易的事。值得注意的是,儘管具備BATNA可以增加談判者的優勢,但是要避免因爲握有BATNA而對當下談判產生「有恃無恐」的怠忽心態,畢竟BATNA只是備案而非主要方案。

(三)立場妥協性對稱

第三個影響談判意願的因素是:談判者的立場是否存在妥協空間?亦即談判者間是否存在議價區域(bargaining range)或協議區域(zone of potential agreement, ZOPA)。儘管對於如何界定談判這個概念,不容易得到一個共識,但是早期談判研究就已經清楚顯示,談判過程必須由連續的取與予(give-and-take)的妥協行爲串聯而成,否則將降低談判者對最終談判協議的滿意度(Baranowski & Summers, 1972; Crumbaugh & Evans, 1967; Deutsch, 1958; Gruder & Duslak, 1973)。也就是說,妥協

或讓步（concessions）是談判的核心概念，沒有妥協或讓步就沒有談判[5]（Lewicki, Sunders, & Minton, 1999: 88）；而唯有衝突存在ZOPA，談判者才會出現妥協或讓步行為。然而，ZOPA是如何形成的呢？通常是談判者的主觀認知結果。在1965年出版的《勞工協商的行為理論》（Walton & McKersie, 1965）書中，勞資談判學者Walton與McKersie就透過預期效用理論（expected utility theory）[6]的主觀預期效用（subjective expected utility）概念，分析談判者如何形成ZOPA。簡言之，面對一個衝突事件，談判者會考量每一個解決方案的主觀效用（採取此一解決方案的可能獲利之主觀評估），以及該方案被對方接受的機率，通常只有少數具備高主觀預期效用的解決方案會成為談判者認真考慮的對象。他們進一步指出，具備高主觀預期效用的解決方案多半是落在個別談判者的目標點（target point）[7]和支撐點（resistance point）[8]間，而位於談判雙方支撐點中間的區域，就是ZOPA。

以買賣雙方間的談判為例，當買方的支撐點或底線高於賣方時，雙方就存在議價空間，亦即雙方存在正向協議區域；但是，當買方的底線低於賣方時，雙方就不存在議價空間，出現所謂的負向協議區域。也就是說，當談判雙方之間出現正向協議區域時，待解決的衝突就存在對稱的立場妥協性，此時談判也才會是一個可行選項。然而，談判雙方是否存在正向協

---

[5] 理論上，妥協或讓步必須來自每一個談判者，談判才會繼續進行；換言之，一個談判者的妥協或讓步必須換來另一個談判者的相對妥協或讓步。

[6] 根據預期效用理論（Von Neumann & Morgenstern, 1944），一個理性的行為者所採取的行動必須能夠提供最大主觀預期效用，而所謂的主觀預期效用受到兩個因素的影響：行動方案成功的可能性（probability）、行動方案的效用（utility）。換言之，理性的行為者會捨棄一個具備很高效用而成功機率十分渺茫的行動選項，但選擇一個具備相對效用較低而成功機率很高的行動選項。

[7] 根據Walton與McKersie（1993）的定義，目標點來自談判者「對特定選項之最高效用評估、對其實現機率的最樂觀假設以及對自己談判技巧的最有利假設」（p. 42），亦即在最理想點達成協議。

[8] 這個參考點來自談判者「對特定選項之最低效用評估、對其實現機率的最悲觀假設以及對自己談判技巧的最不利假設」（Walton & McKersie, 1993: 42），也就是一般所謂的底線（bottom line）。

議區域並不是一個不能被改變的事實，透過本章第三節所介紹的談判策略地妥善運用，談判者可以將負向協議區域轉為正向協議區域，創造彼此的談判妥協性。

貳、選擇談判策略

衝突當事者有意願談判是一回事，最後彼此間是否能夠達成協議以及可以談出什麼樣的協議內容，又是另外一回事。誠如本章第一節所言，衝突當事者選擇談判來解決衝突的一個主要原因就是：透過談判可以得到比不談判更好的結果；但是談判者最終是否可以得到比不談判更好的結果，涉及談判過程中談判策略的選擇以及執行，因為假如談判者間的「互動欠缺任何策略性手段的運用以謀取自身利益，無論是不易察覺的或顯而易見的手段」，與其說它是談判，「不如說它只是單純的解決問題」（Lax & Sebenius, 1986: 11）。部分學者甚至表示，失敗的談判往往就是因為當事者不瞭解談判的策略性本質，或是因為當事者未能選擇適當的策略或正確執行所選擇的策略（Lewicki, Hiam, & Olander, 1996）。

儘管有關策略（strategy）的定義許多，基於談判情境和賽局理論的密切關係，因此本文選擇從賽局理論的觀點來界定策略——「一個完整的計畫：這個計畫明確指出，在各種可能情況中應該有的選擇」（Von Neumann & Morgenstern, 1944: 79）；換言之，策略包含行動目標以及達成目標的具體行動。因此，策略可以泛指當事者預定達成的行動方向或目標，而戰術（tactic）則是完成目標的手段。由此可見，策略和戰術兩者的差別在於涵蓋範圍（scale）不同，基本上一個策略通常包括不同的執行戰術。

　　論及談判策略時，最常被提到的是以下五種：競爭策略[9]（competition strategy）、退讓策略[10]（accommodation strategy）、解決問題策略[11]（problem solving strategy）、迴避策略（avoidance strategy）以及妥協策略（compromise strategy）；其中又以競爭策略、退讓策略與解決問題策略最受到學者專家的關注（Fisher & Ury, 1981; Rubin et al., 1994）。主要原因有兩個，首先，迴避策略屬於消極性策略，因為採用者並不採取任何行動來解決衝突，而是藉由「靜觀其變」以期待衝突自然消失；再不然就是乾脆放棄引起衝突的行動計畫；無論是「不動聲色」或放棄行動計畫都不符合談判的積極溝通精神，迴避策略自然不是主要的談判策略。其次，妥協策略的屬性爭議比較多，多數學者不認為它是一個獨立的策略類別，有些學者認為它屬於競爭策略的一種結果（Follett, 1941; Walton & McKersie, 1965; Walton, Cutcher-Gershenfeld, & McKersie, 1994），其他學者則認為它是執行解決問題策略的一種結果（Rubin et al., 1994）。

　　然而，如何選擇有效的談判策略呢？學者專家的意見並不是很一致，主要的爭議在於：應該從靜態觀點或動態觀點來理解談判策略的選擇？譬如，談判者所追求的目標是否固定不變？主張動態觀點的學者（Gulliver, 1979; Walton & McKersie, 1965）認為，雙方展開對談前所設定的目標受到後續互動而得到之新資訊的影響，將重新評估既定目標。其次，主張動態觀點的學者（Putnam, 1990）也指出，以爭議（Hopmann, 1996）或衝突情境（Rubin et al., 1994; Shell, 2000）之特性來決定策略的相對適當性，是否忽略爭議或情境特性的認定往往是當事者主觀認知的結果，而主觀的認知

---

[9]將單方面之偏好強制加諸於他方來解決衝突的談判方式，也就是一般人所說的分配性談判（distributive bargaining）（Walton & McKersie, 1965）或輸贏談判（win-lose bargaining）。

[10]以低於原有目標的條件與對方達成協議的談判方式，也就是一般人所說的溫和策略（Fisher & Ury, 1981）或鴿派談判。

[11]尋求兼顧雙方需求之解決方案的談判方式，也就是一般人所說的整合性談判（integrative bargaining）（Walton & McKersie, 1965）或雙贏談判（win-win bargaining）（Lewicki, Hiam, & Olander, 1996）。

會受到雙方互動的影響？

此外，儘管將談判情境視為一種混合動機賽局[12]（a mixed-motives game），已經是大多數談判學者間的一種普遍共識（Fisher & Ury, 1981; Lax & Sebenius, 1986; Walton & McKersie, 1965; Walton, Cutcher-Gershenfeld, & McKersie, 1994；黃鈴媚，2004）；也就是說，談判情境中同時存在競爭面向以及合作面向，導致談判者進行策略選擇時，除了考慮如何有效競爭外，同時也必須考慮如何有效合作，亦即在策略的操作上必須既競爭又合作。然而，無論是執行競爭動機的策略或執行合作動機的策略，都具備很高的排他性，談判者如何能夠做到既競爭又合作呢？針對這個問題，談判學者間的看法仍然很分歧（詳細討論請參見：黃鈴媚，2001，第八、九章）。

然而，我們還是可以從相關討論中找到一些談判學者共同關注的變數，作為選擇談判策略的參考指標。接著我們就針對如何選擇談判策略，分段討論三個經常被提及的變數。

一、談判目標

談到談判目標的設定，最著名的觀點莫過於「二元關切模式」（dual concern model）（Blake & Mouton, 1964; Rahim, 1983; Rahim & Bonoma, 1979; Thomas, 1976）。根據早期的二元模式，處理人際衝突的風格（styles）主要受到兩個因素的影響：他方獲利之關切（concern for others）[13]、我方獲利之關切（concerns for self）[14]。理論上，當衝

---

[12]混合動機賽局屬於賽局理論的一個專有名詞，它代表與賽者之間同時存在衝突性利益和共通性利益（Schelling, 1960）。衝突性利益引發當事者的競爭動機，因而千方百計想為自己爭取比較好的獲利；共通性利益則引發合作動機，因為想要達成最後協議，必須得到對方的同意。

[13]此時談判者重視他方之利益，自覺要負責他方談判結果之品質；這個因素有時候也被稱作合作性（cooperativeness）（Rubin et al., 1994: 31）。

[14]此時談判者重視自己的利益，關心自己的談判獲利；這個因素有時候也被稱作獨斷（assertiveness）。

突者「我方獲利之關切」高於「他方獲利之關切」時，將傾向支配
（dominating）風格；當衝突者「他方獲利之關切」高於「我方獲利之關
切」時，將傾向遷就（obliging）風格；當衝突者同時具備高度「我方獲
利之關切」和高度「他方獲利之關切」時，將傾向整合（integrating）風
格；當衝突者「我方獲利之關切」和「他方獲利之關切」都很低時，將傾
向迴避（avoiding）風格；最後，無論「我方獲利之關切」或「他方獲利
之關切」都不高也不低時，衝突者將傾向妥協（compromising）風格。

　　「二元關切模式」後來被談判學者借用，主要運用在協助談判者進行
衝突情境類型之判斷，以便談判者可以根據情境類型來選擇談判策略；譬
如，賓州大學學者Shell（2000）的「資訊導向談判」（information-based
bargaining）。資訊導向談判特別強調每個衝突的獨特性，因此並沒有提
出一個「放諸四海皆準」的最佳談判策略，而是建議衝突當事者應該根
據衝突情境的特性，選擇最適當的策略。在《談判求勝》（*Bargaining
for Advantage: Negotiation Strategies for Reasonable People*）這本書的第七
章，Shell以兩個變數來劃分談判情境：雙方未來關係之重要性（perceived
importance of future relationship between parties）[15]、利益衝突程度
（perceived conflict over stakes）[16]。根據這兩個變數，他將談判情境分成
四類，並分別建議適當的衝突解決策略（Shell, 2000: 117-131）：

1. 當未來關係之重要性和利益衝突程度都很低時，屬於默契式統合
   （tacit coordination）情境；此時最佳的策略是迴避（avoidance），
   其次是退讓（accommodation）。
2. 當未來關係之重要性比較低而利益衝突程度比較高時，屬於商品交
   易（transactions）情境；此時最佳的策略是競爭（competition），

---

[15] 在未來，一方會有多需要對方的幫助及合作，才能達成各自目標？亦即二元關切模
式中的他方獲利之關切。

[16] 二元關切模式在這一次的交易中，雙方對於有限資源的需求程度為何？亦即二元關
切模式中的我方獲利之關切。

其次是解決問題（problem solving）。

3.當未來關係之重要性比較高而利益衝突程度比較低時，屬於關係至上（relationships）情境；此時最佳的策略是退讓（accommodation），其次是解決問題（problem solving）。

4.當未來關係之重要性和利益衝突程度相等時，屬於關切平衡（balanced concerns）情境；此時最佳的策略是解決問題（problem solving），其次是妥協（compromise）。

除了強調談判者應該根據衝突情境的特性來選擇談判策略，Shell的「資訊導向談判」也將妥協策略視為各個衝突情境中的最後選擇，解決妥協在傳統二元模式中左右不是的策略曖昧性（**圖12-2**）。然而，談判者如何權衡未來關係與利益衝突程度的相對重要性呢？相關研究指出（Rubin et al., 1994: 32-36），談判者經歷很複雜的決策過程。一般而言，當發生衝突的利益很重要、當事者不懼怕衝突、對方提案突顯我方可能損失、「選

利益衝突程度

	高	低
高	商業夥伴 企業策略聯盟 企業合併 1.解決問題／合作策略 2.妥協策略	婚姻 朋友 工作團隊 1.退讓策略 2.解決問題／合作策略 3.妥協策略
低	離婚 銷售房屋 商場交易 1.競爭策略 2.解決問題／合作策略 3.妥協策略	十字路口路權 飛機座位重複劃位 1.迴避策略 2.退讓策略 3.妥協策略

（左側縱軸標示：未來關係重要性）

圖12-2　談判情境類型與衝突解決策略

資料來源：整理自 Shell, G. R. (2000). *Bargaining for Advantage: Negotiation Strategies for Reasonable People* (pp. 119-131). New York: Viking.

民」（constituents）（與爭議切身相關者；譬如勞資談判中的工會會員）掌握談判代表的獎懲（high accountability）、「選民」要求談判代表爭取高獲利，談判者會因而升高對衝突利益之重視程度；當雙方存在密切人際關係、愉快心情或為了發展有利於日後合作之工作關係，談判者會因而升高對未來關係之關切。

二、談判策略的可行性

在肯定「二元關切模式」對談判策略研究的貢獻之餘，著名心理學家Rubin及Pruitt提出一個輔助性概念：認知可行性觀點（perceived feasibility perspective）（Rubin et al., 1994: 37）。Rubin及Pruitt指出，除了考量談判者本身的關切重點外，也不能忽略策略的可行性；換言之，談判者個人的主觀意願固然重要，選擇談判策略時還要考量達成談判目標的成功機率以及執行談判策略的成本。

(一)競爭策略的選擇條件

以競爭策略而言，若存在以下三項條件將有助於執行競爭策略（Rubin et al., 1994: 42-43）：(1)對方抵制讓步的強度愈低愈好；(2)我方執行策略的能力大過對方反擊的能力；(3)我方具備嫻熟的競爭策略技巧；(4)合理的策略成本。也就是說，假如對方具備很好的替代方案以及很強烈的情緒，同時又受制於強勢而且意志堅定的「選民」，再加上已經無法再讓步，競爭策略就不會達到預期效果。其次，當一方的實力（power）愈大，無論其來源是什麼，企圖心就愈大，選用競爭策略的可能性也相對提高。再者，競爭策略以隱藏資訊和變造資訊內容為致勝之道，嫻熟的策略操作可以確保自己的真正意圖不會被對方發現，進而提高競爭策略效果。此外，談判者是否在乎與談判對手關係疏離、啓動衝突的惡性循環以及無法討好主和的「選民」？

(二)不利於選擇競爭策略的條件

Hopmann（1996: 95）也指出，當爭議具備以下四種特性，談判者就不應該採用競爭策略：

1.雙方底線互斥，因而不存在協議區域。
2.衝突情境存在多元爭議而且爭議本質複雜，各個爭議間環節相扣，無法拆解成單獨爭議，逐一談判。
3.衝突當事者不但爲數衆多，各自偏好又不同，即使想找到一個大家都同意且界定清楚的爭議以便開始談判，都辦不到。
4.雙方高度情緒投入，彼此誤解很深，並且各自最根本的利益和需要受到威脅，出現高度緊張關係。

(三)解決問題策略的條件選擇

同樣地，解決問題策略的選擇也受到若干條件的限制。首先，最重要的條件是彼此必須意識到「共同立足點」（Perceived Common Ground, PCG）的存在，「共同立足點」是談判者的一種主觀評估，它代表談判者對於是否能夠找到同時滿足所有談判者需求之解決方案的可能性評估（Rubin et al., 1994: 38）。然而，談判者是否認爲彼此存在「共同立足點」，通常要看以下幾個條件是否同時存在：

◆談判者必須從競爭的心態轉變爲合作的心態

亦即具備透露內心各種利益之眞正相對重要性的意願（相對於競爭策略中的刻意隱瞞或欺騙），同時因爲想滿足對方的目標，而產生深入瞭解對方目標的意願（相對於競爭策略的只關心自己的目標或因爲想改變對方目標而瞭解對方目標）。

◆談判者必須存在互信關係

想發現或創造滿足所有當事者需求的解決方案，必須先瞭解當事者

需求背後的根本利益；而需求背後的根本利益的浮現，必須透過開放與坦誠的資訊分享；而欲實踐開放與坦誠的資訊分享，則需要當事者間互相信任。

◆談判者必須具備良好的溝通能力

儘管當事者間的互相信任可以帶動開放與坦誠的資訊分享，但是衝突當事者若不具備良好的溝通能力，無論是重要資訊的傳遞或解讀都有可能發生錯誤，因而導致無法真正瞭解各方需求背後的根本利益（Fisher & Ury, 1981）。

當上述三個條件同時存在時，就可以有效降低執行解決問題策略的成本[17]，因而增加解決問題策略的可行性。

相對於競爭策略和解決問題策略，退讓策略的可行性評估簡單許多，因為退讓策略的成功比較不需要依賴談判對手的反應。儘管如此，談判者要特別注意採取退讓策略所付出的成本。一般而言，採取退讓策略會讓談判者被貼上「軟弱者」的標籤，這個「軟弱者」形象不但有可能鼓勵當前的談判對手之立場更加強硬，也會對其他的談判對手產生類似效應。因此，除非存在巨大的時間壓力，亦即協議一天不達成，談判者就必須付出很高的成本，否則談判學者並不鼓勵使用退讓策略（Rubin et al., 1994: 44）。好比發生在2005年12月底的紐約大眾運輸工人工會的罷工行動，由於紐約州高等法院判決工會每罷工一天，必須罰鍰一百萬美元，同時員工每天也要損失兩日工資；因而儘管一開始工會領袖頑強抵抗，揚言將罷工到底，這場歷時六十小時的罷工行動最終也不敵過高的競爭策略成本，大眾運輸工人工會只好採取退讓策略，結束罷工。

---

[17] 採用解決問題策略存在以下三種風險（Pruitt, 1981: 92）：(1)展現合作意願很容易地就會被談判對手誤認為軟弱，鼓勵談判對手選擇競爭策略，因而導致解決問題者的形象損失（image loss）；(2)儘管只是一些嘗試性與暫時性的建議方案，談判對手卻有可能將其認定為一種讓步，導致解決問題者的立場損失（position loss）；(3)單方面資訊分享不但無助於形成「共同立足點」，談判對手還會善加利用這些資訊，謀取個人利益，導致解決問題者的資訊損失（information loss）。

三、「談判者困局」的管理

由於談判情境屬於一種「混合動機賽局」（Fisher & Ury, 1981; Lax & Sebenius, 1986; Walton & McKersie, 1965; Walton, Cutcher-Gershenfeld, & McKersie, 1994；黃鈴媚，2004），因而在談判策略操作上，談判者往往不是執行單一的策略；也就說，談判者並非根據爭議性質、衝突情境以及策略可行性，然後再選擇單一策略來進行談判。相反地，談判者間存在一種既競爭又合作的關係，誠如Lax及Sebenius（1986: 33）兩位哈佛學者所強調，談判者身處「談判者困局」（the Negotiator's Dilemma）中，「不管創意性問題解決方法如何擴大雙方之可瓜分利益，最後利益終究必須被分配」。因此，策略選擇並非是單選題而是複選題。因此，「分配性談判」以及「整合性談判」並非兩個分離過程而是緊密相連過程（Neale & Lys, 2015; Sebenius, 2015）。

然而，當談判不再是競爭或合作，而談判策略的選擇也從單選題變成複選題後，就出現一個很關鍵性的問題：應該如何降低不同性質策略間的互斥效果而發揮它們的互補效果？也就是說，競爭策略的戰術包括各種形式的資訊控制、激化雙方間的敵對態度以及利用對方團隊內部分裂；但是解決問題策略的戰術卻強調資訊開放、互信、尊重以及雙方內部共識，因而兩者間形成一種天生的對立關係。然而，這兩類戰術又各有所短，因而兩者間又存在互補關係。譬如，競爭策略的戰術容易讓雙方關係惡化，但是解決問題策略的戰術有助於維持雙方滿意關係；相對地，解決問題策略容易導致談判遲滯不前，但是競爭策略運用截止期限等戰術，有助於促成最低可接受限度的改變（Walton et al., 1994: 324）。

(一)「談判者困局」管理策略

Walton、Cutcher-Gershenfeld與McKersie（1994: 335）三位談判學者在《策略性協商》（*Strategic Negotiations: A Theory of Change in Labor-Management Relations*）這本書中，經由對十三個勞資協商個案的實證研

究，證實單獨使用競爭策略或解決問題策略所產生的談判結果，比不上透過以下三種混合使用競爭策略以及解決問題策略的統合策略（coordinated forcing and fostering strategy）：

1. 第一類的統合策略是，在同一個階段一起執行競爭策略以及解決問題策略。這種做法可以降低談判僵局或一事無成的風險，但是為了降低風險應該先同時執行競爭策略和解決問題策略，而後逐漸加重解決問題策略之比重，相對減輕競爭策略之比重。然而，同時使用兩種策略比較困難，除非必須遵守一個截止期限或雙方已經很明確地朝向合作關係發展，否則不建議。

2. 第二類的統合策略是，執行特定策略時，同時選用一些屬於另一種策略的戰術。第一種做法是執行競爭策略時，摻雜部分解決問題戰術[18]；此種做法可以協助雙方順利地從競爭策略轉變為解決問題策略。另一種是執行解決問題策略時，摻雜某些競爭戰術[19]。假如雙方欲避免同時使用解決問題策略和競爭策略，此種做法是一個必要手段。

3. 第三類統合策略是先後使用不同策略，屬於比較容易執行的統合策略。研究結果支持以下策略序列：先採用競爭策略，而後採用解決問題策略；但是，它容易產生以下兩難情況：(1)一旦使用分配性戰術，雙方權力差距立現；除非強者並未趕盡殺絕；(2)競爭策略會讓雙方處於敵對狀態，不信任和不確定性都會妨礙解決問題策略；(3)策略上的轉變會被解讀為向對方示弱，可以藉由更換主談人或簽訂一項合約來暗示團隊內部成員我方的策略改變。

採取談判階段分析觀點（phase-specific analysis view）的學者（Adair

---

[18] 這三位學者強調，這種做法很難有效運用，個案中不多見；除非使用者事先已經規劃好先採用強制策略而後緊隨育成策略。

[19] 不過這三位學者也強調，在合作氣氛中處理分配性爭議很困難；成功必須依賴十分嫻熟的分配談判技巧。

& Brett, 2005; Olekalns, Brett, & Weingart, 2003; Preuss & van der Wijst, 2017）則指出，談判者在談判的不同階段會採取不同的談判策略；相對於運用單一談判策略的談判者，知道如何運用多元談判策略的談判者也會達成比較好的談判結果（Preuss & van der Wijst, 2017）。

(二)「談判者困局」管理技巧

談判學者（Allred, 2000）主張，無論是競爭策略、解決問題策略、退讓策略或迴避策略，執行各個策略的戰術中，都存在部分可以有效管理「談判者困局」的戰術，同時也存在一些比較無法有效管理「談判者困局」的戰術。談判者必須善用競爭策略、解決問題策略、退讓策略或迴避策略中有利於管理「談判者困局」的戰術，才能有效處理談判者間既競爭又合作的關係。研究結果指出，以下是執行各個策略的戰術中，有利於管理「談判者困局」的戰術：

1. 有利於管理「談判者困局」的競爭戰術包括發展以及改善自己的談判協議最佳替代方案（BATNA），使用強而有力的論點來支持談判立場，以及盡可能設法滿足自己的需要與利益。

2. 有利於管理「談判者困局」的解決問題戰術包括在次要議題多做讓步而在優先議題少做讓步，堅持自己的需要與利益而對於如何滿足上述利益之手段保持彈性，以及避免進行立場談判（positional bargaining）。

3. 有利於管理「談判者困局」的退讓戰術包括傾聽與肯定對手觀點以展現適度體諒以及尊敬，避免要求對手為爭議負最大責任，避免因對手的不當卸責而報復對手，避免使用「合理的」和「慷慨的」字眼形容自己的提議，避免立即以新提議（counterproposal）回應對手的提議（proposal）。

4. 有利於管理「談判者困局」的迴避戰術包括避免不必要的緊張以及不愉快。

簡言之，一個傑出的談判者不能只熟悉一種談判策略，否則難免出現捉襟見肘的窘境。首先，為了因應每一次的談判中爭議屬性、談判權力結構以及談判目標的不同考量，談判者必須選用不同的談判策略；其次，為了有效管理談判情境本身的「混合動機賽局」特質，談判者還需要進一步知道如何同時運用不同的策略，但是卻又不會讓本質互斥的策略抵銷或阻礙應有的策略效果。因此，最理想的狀況是，談判者設法讓自己充分瞭解各種談判策略的優缺點，並且熟悉運用各個策略時必備的相關條件，才能夠有效地提升談判表現。然而，對於一個談判初學者而言，就讓我們從以下幾個基本的談判策略開始瞭解談判策略的運作方式。

參、執行談判策略

關於談判策略的執行，一個比較容易理解的方式就是將談判過程分成不同階段，然後探討不同階段中的基本策略。從最早的Douglas三階段模式（Douglas, 1962）開始，談判學者專家陸續提出不同階段數目的談判過程模式（Holmes, 1992），其中比較具代表性的是Gulliver八階段模式（Gulliver, 1979），因為Gulliver的論點來自他對不同文化背景以及不同談判情境的談判個案分析心得。這個具備普遍適用性的階段模式將談判過程分成以下八個階段：尋找談判區域（search for arena）、設定議程（agenda and issue identification）、探索協議區域（exploring the range）、縮小協議區域（narrowing the range）、最後議價序曲（preliminaries to final bargaining）、最後議價（final bargaining）、儀式階段（ritualization）、執行協議（execution）。八個階段當中又以探索協議區域、縮小協議區域、最後議價序曲以及最後議價的策略密集度最高，常用的策略包括開價策略（opening strategy）、讓步策略（concession strategy）以及最後議價策略（closing strategy）（Shell, 2000）。

一、探索協議區域

　　根據Gulliver（1979）的觀察，談判者通常透過開價來進行「探索協議區域」階段。針對開價，談判者的考量分成兩個層面（Shell, 2000）：哪一方先開價？如何開價？一般而言，只要談判者掌握足夠的談判資訊，就應該搶先開價，因為先開價者透過其開價，讓後開價者因為先入為主效應（anchor effect）的影響，調低或調高他對最後協議內容的預期。儘管先開價者的開價不見得會影響後開價者的支撐點，但是卻有可能讓後開價者調整原本所設定的理想點。其次，談判者通常會預期對方在談判過程中修正其開價，因而談判者不但不會接受其他談判者的第一個開價，並且會不斷挑戰後續的提議（Kennedy, 1998: 68）。因此，為了滿足談判對手的預期讓步心態，一個優秀的談判者的開價不但不能等於自己的理想價，更不能等於自己的底價，以便為自己留下寬裕的讓步空間。

　　開價與底價間究竟應該保持多少距離呢？我們都很熟悉一個叫做「獅子大開口」（optimistic opening）的開價策略，這個策略的原則就是：只要能夠找到一個「說的出口的標準或論點」（presentable argument）來支持的最高或最低數字，這個數字就應該被用來開價（Shell, 2000: 161）。相關研究也顯示，以賣方為例，「獅子大開口」比起合理的開價或過低開價，可以讓賣方在協議中得到較高的利益（Pruitt & Syna, 1983; Ritov, 1996; Weingart, Thompson, & Bazerman, 1990）；因為它運用心理學中的對比原則（contrast principle）與互惠規範（norm of reciprocity），讓其他談判者在不知不覺中與「獅子大開口」者達成一個對後者比較有利的協議。

　　以《辛普森家庭》卡通配音員調薪案為例，福斯電視台最後答應六位配音員每人每集酬勞從125,000美元調高到250,000美元，調薪幅度百分之百；相較上一次從100,000美元調整為125,000美元，相差真是十萬八千里。局外人雖然無從得知250,000美元究竟是不是這六位配音員的理想價或底價，但是我們卻可以很篤定地說，假如一開始這六位配音員沒有「獅子大開口」要求360,000美元，而是提議250,000美元，最後談判結果絕對

不會是250,000美元。不過,要充分發揮「獅子大開口」的策略效果,談判者必須仔細斟酌「獅子大開口」策略的適用條件,以免「偷雞不成蝕把米」。

前面曾經提過,《辛普森家庭》卡通配音員之所以敢開價360,000美元,主要因為他們知道福斯電視台根本沒有BATNA,所以儘管360,000美元是驚人天價,福斯電視台也只能「啞巴吃黃蓮,有苦說不出」。假如你不像這六位配音員具備相對的談判優勢,而且談判獲利與維持彼此友好關係同等重要時,你需要的就不只是一個「說得出口的標準或論點」來支持你的開價,而必須是令對方難以拒絕的標準或論點(solid argument)(Shell, 2000: 176),也就是Fisher以及Ury(1981)所建議的客觀標準。否則即使不會發生最差的狀況——對手因為憤怒,拂袖而去,也免不了自取其辱。

譬如,2001年4月初美國一架偵查機在南中國海公海上空遭中共戰機攔截而發生擦撞,一架中共戰機被撞毀墜海,飛行員生死不明,而美國偵查機迫降海南島,二十四名機員被留置長達十一天。儘管美國不願意為這件事負責任,但是為了讓機員儘快返國,最後只好對中共的人機損失以及美國軍機迫降而入侵中共領空表示歉意。因此,當事件發生四個月後,中共要求美國支付100萬美金,作為美國二十四名機組人員在中國大陸的食宿費用及中國大陸協助軍機返美的費用;美國只願意支付中共美金34,567元。美金34,567元不但和中共一開始的要求相去甚遠,而其中更值得玩味地是,美國如何計算出這麼有趣的賠償數字?難怪中共官方表示:「美國就中美撞機事件的支付做出所謂的決定,無論在內容上還是形式上,都是北京所不能接受的。」

二、縮小協議區域

在進入「最後議價序曲」階段之前還有「縮小協議區域」階段,此一階段的策略運作對象通常針對彼此的支撐點或底線進行攻防。誠如前文所言,談判雙方支撐點中間的重疊區域就是協議區域;然而,儘管談判者

的開價點很快就不再是祕密，但是彼此都會竭盡可能性地掩飾自己的支撐點。對談判者而言，哪一方能夠比較明確地掌握對方的底線，哪一方就掌握打敗對方的樞紐；但是，也因為底線具備如此舉足輕重的地位，談判者就像在玩躲迷藏遊戲（hide-and-seek）般，一方積極尋找對手的底線，另一方則努力隱藏自己的底線（Kennedy, 1998）。其次，談判者的底線並非固定不動，而是一個不斷變動的點（Walton & McKersie, 1965）。

因此，Walton以及McKersie建議先找出影響談判者底線的因素，然後再透過談判策略的運用來影響這些因素，以達到影響對手底線的最終目標。基本上，一個談判者的底線受到以下四個因素的影響：談判者賦予談判協議選項的價值、談判進程不順利或僵局的成本、談判破裂的成本以及一方對另一方在上述三個變數上情況之認知。對應到談判策略面向，談判者主要透過本文所謂的「攻擊性策略」來影響談判對手在前三個因素的認知，談判對手在最後一個因素的認知則是受到本文所謂的「防禦性策略」的影響。

(一)底線攻防之攻擊性策略

首先，甲方的底線與自己的談判進程不順利或談判破裂成本成反比；誰比較急著達成協議或談判破局對誰比較不利，誰就會出現比較大的讓步空間。因此，乙方必須設法讓甲方瞭解，假如談判進程不順利或談判破裂，甲方將承擔很高的成本。譬如，2003年台灣菸酒公司與大陸中華菸透過互換商標權方式，解決雙方進入對方市場的合法性問題。在這個案例中，雖然一開始是台灣菸酒公司知名的長壽菸商標及圖被大陸旬陽菸酒集團搶先註冊多年，導致長壽菸遲遲無法進軍大陸市場，一度議定以新台幣三千萬元的代價買回長壽菸的商標權；但是2003年年初，大陸中華菸代理商進口一批五千多萬中華菸，卻被扣留在台灣基隆海關，因為商標已被台灣菸酒公司註冊。由於菸品只有半年保存期，大陸中華菸代理商當然希望能夠儘速和台灣菸酒公司解決商標爭議，因而當年4月初雙方達成以下協議：由大陸中華菸向旬陽集團買下長壽菸在大陸的商標權，再與台灣菸酒

公司進行中華菸商標交換；最後台灣菸酒公司不花一毛錢就解決長壽菸在大陸的商標權。

其次，甲方的底線與自己賦予特定談判結果的價值成正比；當甲方賦予特定談判結果的價值愈高，他的底線也會愈高。因此，乙方必須設法說服甲方，甲方目前的提議無法為他帶來預期的結果。譬如，1998年復興航空公司的機師抗議資方片面減薪，六十七名機師發動集體辭職，揚言除非資方恢復原來的薪資，否則不會重返工作崗位。理論上，飛機機師所掌握的專業技術替代性很低，這些機師就像《辛普森家庭》卡通配音員一樣，資方很難在短時間找到替代人力，所以理當掌握很大的談判優勢；但是這起集體辭職風波卻前後維持不到七天就結束，並且是在資方堅持原有減薪方案情況下，最後有五十三名機師自動復職。

為什麼整個事件的發展會朝向有利於資方的方向而劃上句點？其中關鍵性的原因在於復興航空藉由突顯某些被辭職機師忽略的事實，讓辭職機師重新評估公司與本身立場的相對價值以及成本，亦即讓辭職機師所堅持的提議變得比較不吸引人或提高其成本（Walton & McKersie, 1965）。簡言之，復興航空在機師集體辭職的隔天就針對當中的十九位自訓機師進行喊話，提醒他們注意自己和公司已經簽署十五年合約，中途離職者依不足之年數，必須立即賠償公司新台幣一百五十萬元至四百萬元。對自訓機師而言，這些話發揮「一語驚醒夢中人」的效果，知道自己假如繼續堅持抗爭，有可能「賠了夫人又折兵」，於是紛紛先後歸隊；而整個辭職事件也因為自訓機師的歸隊，產生無法控制的骨牌效應，最後只剩下十四名機師沒有復職，落到被解僱的下場。

(二)底線攻防之防禦性策略

最後，甲方的底線與他對乙方賦予特定談判結果價值的認知成反比；當甲方認為乙方賦予特定談判結果的價值愈高時，為了達成協議，甲方的底線會隨之調低。為了說服甲方相信，乙方賦予特定談判結果的很高價值，乙方通常會採取著名的「鎖住立場」（commitments）策略：談判者

藉由言詞宣示未來行動方案，以說服對手相信鎖住立場者不再讓步的決心（Schelling, 1960）。鎖住立場者如何能夠藉由言詞宣示就達到鎖住立場效果呢？成功的鎖住立場策略必須滿足以下條件（Walton & McKersie, 1965）：首先，一個陳述必須被正確地理解為鎖住立場，亦即具備終結（finality）、明確（specificity）與後果陳述（consequences）三個特質；其次，鎖住立場者必須提高陳述的可信度（credibility），以取信於其他談判者，一般做法包括以公開方式宣示自己的決心立場、創造特殊情境以便增加改變立場的困難度、重複提出相同要求以便增加要求的顯著性以及顯示執行威脅或承諾的決心。

　　值得注意的是，即使鎖住立場者恪守上述準則，談判對手還是有可能不為所動。以鎖住立場中最常見的「嚇阻性威脅」而言，假如威脅者不知如何自我解套，就會陷入以下策略困局：承擔執行威脅的龐大具體成本，或者承擔不執行威脅的龐大抽象成本（亦即鎖住立場者威信蕩然無存），以及同時承擔後續可能的龐大具體成本（亦即談判失敗）。一起發生於祕魯多年前的外交人質危機事件，就證明鎖住立場者必須「說到做到」，否則有可能面對可怕的後果。1996年12月祕魯左派游擊隊份子闖入正在舉行雞尾酒會的日本駐利馬大使官邸，挾持約四百八十名人質；隔天游擊隊威脅殺害人質來要求祕魯政府釋放獄中同志，但是期限過後，儘管祕魯總統拒絕讓步，游擊隊反而陸續釋放人質；經過四個月的僵持，第二年4月底祕魯安全部隊發動閃電突擊，擊斃所有游擊隊份了，成功營救人質。

　　從談判理論的觀點來分析這個人質危機事件不難發現，祕魯游擊隊成員在事件發生的第二天就已經埋下四個月後談判失敗的種子。祕魯游擊隊成員先是揚言，假如祕魯總統藤森謙也不在二十分鐘內展開談判，便要從祕魯外長圖德拉開始逐一殺害人質；但二十分鐘過後，祕魯總統沒有答應他們談判的要求，而這些游擊隊成員不但沒有殺害人質，隨後還釋放包括德國、希臘、加拿大三名大使在內的五名人質，並且准許紅十字會人員攜帶水、食物及醫藥進入日本駐利馬大使官邸；然而卻換來祕魯總統首次公開聲明：要求這些游擊隊放下武器，並釋放所有人質，因為政府不會與恐

怖主義和平談判或協議，並且不排除動武的可能。也就是說，當祕魯總統發現這些游擊隊成員只敢說卻不敢做時，談判主導權就從後者轉到前者的手中，最後誰會輸誰會贏，似乎在這一刻就已經很明顯。

　　如何善用鎖住立場才能增加談判優勢呢？Fisher、Ury及Patton（1991: 184-186）認為，掌握使用時機是很重要的一個關鍵。假如太早使用鎖住立場，將關閉溝通管道及破壞雙方關係；但是，一旦大家都瞭解彼此的根本利益，也將所有可能的整合性協議都找出來，就是比較適合使用鎖住立場策略的時機。其次，在表達方式上，最好以書面方式先清楚承諾自己願意做的事情，同時讓對方知道，假如他們不接受你的最後條件，你將執行自己的BATNA，以便讓對方知道拒絕的後果；接著，小心地告訴對方自己不願意做的事情，讓對方明白你不可能再作任何讓步；最後，說明自己希望對方做的事，但是避免不夠具體或無法執行的要求。

三、最後議價序曲、最後議價

(一)讓步策略

　　一旦進入「最後議價序曲」階段，代表談判者已經準備好進行讓步，重點在於選擇哪一種讓步策略。然而，無論選擇哪一種讓步策略，談判者都必須注意自己的讓步次數、速度與幅度；尤其是不能太早做出太大的讓步，否則將傳達錯誤的訊息給談判對手，使得談判者無法獲得理想的獲利（Shell, 2000）。首先，一開始就做出太大的讓步會讓對方認為，你非常需要跟他達成協議，而這樣的印象會讓談判對手升高期望，相對地降低他的讓步意願。其次，對於你輕易的大讓步，對方也不會認為他應該回饋，因為既然你自己都輕易放棄，他何必將你的讓步當一回事？為了避免發生上述讓步貶值（concession devaluation）現象，談判者必須確定每一次的讓步，對方都知道其中的價值，最直接與有效的方法就是：永遠先說你的讓步條件，再提出讓步內容（Kennedy, Benson, & McMillan, 1980）。

　　此外，讓步策略是否能產生預期效果還要看對方如何回應。根據著

名的賽局理論專家Robert Axelrod（1984）的研究，「以牙還牙策略」
（tit-for-tat strategy）是最能夠誘發對方合作行為的讓步策略，而策略本
身只是一個十分簡單的行為法則：假如對方和你合作，你下一次就和他
合作；對方如果背叛你，下次你也背叛他。然而，有些學者（Druckman
& Harris, 1990）指出，談判者會接受或拒絕對手的提議，並非單次提議
內容能夠決定，「以牙還牙策略」過於簡單化談判過程。透過實際案例與
以牙還牙模式、趨勢模式（trend model）以及比較趨勢模式（comparative
reciprocity model）（Bartos, 1974; Druckman & Bonoma, 1976）的對照比
較，Druckman和Harris發現，比較趨勢模式最接近實際談判狀況。換言
之，談判者不但以對手一連串讓步行動為基準，決定自己是否應該讓步與
讓步幅度大小[20]，同時也將自己的讓步趨勢納入後續讓步的考量。

　　針對如何選擇讓步策略，Shell（2000）建議談判者先謹慎評估彼此
之間未來關係的重要性，然後根據評估結果決定適合的讓步策略。一般來
說，假如談判情境屬於談判獲利的重要性高於維持未來關係的重要性，
談判者多半會選擇傳統討價還價策略（haggling strategy）；相反地，假如
維持未來關係的重要性與談判獲利的重要性不相上下，談判者應該選擇
爭議交換策略（issue trading, logrolling strategy）或其他可以創造整合性
協議（integrative agreements）（亦即同時滿足所有談判者需求的協議）
的讓步策略，包括增加資源策略（expanding the pie strategy）、非特定補
償策略（nonspecific compensation strategy）、降低成本策略（cost cutting
strategy）與利益交集策略（bridging strategy）（Pruitt, 1981: 141-157; Pruitt
& Carnevale, 1993: 38-41; Rubin et al., 1994: 173-179）。然而，還是要再一
次的提醒讀者，多數的談判通常無法只採取單一的讓步策略。

◆傳統討價還價策略

　　Herb Cohen（1980: 122-144）在他著名的《人生無處不談判》一書

---

[20]趨勢模式（Coddington, 1968; Snyder & Diesing, 1977）主張，談判者以對手一連串
　讓步而非單次讓步為基準，決定自己是否應該讓步以及讓步幅度大小。

中，曾經介紹一種「蘇維埃談判風格」（Soviet style）的談判方法，具體的做法包括極端開價、有限的讓步權限、大量運用情緒策略（包括動不動就面紅耳赤並且拉高音量、佯裝被激怒，甚至忿忿不平地離開談判桌）、緩慢以及小幅度的讓步、宣稱自己有充裕的談判時間；這就是傳統的討價還價策略。其次，無論是單一議題或多重議題的談判，談判者習慣一次只談判一個議題；值得注意的是，假如遇到談判者在特定議題上沒有讓步空間的情況，這種讓步策略就會導致談判僵局或破局（Shell, 2000）。

簡言之，傳統的討價還價策略主要藉由策略性運用讓步次數、速度與幅度，提高自己的談判獲利；也就是說，當策略使用者的讓步幅度逐次縮小時，他希望能夠說服你，他已經接近底價，而事實上只是接近他的理想價位。一般而言，當一個談判者的讓步幅度逐次縮小時，代表他的讓步空間已經愈來愈小，同時也可能表示目前的提議已經接近他的底價；因此，緩慢以及小幅度的讓步可以成功地誤導談判對手，讓對手將傳統討價還價者的理想價位錯當成其底價（Shell, 2000: 167）。為了因應此種讓步策略，談判者應該設法測試策略使用者的立場，才能在策略使用者有意誤導時，迫使他朝其真正的底價繼續讓步。

◆整合性協議創造策略

以增加資源策略而言，衝突當事者必須問自己以下兩個問題：(1)是否確實存在資源短缺的問題？(2)如何才能增加引起衝突的資源？換言之，當引起衝突的原因是資源（譬如時間、金錢或空間）的短缺，並且當事者有辦法增加短缺的資源時，增加資源策略才是恰當的方法。其次，爭議交換策略假設談判者是不同的個體，因而具備不同的偏好，所以會存在甲方比較不看重的爭議項目卻是乙方所偏愛的情況，同時甲方比較看重的爭議項目並非乙方之最愛，產生彼此可以在不同項目讓步而滿足各自需求的可能性。

以發生在2001年的「中」美撞機事件為例，在雙方僵持十一天後，由於美國以讓滯留於海南島的二十四名機員獲釋回國為第一優先，儘管

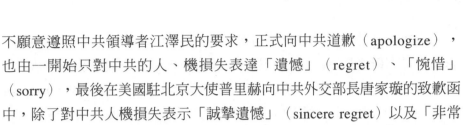

不願意遵照中共領導者江澤民的要求，正式向中共道歉（apologize），也由一開始只對中共的人、機損失表達「遺憾」（regret）、「惋惜」（sorry），最後在美國駐北京大使普里赫向中共外交部長唐家璇的致歉函中，除了對中共人機損失表示「誠摯遺憾」（sincere regret）以及「非常惋惜」（very sorry），對於未得中共口頭允許就迫降海南島，也「深表歉意」（very sorry）。

另外一種交換讓步的方式是非特定補償策略，它與爭議交換策略間最大的差異在於，前者中只有單方面的原始要求被滿足，另外一方則是在與既有議程無關的議題上獲得補償；補償一般來自原始要求被滿足的一方，但有時候則來自第三者。一般而言，假如談判者想採用非特定補償策略，他必須掌握以下資訊：(1)什麼是另一方所看重的價值並且是自己可以提供的？(2)另一方對於上述價值的重視程度為何？(3)另一方因為對我的讓步而傷害多深？然而，當被補償者所得到的補償與其損失屬於同一類時，就屬於降低成本（cost cutting）策略。

採取降低成本策略時，原始要求被滿足的一方必須在不損及其既得利益下，設法降低另一方的成本。因此，協商者欲採用降低成本策略時，必須具備以下資訊：(1)我的提議讓另一方承擔哪些風險或成本？(2)我必須如何做才能幫助另一方減輕這些風險或成本？此外，成本不只是指眼前的損失，有時候儘管對手有「成人之美」的胸懷，卻擔心日後談判對手會不會在不同的衝突情境中也預期同樣的讓步？或者其他人會不會將此一讓步視為一種先例，訴諸互惠規範，也要求得到同樣的待遇（Pruitt, 1981）？

譬如，當1999年北大西洋公約組織開始轟炸南斯拉夫時，中共就以科索沃危機屬於南聯內政，國際不該介入他國內政為由，堅決反對北約對南聯動武。事實上，中共的反對有可能是擔心北約此舉將建立一個危險的先例，導致日後北京政府處理台灣與西藏問題時，也會引來國際的介入。為降低談判他方對先例風險的顧忌，談判學者建議（Jervis, 1970），談判者可以直接否認自己當下的行動屬於一種先例，或者將眼前的行動清楚界定成特例。

最後一種的整合性讓步策略叫做利益交集（bridging），談判學者認為它是困難度最高的方法，因為「沒有任何一方達成最初所陳述的立場，相反地，當事者尋求新穎、有創意的解決方案」（Neale & Bazerman, 1991: 38）。運用這個策略解決衝突時，必須深入瞭解雙方根本需要：(1)什麼是另一方的真正利益與需要？(2)什麼是自己的真正利益與需要？(3)各項根本利益與需要對彼此的相對重要性為何？(4)如何能夠同時滿足雙方最重要的利益？

鴻海精密集團旗下的富士康國際控股公司2003年購併芬蘭藝謀公司（Eimo Oyj），就是一個典型的雙贏。藝謀是NOKIA最主要的手機機殼供應商，也是全球手機機殼第三大廠；儘管藝謀跟不上環境的變化，但是NOKIA卻不願輕易更換供應商。為了拉近與NOKIA的距離，富士康想出一個兩全其美的辦法。根據媒體報導，當時鴻海剛好完成全球首支鈦金屬手機機殼，富士康就帶著這支機殼樣品去見NOKIA高層，以提高NOKIA的全球競爭力為訴求，說服NOKIA高層去遊說藝謀，將藝謀賣給富士康。如此一來，不但富士康因為購併藝謀而順理成章成為NOKIA主要的機殼供應商，NOKIA的產品也可以使用鴻海的鈦金屬手機機殼。

(二)最後議價策略

當談判進入「最後議價」階段，談判已經接近尾聲，是否能夠達成協議往往只差臨門一腳。製造競爭（competition）熱潮、設定談判截止期限（deadlines）、發出最後通牒（ultimatums, take-it-or-leave-it）、鎖死立場或不可逆轉式鎖住立場（irrevocable commitments）以及均分差價（split the difference）等，都是大家耳熟能詳的最後議價策略（closing strategy）（Shell, 2000）；值得注意的是，這些策略比較專注於具體資源的分配問題。針對遲遲無法達成協議的談判，哈佛學者William Ury（1991）特別提醒談判者注意四塊阻礙協議的大石頭：對手的利益被忽略、對手覺得技不如人、對手覺得協議內容不是他們的主意以及對手覺得被迫承諾。在這四塊協議的絆腳石當中，只有第一塊石頭是指向談判者的具體利益，其他三

塊石頭都屬於抽象利益。

換言之，儘管一般人對於衝突解決或談判的理解傾向於談判就是解決利益衝突，致使談判者往往花比較多的注意力來確定協議內容是否公平；但是就像William Ury（1991）所言，橫互於達成協議的康莊大道上的四個主要障礙中，滿足談判對手的「裡子」固然重要，但是談判對手的「面子」也不容忽視；因此，雖然我們都瞭解多數人都是既要「裡子」也要「面子」，但是相較起來，卻相對地忽略談判對手的主觀「感受」或「面子」。誠如美國賓州大學華頓商學院談判學者Stuart Diamond所強調，將談判焦點著眼於談判者的利益，不如先處理好談判者的感覺（洪慧芳、林俊宏譯，2011）。

1998年11月德國戴姆勒賓士汽車公司（Daimler-Benz AG）與美國克萊斯勒（Chrysler Corp）合併成為戴姆勒克萊斯勒公司（Daimler Chrysler AG），合併後的新公司成為全球銷售額第五大汽車製造商。這宗合併案是汽車產業界有史以來最大規模的合併案，在三年後所出版的*Wheels on Fire: The Amazing Inside Story of the DaimlerChrysler Merger*（Waller, 2001）中，十分詳細地描述合併過程中諸多曲折的談判內幕，其中有一段記錄克萊斯勒董事長Robert Eaton以及戴姆勒董事長Juergen Schrempp如何協議新公司名稱的過程，清楚地呼應Ury的論點[21]。

在公開宣布合併消息的前三天，雙方已經決定好新公司的董事會架構，接著討論新公司名稱。一開始美方主張新公司叫做克萊斯勒戴姆勒賓士公司，但是德方先是認為叫做戴姆勒賓士克萊斯勒公司比較好，後來為了展現談判誠意，就主動拿掉賓士，不過堅持新公司叫做戴姆勒克萊斯勒公司；即使如此美方還是不願意點頭，德方也認為德國無法再讓步，雙方於是約好隔天再議。休會期間，美國透過德方幕僚傳話，提議德國以一席董事交換新公司叫做戴姆勒克萊斯勒公司；先前的協議是，十位董事來自

---

[21]對本個案相關細節感興趣的讀者，也可以自行閱讀這本書的中文翻譯本：齊思賢譯（2002）。《改變世界的17分鐘》。台北：時報出版。

賓士，七位來自克萊斯勒。

　　假如你是戴姆勒董事長，你是否會同意這個交換條件？為什麼？一般人多半從具體利益的角度來思考這個問題，所以答案就是：不同意，因為賓士在新公司的董事席位比例將從占絕對優勢10：7變成9：8。儘管戴姆勒董事長當時也是拒絕美國的提議，但是他的決策角度似乎不太一樣；因為他先是不置可否，接著認真地問幫美國傳話的集團幕僚說：「他們是堅持要多一席董事，還是客客氣氣地希望增加一席董事？」多數人聽到Juergen Schrempp這個問話，反應想必跟被問話的德國幕僚差不多：「這有什麼差別？」但是對這位戴姆勒董事長而言，當美方不是客客氣氣表達上述想法時，他就覺得這是一種勒索，同意美方提議是一件沒有面子的事。

　　當戴姆勒董事長斷然拒絕美方提議：「你回去告訴他們，我死也不同意。」賓士與克萊斯勒合併案由於雙方對新公司名稱的僵持不下，幾乎瀕臨破局。還好經過戴姆勒董事長貼身祕書的提醒，美方在隔天會議上改變訴求方式，克萊斯勒董事長Robert Eaton開口要求Juergen Schrempp賣人情給他，多給他一席董事來協助他解決內部問題，才圓滿解決這個爭議。在這件事情上，戴姆勒董事長一開始的反應或許是不理性；但是，誠如Bazerman以及Neale（1992）所強調，談判者往往是不理性居多，因而經常喪失達成雙贏協議的機會。

　　後續相關研究（Thompson & Hrebec, 1996）就發現，即使談判情境提供給研究受試者很明顯的雙贏選項，還是有一半的人最後沒有做出正確選擇，甚至有百分之二十的受試者達成的協議同時損及雙方的利益。其次，Schroth、Bain-Chekal和Caldwell（2005）針對會引發談判者情緒的用語和措詞進行研究，他們發現，負面標籤他方（labeling）、指使他方（telling）、訴諸價值規範（appeals to higher source）、粗魯（rude）、正面標籤我方（superior）、威脅（threats）等六類表達方式（**表12-2**）會誘發憤怒、挫折、恐懼、意外、嫌惡、不友善、羞愧等七類負面情緒，接著將導致談判者對採用上述表達者產生不公平的認知。因此，為了創造雙贏，談判者都應該更加注意自己的表達方式。

表12-2 誘發負面情緒的表達方式

表達方式	表達範例
負面標籤他方	不公平的、愚蠢的、騙子、不值得信任的
指使他方	不可以、必須、應該、需要、絕對不允許、不可能
訴諸價值規範	公平的、道德的、合乎倫理的、比較好的、你讓我失望
粗魯	隨你高興、你是個好人，但是……、再明顯不過、你總是、你從來都不會
正面標籤我方	合理的、理所當然的、應得的、盡全力的、掌控全局的
威脅	你最好順從我的要求，否則……、我自己就可以處理它、你將被排除在外

資料來源：整理自 Schroth, H. A., Bain-Chekal, J., and David F. Caldwell (2005). Sticks and stondes may break bones and words can hurt me: Words and phrases that trigger emotions in negotiations and their effects. *International Journal of Conflict Management, 25*(2), 102-127.

 **肆、結論**

　　相關研究（Babcock & Laschever, 2003）指出，談判讓多數人產生不安和焦慮，除了擔心自己情緒失控而犯錯，也擔心自己會太快讓步；只有少數人對談判有正面的感覺，例如覺得強大、堅定。對於談判的焦慮感，讓很多人應該談判的時候迴避談判，也導致不良的談判表現。以薪資談判為例，Babcock和Laschever更進一步指出，迴避談判的損失遠遠超過單純的金錢問題；因為雇主實際上會比較尊重堅持一定薪資的應徵者。譬如，有一位受訪者表示，當一家聲譽卓著的管理顧問公司決定要聘用她時，她很快地就接受對方的薪資提議，因為她擔心為薪水討價還價會讓新老闆對她產生負面的印象；進入這家公司後，她才發現一開始沒有要求更多薪水差點讓經營團隊不僱用她。值得注意的是，當應徵者不確定是否被錄取之前，則建議採取迴避策略，因為應徵者的談判籌碼在此階段通常相對不足。

　　然而，適當的談判訓練已經被證實可以有效地改善談判帶來的不安

和焦慮，並且改善談判表現。簡言之，除了掌握談判所需的「策略知識」（熟悉基本的談判策略）外，談判者還需要具備如何將知識化爲行動的自信和技巧，以便提高談判者對談判過程的控制感（Stevens, Bavetta, & Gist, 1993）。本章內容分從三個方面來介紹談判：診斷衝突情境、選擇談判策略以及執行談判策略，目的就是希望提供一個簡單易學的談判架構，讓談判初學者對談判有一個全面性瞭解，因而降低初學者對談判的不安和焦慮。此外，也希望藉由本章第一節針對談判發生條件之討論，特別提醒讀者：談判並非萬靈丹，並非每一個衝突都適合透過談判來解決；將談判用在需要談判的衝突情境中，談判才能夠發揮最大的效用。

其次，對一位談判者而言，除了掌握談判所需的「策略知識」外，不同談判議題會涉及不同專業知識；無論是小至馬路上交通事故所引發的權利義務衝突，或大至台灣因爲廣大興28號漁船在2013年5月9日遭菲律賓海岸防衛隊船艦開槍掃射，而與菲律賓政府所展開的一系列談判，談判者都不能夠只是具備「策略知識」。以廣大興28號事件而言，談判者不但要熟悉與此一衝突事件最爲相關的《聯合國海洋法公約》外，也要善用兩國政府之間的既有相關協定，譬如根據《臺菲刑事司法互助協定》，以便向菲律賓要求介入此案調查的權利。此外，國際政治相關專業知識也會派上用場；譬如中華民國國軍與海巡署舉行「護漁聯合操演」，但是礙於菲律賓與美國簽有《美菲共同防禦條約》，台灣爲了避免因爲菲律賓而導致與美國爲敵，必須很謹慎地運用軍事嚇阻手段。

儘管有系統地對談判與協商活動來進行的研究，主要還是來自歐美國家的學者專家；但是這並不代表中國人不研究談判或沒有屬於華人文化的談判理論或原則。國內知名談判學者劉必榮（1994）就以中外聞名的《孫子兵法》爲理論架構，結合他自己多年的談判研究心得，寫成《談判孫子兵法》；其次，中國春秋戰國時代更是充斥豐富的談判實例（陳雙景，1998）；此外，本文作者也曾經以《道德經》（黃鈴媚，2004）以及《易經》（Huang & Li, 2020；黃鈴媚、李秀珠、林敏雄，2021）中的哲學思想，檢視美國哈佛學派雙贏協商模式中的優缺點。簡言之，從先人的智慧

中汲取可用的談判知識與技巧，一來可以提醒談判者文化差異性對談判的理解或進行方式的可能影響；二來也可以從博大精深的中華文化中，找尋可以讓西方談判與協商理論更加完備的洞見。

討論問題

1. A君從研究所畢業後如願以償地到甲電視台擔任記者，但是三個月試用期過後，電視台不但沒有和A君簽訂正式工作合約，單位主管更是三不五時就表達對A君工作表現的不滿，甚至還嗆聲要請A君走人。為了實現自己的理想，A君百般忍耐；直到陸續看到多家友台發布招考新人的消息後，而A君又從單位主管口中得知自己短期內無法成為甲電視台正式記者時，自覺「此處不留爺自有留爺處」，於是毅然決然就跟單位主管提出辭呈。請問：

   (1)「多家友台招考新人」是A君跟甲電視台單位主管談判的「談判協議最佳替代方案」嗎？為什麼？

   (2)換成是你，你的做法會和A君不一樣嗎？

2. 社會新鮮人第一次求職，往往不確定是否可以跟未來雇主開口談工作薪資，就怕開口談薪資會讓「煮熟的鴨子飛了」！其實只要事先做好談判準備工作，不但不會給人「貪得無厭」的負面形象，反而還能藉由展現談判專業能力再幫自己加分。請問：

   (1)根據「決策互賴性」概念，哪個時間點談薪資比較恰當：面試進行中或已經知道被錄取？為什麼？

   (2)開始談薪資時，社會新鮮人是否應該搶先開價？為什麼？

3. 歐盟執委會在2010年底公布南韓樂金顯示器（LGD）、台灣奇美電、友達、華映、瀚宇彩晶等五家韓台面板製造商，因共謀操作

面板價格,違反「反托拉斯法」,判罰五家面板製造商6.49億歐元,其中奇美被罰3億歐元最重;但是三星電子因率先通報操縱價格行為,因而免於受罰。請問:

(1)根據「談判者困局」概念,三星電子是否採取對自己最佳的談判策略?為什麼?

(2)假如你是當事人,你是否會跟三星電子採取相同的談判策略?為什麼?

4.澳洲政府「新聞媒體議價法令」(News Media Bargaining Code)強制搜尋引擎龍頭Google、社群網站巨頭臉書為出現在其平台上的澳洲媒體新聞內容付費,2021年初引發Google、臉書公開威脅退出澳洲市場;但是Google在2021年2月中旬率先對澳洲政府讓步,臉書則在2月18日無預警封鎖澳洲新聞連結,直到2月23日雙方才達成協議。請問:

(1)Google、臉書一開始都採取「鎖住立場」策略(公開的、口頭的「嚇阻性威脅」澳洲政府);但是相較於Google隨即妥協,臉書卻從口頭的「嚇阻性威脅」化為實際行動的「鎖死立場」,是否讓臉書更有效地管理「談判者困局」?

(2)臉書仰賴其在澳洲的絕對市場優勢,企圖以「禁澳令」來迫使澳洲議會停止審查「新聞媒體議價法令」;但是臉書運用其談判優勢的做法是否讓臉書更有效地管理「談判者困局」?

重要語彙

二元關切模式（dual concern model）

處理人際衝突的風格主要受到兩個因素的影響：他方獲利之關切、我方獲利之關切。

支撐點（resistance point）

談判者對特定選項之最低效用評估、對其實現機率的最悲觀假設以及對自己談判技巧的最不利假設。

以牙還牙策略（tit-for-tat strategy）

假如談判對手和談判者合作，談判者下一次就和談判對手合作；談判對手如果不合作，下次談判者也不合作。

正向優勢（positive leverage）

談判者所滿足對手需要的能力。

可談判性（negotiability）

現狀必須被改變而衝突當事者沒辦法單獨改善現狀時，衝突就具備「可談判性」。

目標點（target point）

談判者對特定選項之最高效用評估、對其實現機率的最樂觀假設以及對自己談判技巧的最有利假設。

立場妥協性

談判者主觀認知彼此立場之間存在議價區域或協議區域。

共同立足點（perceived common ground, PCG）

談判者對於是否可能找到同時滿足所有談判者需求之解決方案的一種主觀評估。

利益交集（bridging）策略

沒有任何談判者達成最初所陳述的立場，相反地，談判者尋求新穎、有創意而且被所有談判者都接受的解決方案。

均分差價（split the difference）
以每一個談判者最後提議之間差異的中間點，作為最終協議點。

妥協策略（compromise strategy）
尋求一個折衷方案或提供一個折衷意見以達成協議的談判方式。

決策互賴性
談判者是否主觀認知彼此不具備可以單獨解決衝突的能力。

爭議交換（issue trading, logrolling）**策略**
假設談判者具備不同的偏好，所以會存在甲方比較不看重的爭議項目卻是乙方所偏愛的情況，同時甲方比較看重的爭議項目並非乙方之最愛，產生彼此可以透過交換爭議而滿足各自需求的可能性。

爭議急迫性
談判者是否主觀認知彼此承受必須立即達成協議的時間壓力。

非特定補償策略（nonspecific compensation strategy）
只有單一談判者的原始要求被滿足，另外一方則是在與既有議程無關的議題上獲得補償；補償一般來自原始要求被滿足的談判者，但有時候則來自第三者。

負向優勢（negative leverage）
談判者惡化談判對手現況的能力。

降低成本策略（cost cutting strategy）
只有單一談判者的原始要求被滿足，原始要求被滿足的談判者必須在不損及其既得利益下，設法降低另一方接受談判協議條件的成本。

迴避策略（avoidance strategy）
採取「以靜制動」或直接放棄引起衝突的既定行動計畫的談判方式。

退讓策略（accommodation strategy）
以低於原有目標的條件與對方達成協議的談判方式。

統合策略（coordinated forcing and fostering strategy）
混合使用競爭策略以及解決問題策略。

規範優勢（normative leverage）
談判者訴諸普遍性原則來提升談判立場正當性的能力。

最後通牒（ultimatums, take-it-or-leave-it）

透過語言以及非語言的操作來讓談判對手相信，談判對手只能選擇接受談判者的提議或談判破局。

談判協議最佳替代方案（best alternative to a negotiated agreement）

假如談判者無法跟眼前的談判對手達成談判協議，談判者可以用來解決問題的所有替代方案中的最好方案。

策略（strategy）

談判者針對談判目標所預定達成的行動方向，因而一個策略通常包括不同的執行技巧。

傳統討價還價策略（haggling strategy）

藉由策略性運用讓步次數、速度與幅度，讓談判對手將討價還價者的理想價位錯當成其底價而提高討價還價者的談判獲利。

解決問題策略（problem solving strategy）

尋求兼顧雙方需求之解決方案的談判方式。

認知可行性觀點（perceived feasibility perspective）

除了考量談判者本身的關切重點外，選擇談判策略時還要考量達成談判目標的成功機率以及執行談判策略的成本。

僵局（stalemate）

當競爭策略不再發生效用，但是各方談判者又希望衝突愈快解決愈好，只是各方談判者卻都不願意單方面退讓時，就出現談判僵局。

增加資源策略（expanding the pie strategy）

當引起衝突的原因是資源的短缺，而當事者也有辦法增加短缺的資源時，就藉由增加所欠缺的資源來解決衝突。

談判者困局（the Negotiator's Dilemma）

談判者間存在一種既競爭又合作的關係，因而談判者並非選擇單一的談判策略，而是必須降低不同性質策略間的互斥效果以及發揮它們彼此間的互補效果。

談判價值

具體談判利益加上抽象談判利益大於具體談判成本加上抽象談判成本。

技巧（tactic）

執行談判策略的具體手段。

整合性協議（integrative agreements）

同時滿足所有談判者需求的協議。

嚇阻性威脅（deterrence threats）

藉由宣示威脅者即將採取一項被威脅者不樂於見到的行動，以便讓被威脅者為了避免面對上述行動的後果而出現符合威脅者預期的行動。

鎖死立場或不可逆轉式鎖住立場（irrevocable commitments）

威脅者持續執行一項被威脅者不樂於見到的行動，直到被威脅者出現符合威脅者預期的行動為止。

鎖住立場（commitments）

談判者藉由言詞宣示未來行動方案，以說服談判對手相信鎖住立場者不再讓步的決心。

競爭策略（competition strategy）

將單方面之偏好強制加諸於他方來解決衝突的談判方式。

議價區域（bargaining range）／**協議區域**（settlement range, or zone of potential agreement）

位於談判雙方支撐點中間的區域。

讓步貶值（concession devaluation）

談判者的讓步策略無法讓談判對手感受到談判者的讓步價值，因而不認為應該提供相對的讓步。

參考文獻

洪慧芳、林俊宏譯（2011）。《華頓商學院最受歡迎的談判課》。台北：先覺。

陳雙景（1998）。《危機談判：中國先哲的危機處理與談判技巧》。台北：遠流。

黃鈴媚（2001）。《談判與協商》。台北：五南。

黃鈴媚（2004）。〈無為談判者：《老子》思想與談判行為研究〉。載於陳國明（主編），《中華傳播理論與原則》，頁265-294。台北：五南。

黃鈴媚、李秀珠、林敏雄（2021）。〈「讓步」與「讓利」的距離：從陰陽觀點探討「談判者困局」之「戰術矛盾」管理〉。《數位時代的群我溝通：新樣貌與新挑戰》，頁23-44。台北：世新大學口語傳播暨社群媒體學系出版。

齊思賢譯（2002）。《改變世界的17分鐘》。台北：時報出版。

劉必榮（1994）。《談判孫子兵法》。台北：希代。

Adair, W. L., and Brett, J. M. (2005). The negotiation dance: Time, culture, and behavioral sequences in negotiation. *Organizational Science, 16*(1), 33-51.

Allred, K. G. (2000). Distinguishing best and strategic practices: A framework for managing the dilemma between creating and claiming value. *Negotiation Journal, 16*(4), 387-397.

Axelrod, R. (1984). *The Evolution of Cooperation.* New York: Basic Books.

Babcock, L., and Laschever, S. (2003). *Women Don't Ask: Negotiation and the Gender Divide*. Princeton, NJ: Princeton University Press.

Baranowski, T. A., and Summers, D. A. (1972). Perceptions of response alternatives in a prisoner's dilemma game. *Journal of Personality and Social Psychology, 21*, 35-40.

Bartos, O. J. (1974). *Process and Outcome of Negotiations*. New York: Columbia University Press.

Bazerman, M. H., and Neale, M. A. (1992). *Negotiating Rationally.* New York: Free

485

Press.

Blake, R. R., and Mouton, J. S. (1964). *The Managerial Grid.* Houston, TX: Gulf.

Coddington, A. (1968). *Theories of the Bargaining Process.* Chicago: Aldine.

Cohen, H. (1980). *You Can Negotiate Anything: How to Get What You Want.* Secaucus, MJ: Lyle Stuart.

Crumbaugh, C. M., and Evans, G. W. (1967). Presentation format, other persons' strategies and cooperative behavior in the prisoner's dilemma. *Psychological Reports, 20,* 895-902.

Deutsch, M. (1958). Trust and suspicion. *Journal of Conflict Resolution, 2,* 265-279.

Douglas, A. (1962). *Industrial Peacemaking.* New York: Columbia University Press.

Druckman, D., and Bonoma, T. V. (1976). Determinants of bargaining behavior in a bilateral monopoly situation II: Opponent's concession rate and similarity. *Behavior Science, 21,* 252-262.

Druckman, D., and Harris, R. (1990). Alternative models of responsiveness in international negotiation. *Journal of Conflict Resolution, 34,* 234-251.

Fisher, R., and Ury, W. R. (1981). *Getting to Yes: Negotiating Agreement Without Giving In.* Boston: Houghton-Mifflin.

Fisher, R., Ury, W. R., and Patton, B. (1991). *Getting to Yes: Negotiating Agreement without Giving In* (2nd ed.). New York: Penguin.

Follett, M. P. (1941). Constructive conflict. In H. C. Metcalf and L. Urwick (Eds.), *Dynamic Administration: The Collected Papers of Mary Parker Follett* (pp. 30-49). New York: Harper & Brothers.

Gruder, C. L., and Duslak, R. J. (1973). Elicitation of cooperation by retaliatory and nonretaliatory strategies in a mixed motive game. *Journal of Conflict Resolution, 17,* 162-174.

Gulliver, P. H. (1979). *Disputes and Negotiations: A Cross-Cultural Perspective.* New York: Academic Press.

Holmes, M. E. (1992). Phase structures in negotiation. In L. L. Putnam and M. E. Roloff (Eds.), *Communication and Negotiation* (pp. 83-108). Newbury Park, CA: SAGE Publications.

Hopmann, P. T. (1996). *The Negotiation Process and the Resolution of International Conflicts*. Columbia, South Carolina: University of South Carolina Press.

Huang, Lin-Mei and Li, Shu-Chu Sarrina (2020). Managing the gender dilemma as Yin-Yang balancing: The dynamic interplay of communal and agentic bargaining behaviors of senior female negotiators. *China Media Research, 16*(4), 1-19.

Jervis, R. (1970). *The Logic of Images in International Relations*. Princeton, New Jersey: Princeton University Press.

Johnson, R. A. (1993). *Negotiation Basics: Concepts, Skills, and Exercises*. Newbury Park, CA: SAGE Publications.

Kennedy, G. (1998). *The New Negotiating Edge: The Behavioral Approach for Results and Relationship*. London: Nicholas Brealey Publishing.

Kennedy, G., Benson, J., and McMillan, J. (1980). *Managing Negotiations*. London: Business Books.

Lax, D. A., and Sebenius, J. K. (1986). *The Manager as Negotiator: Bargaining for Cooperation and Competitive Gain*. New York: The Free Press.

Lewicki, R. J., Hiam, A., and Olander, K. W. (1996). *Think Before You Speak: A Complete Guide to Strategic Negotiation*. New York: John Wiley & Sons, Inc.

Lewicki, R. J., Saunders, D. M., and Minton, J. W. (1999). *Essentials of Negotiation* (International ed.). Boston: McGraw-Hill & Irwin.

Neale, M. A., and Bazerman, M. H. (1991). *Negotiator Cognition and Rationality*. New York: Free Press.

Neale, M. A., and Lys, T. Z. (2015). *Getting (More of) What You Want: How the Secrets of Economics and Psychology Can Help You Negotiate Anything in Business and in Life.* New York: Basic Books.

Olekalns, M., Brett, J. M., and Weingart, L. R. (2003). Phases, transitions and interruptions: modeling processes in multi-party negotiation. *International Journal of Conflict Management, 14*(3), 191-211.

Preuss, M., and van der Wijst, P. (2017). A phase-specific analysis of negotiation styles. *Journal of Business & Industrial Marketing, 32*(4), 505-518.

Pruitt, D. G. (1981). *Negotiation Behavior*. New York: Academic Press.

Pruitt, D. G., and Carnevale, P. J. (1993). *Negotiation in Social Conflict*. Pacific Grove, CA: Brooks/ Cole Publishing Company.

Pruitt, D. G., and Syna, H. (1983). Successful problem solving. In D. Tjosvold and D. W. Johnson (Eds.), *Conflicts in Organization* (pp. 62-81). New York: Irvington.

Putnam, L. L. (1990). Reframing integrative and distributive bargaining. In B. H. Sheppard, M. H. Bazerman, and R. J. Lewicki (Eds.), *Research on Negotiation in Organizations* (pp. 1-30). Greenwich, CT: JAI Press.

Rahim, M. A. (1983). A measure of styles of handling interpersonal conflict. *Academy of Management Journal, 26*, 368-376.

Rahim, M. A., and Bonoma, T. V. (1979). Managing organizational conflict: A model for diagnosis and intervention. *Psychological Reports, 44*, 1323-1344.

Ritov, I. (1996). Anchoring in simulated competitive market negotiation. *Organizational Behavior and Human Decision Processes, 67*, 16-25.

Rubin, J. Z., Pruitt, D. G., and Kim, S. H. (1994). *Social Conflict: Escalation, Stalemate, and Settlement* (2nd ed.). New York: McGraw-Hill, Inc.

Schelling, T. C. (1960). *The Strategy of Conflict*. Cambridge, Mass.: Harvard University Press.

Schroth, H. A., Bain-Chekal, J., and David F. Caldwell (2005). Sticks and stones may break bones and words can hurt me: Words and phrases that trigger emotions in negotiations and their effects. *International Journal of Conflict Management, 25*(2), 102-127.

Sebenius, J. K. (2015). Why A Behavioral Theory of Labor Negotiations remains a triumph at fifty but the labels "distributive" and "integrative" should be retired. *Negotiation Journal, 31*(4), 335-347.

Shell, G. R. (2000). *Bargaining for Advantage: Negotiation Strategies for Reasonable People*. New York: Viking.

Snyder, G. H., and Diesing, P. (1977). *Conflict Among Nations: Bargaining, Decision Making, and System Structure in International Crises*. Princeton, N. J. : Princeton University Press.

Stevens, C. K., Bavetta, A. G., and Gist, M. E. (1993). Gender differences in the acquisition of salary negotiation skills: The role of goals, self-efficacy, and perceived control. *Journal of Applied Psychology, 78*(5), 723-735.

Thomas, K. (1976). Conflict and conflict management. In M. D. Dunnette (Ed.), *Handbook of Industrial and Organizational Psychology* (pp. 889-935). Chicago: Rand McNally.

Thompson, L., and Hrebec, D. (1996). Lose-lose agreements in interdependent decision making. *Psychological Bulletin, 120*, 396-409.

Trenholm S., and Jensen, A. (2000). *Interpersonal Communication* (4th ed.). Belmont: Wadsworth Publishing Company.

Ury, W. (1991). *Getting Past No: Negotiating with Difficult People*. New York: Bantam Books.

Von Neumann, J., and Morgenstern, O. (1944). *Theory of Games and Economic Behavior.* Princeton, NJ: Princeton University Press.

Waller, D. (2001). *Wheels on Fire: The Amazing Inside Story of the DaimlerChrysler Merger*. London: Hodder and Stoughton.

Walton, R. E., and McKersie, R. B. (1965). *A Behavioral Theory of Labor Negotiations.* New York: McGraw-Hill.

Walton, R. E., and McKersie, R. B. (1993). *A Behavioral Theory of Labor Negotiations* (2nd ed.). New York: McGraw-Hill.

Walton, R. E., Cutcher-Gershenfeld, J., and McKersie, R. B. (1994). *Strategic Negotiations: A Theory of Change in Labor-Management Relations*. Boston, Mass.: Harvard Business School Press.

Weingart, L. R., Thompson, L. L., and Bazerman, M. H. (1990). Tactical behaviors and negotiation outcomes. *The International Journal of Conflict Management, 1*, 7-31.

Zartman, I. W., and Berman, M. R. (1982). *The Practical Negotiator*. New Haven: Yale University Press.

CHAPTER 13

文化間傳播與跨文化傳播

黃葳威

　　台灣導演作品《美國女孩》（*American Girl*）在國內外影展大放異彩，導演以自身經歷爲背景，呈現童年赴美就學，五年沉浸西方生活，融入美國文化，卻在青春期返台就學，其中面臨的跨文化衝擊與適應。

　　電影《喜福會》（*The Joy Luck Club*）女主角之一，與她的大學同窗男友陷入熱戀，男孩興奮地邀請這位華裔美國女友參加家中聚會，與男方家長會面，猶太裔美國男友的母親曾以膚色、家世差異，拒絕了這位黃種女孩。然而，經由華裔女友母親的安慰與激勵，女方仍鼓起勇氣與男友建立家庭，展開跨文化婚姻。

　　類似《美國女孩》的逆向涵化（reverse acculturation）實例，或《喜福會》的同化（assimilation）經歷，不勝枚舉。

　　所謂入境隨俗（Do in Rome as the Romans Do），意思是提醒人們身處任何新的環境，不妨先觀摩新環境中人、事、物的運行，學習適應這個新環境。

　　其實，每一個人的生命歷程，都會遇到不同的新環境，或扮演各式各樣的角色。就像一個新生兒離開母腹，需適應、認識子宮外的世界；一位外地（籍）學生到異地求學，需面臨不同於原居地的學習環境、同儕關係；一位旅行各國的生意人，在進行跨國商旅洽商的同時，也會接觸到與其母文化相異的異鄉風情。

　　除了上述類似的個人直接經驗外，傳播媒體的影音內容、地方新聞報導、國際新聞報導、外國偶像劇集、電影、卡通、漫畫等，也提供我們許多跨文化的間接經驗。

　　這些直接或間接的經歷，交織著每個人的認知與理解，影響每個人對不同族群文化、不同地域文化的認識或適應。

　　身處資訊傳遞便捷的現代社會，人工智慧大數據等推波助瀾，人們經歷各式不同文化體驗的文化間傳播（intercultural communication），已是日常。當審視比較不同文化的元素、影響、象徵符號等，則爲跨文化傳播（cross-cultural communication）寫下註解。

　　身處全球化的地球村，文化間傳播與跨文化傳播始終是一個持續延燒

的研究領域。從不同文化族群的流動於不同文化族群間的生活，到文化族群間的媒體訊息、人際溝通、傳播行為等的比較。或結合教育領域的跨文化學習、空間規劃，跨行銷管理學門的跨文化消費與行銷、跨國媒體訊息策略，人文社會學門的文創產業創意營造、在地創生，結合聯合國永續發展目標等，眾聲喧譁。

我們時時有機會接觸各種文化的洗禮。文化究竟是什麼？

壹、文化的定義

根據牛津簡明英語語源學字典（Hoad, 1987: 108；黃葳威，1999）的定義，文化源自拉丁文，為一畦耕作的土地。要怎麼收穫，先怎麼栽，文化的形式需要耕耘、栽培。爾後引申為心靈的修養、智力的訓練與精鍊。

文化另一字源，來自拉丁文的「公民」（civis），這也是文明的字源，較強調人們在團體中的隸屬，例如，屬於某一族群、社會、團體。文化原係指某一民族的生活方式，這種方式與其他民族有別，之後才增加了在價值判斷上的優劣高下，因而構成「文明」與「野蠻」的對立（沈清松，1984）。

審視文化的兩個字源可以獲知，文化需要後天的經營與耕耘，文化也被視為一種不同於其他民族的生活方式。然而，不同民族的生活方式與耕耘程度，卻因各有不同背景依據，難以斷定孰優孰劣。例如：中東文化、祕魯文化與台灣原住民文化，究竟何者略勝一籌？或何者為文明？何為野蠻？我們是否不自覺出現自我中心的價值判斷？

一、價值判斷出現

讓我們再來觀察、比較不同領域對文化的定義，追溯一下「文化」加上「價值判斷」來比較的始作俑者（**表13-1**）。

文化因原來象徵農事、耕作，曾被英國文化人類學者泰勒（Taylor,

表13-1　不同領域對文化的定義

1.愛德華‧泰勒（Edward Burnett Tylor）的文化觀 原來象徵「農事、耕作」，曾被英國文化人類學者泰勒視為技術名詞。 從民族誌學將文化界定為一複雜的整體，包括知識、宗教信仰、藝術、道德、法律、習俗，以及其他屬於社會成員所需具備的能力與習慣。
2.生物學者哈欽森（George Evelyn Hutchinson）的文化觀 認為群體所展現的行為類別即代表文化。
3.法國人類學者李維‧史陀（Claude Lévi-Strauss）的文化觀 主張文化是在某一特定時間普存於人類群體的一組模式或行為模式，從研究測量觀點而言，這些模式是可被觀察、精確的，但不具連續性
4.法國社會學者涂爾幹（Émile Durkheim）的文化觀 涂爾幹未曾定義文化，但他在界定「社會活動」時指出，社會活動應包含各種外在於個人、且具有強制個人力量的各種行動、思想和感受的公式。
5.文化人類學者柯羅柏（Alfred Louis Kroeber）與柯朗宏（Clyde Kluckhohn）的文化定義 柯羅柏及柯朗宏則依據文化人類學、社會學、心理學、精神學等各領域對文化所下的一百六十個定義，將文化的定義歸類為六種類別。
6.1935年以來，英國人類社會學者 開始以社會及結構取代文化中的中心概念。文化即生活方式。
7.考古學者 重視人造物的部分。顧德文（William Goodwin, 1953）：「人出生後所獲得的每件物品，社會中後天的產品，一種單純的社會的集合，即為文化。」
8.美國社會學者馬蓋福（Robert Morrison MacIver）與德國作家韋伯（Anne Weber）持同一觀點 將文化界定為主觀的宗教、哲學、藝術；文明則是社會中客觀的科技與資訊活動，他們主張，文明是累積、不可倒轉的文化成分，這些成分是高度可改變的、獨特的、以及不可添加的。
9.哲學家觀點 賴醉葉（J. Ladrieie）：一個社會的文化可以視為是這個社會的表象系統、規範系統、表現系統、和行為系統所形成的整體。 沈清松：文化是一個歷史性的生活團體──亦即成員在時間中共同成長發展的團體──表現其創造力的歷程與結果的整體，其中包含了終極信仰、觀念系統、規範系統、表現系統和行動系統。
10.文化史學觀點 鮑斯將人類學歷史看作是一株「文化之樹」（tree of culture），意味著全人類不同族群原本源自同一根基，爾後形成不同分支，開花結果。 功能學派：將社會比擬為有機體，將風俗、制度的存在視為在維持整個社會的作用而存在。
11.進化論的反擊 新進化論──多線進化論、文化生態論、文化物質論。 分別從社會生態、物質層面而觀察文化。

（續）表13-1　不同領域對文化的定義

12.文化心靈論
認為外在生態環境對文化的決定，不如文化物質論者所強調的那般重要，他們所看重的是文化內在意義的詮釋。
13.傳播觀點
我國傳播學者汪琪對文化的看法是——文化是動態的，一方面構成生活的部分，一方面也受到自然環境、社會成員、其他文化的相互影響；文化是除了自然環境與人類本能外，無所不包的。

資料來源：作者自行整理。

1865）視為技術名詞。這個文化人類學的技術名詞，由泰勒在1865年引介到英文。六年後，泰勒從民族誌學將文化界定為一複雜的整體，包括知識、宗教信仰、藝術、道德、法律、習俗，以及其他屬於社會成員所需具備的能力與習慣（黃葳威，1999）。

　　泰勒的文化觀，明顯反映文化對於社會成員是在團體中的隸屬，也列舉文化涵蓋的範圍。不過，泰勒將知識歸在文化的範圍，是否高舉知識訓練場所——學校教育的角色，值得商確。知識（knowledge）常被詮釋為學問、知識。那麼，一對住在鄉間辛苦耕作的老農夫婦，將子女送至外地求學，是否就代表受了教育的子女比老農夫婦更有文化呢？答案顯然不一定。

　　其次，泰勒所列舉的文化的範圍，較重視社會成員需具備的能力與習慣，放諸現代社會則略顯狹隘。譬如：其中包含了藝術，卻缺少技藝、器物等有形物、文明用品、貨幣等等。

　　生物學者哈欽森（Hutchinson, 1950: 283；黃葳威，1999）認為，群體所展現的行為類別即代表文化。哈欽森以為，文化缺乏操作型定義；假設有一團體及一新生的團體，當這一個個體身處此一團體，爾後被觀察，這一個團體的行為已無法與此一團體文化有所區別。因此，他主張，文化在文化人類學領域均具有相當程度的抽象意味。

　　哈欽森注重個體的外顯行為，忽略內含的精神思想層面，甚至反映個體生活的有形物。

　　文化究竟可不可以被操作化？以哈欽森所舉的團體與個體為例，個

體原有認同的母文化與此團體的文化，可從不同層面界定操作化定義，只是，兩者界定的內涵隨兩種文化有別，且所界定出的兩個操作化定義，不具有歷時性，須隨不同時空更新修正。

再者，一個體身處一團體一段時日，其原有源自母文化的行為，的確會隨其適應程度，產生不同程度的同化。這種跨越兩種（或以上）文化的經驗，屬於跨文化探討的範圍，作者將在下一章詳述。

法國人類學者李維・史陀（Lévi-Strauss, 1953: 536；黃葳威，1999）主張，文化是在某一特定時間普存於人類群體的一組模式、或行為模式。從研究測量觀點而言，這些模式是可被觀察、精確的，但不具連續性。

李維・史陀相信文化可以有操作型定義，但所界定的操作模式不具歷時性。

法國社會學者涂爾幹（Émile Durkheim；轉引自沈清松，1984: 24）未曾定義文化，但他在界定「社會活動」時指出，社會活動應包含各種外在於個人、且具有強制個人力量的各種行動、思想和感受的公式。學者沈清松以為，涂爾幹用行動、思想、感受三者，羅列集體意識的全體功能，以此方式來確定文化的內涵，較易具統一性。

涂爾幹從宏觀的角度，認為社會活動具有強制人的力量，這反映社會成員對身處在社會的隸屬性。然而，一社會成員身處動盪不安的亂世時，社會活動是否真具備集體意識的功能？則令人質疑。亂世下的社會活動，就不能算是文化的內涵嗎？顯然也不合理。何況，現代社會崇尚自由多元化，社會活動未必可強制個人的行動；即便約束個人行動，也未必可強制個人的思想或感受。

二、文化人類學觀點

文化人類學者柯羅柏及柯朗宏（Krober and Kluckhohn, 1952），依據文化人類學者、社會學者、心理學者、精神學者等對文化所下的一百六十個定義，將文化的定義歸類為六種類別（**表13-2**）（Krober and Kluckhohn, 1952；黃葳威，1999）：

表13-2　文化定義的六種類別

1.列舉描述類（enumeratively descriptive）	文化可被理解，內容可被列舉
2.歷史類（historical）	選取文化中的某一特質、社會遺產或傳統，而非從具體層面定義。
3.規範類（normative）	強調文化如同一種獨特的生活方式，或強而有力的規範與其影響結果。
4.心理類（psychological）	將文化視為為了滿足需求、解決問題、調適外在環境與他人的一套技術。
5.結構類（structural）	根據行為而來，解釋行為而來。
6.發生學類（genetic）	過往行為在連結中累積傳遞的結果，便是文化。

資料來源：作者自行整理。

(一)列舉描述類（enumeratively descriptive）

　　泰勒對文化的古典定義，與鮑斯（Boas, 1930: 79）屬於列舉描述的定義相呼應。鮑斯以為，文化包括一地域中所有社會習性的現象、個體受到所處團體習性影響的反應，以及由這些習性主導的人類活動產物。

　　列舉描述的文化定義有兩特質：文化係完全可被理解的；文化內容可被列舉。因採取列舉描述的方式，鮑斯特別界定了一特定地域的社會習性、個體反應及活動產物，如此在操作文化的定義時，較可掌握依循一定的範圍，不致大而無當。

(二)歷史類（historical）

　　歷史的文化定義，如同選取文化中的某一特質、社會遺產或傳統，而非從具體層面定義。人類學者林登（Linton, 1936: 78）認為，文化即人類整體的社會遺產；各種文化則是社會遺產中不同的世系特質。

　　歷史的文化定義固然可以代表文化的一面，但卻忽視文化在現實社會中的創造性、可變化的一面。例如：過去中國社會以貨幣交易為主，大部分的家庭按月支薪後，可能將日常支出之外的餘錢轉而儲蓄；目前信用卡塑膠貨幣的時代來臨，人們則逐漸先以信用卡購物，爾後按月付款，預支

花費。因而,若探討中國文化中的理財習慣,需先界定探討的時代社會背景,否則,僅採取歷史的文化定義,其歷時性令人質疑。

(三)規範類 (normative)

規範的文化定義,強調文化如同一種獨特的生活方式,或強而有力的規範與其影響結果。柯蘭博(Klineberg, 1935: 255)認為,文化是由社會環境主導的整體生活方式。這說明文化會受到環境的影響,例如:靠山吃山、靠海吃海,文化雖然非天生而成,卻可能因自然或環境影響,而形成不同的生活方式。

規範的文化類別則顯示,文化在形而上的層面包括意義、價值觀、規範、前述三者的互動與關係、前述三者相結合或脫節的部分,及這些層面透過外在的行動與其他細節,在實際的社會文化層面具體呈現(Sorkin, 1946: 313)。

這突顯了文化的具體現象,以及隱含的內涵。同時說明規範的文化類別,未必只有各項互動與組成的結合部分,也包含其中脫節的部分。這反映了規範係原則、概括的方式,而非強制的方式,符合社會成員仍有不同程度的個別差異。

(四)心理類 (psychoiogical)

心理的文化定義,重視調適、學習、習慣等過程,並將文化視為為了滿足需求、解決問題、調適外在環境與他人的一套技術。譬如:福特(Ford, 1942: 555、527)以為,文化含有傳統解決問題的方式;文化包括任何與成功相關而被接受的反應;文化包含經由學習而來的解決問題的方式。這一文化類別呈現的意涵傾向功能學派,認為文化可以解決問題,且與成功相關,需經由學習而來。這種功能取向與成功相結合,已顯現價值判斷、優劣的意味。

英國功能學派代表人物馬凌諾斯基(Bronislaw Malinowski)認為,文化形成一套密切相關的系統,要解釋這一整體只有從社會中個人心理需求

的層次去探求，每一項風格的存在都因滿足各人的各種需要而存在（李亦園，1991）。

有一些心理的文化意義，傾向將文化簡化為一心理學派的概念：經由文化我們瞭解所有昇華物、替代品、反應構造的總合，一言以蔽之，文化是社會上可抑制刺激、或准許上述扭曲的滿意存在的任何事物（Roheim,1934: 126）。這一學派觀點的功能取向較不明顯，不以為文化是萬能的，也較真實反映各文化的社會背景兼含和諧與衝突的矛盾面。

(五)結構類（structural）

1939年之前，只有一篇有關結構的文化定義論述，到1945年左右，大約有四個結構的文化定義問世（Gould and Kolb, 1964）。結構的文化定義使得各文化系統化的特質、文化中疏離部分的組織聯結變得重要。文化在這一類別變為抽象的概念模式，這模式本身不是行為，卻是根據行為而來，或由解釋行為而來。例如：柯朗宏及凱立（Kluckhohn and Kelly; Linton, 1945: 98）主張，文化是經由歷史衍生而來，也是基於生活需求的外在與內在設計體系，並可由團體中的全體成員、或特定成員共享。

結構的文化定義，截取了歷史、規範與心理的文化定義，兼顧了文化承續歷史的一面，以及因時因地制宜的創新性的一面，同時反映文化在一社會團體的普及化的彈性——由全體成員或特定成員共享。

不過，並非所有的人類學者，都視文化為一條理分明的概念——一個將行為抽象化的模式。包括林登、畢德尼（David Bidney）、懷特（Leslie White）堅持主張，文化含括實際的行為，如行為模式。

(六)發生學類（genetic）

發生學的文化定義重視的問題有：文化如何形成？有那些因素使文化變為可能、或使文化存在？卡爾（Carr, 1945-46: 137）堅稱，過往行為在聯結中累積傳遞的結果，便是文化。發生學較偏重文化外顯的行為面，聯結傳遞的傳播層面、以及承受歷史的累積特質，相對的，較忽略文化的內

涵精神面。

　　結合以上文六種文化類別，文化人類學者柯羅柏及柯朗宏對文化下了這樣的結論：文化包括各項外顯及潛在的模式，經由學習而來的行爲模式，這些模式可經由不同符號傳遞，並組成人類群體特有的成就或具體創作；文化的核心包含既有傳統的意念與其所附帶的價值，這些係經由歷史萃取及傳承；文化體系可被視爲行動的產物，或是進一步行動的取決要素（Krober and Kluckhohn, 1952；黃葳威，1999）。

　　柯羅柏及柯朗宏對文化的界定，顯示文化包含外顯方式的行爲與潛在意涵部分，且文化是可以學習與傳遞的，同時，文化經由歷史萃取與傳承而具備延續性。進一步行動的取決要素，則反應文化的可變化性與創新性。

　　除上述六種文化類別外，自1935年以來，許多英國社會人類學者開始以社會及結構取代文化中的中心概念。弗斯（Firth, 1951: 27）指出，「社會如果由個人組織及生活方式所組成，文化即爲生活方式。社會如果是社會關係的集合，文化便是這些關係的內容。社會強調人的組成、人群及其中的關係集合，文化則強調累積資源的組成——非物質的、物質的，這些組成由人們繼承、使用、變化、加添以及傳遞。如果這些組成是具體的概念，則形成行動的規範。從行爲層面而言，文化是從社交中學習而來的行爲，其包含社會行動的剩餘影響，這也是行動的刺激誘因。」

　　弗斯認爲，文化賦予社會事實的量化部分，結構一詞則通用於社會事件的特徵，這些特徵可由量化分析與描述。

　　事實上，社會科學家多從人類學觀點界定文化，其中差異在於所選擇強調的重點不同。考古學者重視人造物的部分。例如：顧德文（Goodwin, 1953: 21）表示：「人出生後所獲得的每件物品，社會中後天的產品，一種單純的社會的集合，即爲文化。」

　　一些美國社會學者如馬蓋福（Robert Morrison MacIver），也與德國作家韋伯（A. Weber）持相同觀點，他們將文化界定爲主觀的宗教、哲學、藝術；文明則是社會中客觀的科技與資訊活動，他們主張，文明是累

積、不可倒轉的文化成分，這些成分是高度可改變的、獨特的、以及不可添加的（Gould and Kolb, 1964）。

根據前述觀點，文化固然受到社會環境的影響，也與社會成員主觀的認定取捨相關，文化兼負精神與具體化層面，如宗教思想與聖經；文明則偏重具體功能的呈現，如造紙術、印刷術等發明。

三、哲學觀點

哲學家是怎麼看文化的？比利時魯汶大學哲學教授賴醉葉（J. Ladrieie）認為，一個社會的文化可以視為是這個社會的表象系統、規範系統、表現系統和行為系統所形成的整體（沈清松，1984：24）。

我國哲學學者沈清松指出（1984），賴醉葉的定義指出了文化的內涵——表象、規範、表現、行動、較具系統性與統一性，但卻忽略一個社會與其成員的終極信仰。因此，沈清松以為（1984：25），文化是一個歷史性的生活團體——亦即成員在時間中共同成長發展的團體——表現其創造力的歷程與結果的整體，其中包含了終極信仰、觀念系統、規範系統、表現系統和行動系統。

終極信仰是指一個歷史性的生活團體的成員，由於對生命與世界的究竟意義終極關懷，而將自己的生命所投向的最後根基，例如宗教教徒的終極信仰是投向其所認定的神；觀念系統是指一個歷史性的生活團體，認識自己和世界的方式，並由此產生一套認知體系、和一套延續並發展其認知體系的方式，如神話、傳說、各式思想研究典籍的知識和哲學思想；規範系統是指一個歷史性的生活團體，依據其終極信仰，和自己對自身及對世界的瞭解（觀念系統），而制定的一套行為規範，並依據這些規範而產生一套行為模式，如價值標準、道德等；表現系統是在用一種感性的方式，來表現一團體的終極信仰、觀念系統和規範系統，因而產生了各種文學與藝術作品，如建築、繪畫、音樂、歷史文物等；行動系統指的是一個歷史性的生活團體，對於自然和人群所採取的辦法，就是透過一些工具與程序去開發自然、控制自然、利用自然，以便有益於人群的物質生活（沈清

松，1984：27-28）。

比較賴醉葉與沈清松兩位哲學學者對文化的定義，後者將終極信仰獨立於其餘觀念、規範、表現、行動系統，特別反映中國文化背景中終極信仰的重要性。不過，賴醉葉雖未將終極信仰獨立分析探討，卻也情有可原。

就西方世界的宗教信仰而言，宗教信仰是投向一位創造宇宙萬物的主宰，早期社會團體認識自己和世界的方式（觀念系統）、所制定的行為規範（規範系統）、文字藝術創作（表現系統）、對於自然和人群所採取的開發或管理（行動系統），也與宗教信仰相結合。譬如：全世界最暢銷的作品——《聖經》，其中記載早期中亞、歐洲社會的文明過程，以及視神為宇宙萬物的創造主宰、生命的起源等。相對而言，中國社會自古敬天法祖、一些歷史人物往往被神化為神明偶像，如關公、媽祖等，也無怪乎終極信仰被完全歸類為人為創造的文化內涵。這是所抱持的創造論或進化論觀點的基礎爭議。

四、文化史觀點

進化論在20世紀初時受到質疑，首先提出反擊的是歐洲大陸的傳佈論學派（Diffusionism），其中進化論最致命的反駁者是鮑斯所領導的美國文化史學派的人類學者（李亦園，1991）。

鮑斯將人類學歷史看作是一株「文化之樹」（tree of culture），有錯綜複雜的枝葉，互相聯貫並時而產生新的分叉；每一分枝代表一個獨特而不同的文化叢體，要瞭解這叢體，須由其本身特有的歷史去探究，而非比較其他同一階段的民族所能獲得；鮑斯著重個別民族的深入細緻調查，不僅使他對進化論持反對的態度，他晚年相當重視個人在文化社會脈絡所居地位的探討，這項觀點爾後開創了文化與人格（culture-and-personality）學派，並在美國盛行，與鮑斯抱持相同觀點的還有露絲・潘乃德（Ruth Benedict）、薩皮爾（Edward Sapir）、瑪格麗特・米德（Margaret Mead）及人類學者林登等（李亦園，1991：ix）。

「文化之樹」意味著全人類不同族群原本始自同一根源，爾後形成不同分支，開花結果。

當鮑斯與其學生在美國提出進化論學者對文化發展觀念的質疑，無獨有偶，在英國，也有一派人類學者駁斥進化論的主張，這些是功能學派的學者（Functionalist）。功能學派的思潮在歐洲學術界有很早的淵源，如法國的古朗士（Fustel de Coulanges）、孔德（August Conte）、英國的赫伯特‧史賓塞（Herbert Spencer）、以及法國的涂爾幹，都將社會比擬爲有機體，將風俗、制度的存在視爲在維持整個社會的作用而存在（李亦園，1991：x）。

近代功能論學派的主要人物，分明是英國的人類學者芮克里夫布朗（A. R. Radcliffe-Brown），和馬凌諾斯基。

不同於馬凌諾斯基對個人心理需求的重視，布朗自稱是人類學者或比較社會學者，他致力研究一個社會在某一段時期內，其社會結構關係是如何發生作用以維持其存在，如同涂爾幹一樣視社會爲一有機體，布朗追尋社會制度在結構的功能意義，一般稱他是結構功能學派的創始人（李亦園，1991）。

布朗主張，文化是人類在不同的生態環境中創造出來的，並在獨特的歷史發展與功能過程中累積、傳遞，演變爲不同的類型和模式；文化不僅建構了不同民族的文化心理和價值觀念，而且還構成了各種獨特的社會結構和獨一無二的社會文化背景（夏建中譯，1991）。

布朗對文化的界定，顯示在分析認識不同社會族群文化時，宜採取所研究族群的觀點來審視其文化模式，而避免由自我中心觀點進行觀察探索。

繼1920到40年代功能學派盛行一時後，另一派學者又繼起爲進化論學說做新的註解，這派學者統稱爲新進化論者（Neo-evolutionalist），包括英國考古學者戈登‧柴爾德（Vere Gordon Childe）、美國人類學者懷特（Leslie White）與史都華（Julian Haynes Steward）；而史都華的多線進化論及爾後所發展的文化生態論、文化物質論，影響尤爲深遠（李亦園，

1991）。

　　文化生態論及文化物質論，分別從社會生態、物質層面而觀察文化，這一陣營的學者有馬文‧哈里斯（Marvin Harris）和埃爾曼‧羅傑斯（Elman Rogers Service）等；與這兩學派持相對觀點的爲文化心靈論。文化心靈論者認爲，外在生態環境對文化的決定，不如文化物質論者所強調的那般重要，文化心靈論看重文化內在意義的詮識，例如克里弗德‧紀爾茲（Clifford Geertz）及李維史陀（李亦園，1991）。

　　紀爾茲視文化爲一民族藉以生存的象徵系統，他以爲要瞭解一個民族的文化就應該瞭解這個象徵系統的內在意義，要瞭解這個內在的意義就須以民族本身的立場爲出發才有可能，因此，紀爾茲的文化研究極力倡導所謂「從土著的立場出發」（from native's point of view），而在方法上則力求對文化進行深厚的描繪，否則就無法真正瞭解文化（李亦園，1991）。

　　很明顯的，紀爾茲與布朗都主張應摒棄自我中心觀點詮識不同的文化，而爲什麼兩者分別站在新進化論、及反進化論立場界定文化，除因二人身處不同的學派主流外，也可能係兩人分析的文化族群及族群信仰觀迥異所致。

　　李維史陀承受法國社會學者涂爾幹與馬塞爾‧莫斯（Marcel Mauss）的思潮，同時受到語言學論的影響，較重視「模式」與「交換」等觀念，他看重說明如語言法則一般的先天性思維則是如何作用於社會行爲的表達；對李維史陀來說，社會關係法則受到無意識（unconscious）模式的控制，而非由於意識模式的約束，因而他認爲，只有從人類思維深層結構（deep structure）的探索，才能理出社會文化的基本法則，李維史陀的結構論思想反映在有關親屬結構、儀式行爲以及神話傳說等（李亦園，1991：xi）。

　　觀察李維史陀的研究論述，集中於神話傳說、儀式、親屬結構等，其研究觀點勢必受到進化派適者生存、不適者淘汰粹取選擇過程，這種因研究議題、個案的影響，可能導致新進化論的形成。

 貳、文化傳播觀點

一、文化的定義

　　我國傳播學者汪琪對文化的解釋為（汪琪，1984：17-18）：「文化是由許多不同部分所組成的系統；這些部分彼此作用、彼此依賴，有些是我們可以看見的、實質的物體（如藝術品、建築物、衣著）、制度（法律）、組織（宗族），有些是內在的，看不見的品質如價值、道德觀、信仰、哲學思想。由這些部分所構成的系統——文化為我們提供了生活的範疇，另一方面，它也受到自然環境、其他文化和每一個個人的影響，彼此作用的結果，使文化不斷衍生、遞變。」

　　汪琪認為，文化是動態的，一方面構成生活的部分，一方面也受到自然還境、社會成員、其他文化的相互影響；文化是除了自然環境與人類本能外，無所不包的（汪琪，1984）。

　　這樣的解釋反應文化是人為創造且有品質的，且較強調各文化中相異的部分，也似乎意含相似之處乃互動形成。這與鮑斯的「文化之樹」觀點有別，鮑斯的基本假設是人類社會有一共同起始點，爾後各自發展，同中有異、異中有同，各具特色。例如，中南美洲的馬雅文化與台灣地區的原住民文化，便有一些相近之處，這可能由「文化之樹」的觀點才能解釋。

　　其次，文化是否皆為有品質的？也是見仁見智。

　　審視以上各種文化的定義，或進化論學派、反進化論學派、新進化論學派的觀點，我們可以這麼解釋：文化是人類在各自的生態環境中創造出來的動態形式，這種形式包括人造物、觀念及行為等三部分，並在獨特的世代交替累積、傳遞、消長，文化與自然環境、環境成員及其他文化互相影響（黃葳威，1999）。

　　文化的影響深植在社會成員的腦海，如潛意識般；文化的影響可由每

505

天的行為及溝通中發現，透過獎勵強化的方式，人們可以學習如何在文化背景下有效溝通。

　　「文化冰山論」（The Iceburg Model），清楚說明了文化的「可見部分」只是「不可見部分」的一種表現形式（expressions），文化的組成元素眾多且複雜，可以用一座冰山來形容，一般人看得到的只是露在海平面上的部分，但這一小部分冰山體卻是由藏在海平面下方的一大部分所支撐著，這沒有被看到的部分才是文化最重要的根基（Amorim, 2001: 3）（如圖**13-1**）。

二、文化的特性

　　文化是人類在各自的生態環境中創造出來的動態形式，這種形式包括人造物、觀念及行為等三部分，並在獨特的世代交替累積、傳遞、消長，文化與自然環境、環境成員及其他文化互相影響。

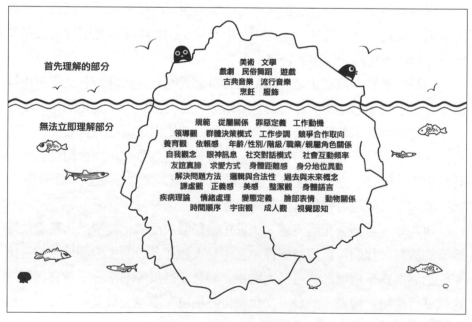

圖13-1　文化冰山論

資料來源：Amorim, L. (2001: 2).

綜覽不同學派所界定的文化，文化具備以下特性（Samvar & Porter, 2000；黃葳威，1999）：

1.文化是學習而得的，人們學習文化的過程即為同化。

2.文化是可傳遞的，文化可經由歷時性的承續，或共時性與其他文化的交流。例如：中華文化歷經各朝代更迭，仍將毛筆、造紙術傳遞至今；歷朝各代乃至民國，每一不同世代也與鄰近邦國有深淺相異的文化交流。

3.文化是動態的，隨著環境與成員的需要而演變，文化的動態分別歷經發明、擴散或文化災難。例如：校園民歌在60年代開始在台灣大學校園興起，由楊弦、楊祖珺等發起「唱自己的歌」的運動，一些關心民歌的人士開始創作我們的歌，而不再翻唱西洋歌曲，爾後，這股自己創作、自己演唱的風格在各校園傳播，直到70年代末、80年代初，許多唱片業者開始大量製造仿校園民歌的歌曲、塑造校園偶像歌手，使得原本自發性的民歌運動與流行文化工業相結合，喪失原有的質樸原創性，民歌運動就此沒落。

4.文化是選擇性的，選擇性在文化傳播研究中，可代表兩層意義：文化所能選擇而流傳後代的部分，即是文化認為最重要的部分；文化的選擇性造成人群間的差異。譬如：國立故宮博物院所保存國民政府遷台時所攜帶的歷史文物，除時間的急迫因素外，有限時間、人力所選擇的文物，必然有其重要性；社會成員習慣使用其熟悉的語文，也形成彼此溝通方式、意義詮釋的差異。

5.文化的各層面互相關聯，如文化的人造物、觀念與行為彼此相關。

6.文化是種族中心的，種族中心主義意謂著人們傾向將自己的社會文化置於最重要、最有價值的中心普遍現象，這也形成這個文化認識其他文化的窗口。例如：中華民族習慣以筷子、湯匙用膳，這時由西方所使用的刀、叉，或印度人以手用膳，就顯得非常「奇怪」，甚至被視為野蠻、不衛生。

　　文化包括我們在一生當中接受的所有增強性的行為，而這個增強的回饋是來自我們學習如何行動，與如何在實際及可被接受的方式下與人溝通。當然，文化不是唯一決定人們行為和溝通的因素，還有許多來自社會、物質或刺激我們行為的心理因素，而這些多樣化的刺激仍是源自特殊的文化脈絡。

　　當我們斟酌社會文化因素時，便不得不考慮到文化與傳播之間的關聯——即所謂的跨文化傳播（cross-cultural communication；transcultural communication），研究比較不同文化族群的傳播方式，或稱為文化間傳播（intercultural communication），研究不同族群的接觸傳播。

三、文化與傳播的關聯

　　有關文化與傳播的關聯，學者大致有兩種觀點（黃葳威，1999）：

1. 文化即傳播，傳播即文化（Hall, 1959；Kim, 1988）：學者賀爾在他的著作《沉默的語言》（*The Slient Language*）一書中，說明文化與傳播為一體之兩面，文化與傳播的意義相似；韓裔美國傳播學者金洋詠（Y. Y. Kim），則從跨文化適應的角度主張，文化與傳播是同義字。
2. 文化為結構，傳播為過程（Samovar, Porter, and Jain, 1981）：文化與傳播互相糾結在一起，文化是傳播的基礎，影響人們對訊息的接受、傳遞、解碼；人們對訊息理解的差異也突顯文化的歧異。

　　這兩種觀點各有不同的立論基礎，就目前邁向21世紀的階段，隨著傳播媒體的發展，傳播不只是過程，也是訊息的再現，因而，若延伸傳播的應用範圍，我們的確可以確定傳播即文化，文化即傳播。

　　事實上，不同形式的傳播有時可同時並存。例如，任何形式的傳播都需要經過個人傳播（intrapersonal communication），即個人本身編碼與解碼的過程。如人們可一邊交談、同時收視或收聽傳播媒介的內容。

　　審視構成傳播的要素包括：

1. 傳播者：即訊息傳遞者，有需要也有意願傳播的人。
2. 編碼：選擇、編排語文或非語文行為的內在活動，以符合互動溝通的情境，與所使用語言的文法、語序。
3. 訊息：一組語文與非語文的符號，可表示某人在某一特定時空的情形。
4. 通路：傳遞訊息的管道。
5. 接收者：即訊息接收者，與訊息傳遞者形成互動。
6. 解碼：將訊息轉換成有意義的經驗，給予訊息來源的行為某種意義。
7. 回饋：提供予訊息來源的反應、效果及互動溝通。如接收者可向傳播者或通路表達其回饋，回饋可以是直接或間接的回饋。

不論是人際傳播或大眾傳播，甚至組織傳播，在訊息解碼與編碼的過程，都涉及每位參與傳播的人之解讀、詮釋及表達，而每個人對訊息如何解讀、詮釋及表達，又與社會文化背景相關。因此，傳播與文化的相互影響，日益密切。

置身地球村，來自各式文化背景的成員未必擁有相同的訊息理解、製碼或解碼的認知機制。語言研究者認為，特定領域的認知模型最終取決於所謂的文化模式。文化模式理論（cultural model theory）立基於認知人類學（cognitive anthropology）視角。認知模式（cognitive model）代表對特定領域知識儲存的認知視野。認知模式的描述或解碼往往來自一群人對事物所具備的相似基本知識的假設（Ma, 2020）。文化模式可以被視為屬於社會群體或次團體成員所共享的認知模式（Ungerer and Schmid, 2008）。

個人認知與文化模式在人類社會演進的歷程，堆疊展現互為主體性的變化。認知模型和文化模型形同一枚硬幣的兩面（Ma, 2020）。在特定文化空間，認知模式強調個體認知實體的心理性質，個體間存有差異性；文化模型則偏重被多數成員集體共享的一致性。相關研究偏重個體、集體（如社會、文化）兩面；其實，多元文化族群之間各有特色，文化傳播研究往往要顧及個別、群體、族群、國族等多樣層面。

　　荷蘭心理學者霍夫斯泰德（Geert Hofstede）提出文化維度理論（cultural dimensions theory），與美國文化人類學暨跨文化研究學者愛德華・霍爾（Edward Twitchell Hall）先後梳理文化與傳播的框架（Hofstede, 1980, 2001; Hall, 1983），陸續提出以下特質：

1. 權力距離（power distance）：來自不同文化的成員以各自經歷看待平等。成員社會的層級或地位決定了個人的位置。有些地位是透過繼承（如貴族爵位）或個人成就授予的（如專業認證）；有些堅持社會分類及其等級制度的權力，如印度種姓制度（caste）。文獻顯示，亞洲人較歐洲人更在意權力層級，反映在對跨國網站的信任度或網路使用的風險感知（Pratesi, Hu, Rialti, Zollo and Faraoni, 2021）。

2. 個人主體／集體主義（individualism/collectivism）：文化成員的個人表現會顧及其個人功過、或所處團體的得失。雖然全球化社會日趨多元，不可否認，一些文化承襲的價值判斷，會單純從個人評估或其所屬團體、族群評估，這些都反映文化背後的個人主義或集體主義思維。例如，少年棒球隊的成敗，有些國家視為兒少運動休閒的選項活動；有些國家則將其與國家形象、國力展現畫上等號。

3. 疑慮／不確定性規避（uncertainty avoidance）：不同文化成員對於相異觀點的表達、自我揭露，或對於新觀念、陌生人的接納，反映其對於不確定性的規避程度。有關跨文化顧客網路消費的搜尋旅程發現（Nam and Kannan, 2020），文化互動影響顧客網路搜尋旅程。從低疑慮／不確定性規避來看，個人主義文化成員表現出多管道／全管道搜尋行為，其成員各有網路搜尋接觸點的需求和期望，這些搜尋旅行要面對與評估各樣不確性的挑戰。

4. 性別角色（masculinity/ feminity roles）：不同文化看待男性／女性角色，影響其待人處事。又如對於不同性別的社會氣質期待，男性傾向陽剛、英雄主義、強勢；女性傾向容忍、合作、隱忍等（Hofstede, 2001）。

5. 長期導向（long-term orientation）：文化成員對於長期關係或短期

關係的接受程度。如日本文化傾向看重長期關係的累積經營。長期
導向的文化特質，也影響人們使用電子商務平台的意願和網上購買
行為（Pratesi, Hu, Rialti, Zollo and Faraoni, 2021）。

6.時間運用（time usage）：文化也表現在時間觀及運用。有些文化時
間觀有歷時性（monochronic）或共時性（polychronic）。歷時性時
間觀的文化成員一次專注一件事，重視準時並嚴格堅持計畫，以任
務導向（task-oriented）為主；共時性文化同時安排多項任務，甚至
可能分心和干擾，再完成任務（Hall, 2001）。目前資訊社會網路出
現的多工現象是否產生影響，值得觀察。

7.高低語境脈絡（low and high context）：係指文化成員溝通採取直接
或間接的口頭交流。根據Hall（1976），低語境文化成員傾向明確
地討論主題；高語境文化成員，表達的含義則要審視溝通過程的相
關脈絡來看。所謂「言者無心，聽者有意」，代表高語境脈絡成員
對於訊息解讀的多層考量。

8.外生性／內生性（exogenic and endogenic）：如同終極信仰的價值
觀，代表文化成員如何與所處環境共存。外生性文化成員相信信
仰的上帝或超自然力量，掌握人類現象的終極權力；內生性文化
在尋找生命的意義，認為自己可以解決面臨的問題（Vaknin, 2005;
Aririguzoh, 2022）。

　以上文化特質陸續在跨文化研究中列為分析變項，包括網路搜尋引擎
的使用偏向、跨文化行銷、生態環保實踐、人際互動、多國企業組織傳播
管理等。

參、文化間傳播

　從歷史演進和社會發展的來看，文化間傳播存在已久，從漢代張騫出
使西域、明代鄭和下西洋、加拿大的馬偕醫師來台灣創辦淡水學堂與馬偕

醫院、乃至電影「海角七號」中女主角來台灣工作的經歷，皆代表不同文化背景人士之間的交流經歷。

文化間傳播是在任何時間，當一個文化成員的訊息製造者，與另一個文化成員的訊息接收者互交流動（Samovar, Porter, and Jain, 1981）。很多情況是，我們面對溝通的議題不斷的在變化，而這樣的訊息同時在一個文化被製碼，也同樣被另一個文化解碼。又因為各種文化的社會背景因素不盡相同，各文化成員習慣以其原有文化薰陶形成的觀點或視野，來表達傳遞訊息，甚或解碼訊息，因此，在進行文化間傳播時，如何接近原意地表達與溝通，實為一大挑戰。

有關文化間傳播的理論取向大致有（黃葳威，2006）：入境隨俗取向（The Anglo-conformity Model）、族群熔爐取向（The Melting-pot Model）、賓至如歸取向（The Cultural-pluralism Model）。

一、入境隨俗取向

從入境隨俗觀點解釋文化間傳播現象的大致有同化（assimilation）、整合（integration）、分離（separation）及邊緣身分（marginality）等主張。

同化（assimilation），也被視為「內化」，係指非主流團體被主流團體同化；非主流團體成員習得主流團體的特質，而逐漸被接受成為主流團體的一部分。例如：分別來自越南、中國的外籍配偶乙、丙嫁入台灣，融入台灣社會文化。同化形成的過程中，外籍配偶往往逐步放棄原有文化習性，台灣住民則應完全接納外籍新住民。非主流團體在文化上已和主流團體同化，但仍有可能不被接納成為主流團體社會、社交生活的一員。

表13-3 文化同化的面向

母文化人際關係＼母文化維繫	有	無
有	整合	同化
無	分離	邊緣

資料來源：Fred E. Jandt (2007: 310).

整合（integration）也為同化的一種型式，而主流團體會期望非主流團體順從，非主流團體也往往以改變自己的文化來換取被接納。例如台灣住民鼓吹同化，同時貶抑外來文化，單單推崇本身的主流文化，他們並以為解決族群問題的方法，是全面發揚台灣文化。

　　當非主流團體被同化為主流團體時，牽涉到所謂核心社會（core society）或核心文化（core culture）的問題（Schaefer, 2009），即主流團體的文化及所處社會，非主流團體欲學習而被接納的文化與社會。

　　同化就是個體的文化完全重組，而偏向核心團體的行為、態度與價值。其實，內化十分困難，個體必須放棄原有的文化傳統模式而成為一不同（通常是相對抗）文化的一部分。沒有同化的非主流團體會將已同化者視為逃兵，而已同化者則須和過去完全脫離。這些衝突使個體面臨兩價值系統分裂的危機。例如：日據時代及二次大戰期間中國大陸親日者被稱為「漢奸」。

　　當價值系統面臨分裂，可能形成邊緣身分（marginality）；邊緣身分係指同時處於兩種文化之間的一種狀態，不願與過去完全脫離，也無法被新文化完全接受（Park, 1928: 892）。

　　邊緣身分包括兩種類型（Schaefer, 2009）：

1.天生：父母雙方來自不同文化，因而無所適從。
2.同化：已具備強勢文化特質，但未被強勢團體完全接受。

　　邊緣身分可能產生的人格特質（Stonequist, 1937）：矛盾的態度或感情、情感脆弱敏感、退縮的傾向、難以兩全的忠誠。邊緣身分處處可見，許多人生活在兩種文化之間，卻無法從其中任何一方感到完全被接納。大部分的邊緣身分發生在已習得核心文化特質、而尚未被完全接受，同時又希望保有自己原有文化和團體生活。

　　社會學者進一步分析適應（adaption）的步驟如下（筆者譯自Hurth, 1977: 46-52）：

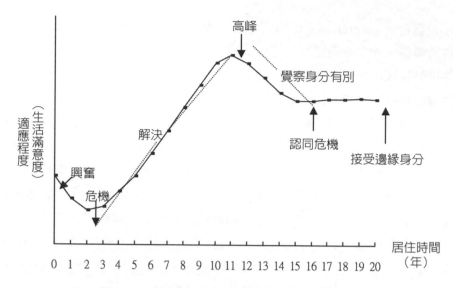

圖13-2　適應過程的轉捩階段：一個假設模式

資料來源：From Hurth, W. M., and Kim, K. C., Korean Immigrants in America, Madison, N. J.: Fairleigh Dickinson University Press, 1984; Schaefer, 2009.

1.興奮（excitement）。

2.危機感（exigency）或覺醒（disenchantment）。

3.解決（resolution）。

4.佳境（optimum）。

5.察覺到身分的不一致（perceived status inconsistency）。

6.認同危機（identification crisis）。

7.接受邊緣身分（marginality-acceptance）。

移民適應新文化的過程並非坦途。隨著不同階段，移民可能進步或退步。

二、族群熔爐取向

身處資訊傳遞便捷的現代社會，我們隨時有機會接觸各種文化的洗

禮。採取相互謀合取向的觀點以涵化（acculturation）與逆向涵化（reverse acculturation）為代表。

涵化首先由人類學者提出。馬基（McGee, 1898）形容同化如同：不同文化社群之間剽竊的調適（piratical adaption）。儘管馬基指出涵化是發生在下層階級與上層階級的成員，但卻未細述其調適的過程。而且，涵化也未必只存在於不同階級的成員，同一階級的成員也可能有同化的情形。

1930年代中葉，美國社會科學研究委員會（Social Science Research Council）才成立一個研究組織，探討有關涵化的議題，到此涵化才正式成為一個科學研究領域。這個研究小組的委員包括三位學有專精的人類學者，即雷德菲（R. Redfield），林登（R. Lindon）及賀斯克威（M. Herskovits）。雷德菲等三人認為（Redfield, Linton, and Herskovits, 1936），涵化是文化間第一手接觸等持續過程，在過程中會導致原有文化型式的改變。雷德菲等三人探討的重點在族裔團體的文化改變，他們對同化所下的定義影響後續研究甚巨。

1960年代之後，涵化逐漸成為社會學、心理學及社會心理學的調查範圍。社會學者將涵化界定為一個族群團體的同化（assimilation）過程（Gordon, 1964, 1974），且注重族群團體之間與族群團體內部對成員文化適應的重要性。但社會學者和社會心理學者則視同化為：個人對新文化背景的理解、態度與認知的適應（Berry, 1980, 1989; Chance, 1965; Taft, 1963; Weinstack, 1964）。

人類學者克李夫德（James Clifford）的旅行文化（travelling culture）研究，鎖定在文化自地域抽離出來獨立評估；文化在歐陸源於花園，集體生活的根本基礎是定居，旅行是次要的刺激輔助，立基在日常事物（鄭棨元、陳慧慈譯，2003）。他主張，村落的概念形同文化分析上的決定性「可控制單位」，成為人種學社群「定居」的證明；文化轉變的關鍵與其說是旅行，不如說是去領域化（deterritorialization）對本土的影響。

去領域化的文化思維，是不再以自我為中心。國內廣告學者陳文玲（1997）嘗試由逆向涵化（reverse acculturation）的觀點，探討美國白種

人身處多元文化環境中,如何適應非主流文化。她分析美國白種人對非主流族群團體的態度、由傳播媒介所獲得對弱勢團體的印象,以及他們對於文化多元化的態度,希望將主流團體逆向涵化的模式應用於行銷傳播。

逆向涵化的研究不僅呈現文化間傳播的一面,更重要的是,研究對象是主流團體如何適應弱勢團體文化的現象,這對於第三世界國家或弱勢族群如何反制第一世界國家或強勢團體的文化霸權,是一新的思考方向。

三、賓至如歸取向——適應(adaption)與多元化(pluralism)

從適應的角度來看,族群團體成員同化或多元化的程度,大多取決於成員進入主流社會的意圖,或居住新環境的長久與否。適應研究的對象包括移民、短期遷移人士(short-term sojourner)、長期遷移人士(long-term sojourner)以及面臨文化轉型或衝擊的人士。短期遷移人士如短期受訓人員或外籍工作人士、觀光客;長期遷移人士如國際學生、長期旅居國外但未定居的海外工作人士。

例如:原住民是台灣地區較早遷入居住的族群,隨著時代變遷及大眾傳播媒介的普及,有些原住民離鄉背景到都市謀生,有些留在原居地仍藉由人際互動、或大眾媒介獲悉重要訊息,不論是否離鄉背景,均由社會或大眾傳播中面臨文化衝擊。

顧隸剛與韓莫(Gudykunst and Hammer, 1988;黃葳威,1999)將適應定義為:個體與環境「全完的契合」(a good fit)。他們以為,適應乃個體對自己調適程度的主觀認定。而另一方面,高登及金洋詠進一步分析,適應包含個體內在與外在特質的調適。內在部分有:價值觀的認定、態度、知覺與知識;外在特質則包含:表達感情的方式、言行及與社會的傳播互動。換言之,適應是一個體對自己認知、行為與環境的調適過程。它包含認知及行為的兩個層面。

蘇伯威(Subervi-Velez, 1989: 228)更提出一種比較彈性的方式,審視適應:

適應不必限制為主流文化要素(host cultural element)逐漸取代原有

文化要素（original cultural element）的形式；取而代之的是，它非常可能是一種複雜、毫無限制的互動與擴展的模式，個體將選擇最符合自己利益與所處環境的調適方式。

　　有別於「全有或全無」的取向，這表示跨文化經驗可被視為結合認知（知識、信仰、態度）與行為的多層面的結晶體（crystallization）（黃葳威，1999）。

　　疑慮消除策略先後由柏格等（黃葳威，2012；Berger, 1979, 1987, 2002; Berger and Bradac, 1982; Gudykunst and Hammer, 1988；Huang, 2009）學者驗證發展而來。他們提出三種消除疑慮的策略；消極、積極與互動。他們的研究取向呈現了不同階段的理論發展。

　　消極策略的研究取向有（黃葳威，2012）：

1. 不打擾的觀察對方（Berger, 1979, 1987; Berger and Bradac, 1982），即觀察地主環境人們的互動。
2. 閱讀有關地主環境人們的書籍、觀賞相關電視及電影（Gudykunst and Hammer, 1988；Huang, 2009）。換言之，消極策略的運用可經由直接觀察、或使用媒體的間接方式減少疑慮不安。

　　消極策略的運用包括出席一些觀察對象也出現的場合。譬如，一些國際學生在地主國求學、但不與地主籍教師或同學交談。而國內欲赴大陸投資商人，所參加的大陸習俗介紹暨投資說明會，雖可尋求大陸人情風土卻未直接有所接觸，也符合消極策略的應用。

　　積極策略的研究取向如下（黃葳威，2012）：

1. 向其他同為陌生人者打聽對象（Berger, 1979, 1982, 1987; Gudykunst and Hammer, 1988）。
2. 從第三團體間接獲知對象的相關資訊（Berger, 1987；Huang, 2009）。此種策略進行過程中，資訊尋求者與所尋求對象之間並無直接接觸。

　　適應論中最普遍的積極策略，是向其他同為陌生人但熟悉地主環境人情世故的遷移者，打聽地主環境人們的消息。

　　此外，人們亦可藉由媒體採取間接積極策略。移民經由媒體叩應節目、讀者投書（Huang, 1992, 2009），或透過網際網路表達他們對地主文化或居民的看法，便可視為間接積極策略的運用。

　　互動策略的研究取向包括（黃葳威，2012）：

1.詰問、表達自我、分辨溝通眞偽。
2.資訊尋求者與對象面對面、直接的溝通。互動策略在本文中也包含間接的人際互動。

　　在直接面對面的互動策略方面，詰問係資訊尋求者直接詢問對象有關的問題；自我表達指向對方交換、透露個人自我的經驗；分辨溝通眞偽則牽涉到資訊尋求者，區別對象意見眞偽的能力（Berger and Bradac, 1982）。

　　正如同消極、積極策略的取向，互動策略也有直接、間接的方式。後者未必是面對面的接觸。例如、資訊尋求者與所觀察對象可經由電話及電子書信互相溝通。

　　換言之，移民經由媒體不同的回饋管道（如叩應節目、讀者投書、網路互動區等）表達對地主文化或居民的意見的同時，也獲得地主居民的迴響且相互討論，便屬於間接的互動策略。

　　如同學者顧棣剛（Gudykunst, 2004；黃葳威，2008）所提，要瞭解個體與地主文化之間的傳播，必須認清個體在其中扮演「陌生人」的角色。應證於網路世界，移民個人和不曾謀面的網友皆如同「陌生人」。一般而言，移民初期仍與就有社會網絡保持密切聯絡，也嘗試上網與陌生網友探聽地主國資訊。當移民的網友名單逐漸增多所熟識的外國友人，其跨文化適應又進入新的階段。

　　90年代之後，學者更進而關心弱勢團體的政治參與權益。加拿大政治思想學者杜力（Tully, 1995: 4-17）認為，近代殖民運動造成對弱勢團體的

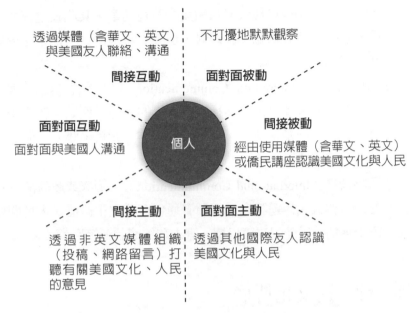

圖13-3　美國華人移民的疑慮消除策略

資料來源：黃葳威（2008）。

壓迫與排斥，促使「多元文化主義」（multi-culturalism）的出現，弱勢團體要求文化與政治的承諾，並挑戰當代多元民主政治制度的合理性。

當代多元文化理論涉及了兩個層面（Horton, 1993: 2）。

1.在經驗層面上描述社會中實際存在的不同文化與族群團體。
2.多元文化理論更是一個規範性概念，主張應維護社會中多元的狀態。

一般文化間傳播的模式大約包括下列三種（Samovar, Porter and Jain, 1981）：

1.人種間傳播（Interracial Communication）：當訊息傳播者與訊息接收者來自不同人種，就形成人種間傳播，其特徵是訊息傳播者與接收者有人種上的身體差異。但人種間傳播未必是跨文化傳播。例

如：一位從小被白種人夫婦領養的黃種幼童，其成長過程與這對夫婦重疊，膚色外表雖然有差異，但成長環境一致，則未必形成異文化的溝通。

2.種族間傳播（Interethnic Communication）：當訊息傳遞者與訊息接收者是相同人種、但不同種族或背景的溝通。例如：韓裔美國人與華裔美國人同是黃種人，但係不同種族、背景，雙方之間的溝通，即為種族間傳播。

3.國際傳播（International Communication）：國家或政府間常透過外交或宣傳方式傳遞訊息，這類溝通包含跨文化傳播、人種間傳播。國際傳播往往受到政策目標、需求和經濟狀況等影響。

肆、跨文化傳播

文化間傳播關懷兩種文化或兩種以上的新文化、與原有母文化之間的交會現象；跨文化傳播則關注比較各文化背景的人之間溝通的異同。文化間傳播與跨文化傳播的研究人員，也追溯各文化的起源、構成、展現，進行相關分析論證。

文化以語言及行為模式展現出來，也以物質產品定義，如房屋、工具等。文化影響物質面及生活中的社會環境。文化受到社會環境的影響，也形構出一些社會環境，使社會維繫存在，社會成員也能生存，複製並接受訓練。文化可為人們規劃一個可預測的世界，個體行動也能在其中獲得充分指引。

文化大致由三部分構成（Samovar and Porter, 2000; 黃葳威，1999）：

1.人造物：人所創造的具體成品，如貨幣、郵票、卡通影片。

2.觀念：指人所創造的具體成品的價值、理念，如貨幣的價值、郵票的價值、卡通影片的製作發行成本等。

3.行為：指人們與其所創造的具體成品的互動情形，如消費與儲蓄、

集郵與貼郵票寄信、卡通的製作或發行流通、人們觀賞卡通等。

認識文化與傳播，須思索文化中的三個部分：認知歷程、語文歷程及非語文歷程（**表13-4**）（Samovar, Porter, and Jain, 1981; Samovar and Porter, 2000）。文化間傳播論述探討的是個體在文化之間的歷程轉換；跨文化傳播檢視比較不同文化在各歷程的變遷。

表13-4　文化與傳播的歷程

認知歷程	人們選擇、評估、組織外來刺激內在過程；即將環境的物理能量轉換為有意義經驗的過程
語文歷程	包括人們如何彼此對話、內在的思考模式，及使用語文的意義
非語文歷程	涵蓋無聲的肢體語言、時間的觀念，及空間的組織與應用

一、認知歷程

係指人們選擇評估組織外來刺激內在過程，即將環境的物理能量轉換為有意義經驗的過程（Samovar and Porter, 2000）。

審視個體成長過程的認知發展不斷發現，每種文化的社會成員從小即在生活環境中建構其觀點。所謂的社會認知，便是人們經由對所遭遇的社會具體事物或事件的歸因，而建立自己社會實體的過程。

簡單來說，文化主導認知過程，也決定每個人意識到那些外在刺激。有關個人對刺激的歸因大致來自三方面（Samovar and Porter, 2000）：

1. 信念：每個人主觀認為某些事物具特定性質，而沒有對錯之分。
2. 價值：也就是文化價值。即各個社會環境的一套規範，藉此選擇減少不確定性與紛爭。
3. 態度：為適應某些事物而採取的一致回應。

態度是人們對事物的反應、態度與價值都帶有判斷的成分，信念則是主觀的感受，不帶判斷。信念、價值、態度皆影響每個人的社會認知。

文化對於人們認知的潛移默化，是跨文化傳播研究的課題之一。例如：許多跨文化傳播研究人員審視文化情境的接近與差異。一般將中國、日本、韓國、美國印地安原住民、多數拉丁美洲國家文化，歸類為高語境文化國家（high context culture）；瑞士、德國、北美洲、北歐國家則被歸類為低語境文化國家（low context culture）。高語境文化在語言表達過程，往往有弦外之音，且傾向將人們區分為內團體成員與外團體成員（Jandt, 2007）。內團體是指與自己生活語言文化背景相近的人；外團體則是與自己生活語言文化背景迥然有別的人（**表13-5**）。

表13-5　語境文化面向

高語境文化	低語境文化
中國	瑞士
日本	韓國
美國印地安人	北歐國家
多數拉丁美洲國家	北歐國家
地中海南部、東部文化 （如：希臘、土耳其、阿拉伯聯邦）	

資料來源：Fred E. Jandt (2007: 64).

二、語文歷程

包括人們如何彼此對話、內在的思考模式及使用語文的意義（Samovar and Porter, 2000）。

語言是一種獲得普遍認同，必須學習而來的組織化符號系統。語言可代表某個地理或文化區內的人類經驗，也是傳遞文化的主要工具（Samovar and Porter, 2000）。藉由語言的使用，人可與同一文化的成員相互聯繫及互動。

思考模式是用來形成理智、解決問題的心理歷程（Samovar and Porter, 2000）。通常我們很難瞭解不同文化的人和自己相異的思考模式。

科技發展使「地球村」之概念愈來愈可行，人們也對不同文化的接觸愈頻繁。不僅如此，人們還需要培養新的文化態度來面對彼此的差異—包括語言及意義的相異。

　　不論心理或實質上，人們都必須生活在一個明確、可預測的世界。人們學會好奇或詢問一句話的弦外之音，甚或一個手勢、一個圖像所代表的意義。每個人都用自己的眼睛看世界，因而每個人認定的世界意義都是獨特，與眾不同的（Barnlund, 1994）。相同的經驗可能引發不同的意義詮釋或反應。

三、非語文歷程

(一)文化間傳播

　　非語文歷程涵蓋無聲的肢體語言、時間的觀念及空間的組織與應用（Samovar and Porter, 2000）。

　　文化間傳播研究則在於不同文化背景的人接觸之後，會產生社會心理層面的衝擊與變化，不同文化之間必定會有「差異性」（culture differences），正因「差異」的產生才有了「意義」。例如，接觸異文化人士可能抱持的刻板印象（stereotypes），異文化人士溝通時的身體距離（proxemics）、社交距離（social distance）、情境（context）都不一樣。

1.無聲的肢體語言如身體接觸、目光交接等，相關動作在不同文化代表意義不盡一致。例如：當我們舉起小手指時，代表一件事物沒有重要性，或代表一個無舉足輕重的小角色；但當韓國男子舉起他的小手指時，則是指他的女朋友。

2.時間觀念是一個文化對過去、現在、未來的哲學觀與對時間的重要性（Samovar and Porter, 2000）。例如：大部分的西方國家較由線性思考建立過去、現在、未來的時間觀；美國亞歷桑那州東北郡的赫必族印第安人（Hopi Indian）則認為，每一個人、動物、植物都有

其各自的時間系統。

3.空間應用是指當人際溝通時，人們如何應用空間，如兩人對話時彼此的距離與物理方向。空間應用可反映社會階層。

(二)跨文化傳播議題

跨文化傳播包含著許多面向，有些人在自己族群的文化中比較偏向個人主義，有些則偏向集體主義，每個人的文化價值和遊戲規則都不同，在社會化過程中，慢慢會清楚對自我的理解、個人價值以及自我人格的定位。**圖13-4**是簡單的跨文化傳播的結構分析圖。

跨文化傳播涵蓋語言和非語言的溝通，以下提出兩種跨文化傳播議題：面子協商理論（Face-concern Theory）與刻板印象。

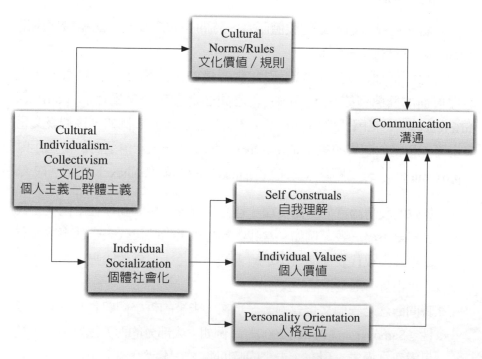

圖13-4　跨文化傳播結構分析圖

資料來源：Gudykunst, W. B., and Lee, Carmen M. L. (2003: 13).

◆面子協商理論

　　進行有效的跨文化傳播，必須先察覺、瞭解文化之間的差異，並理解所謂「理性思維」是由文化決定的各種價值觀與定見；各文化有一些約定俗成、特定的文化行為，有時未必放諸四海皆準。高語境文化和低語境文化產生的衝突如何解決，能夠彼此溝通？霍爾提出有效處理衝突的模式，前提是維護與尊重溝通雙方的面子，這種模式是一種尊重雙方的面子、達成雙贏。也就是給予各自一些空間，保留某些範圍的自主性，因為自主性是主體性的基礎。

　　文獻比較不同國家原生文化的特色，呈現出有水平集體主義、垂直集體主義、水平個人主義及垂直個人主義等類別。垂直集體主義代表重視從上到下的關係模式，也以團體整體利益考量為先的思維模式；水平集體主義雖注重團體整體利益，但保留平輩個人的平等觀（Shavitt, Zhang, and Torelli, 2006）。

　　以日本為例，其所具備的水平集體主義思維反映在形成內團體，也就是所謂的小圈圈，行事低調而不強出頭，重視平等但個人的自由空間較有限。相對地，北歐國家如瑞典、挪威屬於垂直個人主義的代表，不看重小圈圈，也不鼓勵低調待人處事，但看重平等與自由（**表13-6**）。

表13-6　水平式與垂直式文化

	水平集體主義 （日本）	垂直集體主義 （菲律賓、韓國）	水平個人主義 （美國）	垂直個人主義 （瑞典、挪威）
內團體	有	有	無	無
挺身而出	無	有	有	無
平等	高	低	低	高
自由	低	低	高	高

資料來源：Ting-Toomey, S., and Oetzel, J. G. (2003: 293-294).

◆刻板印象

提到刻版印象，我們必須承認一個事實，我們每個人都存有或多或少的刻版印象。

社會心理學者習慣不帶價值判斷地界定刻版印象，他們認為，刻版印象是一種基本的認知過程，人們經由這個過程來認識世界。刻版印象為一種心理的機制，與類別的形成有關，這種機制協助人們運作由所處環境所獲得的資料；刻版印象如同「腦海中的圖畫」（pictures in our heads）（Lippmann, 1922）。

可以確定的是，刻版印象絕不僅只是針對壞人、帶有偏見的人、無知的人或種族主義者。刻版印象未必不好，雖然人們可能因為刻版印象而導致不好的情形。同時，由於人們往往將一般歸類的方式誤用為對某些族群的成見，因此，若能檢視刻版印象從不帶價值判斷到帶有價值判斷的過程，將有助於對刻版印象的瞭解。我們必須審視一個強勢團體如何將一些選擇性的特質，加諸在其他族群身上——包括在社會、文化、政治、性別、種族、階級、族裔等不同族群團體，這種以自我種族為中心的方式，將不斷強調族群間的差異。

審視刻版印象形成的過程，有三點須留意（Lippmann, 1922: 16；黃葳威，2012）：

1. 行動的場景（the scene of the action）：即構成刻版印象的基礎，如具體的、有史實依據的真實。
2. 人們所描繪的場景（the human picture of that scene）：即所建構的刻版印象。
3. 人們對所描繪的行動場景的反應（the human response to that picture working itself out upon the scene of action）：人們如何處理刻版印象，刻版印象如何影響人們的生活。

例如：一個人從小生長的環境，若家長教養方式採取威權式，而這個

人並不樂於這種壓迫的關係，當長大成人進入社會，可能因人際相處類似的經驗，聯想到過去的記憶，而對帶給其壓迫感的人具有刻版印象。事實上，家長與長大認識的同事朋友可能截然不同，卻因有相似的緊張關係，而受到影響。

刻版印象在日常生活上往往表示過度簡化、負面的、片面的、不完全的。刻版印象是一團體（內團體）對其他團體（外團體）成員的普遍化概論，而這種概論絕不是正面的評斷。刻版印象的歸類方式受到許多因素的影響，其中一個重要因素是以種族為中心的偏見，一個內團體如何簡化外團體的少數特徵，以強化不同族群團體的差異（Wilson and Gutierrez, 1985）。內團體便將一些外團體的負面價值的差異，用來作為比自己低等或截然有別的基礎。

此外，刻版印象依循著一套全有或全無的邏輯，將外團體成員一律放置於刻版的歸類。更嚴重的是，存有刻版印象的人不認為刻版印象只是抽象概念或認知的歸類，而以為刻版印象便是真實的。

心理學者追溯刻版印象形成自人們早期的發展（六週至六個月大），當孩童第一次會分辨自我與所處環境。孩童分辨的自我認知，伴隨著對所處環境失去控制的覺悟。為了配合主控權的減小，發展中的孩童便將事物二分化：好（有能力控制）與壞（無法控制）。甚至，為了保留權力維持的幻想，孩童將壞投射為他群（壞的世界）（Gilman, 1985）。

心理學者藉由客體關係理論（object-relation theory），說明刻版印象在心理學的深層結構（Gilman, 1985: 16-21）。首先是當人們在為他人定義時，也同時在為自己定義。吉爾曼認為，對他人的定義必須配合自我定義的基本歸類。

其次，吉爾曼指出三種自我與他人的分野歸類：利益、性別、社會關係（即病痛死亡、性別及種族）。

再者，吉爾曼以為刻版印象在社會心理學領域並非一成不變，而是流動易變的。因而，文本如同結構體系的再現，文本中變化的刻版印象值得探討研究。「文本如同內心世界，像再現的結構化表達，而文本的建構可

達成形象控制的企圖」（Gilman, 1985: 26-27；Berger, 2002）。吉爾曼強調，類似體系的再現——不論藉由文字或影像表達——導致刻版印象的形成，一方面投射人們內心的焦慮，一方面也因著表達減低焦慮。

學者伍德（Wood, 1985; Berger, 2002）將投射的過程視為文化他群（cultural others）的社會建構模式，刻版印象如同社會對其負面意向的否認，而將這些負面的意象歸諸為他群的緣故。觀察國內傳播媒體的呈現內容，不同立場的媒體對國民黨、民進黨、民眾黨的相關報導，便有截然不同的處理，甚至對某一黨或某些政黨成員，使用不同評價的詞彙。有關財經議題，內容是否平衡？或偏袒勞方？或偏袒資方？也形塑了各種刻版印象。

客體關係理論解釋刻版印象不僅包含外在的直接投射，還包括投入（introjection）——即個人將外在事物特質轉化為內在特質，並聲稱這是自我的特質。每個人都習慣棄惡揚善。這既反映正面、負面特質往往並存，也使人們陷入兩種選擇。

柯蘭認為（Klein, 1975；黃葳威，1999），人們經常來回擺盪於這兩種選擇。第一種是所謂偏執狂階段（paranoid-schizoid phase），這時人們懼怕負面特質，也使正面特質理想化；第二種為壓抑的立場（depressive position），這時內心又充滿了罪惡感而虧欠（**表13-7**）。

表13-7　刻版印象的心理學觀點

偏執狂階段	此時人們懼怕負面特質，也使正面特質理想化；傾向將負面特質與他群劃上等號，將負面形象投射於其他族群。
壓抑的立場	此時內心是充滿罪惡感的虧欠；此階段中，人們又因刻版印象的偏執歸類，而對以負面特質描繪他群感到罪惡。

伍、結語

聯合國教育科學文化組織2001年發表《世界文化多樣性宣言》（Universal Declaration on Cultural Diversity），彰顯多元文化人權。

每個文化都會建立自己「論述的範疇」（universe of discourse），讓成員按其論述的範疇表達個人經驗，並且傳遞給他人（Carbaugh, 1994）。當差異極大的兩文化中的成員互相接觸時，彼此的距離往往遙不可測，語意不能清晰表達，動作也要重新詮釋，若不能意識到這樣的差距，很容易不自覺地引起誤會或敵意。

審視各種文化的定義，或進化論學派、反進化論學派、新進化論學派的觀點，文化可被界定為：人類在各自的生態環境中創造出來的動態形式，這種形式包括人造物、觀念及行為等三部分，並在獨特的世代交替累積、傳遞、消長，文化與自然環境、環境成員及其他文化互相影響。

當一文化中的成員所傳遞的訊息，被另一文化的成員接收並詮釋時，跨文化傳播便產生了。目前跨文化傳播不僅包括人種間傳播、種族間傳播或國際傳播，還有因性別、職業、地域、組織、生理能力等不同而形成的跨文化傳播。

從研究路徑觀察，文化間傳播與跨文化傳播的研究方法大致分為微觀、巨觀兩種取向（Gudykunst, 2003）（**表13-8**）：

1. 微觀取向：關注研究文化體系內的行為，採取質化研究蒐集資料與現象，常以檢視單一文化為主，探討文化結構的議題，採主觀後設理論假設，分析文化的內在特質。

2. 巨觀取向：巨觀取向多研究文化體系外的行為，以量化研究蒐集資料和線索，從建立分析文化的結構，採客觀後設理論假設，逐漸建立普世的判準與原則。

 傳播理論

表13-8　文化間傳播、跨文化傳播的研究取向

微觀	巨觀
研究體系內的行為	研究體系外的行為
質化研究	量化研究
檢視單一文化	檢視且比較多種文化
探討文化結構	建立分析結構
關注內在特質	建立普世判準
主觀後設理論假設	客觀後設理論假設

資料來源：Gudykunst (2003: 150-159).

　　人們經由文化學習如何溝通，文化上相似的認知方式可加強訊息的傳遞。跨文化傳播不是為了比較文化的優劣，而是讓人們開拓視野，意識到、甚或學習接納及包容各種文化的相似處與相異處，多樣文化族群成員得以實踐媒體近用權（黃葳威，2021），實踐其特有的文化公民權，提升傳播的品質與正面影響。

參考文獻

李亦園（1991）。〈人類學召集人序〉。夏建中譯，《社會人類學方法》，頁 vii-xii。台北：桂冠。

汪琪（1981）。《文化與傳播》。台北：三民。

汪琪（1984）。《第四頻道的過去、現在與未來》。行政院國家科學委員會專題研究報告。台北：國立政治大學新聞研究所。

沈清松（1984）。《解除世界魔咒——科技對文化的衝擊與展望》。台北：時報。

夏建中譯（1991）。《社會人類學方法》。台北：桂冠。

張承漢譯（1993）。《社會學》。台北：巨流。

張錦華（1997）。〈多元文化主義與我國廣播政策——以台灣原住民與客家族群為例〉。《廣播與電視》，3(1)，1-23。

張錦華（2005）。〈多元文化學程如何深化結構性的批判意識〉。《中華傳播學刊》，7，17-29。

陳文玲（1997）。〈逆向涵化：試擬美國人對多元文化環境的適應〉。發表於第五屆中華民國廣告暨公共關係學術研討會，3月20-21日。台北：國立政治大學藝文中心國際會議廳。

黃葳威（1999）。《文化傳播》。台北：正中。

黃葳威（2006）。〈從「入境隨俗」到「賓至如歸」：再看多元文化〉。《傳播研究簡訊》，46，4-8。台北：國立政治大學傳播學院。

黃葳威（2008）。〈網際網路對華人移民跨文化適應影響探討〉。數位創世紀：e世化與多元文化國際學術實務研討會。台北：台北市立圖書館國際會議廳。

黃葳威（2012）。〈數位機會或數位落差？以台東縣部落數位機會中心為例〉。《原住民族文化傳播學刊》，3，36-56。

黃葳威（2021）。〈當校園媒體遇見文化公民權〉。2021中心年會，多元文化社會中的華人文化。台北：政大華人文化主體性研究中心。

鄭棨元、陳慧慈譯（2003）。《文化全球化》。台北：韋伯文化。

Allen, R. L., Dowson, M. C., and Brown, R. E. (1989). A schema-based approach to modeling an African-American racial belief system. *American Political Science Review, 83*(2), 421-441.

Amorim, L. (2001). Intercultural Learning: A few awareness tips of U. S. and European Fellows and host community founcations, paper presented in Community Foundation Transatlantic Fellowship Orientation Session, June 2-4, 2001, Washington, D.C.

Andersen, P. A., Hecht, M. L., Hoobler, G. D., and Smallwood, M. (2003). Nonverbal Communication Across Culture. In Gudykunst, W. B. (Ed.). *Cross-cultural and Internatinal Communication* (pp. 73-85). Thousand Lake: CA.

Ang, P. H. (2005). *Ordering Chaos: Regulating the Internet*. Singapore: Thompson.

Aririguzoh, S. (2022). Communication competencies, culture and SDGs: effective processes to cross-cultural communication. *Humanities and Social Sciences Communications, 9*, 96, https://doi.org/10.1057/s41599-022-01109-4

Aufderheide, P. (1994). Constroversy and the newspaper's public: The case of Tongues United. *Journalism Quarterly, 71*(3), 499-508.

Barnlund, D. C. (1994). Communication in a global village. In L. A. Samovar and R. E. Porter (Eds.), *Intercultural Communication: A Reader* (pp. 95-103). Belmont, CA: Wadsworth.

Barbett, G. A., and Lee, M. (2003). Issues in intercultural communication research. In Gudykunst, W. B. (Ed.). *Cross-cultural and Internatinal Communication* (pp. 259-270). Thousand Lake: CA.

Berger, C. R. (1979). Beyond initial interaction: Uncertainty, understanding, and the development of interpersonal relationships. In Giles, H., St Clair, R. N. (Eds), *Language and Social Psychology*. Baltimore, MD: University Park Press.

Berger, C. R. (1987). Communicating under uncertainty. In Roloff, M. E., Miller, G. R. (Eds), *Interpersonal Processes: New Directions in Communication Research*. Newbury Park, CA:Sage.

Berger, C. R. (2002). *Latino Images in Films: Stereotypes, Subversion, and Resistance*. Austin, TX: University of Texas Press.

Berger, C. R., and Bradac, J. J. (1982). *Language and Social Knowledge: Uncertainty in Interpersonal Relations.* London: Edward Arnold.

Berry, J. W. (1980). Acculturation as varieties of adaptation. In Amado M. Padilla (Ed.), *Acculturation: Theory, Models and Some New Findings* (pp. 9-26). Boulder: Westview Press.

Berry, J. W. (1988). Cognitive and social factors in psychological adaptation to acculturation among the James Bay Cree (pp. 111-142). In G. K. Verma and C. Bagley (Eds.), *Cross-cultural Stydies of Personality, Attitudes and Cognition*. Hong Kong: Macmillan Press.

Brideges, S. J. (2004). Multicultural issues in augmentative and alternative communication and language: research to practice. *The Lang Disorder, 24*(1), 62-75.

Broom, L. (1965). *The Transformation of the American Negro* (p. 3). New York: Harper and Row.

Boas, Franz. (1930). Anthropology. *Encyclopedia of the Social Sciences, 2*, 79.

Carbaugh, D. (1994). Towards a perspective on cultural communication and intercultural contact. In L. A. Samovar and R. E. Porter (eds.), *Intercultural Communication* (pp. 45-59). Belmont, CA: Wadsworth.

Carr, L. J. (1945-46). Situational Psychology. *American Journal of Sociology, LI,* 137.

Chance, N. A. (1965). Acculturation, self-identification, and personality adjustment. *American Anthropologist, 37*, 372-292.

Entman, R. (1994). Representation and reality in the portrayal of Blacks on network, television news. *Journalism Quarterly, 71*(3), 509-520.

Firth, R. (1951). *Elements of Social Organization* (p. 27). London: Watts.

Ford, C. S. (1942). Culture and human behavior. *Scientific Monthly, 55*, 555-557.

Gilman, S. L. (1985). *Difference and Pathology: Stereotypes of Sexuality, Race and Madness*. Ithaca: Cornell University Press.

Goodwin, A. J. N. (1953). *Method in Prehistory* (p. 21). Cape town: South African Archaeological Society

Gorden, M. F. (1964). *Assimilation in American Life: The Role of Race, Religion, and*

National Origins. New York: Oxford University Press.

Gorden, T. F. (1974). Mass Media and Minority Socialization: Conceptualizing the Process, Paper presented at the annual meeting of the Association for Education in Journalism, San Diego, CA.

Gould, J., and Kolb, W. L. (1964). *A Dictionary of the Social Sciences*. New York: The Free Press.

Gudykunst, W. B. (1998). *Bridging Differences: Effective Intergroup Communication* (3rd ed.). Thousand Oaks, CA: Sage.

Gudykunst, W. B. (2003). Issues in cross-cultural research. In Gudykunst, W. B. (Ed.), *Cross-cultural and Internatinal Communication* (pp. 149-160). Thousand Lake: CA.

Gudykunst, W. B. (2003). Intercultural communication theories. In Gudykunst, W. B. (Ed.), *Cross-cultural and Internatinal Communication* (pp. 167-185). Thousand Lake: CA.

Gudykunst, W. B., Hammer, M. R. (1988). Strangers and hosts – an uncertainty reduction based theory of intercultural adaptation. In Kim, Y. Y., Gudykunst, W. B. (Eds), *Cross-Cultural Adaptation- Current Approaches*. Sage Publications, Newbury Park, CA .

Gudykunst, W. B., and Lee, Carmen M. L. (2003). Cross-cultural Communication Theories. In Gudykunst, W. B. (Ed.), *Cross-cultural and Internatinal Communication* (pp. 7-28). Thousand Lake: CA.

Gudykunst, W. B. (2004). *Bridging Differences*. Newbury Park, CA: Sage.

Hall, E. T. (1959). *The Silent Language*. Greenwich, Conn.: Fawcett.

Hall, E. T. (1976). *Beyond Culture*. New York: Anchor Press/ Doubleday.

Hall, E. T. (1983). *The Dance of Life: The Other Dimension of Time*. Doubleday.

Harris, Marvin (1964). *Patterns of Race in the Americas* (pp. 4-11). New York: Norton.

Herskovits, Melville J. (1955). *Cultural Anthropology*. New York: Knopf.

Hoad, T. F. (1987). *The Concise Oxford Dibionary of English Etymology*. Oxford: The Clarendon Press.

Hoffman-Reim, W. (1992). Protecting vulnerable values in the German broadcasting order. In Jay G. B. (ed.), *Television and the Public Interest* (pp. 43-60). London: Sage Publications.

Hofstede, G. (1980). *Culture's Consequences: International Differences in Work Related Values*. Sage, Beverly Hills, CA.

Hofstede, G. (2001). *Culture's Consequences: Comparing Values, Behaviors, Institutions, and Organizations Across Nations* (2nd ed.). Sage Publications, Thousand Oaks, CA.

Horton, J. (ed.) (1993). *Liberalism, Multiculturalism and Toleration* (p. 2). London: Macmillan.

Huang, W. V. (1992, August). Uncertainty reduction, media use, and adaptation. paper presented at the 35th Annual Conference of Association of Education on Journalism and Mass Media (AEJMC), Montreal, Canada.

Huang, W. V. (2002). The role of internet in uncertainty reduction and adaptation: taking Chinese immigrants in Richmond, Surrey, and Vancouver as an example. Paper presented at the 3rd annual International and Intercultural Convention, Dec. 6-8, 2002, Taipei County: Tankang University.

Huang, W. V. (2009). The effects of internet upon Chinese immigrant's attributional confidence and adaptation, Taoyuang, *Journal of Applied English, 2*, 102-126.

Hur, K. K. (1981, May). Asian American Media and Audiences: an Institutional and Audience Analysis. Paper Presented to the Mass Communication Division, International Communication Association Annual Convention, Minneapolis, Minnesota.

Hur, K. K., and Proudlove, S. J. (1982, July). The Media Behavior of Asian Americans. Paper Submitted to the Minorities Communication Division, the Association for Education in Journalism Annual Convention, Athens, Ohio.

Hurth, W. M. (1977). *Comparative Study of Korean Immigrants in the United States: A Typological Approach*. San Francisco, C. A.: R. and E. Research Associates.

Hurth, W. M., and Kim, K. C. (1984). *Korean Immigrants in America*. Madison, N. J.: Fairleigh Dickinson University Press.

 傳播理論

Hutchinson, G. E. (1950). Marginalia. *American Scientist, 38*, 283.

Jandt, F. E. (2007). *An Introduction to Intercultural Communication: Identities in a Global Community* (5th ed.). Thousand Oaks, CA: Sage.

Jeffres, L. W. (1983, April). Communication, social class, and culture. *Communication Research, 10*(2), 219-246.

Katz, E., Blumler, J. G., and Gurevitch, M. (1974). Utilization of mass communication by the individual (pp. 19-34). In J. G. Blumler and E. Kate (Eds.), *The Use of Mass Communications: Current Perspectives on Gratification Research*. Beverly Hills: Sage.

Kallen, Horace M. (1915). Democracy versus the melting pot. *The Nation,* 100.

Kim, Y. Y. (1988). *Communication and Cross-cultural Adaptation*. Clevedon, UK: Multilingual Matters Ltd.

Kim, Y. Y. (2003). Adapting to an unfamiliar culture: an interdisciplinary overview. In Gudykunst, W. B. (Ed.). *Cross-cultural and Internatinal Communication* (pp. 243-253). Thousand Lake: CA.

Klein, M. (1975). *Love, Guilt and Representation and Other Works, 1921-1945*. New York: Free Press.

Klineberg, O. (1935). *Race Differences.* New York: Harper and Brothers.

Krober, A. L., and Kluckhohn, C. (1952). Culture: a critical review of concepts and definition. *Papers of Peabody Museum of American Rcheology and Ethnology, 47*(1), 181.

Lee, W-N., and Choi, S. M. (2005). The role of horizontal and vertical individualism and collectivism in online consumers' response toward persuasive communication on the Web. *Journal of Computer-Mediated Communication, 11*(1), article 15, http://jcmc.indiana.edu/vol11/issue1/wnlee.html

Lim, T. (2003). Language and Verbal Communication Across Cultures. In Gudykunst, W. B. (Ed.). *Cross-cultural and International Communication* (pp. 53-67). Thousand Lake: CA.

Linton, R. (1936). *The Study of Man* (p. 78). New York: D. Appleton-Century.

Linton, R. (1945). *The Cultural Background of Personality* (p. 19). New York,

Appleton-Century-Crofts.

Lippmann, W. (1922). *Public Opinion* (pp. 16, 81). New York: Macmillan.

Ma, X. (2020). An Application of Cultural Models Theory to Cross-cultural Awareness Cultivation in Primary School English Teaching. *Theory and Practice in Language Studies, 10*(1), 111-116, January 2020 DOI: http://dx.doi.org/10.17507/tpls.1001.16

Mack, R. W. (1968). *Race, Class and Power* (2nd ed.). New York: Van Nostrand.

Matsumoto, D., Franklin, B., Choi, J., Rogers, D., and Tatani, H. (2003). Cultural influences on the expression and perception of emotions. In Gudykunst, W. B. (Ed.). *Cross-cultural and Internatinal Communication* (pp. 91-103). Thousand Lake: CA.

McGee, W. J. (1898, August). Piratical acculturation. *American Anthropologists, XI*, 243.

McKay, S. L. (2008). *Teaching English as an International Language*. Oxford: Oxford University Press.

McQuail, D. (1992). The Netherlands: safeguarding freedom and diversity under multichannel conditions. In Jay G. Blumler (ed.), *Television and the Public Interest* (pp. 96-111). London: Sage Publications.

Nam, H., and Kannan, P. K. (2020). Digital Environment in Global Markets:Cross-Cultural Implications for Evolving Customer Journeys. *Journal of International Marketing, 28*(1), 28-47. DOI: 10.1177/1069031X19898767

Nash, M. (1962). Race and the ideology of race. *Current Anthropology, 3*(June), 258-288.

Nagata, K. (1969). A Statistical Approach to the Study of Acculturation of an Ethnic Group Based on Communication Oriented Variables: the Case of Japanese Americans in Chicago (Doctoral Dissertation, University of Illinois-Urbana Champaign).

Norales, F. O. (Ed.) (2006). *Cross-cultural Communication: Concepts, Casese and Challenges*. Youngstown, New York: Cambria.

Novek, E. M. (1995). Buried treasure: the community newspaper as an empowerment

strategy for African American high school students. *The Howard Journal of Communitions, 6*(1-2), 69-88.

Park, Robert E. (1928). Human migration and the marginal man. *American Journal of Sociology, 33*(May), 892.

Philipsen, G. (2003). Cultural Communication. In Gudykunst, W. B. (Ed.). *Cross-cultural and Internatinal Communication* (pp. 35-47). Thousand Lake: CA.

Pratesi, F., Hu, L., Rialti, R., Zollo, L., and Faraoni, M. (2021). Cultural dimensions in online purchase behavior: Evidence from a cross-cultural study. *Italian Journal of Marketing, 2021*, 227-247. https://doi.org/10.1007/s43039-021-00022-z

Redfield, R., Linton, R., and Herskovits, M. (1936, January-March). Memorandum for the study of acculturation. *American Anthropologists, 38*, 149-150.

Roheim, G. (1943). *The Origin and Function of Culture*. (Nervous and Mental Disease Monograph no. 69.). New York: Nervous and Mental Disease Monographs.

Rose, A. (1951). *The Roots of Prejudice*. Paris: UNESCO.

Ross, F. G. (1994). Preserving the community: Cleveland Black's papers' response to the great migration, *Journalism Quarterly, 71*(3), 531-539.

Ryu, J. S. (1977, June). The Mass Media and the Assimilation Process: A Study of Media Uses by Korean Immigrants. (Doctoral Dissertation, University of Oregon).

Samovar, L., Porter, R. and Jain, N. (1981). *Understanding Intercultural Communication*. Belmont, CA: Wadsworth

Samovar, L. A., and Porter, R. E. (2000). *Intercultural Communication: A Reader* (9th ed.). Belmont, CA: Wadsworth Publishing Co.

Schaefer, Richard T. (2009). *Racial and Ethnic Groups* (12th ed.). New Jersey: Prentice Hall.

Shavitt, S., Zhang, J., and Torelli, C. J. (2006). Reflections on the meaning and structure of the horizontal/vertical distinction. *Journal of Consumer Psychology, 16*, 357-362

Sorkin, P. (1946). *Society, Culture, and Personality*, 313. New York: Harper and Brothers.

Stephan, C. W., and Stepen, W. G. (2003). Cognition and affect in cross-cultural relations. In Gudykunst, W. B. (Ed.), *Cross-cultural and Internatinal Communication* (pp. 111-122). Thousand Lake: CA.

Stonequist, Everett V. (1937). *The Marginal Man: A Study in Personality and Culture Conflict*. New York: Scribner.

Subervi-Velez, F. A. (1989). Book Review on Communication and Cross-cultural Adaptation by Y. Y. Kim, *Journalism Quarterly, 66*(1), 227-228.

Taft, R. (1963). The assimilation orientation of immigrants and Australians. *Human Relations, 16*, 279-293.

Taylor, E. B. (1865). *Research into Early History and Development of Civilization*. London: John Murray.

Ting-Toomey, S., and Oetzel, J. G. (2003). Cross-cultural face concerns and conflict styles: current status and future direction. In Gudykunst, W. B. (Ed.), *Cross-cultural and Internatinal Communication* (pp. 127-144). Thousand Lake: CA.

Tully, J. (1994). *Strange Multiplicity: Constitutionalism in the Age of Diversity*. London: Cambridge University Press.

Ungerer, F., and Schmid, H. J. (2008). *An Introduction to Cognitive Linguistics*. Beijing: Foreign Language Teaching and Research Press.

Vaknin, S. (2005). The classification of cultures. http://samvak.tripod.com/class.html

Wallerstein, Immanuel (1979). *Capitalist World-Economy*. Cambridge, England: Cambridge University Press.

Weinstock, S. A. (1964, November). Some factors that retard or accelerate the rate of acculturation: with specific reference to Hungarian immigrants. *Human Relations, 17*, 321-340.

Wilson C. C., and Gutierrez F. (1985). *Minorities and Media*. Beverly Hills: Sage.

Wiseman, R. L. (2003). Intercultural communication competence. In Gudykunst, W. B. (Ed.), *Cross-cultural and Internatinal Communication* (pp. 191-203). Thousand Lake: CA.

Won-doornink, M. J. (1988). Television viewing and acculturation of Korean immigrants. *Amerasia, 14*(1), 79-82.

 傳播理論

Wood, R. (1985). An introduction to American horror film. In Bill Nicholos (ed.), *Movie and Methods*, Vol.2. Berkeley: University of California Press.

Yum, J. O. (1982, Winter). Communication diversity and information acquisition among Korean immigrants in Hawaii. *Human Communication Research, 8*(2), 154-169.